北斗译丛精编版

亚洲腹地旅行记

［瑞典］斯文·赫定 著

周山 译

图书在版编目（CIP）数据

亚洲腹地旅行记 /（瑞典）斯文·赫定（Sven Hedin）著；周山译. — 南京：江苏凤凰文艺出版社，2017.2（2025.9重印）
（北斗译丛：精编版）
ISBN 978-7-5399-9342-3

Ⅰ.①亚… Ⅱ.①斯… ②周… Ⅲ.①游记－亚洲 Ⅳ.①K930.9

中国版本图书馆CIP数据核字(2016)第125528号

书　　名	亚洲腹地旅行记
著　　者	（瑞典）斯文·赫定
译　　者	周　山
责任编辑	黄孝阳　邹晓燕
出版发行	凤凰出版传媒股份有限公司
	江苏凤凰文艺出版社
出版社地址	南京市中央路165号，邮编：210009
出版社网址	http://www.jswenyi.com
经　　销	凤凰出版传媒股份有限公司
印　　刷	南京新洲印刷有限公司
开　　本	880毫米×1230毫米 1/32
印　　张	15.5
字　　数	385千字
版　　次	2017年2月第1版　2025年9月第7次印刷
标准书号	ISBN 978-7-5399-9342-3
定　　价	44.00元

（江苏凤凰文艺版图书凡印刷、装订错误可随时向承印厂调换）

目　录

001	第一章	缘起
009	第二章	穿越厄尔布尔士山去往德黑兰
014	第三章	策马穿越波斯
020	第四章	穿过美索不达米亚到巴格达
026	第五章	冒险骑行波斯西部
034	第六章	伊斯坦布尔
039	第七章	觐见波斯王
045	第八章	盗墓
050	第九章	攀至德马文峰顶
057	第十章	走过阳光之地阔拉珊
064	第十一章	殉道者之城麦什特
066	第十二章	博卡拉和撒马尔罕
073	第十三章	深入亚洲心脏地带
079	第十四章	结识博卡拉酋长
085	第十五章	两千英里马车行——冬季骑行"世界屋脊"
098	第十六章	与吉尔吉斯人在一起
106	第十七章	与"冰山之父"搏斗
115	第十八章	接近沙漠
123	第十九章	沙海
131	第二十章	遭遇灾难
140	第二十一章	最后的日子
148	第二十二章	吾乃鲁滨逊

157	第二十三章　再次远征帕米尔
162	第二十四章　沙漠中发现两千年古城
169	第二十五章　野骆驼的乐园
176	第二十六章　后撤一千两百英里
183	第二十七章　亚洲心脏里的侦探故事
191	第二十八章　首次进藏
199	第二十九章　野驴、野牦牛和蒙古人
207	第三十章　在唐古特强盗的地盘
215	第三十一章　向北京进发
224	第三十二章　重返沙漠
233	第三十三章　亚洲中心最大河流上的生活
242	第三十四章　与冰搏斗
249	第三十五章　横越大沙漠的凶险之旅
259	第三十六章　在罗布沙漠发现古城
269	第三十七章　塔里木河上最后几周
276	第二十八章　在藏东历险
286	第三十九章　在死亡阴影中撤退
295	第四十章　无水穿越戈壁沙漠
302	第四十一章　沉睡的楼兰古城
308	第四十二章　重返西藏高原
319	第四十三章　乔装朝圣客探访拉萨
328	第四十四章　沦为藏人的阶下囚
336	第四十五章　遭到武装军队拦截
345	第四十六章　经西藏去印度
352	第四十七章　对抗四国政府
361	第四十八章　水上风暴行
371	第四十九章　与死神一同穿越藏北
382	第五十章　穿越"未勘探"的空白地带

391	第五十一章	圣河上的朝圣之旅
396	第五十二章	与班禅喇嘛共度新年大法会
404	第五十三章	游历札什伦布寺和日喀则
411	第五十四章	奇怪的寺庙
418	第五十五章	翻越外喜马拉雅新山口——艾沙的最后之旅
425	第五十六章	发现雅鲁藏布江源头
431	第五十七章	圣湖玛旁雍措
438	第五十八章	魔鬼之湖拉嘎湖
442	第五十九章	从圣山到印度河源头
450	第六十章	藏北寒冬的苦日子
458	第六十一章	成了牧羊人
467	第六十二章	再次成为西藏人的阶下囚
479	第六十三章	穿越未知地带的新旅程
487	第六十四章	前往印度

第一章　缘起

一个男孩在童年的时候就已明了他这一生的志向所在，是何等开心，而这恰恰是我的福气。早在十二岁那年，我的人生目标就相当明确了。库柏（Fenimore Cooper），凡尔纳（Jules Verne），利文斯顿（David Livingstone），斯坦利（Henry Stanley），富兰克林（John Franklin），帕耶（Julius von Payer），还有诺登舍尔（Adolf Nordenskiold），这几位都是我当年的知心好友，尤其是那些一批批奔赴北极的探险家，成功的和殉难的。当时诺登舍尔正前往北极海上的斯匹茨贝尔根岛（Spitsbergen）、新地岛（Nova Zembla）和叶尼塞（Yenisei）河口，开始他无畏的旅程。等他完成东北航道的探险而后凯旋，回到我的家乡斯德哥尔摩，那年我刚满十五岁。

1878年6月，诺登舍尔从瑞典出发远征，乘的船是帕兰德船长所指挥的维加号。他沿着欧洲和亚洲的北海岸线航行，但是走到西伯利亚靠北极的海岸线最东头时，他给冰雪困住了，这一困就困了十个月。大探险家和他整个科学探险队的命运一时未卜，着实让远在家乡的人们忧心忡忡。前往营救的行动首先从美国开始。班耐特（James Gordon Bennett）曾因指派史坦利"寻找李文斯顿"而享誉天下，如今又于1879年7月派狄龙船长驾美籍船珍妮特号探访北极，力图连贯东北航道，同时设法解救瑞典探险队。

等在美国人前面的却是极大的不幸。珍妮特号撞上冰山而失事，船上人员大多罹难。不过，困住维加号的冰块居然松动了，借助蒸汽动力，维加号终于穿过白令海峡，驶入太平洋，未折一兵一卒，东北航道探险大功告成。胜利的消息首先由电报从日本横滨传来，斯德哥尔摩城顿时沸腾了，那景象我一辈子也忘不了。

维加号沿亚洲和欧洲的南海岸线高歌凯旋，一路上笑傲群雄。1880年4月24日，维加号冒着蒸汽驶入斯德哥尔摩的港口，整个城市装扮得亮堂堂的。无数盏灯、无数把火炬，将海岸边的楼房都点亮了。在皇宫之上，用耀眼的煤气灯装饰成的船名"维加"，宛如一颗明星闪闪放光，就在这一片光亮的海洋里，这艘名闻天下的探险船驶入港湾。

我跟父母和兄弟姐妹们一起，站在斯德哥尔摩南边的高处，俯瞰整座城市的盛况，那喜极而狂的欢腾场面一下子将我俘获了。我这一辈子都忘不了那一天——它决定了我一生的事业。无论是码头还是大街小巷，无论是窗户边还是屋顶上，到处都传来雷鸣般的热烈欢呼，我在心中暗自发誓："总有一天，我也要跟他们一样从远方荣归故里。"

从那以后，但凡跟北极探险有关的，我都一头钻进去，相关图书，不论新旧，我都读，甚至每一次探险的路线图，我都自己画出来。在那北方的漫漫冬日，我在雪地里来回走个不歇，晚上睡觉也把窗户打开，好让自己练就忍耐酷寒的本事。因为我相信，一旦我长大成人、万事俱备，就会有位慷慨好施的贵人来到我身边，把一袋金币抛到我的脚下，说："去，给我找到北极极点！"那时我就下定决心，买一艘自己的船，配上人手、狗和雪橇，闯黑夜、越冰原，直向着那个终年只吹南风的北极点前进、前进。

可冥冥之中注定一切并非如此。1885年的春天，在我即将离开学校之际，校长问我是否愿意去里海边上的巴库，到那儿给一个基础比较弱的男孩当半年家庭教师，男孩的父亲是诺贝尔兄弟手下的总工程师，我一口答应了。要等到我的那位贵人真的送来一袋子金币，还得等上很长一段时间吧，而眼前却有个能直接上路、前往亚洲的门户之地长途旅行的机会，这可不容小觑。就这样，命运之神指引我走向亚洲的大道。随着岁月的流逝，我年少时对北极探险的种种梦想渐渐淡去了，在我日后的生命中即将占据主导地位的是亚洲——这片地球上幅员最辽阔的大陆向我散发出令人魂萦梦绕的魅力。

1885年的春夏之际，我满心不耐烦，只等着动身的那一刻。在我想象之中，里海海浪澎湃汹涌的拍击声和沙漠商队铃铛的叮当声，早已在我耳边回荡。瞬时间，整个东方世界的魅力就在我眼前铺展开来。我感觉自己仿佛已经拥有了一把钥匙，可以通往那片充满着传奇与冒险的土地。就在这时，一个小马戏团在斯德哥尔摩的一块空地上支起了帐篷，带来的动物里面就有一头突厥斯坦的骆驼。在我看来，这头骆驼好似一位自远方而来的同乡，不由得一次又一次地去看望它。不久以后，就轮到我把问候捎给它在亚洲的亲人了。

我的父母和兄弟姐妹都放不下心，不敢放我去走这一趟长途旅行。我并不是独自出门，与我同行的还有我的学生，以及学生的母亲和弟弟。和家人动情地互道过珍重，我们登上了一艘蒸汽船，它载着我们先后穿越波罗的海和芬兰湾。到了克郎施塔德（Kronstadt），我们远远看见圣以撒教堂（St. Isaac）贴满金箔的拱顶，像轮大太阳闪耀着光芒，几个小时之后，我们在圣彼得堡的尼瓦河码头上了岸。

我们没有时间盘桓，在这沙皇的首都只待了几个小时，我们就在火车站上了一趟快车，行程是在四天时间内途经莫斯科，穿过俄罗斯在欧洲的领土，最终抵达高加索。无边无际的平原在眼前飞逝而过，我们的火车像颗子弹，"嗖"的一声穿过稀疏的松树林、越过肥沃的田野，只见地里即将成熟的秋谷在风中摇曳。过了莫斯科的南边，火车沿着闪闪发亮的铁轨，轰隆隆地从俄罗斯南方一马平川的大草原上开过。我如饥似渴地把这所有的景物都纳入眼帘,毕竟这是我平生头一回出国旅行。一座座白色的小教堂顶着洋葱形状的绿色圆顶,在一片片安逸的村庄中间突显出来。农夫身着红色上衣,脚踏厚重靴子,有的在田里劳作,有的驾着四轮马车运送干草和当菜吃的植物根茎。在那颠簸泥泞的道路上,还不曾奢望会有美国造的现代汽车,有的只是三匹马合拉的俄式四轮马车,呼啸着飞奔而过,一路上铃铛叮当作响。

离开了罗斯托夫(Rostov),我们又横渡波澜壮阔的顿河,不远处就是顿河注入亚速(Azov)海的入海口,那也正是通往黑海的门户。火车不知疲倦地朝南飞奔,沿途的火车站上,满是哥萨克骑兵、士兵和宪兵,还有让人一眼就认得出的高加索人。他们相貌英俊,体格健壮,个子高挑,身穿褐色外套,头戴皮毛毡帽,胸前横挂银色弹药匣,裤腰皮带上还别着把手枪或匕首。

火车载着我们在丛山间穿梭,缓缓地开始爬坡,向着高加索山脉北边的山脚驶去。在提瑞克河畔,坐落着一座美丽的小城,这就是号称"高加索之王"的弗拉季卡夫卡兹,就如同海参崴号称是"东方之王"一样。到了那儿,我学生的父亲,也就是那位总工程师乘了一辆马车来接我们,等上了马车,我们沿着格鲁西亚军用道翻越高加索山,又走了两天,大约一百二十英里路。这条道上分设十一个驿站,每到一处都要换上新马匹。马车相当笨重,我们走到海拔七千八百七十英尺高的高道尔驿站时,要不是七匹马拉着,马车简直上不去。下坡的路就只需要两三匹马了。山上的坡道崎岖不平,有时我们才爬上一个陡峭的山脊,却又要急转下行,绕上四五个大弯道,直下到山那边的谷地,接着前面又有一座山头等着去攀爬。

这一趟漫漫旅途真是了不得。在此之前,我还从来没有过可以与之相提并论的经历。一座座高加索山脉的高大山峰在我们周围矗立起来,衬着远处覆着白雪的山顶和陡峭的层层山峦,展现出壮丽的景色,而其中数海拔一万六千五百三十英尺(五千零三十八米)的卡兹别克峰(Kasbek)最高,峰顶沐浴在日光之中。

这条山路本身铺得相当好,它是沙皇尼古拉一世在位时期修成的,当时耗资巨大,连沙皇在道路开通仪式上都感叹道:"我原以为会看到一条用黄金铺成的路,结果发现这条路上竟全都是灰石子。"路的外侧就是悬崖峭壁,专门沿路基围了一道石头矮墙加以保护。在一些山坡上,冬季时会有雪崩塌下来隔断道路、堆满山谷,所以又盖了足有十英尺高的坚固棚子用以挡雪,我们的马车就从棚下穿过。

一路上马儿都保持全速前进,我们行进的速度说得上疯狂。我紧挨马车夫坐着,每次路遇急转弯的时候,我都会头晕目眩,那感觉就像是道路突然在空中消逝得无影无踪,而我仿佛随时都有被抛入万丈深渊的危险。

还好一切顺利,我们毫发无损地平安抵达高加索的主要城市提弗利司(Tiflis)。这儿人声鼎沸,景色优美。库拉河(Kura)两岸陡峭又贫瘠的山坡上,房屋一层一层叠加上去,仿佛置身圆形的露天大剧场一样。大街小巷到处是骆驼、骡子、车子和五湖四海来的人们——有俄罗斯人、亚美尼亚人、鞑靼人、乔治亚人、塞尔卡西亚人、波斯人、吉普赛人,以及犹太人。

在提弗利司,我们重新搭上火车继续上路。此时正值盛夏,天气火辣辣地热。我们买的三等车厢票,因为那儿最通风。同在一个车厢的是带着老婆孩子跑路的波斯、鞑靼和亚美尼亚的商人,另外还有妙不可言的东方人,不论言谈举止抑或穿着打扮,都优雅如画。天气那么热,他们却全戴着厚重的羊皮帽。还有一些从麦加朝圣回来的信徒,火车轰隆隆地开着,他们就在车厢地板上摊开薄薄的用来祈祷的毯子。看到此情此景,一股讶异与惊奇油然而生,那种感受,时至今日仍清晰难忘。只见车上所有的信徒一同朝着圣城麦加的方向跪下,口中喃喃有词地祈祷着,此刻车外的夕阳恰沉入了地平线。

我们的火车一会儿开到库拉河的北边，一会儿又转到河的南边。河的两岸经过开垦，碧绿清新，时不时地在远处闪闪发亮。除去这些，其余土地却是一片荒芜，大多只是无尽的草原，游牧人就在这草原上看着他们的牲口，更有些星星点点的小块地方，简直算得上是沙漠了。北边，绵延的高加索山脉看上去就像是大舞台上照得通亮的幕帘，墨蓝色的基调衬着山峦之上的条条白雪。这就是亚洲呀！眼前的景色如此神奇美妙，我怎么看都看不够。我心中已然感觉到，自己即将爱上这片空旷无垠的荒野，而在随后的岁月中，我会一步步向东方靠近。

到了尤吉瑞（Ujiri）车站，照我一直以来的习惯，下了车四处看看，在素描本子上画点东西。还没走多远，肩膀上就给几只粗大的手掌按住了，是三个看上去不怀好意的宪兵把我逮住了。他们几个满脸狐疑，上来就是劈头盖脸一大通问题。那时我一句俄语也听不懂，好在旁边一个会说法语的亚美尼亚姑娘充当了我的翻译。这几个宪兵一把抢过我的素描本子，冷笑着，对我的解释根本不屑一顾。他们嗅觉可真灵敏，以为我是间谍，会危及到当今沙皇的统治。周围聚集了一大帮子人，宪兵的意思是要带我走，似乎要把我关起来。这时火车即将离站的第一声笛声响了，车站站长拨开人群，挤进来看发生了什么事情。他拉住我的胳膊，护着我回到火车上去。笛声又响了第二回，我跑上了月台，宪兵们还在身后紧追。火车已经咣当咣当地开起来了。我低头缩身，跟条鳗鱼一般，哧溜地飞奔过两三节车厢，在一个角落里躲了起来。等我回到同伴身边，宪兵们早已跳下火车不见人影了。

我们快到里海了。风很大，一团团灰尘从地上扬起来。先是高山从眼前消失，接着整个大地也给密不可透的浮尘裹住了。风一阵阵越刮越猛，竟演变成了飓风。火车顶着狂风前进，相当吃力。经过海岸边上的时候，我们一个个呼吸困难，喘不过气，只模模糊糊地看见白浪滔天、巨涛拍岸。火车终于在风城巴库停下了，那天傍晚的经历印证了这个称号真是名副其实。

阿普歇伦（Apsheron）半岛在里海向东延伸约有五十英里。巴库城就坐落在这个半岛的南岸，而巴库城以东，即所谓的"黑城"，那里建有诺贝尔兄弟和其他石油大王的巨大炼油厂。炼好的石油就从这儿经由管道穿过整个高加索南部地区，输送到黑海，而海上油轮则装上这宝贵的液体，横渡里海，运到伏尔加河沿岸的阿斯特拉罕（Astrakhan）和察里津（Tsaritsyn）。油井丰富的油田大多集中在巴拉罕尼附近，这是个位于巴库东北十三俄里的鞑靼村落。很早以前这个村子就因蕴藏原油而闻名，但是直到1874年，才有路德维希和罗伯特两个诺贝尔家的兄弟来到此地，引进了美国的钻井方法开始采油。随后的几年里，采油业迅猛发展，一片繁荣景象。到1885年我第一次到巴拉罕尼的时候，当地已经有了三百七十架钻井机，每年开采的石油以数亿俄磅计。有时候会出现这种情况：地底产生的压力迫使原油如喷泉一般喷涌而出，单是一口油井照这么喷上二十四小时，常常就能喷出五十万俄磅的原油。

我在这奇形怪状的采油铁塔所形成的丛林之中待了七个月。我填鸭似的把历史、地理、语文以及其他科目有用的知识都教给我的学生，但我跟随路德维希巡视油田的时光，才是令我更为开心的。在所有的活动里面，我最爱骑在马背上走过一个个村落，给鞑靼族的男女老少和他们的房舍画画素描，或者骑上一匹性子活泼的马儿，嘚嘚地一路跑进巴库城，去那儿的黑集市四处转转。集市里都是一户户阴暗的小铺子，鞑靼、波斯和亚美尼亚的商人坐在里面，兜售从库尔德斯坦（Kurdistan）和克尔曼（Kerman）运来的地毯，还有墙上的装饰布、织锦、拖鞋、大毡帽等等。我喜欢看看金匠一锤一锤地打出一件件装饰品和兵器，把一大块生铁打造成一把把刀和匕首。无论是衣衫褴褛的穆斯林托钵僧，还是身着深蓝色长外套的亲王贵族，一切的一切都让我兴趣盎然、深深着迷。

还有个地方引诱着我去跑一趟短途，那就是拜火教的神庙。先前，庙里的圣火供在圆形拱顶之下日夜燃烧，点的是天然气，如今圣火已经永远地熄灭了，到了晚上，古老的圣殿独自躺在无边的大草原上，周遭只有黑暗与沉寂。

在一个冬日的夜晚，我们围坐在灯前，突然听见窗外的大道上传来叫喊声："着火了！着火了！"鞑靼人边跑边扯着嗓门大叫，挨家挨户地把人们从梦中唤醒，警告大家要小心，我们赶紧跑到门外。原来整座油田都烧得火光冲天，亮如白昼。起火的地方离我们只有几百码远。原油积成的湖里火势凶猛，围着湖的土墙也冒着火光，甚至连一座采油塔都烧了起来。大风扑打着火焰，像扑打着随风摆动的破旗，黑色的浓烟滚滚升天。四下里都劈啪作响，沸腾起来。鞑靼人试图用泥土来灭火，却只是徒劳。采油的铁塔之间挨得很近，风卷着火星从一个铁塔吹到另一个铁塔，简直将油田地面以上所有的东西都烧成了灰。在刺眼的火光中，离我们最近的那些钻井架看上去如同一个个白色幽灵，鞑靼人以尽可能快的速度把这些井架逐个扳倒。靠着超乎寻常的努力，他们居然成功地控制住火势，过了几个小时，原油湖才烧尽，黑暗也才再度笼罩大地。

第二章　穿越厄尔布尔士山去往德黑兰

我在巴拉罕尼度过了一个冬天，利用每天晚上的时间学习，已经会说一口流利的鞑靼语和波斯语了。巴奇是我的老师，他很年轻，来自鞑靼族的上流社会。到了4月初，我的任职到期了，于是决定带上挣来的三百卢布，骑马出门长途旅行，计划是先往南穿过波斯，再直下到达海边，巴奇将与我同行。

我与同乡朋友一一告别，并在那天深夜登上了一艘俄国明轮汽船，不料赶上巴库上空北风狂作，船长不敢起航。次日早上，风终于歇了下来，桨轮拍打着海浪，汽船启动，朝着南方进发了。船行驶了三十个小时，我们在里海南岸的安采丽上岸，随即换乘汽艇横渡一个面积很大、名叫莫达布的淡水礁湖，这里人唤作死水湖。然后我们开到湖边一个村庄，那村子四周环水、郁郁葱葱，仿佛镶嵌在碧玉之中。在那儿我们弃艇上马，继续前往贸易发达的拉什特城（Resht）。

我已经把所有的盘缠都兑换成波斯克朗，那时一波斯克朗值一法郎。我们把换来的小银币缝进皮腰带里，我带一半的钱，巴奇则负责另一半。只有皮带沉了些，随身其他衣物都尽可能轻便。我除了身上穿的一套冬装、一件冬天穿的短外套和一条毯子，就没再带其他衣服。我还带了一把左轮手枪，巴奇呢，则在他的鞑靼外套上捆了一支长枪，皮带上也掖了一把匕首。

拉什特附近茂密的丛林里，常有皇家孟加拉虎悄然出没觅食，茂盛的沼泽地里散发出的瘴气会致人生热病，有时还会引发令人闻之色变的流行性传染病。曾经有个小镇闹疫情，镇上有六千人染病死亡，侥幸活下来的，都来不及埋葬死者，只能把尸体扔进清真寺了事。这些清真寺的小尖塔矮矮的，房顶石板红红的，真是秀美如画。商家店铺的外头挂满了五颜六色的布帘，用来遮挡阳光。波斯的这条海岸线上，丝绸、大米和棉花是当地的主要产品。

在拉什特有位俄国领事，名叫凡拉索夫（Vlassoff）。我登门拜访了他，当天晚上还受邀共进晚餐。我穿着那套简单的旅行装和马靴就去了。走进他家只见屋内的装潢是波斯风格，富丽堂皇、灯火通明，再见到主人身着正式的晚礼服款款走来，我感觉浑身不自在，心里后悔自己没有跟巴奇一起留在我们那间简陋的客栈里。

第二天早上，两匹休整过的马在客栈大门前刨着地，旁边有两个男孩看着。马鞍的后面捆了一个鞑靼人常用的软皮双层袋子，我所有的行李都装在里面。我们上马出发了，两个男孩半跑半走地跟在后面。我们穿过一片茂盛的森林，沿途遇见了不少人，有骑马的，有步行的，还有骡车成行的运输队，是运货过海去俄国的，运的货里面有成箱成箱的干水果，箱口上都用皮革盖着。森林里到处回响着骡子铃的叮当声，每个运输队最前头的骡子都挂着个硕大的铜铃，摇起来声音闷闷的。

晚上我们在科多姆（Kodom）的一家小客店过夜，客店的屋顶上覆着一层厚厚的青苔，上百只燕子在里面筑巢，时不时地飞进飞出，窗户一开，也会有燕子飞来飞去。

继续往前，地面朝着高山那边斜了过去。我们沿着"白河"河谷前行，晚上就住在风光优美的村落里，村落周围种满了橄榄树、果树、法国梧桐和柳树。我们随身没有带干粮，只好一路走一路吃当地所产，家禽啦、鸡蛋啦、牛奶啦、小麦面包啦、还有各色水果，花钱之少令人不可思议。路越走越陡，我们来到厄尔布尔士（Elburz）山区，往高处爬，渐渐地，越走树越稀，最终走出了森林。

到了曼吉尔（Mendjil），我们骑着马经过一座古老的八孔石拱桥。当时天色灰暗，风也很大，所有的高山被一条雪白的毯子盖得严严实实，我们越往山上走，地上的雪毯就越厚。此时开始下雪了，整个世界都笼罩在这场遮天蔽日的暴风雪里。我身上穿的抵挡不了这样的天气，大雪把我整个人都紧紧地按在马鞍上，只感到寒气一点一点地穿透骨头，直至骨髓。大雪遮天盖地，把地上的路径都抹去了，弄得马儿跟海豚似的跌到雪堆里去，飞雪打在我们脸上，看什么都是白色。我们以为迷路了，就在这时，狂飞乱舞的大雪中突然出现了什么东西，原来是一支由马车和骡车组成的运输队，正朝着我们行进的方向走来。有两个人骑马走在最前面，手里拿根细长茅捣着雪地，以防掉进暗藏凶险的地缝或悬崖。我们一个个冻得浑身僵硬，总算走到了马斯拉村。在村里，我们找到一个貌似洞穴、脏兮兮的小茅舍，在地上生起火来。就这样，四个鞑靼人、两个波斯人和一个瑞典人席地而坐，就着火堆暖暖已经冻僵的关节，烤烤身上湿透的衣服。

山路盘旋着绕过厄尔布尔士山最高的山脊。走到南坡，积雪一下子就没了，大草原缓缓地延伸过去，直至加兹温城（Kazvin）。提到该城，先知穆罕默德曾说过："加兹温可通天堂之门，乃荣耀之城。"伟大的哈里发哈隆·赖什德（Harun-al-Rashid）造就了加兹温的美丽，大马士一世（Shah Thamas I）封此地为自己的都城，也即波斯国的首都（公元 1548 年），并称之为"皇家宝座"。四十年后，阿拔斯大帝（Shah Abbas the Great）把首都迁到伊斯巴汗（Ispahan），从此加兹温的光彩渐渐褪去。

传说阿拉伯诗人洛克曼（Lokman）住在加兹温，有天他感觉死神即将来临，就把儿子叫到跟前，说："钱财我是给不了你，但我这儿有三个瓶子，里面装的是灵药。如果你拿第一个瓶子里的药在死人身上滴上几滴，那人的灵魂就会回归附体。如果再把第二个瓶子里的药往死人身上洒一点,他就会坐起来。最后把第三瓶里的药倒在他身上,他就可以完全复活了。不过这药天下难找,用的时候可要谨慎。"诗人的儿子到了老朽之年,知道自己大限已近,叫来他的仆人,命其等他一死,就如父亲说的那样把灵药倒在他身上。于是仆人把主人的尸体搬到浴室,再把第一瓶和第二瓶灵药倒在尸体身上。这么一倒,洛可曼的儿子果真坐了起来,尖着嗓子大叫:"倒啊,倒啊!"可是仆人眼见着死人竟会说话,吓坏了,手里的第三个瓶子不由得摔在石地板上,自己掉头跑了。可怜洛可曼的儿子就这么给撂在那儿干坐着,最后也只好折回阴间去了。不过如今在加兹温依然可以看见那个浴室,仍能听见阴森恐怖的鬼叫声:"倒啊,倒啊!"

加兹温位于厄尔布尔士山脉以南的平原上。从加兹温到首都德黑兰,有条全长九十英里的通道,共有六个驿站。来往通行一般是坐乘俄式四轮马车,沿途要换马五次之多。

此时天气晴朗,有了春天的气息,我们尽情享受着马车飞奔的感觉。马儿全速奔跑,滚滚车轮扬起阵阵尘土。向北望,能看见厄尔布尔士山被积雪覆盖的山脊。辽阔的平原向着南方一直伸展过去,直通天际。平原上四处可见散落开来的村落,村里鲜绿的花园点缀了整个大地,否则满眼苍黄,不免过于单调。

有一回,我们听见后面传来嗒嗒的行车声,也是一辆俄式马车,转眼工夫就风驰电掣般超过我们。正要超过去的时候,车上坐着的三个驮骆商人朝我们语带戏谑地喊着:"旅途愉快啊!"因为谁先到达下个驿站,谁就能挑走最好的马。我的好胜心顿时给激了起来,跟车夫说,他要能赶超那几个驮骆人,就赏他两克朗。于是车夫扬鞭催马,在快到下个驿站之前,又猛抽一顿鞭子,终于超过了驮骆人。这时轮到我扯高嗓门冲着他们抛过去一句:"旅途愉快啊!"

我认识一位瑞典医生,身居波斯贵族,享有亲王的荣誉称号,自1873年以来一直是波斯王的牙医。一到德黑兰,我就驾着马车直接去了他家。医生见着了老乡,满心欢喜,张开双臂欢迎我。他家的装饰富丽堂皇,接近波斯风格,我在他家住了一阵子。日复一日,我们踏遍了这座了不起的城市,其中的故事后面我会细细道来,这里我只想讲述一件事情,因为这件事给我日后带来了巨大影响。

有一天,我和那位瑞典的海贝奈特(Hybennet)医生走在德黑兰尘土飞扬的大街上,穿梭于黄土砌成的屋墙之间。这些街道都够宽够广,左右两边修了细窄的明沟,并种有成行的大树,有梧桐、白杨、柳树、桑树,种类繁多。突然间,一帮先导队迎面跑来,一个个身着红衣、头戴银盔、手持长银棍。借着棍棒之力,他们从人群里开出一条道来,原来"众王之王"的御驾就要开过来了,跟在先导队后面的是一支五十人的骑兵队,接着就是波斯王的灰色马车,由六匹黑色种马拉着,马身上披着银色马衣,华丽夺目,最左边的大马上还坐着位骑士。波斯王披着黑色斗篷,头上一顶黑帽,帽上镶着一颗硕大的绿宝石和一个饰有珠宝的战徽。另有一支骑兵队跟在波斯王的马车后面。最后面的是一驾备用马车,万一前面的御驾抛锚了,这驾可以随时替补。街道没有铺石板,马蹄声声却并未扬起一丝尘土,原来在波斯王出行之前,早已有人赶着骡队,驮着盛水的皮袋子,把沿途即将经过的道路都洒过水。前后不过一分钟光景,壮观盛大的车队就在这夹树的大道上走远消失了。

这是我第一次亲眼看到波斯王纳瑟艾丁(Nasr-ed-Din)。他的确有君王之相,黑亮有神的双眸,鹰钩鼻,唇上一抹浓黑的胡须。当我们在路旁驻足,看着马车从身边经过时,波斯王抬手指着我,高声向海贝奈特医生问道:"这是谁?"海贝奈特立即回答:"陛下,这是来拜访我的同乡。"这是我与波斯王的初见,多年以后,我才有机会与这位古老波斯王朝的末代君王得以亲近,对这位大王的专横禀性多了一分了解,他在亚洲可真算得上是暴君了。

第三章 策马穿越波斯

夏天就要来了,一天天在变暖,我没有理由再拖延早先规划的南下旅程。巴奇染上热病病倒了,我只好独自上路。巴奇返回巴库的家,我在4月27日,不带随从,只身前行。

有个马夫与我随行,以便把租来的两匹马归还到原来租借的那个驿站去。租马要花两克朗,而在驿站住上一宿,也是差不多的价格。马和马夫每站更换一次,赶路的人如果觉得体力耗得起,也完全可以日夜兼程。驿站之间距离十二到十八英里不等。我的所有行装都在马鞍后面的双层袋里,约有六百克朗的银币还是随身缝在腰间的皮带上。需要钱的时候就把皮带的小口袋割开。吃的呢,所到之处都能低价换到。

我和头站的马夫一起驱马出了德黑兰城的南大门,眼前是一片无边无际的异国大地。亚洲人率真热情,非常好客,这不禁让我心情舒畅。无论是骑师、车夫,还是游荡四方的托钵僧,我们碰见的每一个人都是我的朋友,就算是那些小骡子,看着它们被一箱箱草编篮子装的红西瓜和黄甜瓜压得疲惫不堪,我心中感到无限同情。拉杰兹塔(Tower of Rages),这座在伪经书《多比传》(Book of Tobit)中提及的古城,在我们左右显露出来。陵墓清真寺的金色圆顶之下,就是圣王阿布都艾金(Shah Abdul-Azim)的安息之地。十年后就在此地,波斯王纳瑟艾丁倒在了一个狂热的回教神学家脚下。

大地变得越来越荒芜,园林也越来越难见到,取而代之的是大草原,再往后基本就是沙漠了。我们一会儿轻蹄小跑,一会儿纵马狂奔。从麦加来的一队朝圣者迎面与我们相遇,我的同伴跳下马去亲吻他们斗篷的边角。

到了圣地库姆(Koom),圣女法蒂玛(Fatima)长眠于此,数不清的信徒前来朝拜。阳光下,圣女墓上的金色圆顶熠熠生辉,两个高挑的尖塔耸立左右。

我们南下的路先是穿过商业重镇卡尚(Kashan),再逐渐爬高进入山区。出发的时候,我没有注意到同行的马夫是一个十五岁大的男孩,他给自己挑了一匹抖擞的新马,却把一匹已经精疲力竭的马给了我。走到野外,我跟他换了马骑,他赶不上我,急得要哭,央求我别把他撂下。我硬了硬心肠,跟他说:"这里的路你比我清楚,就算你一个人也能找到去库鲁得站的路,我在那儿等你。"

"话是不错,可是你没看见天要黑了吗?我一个人怕走林子路!"

"哪里的话!林子有什么危险的,你的马能跑多快你就骑多快呗。"

说完,我径自向南而去。男孩被我甩在身后。太阳落山了,暮色低垂,随即便是一片漆黑。要是还看得见路,倒没什么事,一旦两眼抹黑,就只有靠我的马儿了。马儿走得很快,驮着我进了库鲁得山区。周围的地形究竟怎样,我一无所知,不过时不时会与树干擦身而过,抑或有树叶打在我脸上。也许马儿带我走岔路了,现在想想,跟那个小马夫一起走才算聪明,他是知道路的,而眼下万事都得仰仗这匹马了。

这样在暗夜里骑了四个小时,我才发现有一道光线在林间若隐若现,原来是游牧人的帐篷。我拴住马,拉起帐布,问有没有人在。一位老人粗声大气地回应我,说这半夜三更地来打扰他,真是不礼貌。我跟他解释说,我不过是想打听一下这条路能不能去库鲁得。老人竟出了帐篷,陪着我在林子里走了一段路程,然后指了条正确的方向,就一言不发地消失在夜色中。我最终还是到了库鲁得,早先被我无情抛弃的那个男孩站在门口冲我大笑。他比我早到几个小时,还以为我给人绑走了。后来,吃了茶、鸡蛋、盐和面包,然后枕着褡裢往地上一躺,很快就睡熟了。

城市离我们越来越近,大路上的人文风情也更加多姿多彩。村落与园林的距离更近了。我们经过骡子、马和驴拉的小货车,上面载着水果和谷物。最后走进了一条大街,这就是远近闻名的伊斯法罕(Ispahan)——波斯王阿巴斯大帝的都城。

曾德茹(Zendeh-rud)河从城中流过,有三百多年历史的大桥横跨在打着旋涡的浊流上。对于初来乍到的外地人,在伊斯法罕可看的就太多了。这儿能看到国王广场(Maidan-i-Shah),其面积在世界上数一数二,足有两千英尺(六百一十米)长、七百英尺(二百一十三米)宽,还可以瞻仰雄伟辉煌的国王清真寺(Mesjid-i-Shah),其正面满是美丽的彩陶,更不能不去游赏四十柱宫(Chehel Sutun),数来数去,一共只有二十根立柱,可是再看看映在宫殿正前方静池里的倒影,心下自然清楚这"四十柱宫"的名字缘何而来了。

在约俄法(Yulfa)郊区,住着贫苦的亚美尼亚人。我开始闻到水蜜桃、杏子和葡萄的香气。从大集市的石墙那头,传来一片嘈杂,穿过拥挤的人群,有卖货的商人大声吆喝,还有铜匠哐哐地敲打着锅盘。

我站在城南的高地俯瞰全城,眼前是一幅迷人的画卷。我坐在马鞍上不时转头,看到那数不清的房屋镶印在茂盛的园林之中,闪闪发亮的圆顶和尖塔,突显在一片翠绿之上。

我再次骑马走进茫茫荒原,红蜘蛛和灰绿色蜥蜴在土里躲来藏去,游牧人赶着羊群吃草。走过这段,我渐渐上行,来到帕萨尔加德(Pasargadae)的遗址,顺着高高的台阶爬上去,在一个大理石砌成的小房子里小憩片刻。这座古城二十五个世纪以来经过多少时光的洗礼,而今依然傲立。

波斯人称这古迹为"所罗门之母"(Mader-i-Sleiman),他们相信这位伟大女子的安息之地就是阶梯顶端的那座十英尺长、七英尺宽的墓室,欧洲人称其为"库鲁斯之墓"(Tomb of Cyrus)。据说库鲁斯大帝当年在此入土,葬在镀金的石棺里,墓室的墙上挂着巴比伦产的昂贵帷幔,其余陪葬品还有剑、盾、弓、项链、耳环和皇袍等。但是这一说真实与否,有待商榷。

我还记得库鲁斯曾骄傲地说过:"我父亲的国土南到酷热难当的无人区,北至天寒地冻的冰雪地,南北之间,普天之下,莫非王土。"

刚越过山峦叠起的山区,一下子又来到宽广的美尔达须平原(Merdasht),我上马前行,奔往那更为古老壮观的珀瑟波利斯(Persepolis)遗址,它曾是亚契美尼德王朝(Achaemenian)历代君主的都城,也是波斯境内保存最完美的古迹。废墟的所在已近乎荒原,暴晒之下,黄土地无不龟裂,看不出一丝生命的迹象。我让马夫带上马先回驿站,自己一个人在这废城之中待上了一整天。

一道大理石筑成的阶梯,台阶很矮,两边修有护栏,宽可供十名骑士并肩同行,向上直通到一个气势宏大的平台,当年大流士一世(Darius I)的皇宫基墙仍保留于此,而两千四百年前薛西斯(Xerxes)的宫殿里顶着房梁的三十六根大圆柱,如今仍有十三根健在。读一读《以斯帖记》(*Book of Esther*)中对位于苏萨城(Susa)的阿哈苏鲁斯(Ahasuerus)宫殿的描写,也足以让自己神游一番:"四周是白、绿、蓝色相间的帷幔,以精细麻布和紫带系在银环和大理石柱上,金床银床之下铺着红、蓝、白及黑色大理石。"

所有的华丽美景都在公元前331年被摧毁殆尽,那年马其顿的亚历山大于战场得意,一场狂饮之后,纵火烧了皇宫,结果珀瑟波利斯城付之一炬。

我们继续朝南进发，在一个狭窄的小道上，我们低头俯瞰，设拉子城（Shiraz）静静地躺在平原之上，真叫人过目难忘。人称这条山道为"唐易阿拉阿克巴"（Tang-i-Allah Akbar），因为波斯人第一次来到此地，远眺设拉子城，不禁惊呼道："阿拉阿克巴！"意思是"伟大的真主"。

设拉子以四宝闻名：美酒、靓女、良曲和艳玫瑰。看着那山腰成熟的葡萄，闻着那漫山遍野的浓郁花香，杰出诗人的墓地上也长出了青葱的柏树。最有名的是波斯两位大诗人的陵墓，一位是《玫瑰花园》的作者萨迪（Sadi），一位是写《诗集》的哈斐兹（Hafiz），后者为自己写了墓志铭："我亲爱的人儿，来看我时记得带上好酒、唱起歌谣，也许听了你欢快的歌声和美妙的旋律，我就会从沉睡中苏醒，起死回生。"帖木尔（Tamerlane）景仰哈斐兹的诗歌，有一次外出征战，还去设拉子拜访了这位诗人。

托钵僧分有多个等级，每个级别的头领称为"比尔"，他们各有各的习俗和规矩。有些会喊："阿拉轰！"（真主啊！）另有一些喊："亚乎亚哈克！"（他就是公平，他就是真理！）还有其他修炼较为严格的，会用铁链子抽打自己的肩膀，但几乎所有的托钵僧都有一个共同点：一只手拄根拐杖，另一只手托着半个椰子壳，用来乞讨施舍。

1863年，一个名叫费格贵兰（Fagergren）的瑞典药剂师来到设拉子定居，在这"玫瑰与诗人之城"住了三十年。他死后就埋在当地基督教会的墓园里。有一天，一个托钵僧来敲门，费格贵兰开了门，丢了一个铜板给这乞丐。不料那托钵僧不屑地跟他说，他可不是来乞讨的，而是要让瑞典来的异教徒皈依伊斯兰教。费格贵兰提了个要求："你先给我展示展示你的神力。"托钵僧答道："可以，我能用你所能想到的任何语言与你交流。"费格贵兰就用自己的母语说道："那好吧，说点瑞典语看看。"那托钵僧提高嗓门，用标准无误的瑞典语朗诵了几段瑞典诗人泰尼尔（Tegner）的史诗《弗瑞提欧夫传》（*Frithiof's Saga*）。听得费格贵兰目瞪口呆，简直不敢相信自己的耳朵。这时托钵僧觉得已经耗了太长时间，就除去了乔装，现出他的真实身份，原来他是布达佩斯（Budapest）大学的东方语言学教授凡贝利（Arminius Vambery），此人后来闻名四海。

我完全没有乔装打扮就来到设拉子，跟一位和蔼可亲的法国人法尔贵（M. Fargues）一起住了几天。1866年，他还是个在本国任职的年轻军官，当时有了六个月的长假，就来设拉子玩上几天。在1886年我来到这座城市的时候，他还没有离开，四年后我又在德黑兰与他相遇，可见他是完完全全地爱上了波斯。

自里海南下以来，最艰难的路程就数从设拉子到波斯湾这段了。穿越法夕斯坦（Farsistan）山脉的路又陡又惊险，我们在炙热的乱石堆里翻山涉谷，还经过了"白马鞍"、"老妇人"和"女儿道"三条小道。有一回我的马一脚踩空，沿斜坡滚落下去，好在我及时挣脱了马鞍，才没摔下去。

天热得让人窒息，山势逐渐低矮，最后和平坦干燥的海岸沙地融成一体。有天晚上，我撇开那个上年纪的老马夫，独自骑行。这个地区并不安全，常有人伺机打劫，所幸一切平安。天破晓了，我的眼前闪过一道白光，像是划过一把锃亮的宝剑。几个小时后，我骑马进了布什尔港（Bushire），至此，我用二十九天完成了九百英里的行程，波斯王的江山我一路走过。

第四章 穿过美索不达米亚到巴格达

布什尔（Bushir）可能是我在亚洲去过的城市里最让人生厌的一个了！如果要在那里居住和工作，简直就是活受罪。看不到绿色，最多也就是一两棵棕榈树，房子都是两层高的白楼，巷子窄到不能再窄，为的是增加阴凉。这里终年太阳曝晒，夏天更是热得无法忍受。阴影下的温度都高达43℃，而且还能再升到45℃以上。波斯湾在刺眼的阳光照射下变得高温、过咸而了无生机，不啻水上沙漠。

我跟几个和善的欧洲人住在一起。床就摆在房顶上，罩着蚊帐，但是不等太阳出来，我就得下楼躲到阴凉地里，免得给晒出白水泡，浑身生疼。

有一天，一艘英国汽船亚述号（Assyria）开到布什尔，停靠在城外的宽阔海港，我便急忙赶去登船。盘缠将尽，为了省钱，我只订了待在无遮无拦的上层舱的船票。这艘船在孟买（Bombay）和巴斯拉（Basra）之间运载货物和乘客。从印度、波斯和阿拉伯来的东方人蜂拥上船。横渡波斯湾的船程并不长，船快接近沙特阿拉伯大河（Shat-el-Arab）的河口，眼前甚至还看不到任何陆地的时候，引擎就慢了下来，此处有块水流冲击而成的三角洲，驾驶员小心翼翼地引着船在这凶险的泥岸之间行进。这条河由底格里斯河（Tigris）和幼发拉底河（Euphrates）汇合而成，河水中裹携大量泥沙，使得那块三角洲每年向波斯湾里扩展出一百七十五英尺长的土地。

汽船沿河而上，两边低矮的河岸棕榈丛生，搭有茅屋和黑色帐篷，养着一群群牛羊，头长弯角的灰水牛在烂泥里打着滚。在巴斯拉城外，亚述号停船沉锚，大约有三十来只小船划桨拍水，驶向亚述号船边。这些当地人叫做"白兰"的小船是来转运乘客和货物的。河中部水深，阿拉伯船夫用五颜六色的宽桨划船，等到了浅水处，船夫跃至船尾，用细长的杆子撑船到岸。

欧洲各国的领事馆、商会和货栈都设在河岸边。我无事可做，就乘了一只比小划子宽不了多少的"白兰"船，请人带我划上一条蜿蜒曲折的小溪，直穿过一片茂密繁盛的枣椰林。林中潮湿闷热，没有一丝清风能让人舒缓，还好枣椰树芳香馥郁。有位波斯诗人曾断言这里枣椰树的品种多达七十类，用途各有不同，更可细分成三百六十三种。枣椰树号称"伊斯兰的福树"，它可口的果实是当地大部分人的主要营养食品。

阿拉伯的巴斯拉城曾在1668年被土耳其人攻占，而今满城都是两层楼的房子，楼上有阳台，各家女人透过格子窗闲看狭窄街道上的人来人往。咖啡馆设有露天大阳台，土耳其人、阿拉伯人、波斯人，还有其他地方来的东方人进来喝喝咖啡、饮饮茶、抽抽水袋烟。这座城市很脏，热病肆虐。城里主要的环卫工人是豺狼和鬣狗，它们夜里从沙漠的洞穴里出来，悄悄潜进城里，把大街小巷腐烂的垃圾和动物残骸清除干净。

5月末，明轮汽船美吉迪埃号（Mejidieh）驶离巴斯拉，前往巴格达，而我的床位在上层舱。船上的高级船员是英国人，普通船员是土耳其人。船上的乘客里只有我是白人，其他都是东方人。从驾驶台可以很舒畅地看到整个前甲板的景象，只见阿拉伯商人坐着下双陆棋，波斯人抽着烟袋，把俄式茶炊具里加热用的炭块吹得忽暗忽亮。目光朝下，探进一间阿拉伯女眷待的舱房，里面暂时挂起蓝色帷帐，年轻女人们在帐内依偎在软垫和羽毛床上，吃着糖果，抽着烟，喝着茶，消磨时光。一位托钵僧对着一帮洗耳倾听的男孩子高声宣讲寓言故事，故事讲完，便拿起椰子壳走到孩子中间去讨些吃食。

底格里斯河和幼发拉底河,这两条天堂之河在科纳(Corna)汇合,阿拉伯人说万物起源之时,伊甸园就坐落在这两河之间的半岛上。他们甚至会把那能辨善恶的知识树指给你看。还有人说幼发拉底河为公,底格里斯河为母,而科纳就是两者结为连理的所在地。如果在地图上打量这两条河,很自然地就能看出它们合起来很像一对牛角,事实上,科纳这个名字的拼写与拉丁语的cornu和英语的corn都十分相像。

幼发拉底河全长一千六百六十五英里,是亚洲西部最长的河流,它起源于亚美尼亚的高地,距离亚拉拉特(Ararat)圣山不远。它和相对较短的底格里斯河一起把美索不达米亚平原围了起来,所以这块地原指"河间之地"(El-Yezireh),阿拉伯人也称之为"岛"。这儿的每一寸土地,都让人遥想当年亚述王国和巴比伦王国在数千年前正值盛世、雄霸一方。他们鏖战于此,震动了整个世界。就在这里,古巴比伦兴盛起来,就在这里,自以为是的人们要盖通天塔(Tower of Babel),惹怒了上帝。就在这里,我们可以找到底格里斯河畔古城尼尼微(Nineveh)的遗址,它曾是辛纳赫里布(Sennacherib)、阿撒哈顿(Asarhaddon)以及萨丹纳帕路斯(Sardannapalus)等帝王在位时的都城。

我们的汽船离开了幼发拉底河河口,沿着蜿蜒的底格里斯河逆流而上。亚美尼亚高原和托鲁斯山(Taurus)上的积雪融化,雪水汇成洪流冲到底格里斯河。我们花了四天时间才到巴格达。开到河道水浅的地方,如果再碰上潜伏在浊流之下变幻莫测的沙丘,船经常会搁浅,这时得排出底舱的水,卸下货物乘员,好让船重新浮起来。遇上这种情况,船程要拖延到七天时间。如果乘船顺流而下,从巴格达到巴斯拉只要四十二个小时。

我们的船停在以斯拉墓(Tomb of Ezra)旁,棕榈树的倒影映在河面上,犹太小伙高高兴兴地划着小船来接货物和乘客。在岸上，未开化的游牧民在放牧牲口，他们属于蒙帖菲克（Montefik）和阿布穆罕默德（Abu Mohammed）部落，手里拿着长矛，头上戴着固定白面纱的马鬃环，风吹面纱翻过肩膀和身侧。

清风鼓着白帆，船朝河的上游一路飞去。遥望泛着蓝色的远方，能看见库德斯坦（Kurdistan）的山脉。一群水牛正游水横渡大河，牧人用长矛引导牛群。烈火烧过的大草原上搭着黑色帐篷，营地上的火光在漆黑的夜色里晃动闪耀。

太阳还没有升起，热气已经开始让人窒息。晚上我们给蚊子叮了一宿，到了白天，蝗虫漫天飞舞，有如团团黑云。大群大群的蝗虫飞过河面，落在船上，四处钻爬，衣服上、手上、脸上到处都是，我们只好关上舱房的门窗，免得这些家伙到了晚上还来作陪。蝗虫撞上热烟囱，烧坏了翅膀，掉落在烟囱底下，渐渐累堆，越堆越高。

在库特阿玛拉（Kut-el-Amara），要运几大袋羊毛上岸。突然间船停了下来，原来是在沙丘上搁浅了。底舱的水排掉，再借着流速达二点五英里的水流顺势冲击，船终于脱困。往上游走了不远，河道现出一条大拐弯，船这么一绕就绕了两个小时四十分钟，徒步穿越沙洲，可能也就只要半个小时。在这片沙洲上，有泰西封（Ctesiphon）城的遗址，它曾先后由帕提亚（Parthian）人、罗马人、萨珊人和阿拉伯人统治过。这里还有塔克凯斯拉（Tak-Kesra）城堡的美丽遗迹，而在萨珊王朝的国王郭斯鲁（Khosru Nushirvan, 531—578）统治之后，该城也称为"郭斯鲁之弓"。

我想到岸上走走，美吉迪号的船长并不反对。四个阿拉伯人划船送我，其中两个还陪我穿过沙洲。陶器的碎片踩在脚下嘎吱作响，到"郭斯鲁之弓"跟前，我停下来在本子上画素描，画了一小时之久。昔日曾矗立着都城泰西封城墙的地方，而今已被沙漠吞噬。当年的御花园仍是繁茂绚丽，然而在一片盎然绿意之中，却有一块地方只长有杂草和野蓟。有个罗马教皇特使问此如何解释，国王回道，这块野地归一个穷寡妇所有，而她并无卖地的意思。听了这番话，罗马特使随即表示，这个小小角落是偌大一个御花园里最为美丽的处所。

637年，阿拉伯人进军神速，大举侵城，叶兹狄格三世（Yezdegird Ⅲ）缴械投降。在谈判席上，叶兹狄格国王感叹道："我见识过许多民族，但没见过像你们这样贫穷的，你们吃的是老鼠和蛇，穿的是羊和骆驼皮。你们怎么就能征服我的国土呢？"阿拉伯使节这样回答他："无食无衣的确是我们的命途，但真主赐予了我们先知，他的宗教信仰就是我们的力量！"

我们快到巴格达了，荒凉的大地被一团薄雾笼罩。我脑海中浮现着《一千零一夜》里的那些故事，幻想着阿拔斯王朝（Abbasid）哈里发的首府是多么富有而壮观，不然怎么会冠有享誉整个东方世界的美名。但是等到迷雾散去，我看到的却是普普通通的土房子和棕榈树。幻想破灭了，一座弱不禁风的浮桥横跨在底格里斯河上，马儿拉动水轮车将水汲到堤岸上用以灌溉。河的右岸显现出拉什叶德最宠爱的妻子的陵墓，名为"柔贝依德墓"（Tomb of Zobeide）。美吉迪号停靠在海关楼外，这儿的小船叫"古发"，仿佛贝壳模样，照史学家希罗多德（Herodotus）的话说，此船既无船头亦无船尾，形如盾牌。一大群这样的小船蜂拥过来，把汽船团团围住，来接我们上岸。

强悍的哈里发曼苏尔（Abu Yafar Abdallah al-Mansur）在762年创建了巴格达，并封这座都城为"达瑞赛伦"，意为"和平之城"。到他的孙子拉什叶德在位时期，巴格达的繁荣昌盛到达顶峰。1258年，全城遭旭烈兀（Hulagu）统率的蒙古军洗劫焚烧，不过到了1327年，巴图塔（Ibn Batuta）看到这座城市的雄伟时，仍叹为观止。然而1401年，恶名昭著的帖木儿兵临城下，城中万物除了清真寺以外一律摧毁，他甚至还用九万个人头堆了一座金字塔。

哈里发全盛之日过后，巴格达城中断井残垣，满目疮痍，只留下一间大客栈、一道城门、柔贝依德的陵墓，高耸瞩目的苏克阿迦尔尖塔（Suk-el-Gazl），塔下漫地的房屋中住着二十万人。城中的街道狭窄却生动如画，我随人流涌进人海，有穿着华丽长袍的阿拉伯人、贝多因族（Bedouin）人、土耳其人、波斯人、印度人、犹太人和亚美尼亚人。在这集市里，眼前目不暇接的是艳丽的地毯、丝绸腰带、帷幔和织锦，大半是从印度运来的。

房屋都是两层楼，有阳台，还有在酷热夏天可供避暑的地下室。屋内天花板上吊着风扇，由一个男孩牵着绳子不停地转动。平坦的屋顶上长出高高的棕榈树，夏日的风轻拂枝桠发出细叹。

第五章　冒险骑行波斯西部

在巴格达，我去了英国商人希尔本（Hilpern）先生的家。他和妻子很热情，我留下来住了三天。城里城外，我东逛西走，划着"古发"小船在河上荡漾，饱享希尔本家的美妙大餐。

希尔本先生或许觉得我是个毛头小伙。我先是只身来到巴格达，而现在，又不带随从，准备骑马穿越沙漠，横穿危机四伏的库德斯坦和波斯西部，去往德黑兰。我只剩下不到一百五十克朗了（约二十八美元），又不好意思跟他说，我心下决定，宁可给人当骡夫走过荒原，也不在人前显露出囊中羞涩的窘境。

希尔本先生陪我走到与集市相连的大客栈。在一个院子里，几个人正在给货物打包，好装上驮鞍。我们问他们准备去哪，"去克曼沙（Kermanshah）。"他们答道。

"路上要花几天时间？"

"十一二天吧。"

"你们商队有多大？"

"有五十头骡子拉货，十个骑马的商人，还有几个从麦加朝拜回来的教徒，六个从卡尔巴拉（Kerbela）回来的信徒和一个迦勒底（Chaldean）的商人。"

我问他们："我能跟你们商队一起走吗？"

"可以啊，你给个好价钱就行。"

"雇匹马去克曼沙要多少钱？"

"五十克朗。"

希尔本先生觉得我应该接受这个价钱。我在他家里等着，6

月7日的晚上会有人来喊我。到了约定的时间,两个阿拉伯人来了,把我的波斯马鞍安在那匹雇来的马背上。我和希尔本夫妇告别,上了马,由那两个阿拉伯人引着穿过巴格达城,来到市郊的商队客栈。

这时正值伊斯兰的斋月,这一个月里先知的信徒在太阳升起时不得进食、饮水或抽烟,但是日落以后,他们就把前面没享受的都补上。男人聚集在集市里的露天咖啡馆,依宗教之礼进晚餐,我们几个就从这些人群中穿过。他们抽的水袋烟里飘出的青烟如薄雾般弥漫在狭窄的通道上,油灯放出的光在黑夜中闪烁。

一直到凌晨两点,所有的骡子才装好货物,浩浩荡荡的商队终于启程了。树丛和园林越走越稀少,骡铃叮叮当当地响着,周遭则只有寂静漆黑的沙漠包围着我们。天快破晓前,路边不时有潜行的黑影忽左忽右地闪过,那是豺狼和鬣狗夜袭城中垃圾后返回巢穴。

四点半钟,太阳已升到沙漠上空,四个小时之后,我们停在班尼萨伊德(Ben-i-Said)大客栈。骡子身上的货物卸下来了,大伙儿躺下打盹,把一天中最热的几个小时睡过去。

走到迪亚拉(Diyala)河边上的小城巴库巴(Bakuba),一帮戍守边界的士兵把我围住,说我的瑞典护照上没有盖入境的签证,不能穿越土耳其和波斯之间的边界。说着他们还要强行夺走我那一点可怜的行李,我像只猛狮跟大兵奋勇反抗。与我同行的阿拉伯人站在我这一边,于是双方一场混战。打到最后,我们一起去见总督,总督收了六克朗,认定我的入境证件合法有效。

第二天夜里,我骑在马上强打精神不让自己睡着,可是骑了一长段路,不争气的我还是在马鞍上呼呼睡着了。走着走着,我的马看到路旁的一头死骆驼,吓得猝然停住,畏缩不前,我还没弄清怎么回事,就已经跌落在地上。马儿在夜色中狂奔而去,却给几个阿拉伯人勒住了,直到那个时候我才彻底地清醒过来。

先前商队里有个阿拉伯老头落在我们后面，6月9日晚上他骑着他那匹纯种阿拉伯马赶了上来。我刚刚打定主意离开商队，因为一想到天天要在一片漆黑的夜里走完去克曼沙的全部路程，我就有些心虚。我自己一个人走不了这趟路，我小心谨慎地跟那个迦勒底商人和刚到的阿拉伯老头攀谈起来。迦勒底商人极力劝说我打消这个念头，说我们会遭到库德族强盗的袭击，甚至小命不保。阿拉伯老头却不怕，可他却为他的好马，要我每走一天付他二十五克朗，其实这次旅程的费用我早已全部支付了，可是跟着他骑行的话，我就不要再走九个晚上，而是四天就能到克曼沙。但这么着我的腰包就要空了，到那时该怎么办，只有走着瞧了，毕竟眼下并无饿死的危险。我何妨在商队里找个赶骡子的活儿干干，再不济，也可以学托钵僧一路走一路乞讨啊。

但是另一个阿拉伯人偷听了我们的计划，泄露给他的同伴，他们坚决反对我们离开队伍。有何想法倒无所谓，给我骑的那匹马可不是说丢就丢的。我假装让步，大家就继续照常赶夜路。月亮升起来了，时间一点一点地过去。单调的骡铃一声一声，把马背上疲惫的商人一个个催入了梦乡。有几个本来还唱唱歌，驱赶睡意，可是一会就没了动静。没有人注意到，我和阿拉伯老头并肩骑行。看到我亮闪闪的银币，老头动心了，决定背弃他的同伴。神不知鬼不觉，我们慢慢走到了商队的前头。等到月亮落下去，天完全黑了下来，我们两个一点一点地向前骑远了。骡铃的叮当响声盖住了我们的马蹄声。我们渐渐加快速度，只听得身后的铃声越来越弱，最终完全消失。这时我双腿夹紧马腹，随着我的同伴朝着克曼沙飞驰而去。

太阳出来之后，我们在一个村落稍事休息，看着嘴里叼着青蛙的白鹳返巢，随即又跳上马鞍上路了。一场大雨倾盆而下，冲刷着大地，把我们浑身都浇透了，最后见到的几棵棕榈树也早被抛在了身后。我们来到危险的山区，这里常有盗匪出没。我的左轮手枪已上了膛,不过我们一路上碰到的,都是和善不伤人的骑士、行人和商队。

一群骑着骡子的朝圣信徒正赶往巴格达、大马士革(Damascus)和麦加。他们能站在阿拉法特山(Mt. Arafat)山顶上俯瞰一下圣城,这一生最大的心愿也就了了。而在克尔白(Kaaba)那块神圣的黑石前祈祷过后,他们就可以获得"哈吉"的荣耀称号,这意味着他们是去麦加圣城朝拜过的信徒。

走到一个公认的危险地区,我们加入了一个商队。有段时间,还有一小队波斯士兵与我们同行,他们身披蓝白相间的斗篷,系着绣有银色图案的皮带。他们先表演了好几段花样马术,表演完了就过来讨赏,还说要不是他们保护着我,我肯定会落入抢匪手中。我没钱给他们,只得郑重起誓我从来没请求他们保护我,用这话挽回一点面子。

6月13日,我们进入克曼沙城,穿过嘈杂的市集,周围满是骡子、托钵僧、商队、马夫、进货的买家和出货的商人,我们又推又搡才挤了过去。

进了一家客栈的院子里,那个阿拉伯老头下了马,我也跟着下来。付过一百克朗租马费,我身上只有几块银币了,可是那老头说这一路陪我走得很顺当,执意(当然也合理)要我多给些小费,我就给了他。这样一来,我手上只剩一枚小铜板了,大概十五分钱,我买了两个鸡蛋、一片面包和几杯茶,权当晚餐。吃完饭,我与老头道别,背着我的行囊,向城里进发。

在克曼沙一个欧洲人也看不见,我身上也没有引荐信给回教徒看,就算是身处沙漠,也比这会儿开心,我很绝望。我坐在一堵半截的土墙上,看着来来往往的人群,周围的人也看着我,当我是头怪兽似的,他们你一言我一语,逐渐在我边上围了一个圈。他们中间没一个穷得过我的,我该怎么办呢?离天黑也就几小时光景了,我晚上该去哪儿过夜,会不会受豺狼的侵扰呢?人们都是铁石心肠,谁会在意我这个异教徒——一个信基督教的丧家之犬呢?

我琢磨着:"看来得把马鞍和毯子都卖了。"

就在一瞬间,我突然记起曾在布什尔和巴格达听说过有个叫哈桑(Aga Mohammed Hassan)的阿拉伯富商,他的商队走过很多地方,从东边的赫拉特(Herat)到西边的耶路撒冷,从东北角的撒马尔罕到西南角的麦加,简直遍布整个西亚。不仅如此,他还是波斯西部的"大英帝国的掮客",他就是我要找的人了!如果他将我挡在门外,我再去客栈碰碰运气,看能不能在一个商队里找份活干。

我站起身来,找了一个面相和善的男子,问他是否知道哈桑的住处。他答道:"知道,跟我来。"我们在两侧高墙的胡同里穿行。一会儿工夫,走到一扇门前,用门上的铁环敲了敲门。门房开了门,我跟他说明来意,他听了就带着我穿过花园,来到一间如皇宫般富丽堂皇的大屋子,自己跑上楼梯去禀报,很快地告诉我富商愿意接见我。

我被带着穿过一间间大气庄重的屋子,屋内装饰着波斯的毯子和壁饰以及喀什米尔(Kashmir)的织品,还摆着长沙发和各式青铜器,最后才是哈桑的书房。他坐在一张地毯上,周围是成堆的文件和书信。两位秘书正在笔书他的口述,另有几位来客靠墙站着。

哈桑已经上了年纪,花白胡子,面相和善尊贵。他戴着眼镜,头上缠着白头巾,身穿镶金线的白色丝绸长外衣。他站起身,邀我向前。我的高筒靴上满是灰尘,仅有的一身衣服早已破旧,就这个样子,我竟一脚踩上他刚坐着的柔软地毯。哈桑伸出手示意我坐下,问了我的旅行和计划。对我所有的回答,他都了如指掌的样子,唯一令他糊涂的是瑞典这个国家及它的地理位置。我尽力解释,让他明白瑞典在英国和俄国之间。他略一思忖,问我是不是从"铁头"当国王的那个国家来的。还真被他说中了,瑞典国王查理十二世以"铁头"的名号闻名东方。

我说:"没错,我就是从'铁头'当国王的那个国家来的。"

哈桑的脸顿时亮了起来,很快又低下了头,仿佛在向一段伟大的回忆致敬。

他很客气地对我说:"你一定得在我这儿待上六个月,我要好好招待你。我的就是你的,你要什么尽管吩咐。不过现在我公事缠身,很抱歉,得和你先告别了,我的仆人会服侍你,带你去花园的一处房子先歇着,希望你能有宾至如归的感觉。"

我跟着艾芬迪、米萨克两位仆人来到旁边一座有着波斯风格的华丽房子里,好看的地毯、黑丝绒长沙发,还有闪闪发亮的水晶吊灯。我激动得简直想抱住那两位受命来服侍我的仆人。就在半个小时之前,我还衣衫褴褛地站在尘土飞扬的大街上,被一群同样衣衫褴褛的看客围在中间,现在呢,阿拉丁神灯就在我眼前燃烧,在命运之神的神奇拨转下,我俨然成了《一千零一夜》里的王子。

我们正在闲聊,另几个仆人如鬼魅般悄无声息地进了房间,在地毯上铺了一层薄布,摆上晚餐。我大快朵颐:烤羊肉、大碗鸡肉,还有米饭、奶酪、面包、椰枣甜汁,最后是土耳其咖啡和波斯水烟袋。

吃完了,也困倦了,花园里的一面大理石墙边已经铺好了一条长沙发,旁边有个大理石水池,金鱼在里面悠哉游哉,池子中间向上喷出一道水柱,清澈如水晶,纤细如发丝,在月光下闪着缕缕银光。空气中弥漫着玫瑰和紫丁香的芬芳,这美妙的一切和脏乱的商队客栈相比,真是天堂和地狱啊!

这一夜睡得香甜,我盼着天快点亮起来,好去试试哈桑的骏马。一大早,我觉得时间差不多了,就喊来仆人如此吩咐,转眼间几匹上好马鞍的马儿已经在我门外等候了。米萨克和另一个马夫陪着，我驱马来到塔克博斯坦（Tak-i-Bostan）洞穴，这里是萨珊王朝历代国王的避暑之地。里面坚硬的壁石上刻着浮雕，展现了自公元380年以来各朝国王的风姿，譬如郭斯鲁二世，身披盔甲，长矛在手，跨下是夏布德兹（Shabdez）那匹神气的战马，也有皇室远游狩猎的情形，他们乘着大象追逐野猪、策马捕猎羚羊、划船射杀海鸟，着实惟妙惟肖。

四处游历，夜夜盛宴，做客的日子就这么过去了，我的腰包仍然空空如也。我连一个可以施舍给乞丐的铜板都没有，即便如此，我还是尽力保持着一位绅士应有的神闲气定，至少表面如此。这样的局面毕竟不能无限期地拖延下去，我终于鼓起勇气，向哈桑吐露，这趟旅程之漫长超出我的预期，现在已是身无分文。他听了一愣，脸上随即露出同情的微笑，他说的话，字字让我难以忘记："你要多少钱，尽管从我这拿！"

我定在6月16日午夜后启程，到时我会跟一位信差同行，他还带着三名武装骑士，防范路上的抢匪。他上下打量着我，很不屑的样子，说我八成会掉队，因为从克曼沙到德黑兰有将近二百英里的漫长路程，中间他只在哈马丹（Hamadan）城休息个一天或一夜，其他驿站，停歇的时间只够更换马匹，再吃点鸡蛋、面包、水果和茶。我当时二十岁，年轻气盛，心下想着即便在马鞍上给颠成碎片，我也要让阿卡巴这个信差看看，我能坚持下来。

午夜时分，我和哈桑最后一次共进晚宴，边吃边聊着欧亚风情。他和蔼慈祥，我们谁都没有提及我囊中羞涩的事。我起身谢过哈桑，向他道别，他微笑着祝我一路顺风。哈桑去世之后安葬在一位圣人陵墓附近。从那时到现在，已经过了很多年，我一直记着他的音容笑貌，心存敬爱与感激。

等到我最后一次走进我的"宫殿"，米萨克递给我一个皮袋，里面装满了克朗银币，这笔钱我日后尽数偿还了。拿上钱袋，我跃上马鞍，和阿卡巴及其三名武装护卫进入了茫茫夜色之中。

事实上，这趟路程确实艰难。在开始的十六个小时里，我们走了一百零二英里。第二天早上，积雪覆顶的阿勒万德峰（Alvand，海拔一万零七百英尺，约三千二百六十一米）在眼前闪着亮光。在山脚下的哈马丹，我们休息了一个白昼。我用半天时间睡了一觉，余下的半天去了以斯帖陵墓和埃克巴塔纳（Ecbatana）古城遗址。

这样我们骑过一村又一村，到了一个驿站，累得瘫倒在炉边，等新马上鞍、浓茶沏好，我们再度飞驰而去，翻山渡道，过桥涉溪，穿园林越山谷，一路不停。白天阳光炙晒，晚上还要驱赶鬣狗，这些鬣狗夜里出来享用沿途商队里死在路边的牲口残骸。我们看着太阳东升西落，再看着月亮在墨蓝色的天空中升起又落下，像一枚银色的贝壳游走于群星之间。有一次我们还碰上一支送葬的队伍，离得很远，就闻到阵阵恶臭。尸体拿毯子裹着，由骡子背着运到卡尔巴拉，而后在伊玛扈珊（Imam Hussain）墓地附近下葬。6月21日清晨，我们终于到达德黑兰，这时我们已经有五十五个小时没合过眼了，每个人都骑瘫了九匹马。

我好好地补了一觉，又骑马翻越厄尔布尔士山，去往里海边上的巴尔福鲁斯（Barfrush），接着沿土库曼海岸线乘船经克拉斯诺沃茨克（Krasnovodsk）转到巴库，在巴库继续坐火车途经提弗利司，到黑海边上的巴统（Batum），然后再上船抵达伊斯坦布尔（Constantinople）。在亚得里亚堡（Adrianople），我因素描本惹祸上身，遭到逮捕。8月24日，我到了索非亚（Sofia），离城堡太近，还差点被警卫开枪击中。这里三天前刚爆发的革命让贝腾堡（Bettenberg）家族的亚历山大亲王失去了王位。在德国北部的施特拉尔松德桑（Stralsund），我上了一艘瑞典汽船，很快，欣喜若狂的父母和兄弟姐妹把我迎接回家。至此，我在亚洲大地上的首次长途旅行结束了。

第六章　伊斯坦布尔

我在乌普萨拉（Upsala）大学、柏林大学还有斯德哥尔摩高等学校（所谓高等学校，实际上与美国高校相当）三地攻读地理学和地质学。我在柏林的老师是李希霍芬男爵（Baron Ferdinand von Richthofen），他以在中国的游历而闻名，在亚洲地理方面也是权威。

此时我在写作方面崭露头角，出了第一本书。书中以我的素描画作插图，讲述了我在波斯旅行的见闻故事，在此之前我还从未写书出版过。有一天，一位和气的老出版商来到我家，要出六百美元买我的旅行经历的出版权，我简直不敢相信自己的耳朵。我起先只巴望自己不出分文，把这书出版了就好，哪里会想到有一位慈祥的老人愿意买我的书稿，而且出的钱对我而言还不少呢！我还是装出外交官的架势，眉头一锁，说我在旅行中冒了很大的危险、吃了很多苦，贵方出的稿酬与之相比实在不能相称，当然最后我还是让步了，接受了老人提出的价钱。其实啊，我心里早乐翻天了！

有了这次成功，我深受鼓舞，接着翻译并缩编了俄国将军普哲瓦尔斯基（N. M. Przhevalsky）在亚洲内陆的游记，出版了一本节译本。这并不是自己的原创作品，所以出这本书我只得了两百美元。

1889年夏天，斯德哥尔摩举办东方学者大会，街上到处都是亚洲和非洲来的人。亚洲人里面有四位德高望重的波斯人，受波斯王纳瑟艾丁之命，来向瑞典国王奥斯卡二世颁赠皇家勋章。与这几位波斯之子交谈,如沐从故乡吹来的清风,我比以往任何时候都更加渴望重返波斯。阿拉丁的神灯重新点燃,那灯火燃烧得通亮,犹如当年哈桑家花园点燃的那盏。

秋天,我和母亲及妹妹在斯德哥尔摩南海岸的一个农场待了一个月,那农场归属达尔毕育(Dalbyö),是维加号英雄诺登舍尔的地产。一天,邮差送来父亲的一封信,上面写道:"你明早十一点务必进城,拜访首相大人。明年春天国王要派特使团觐见波斯大帝,你将陪同随行,为你欢呼!"

我们住的那个小屋里也响起阵阵欢呼。我们坐在一起谈论这事儿,谈了很长时间。那天晚上我都没怎么睡着,因为凌晨四点钟就得起床。达尔毕育和斯德哥尔摩之间的路不好走,我得先步行穿过森林,再划船七英里,驶过海上的群岛,最后在轮船码头上岸。最终我还是急速跑过森林,像野鸭子一样飞越海面,准时到达了斯德哥尔摩。

那时瑞典和挪威还同属一个皇室,国王任命挪威籍宫内大臣崔斯裘(F. W. Treschow)为特使团首领,盖吉尔(C. E. von Geijer)为文书官,勒文霍普特伯爵(Count Glaes Lewenhaupt)为武官,而我担任传译官一职。1890年4月,我们离开瑞典,穿越欧洲大陆,在回教斋月里抵达伊斯坦布尔。

伊斯坦布尔是世界上最为美丽的一座城市,把守着马尔马拉海(Sea of Marmara)东边狭窄的博斯普鲁斯海峡(Bosporus),该海峡与达达尼尔海峡(Dardanelles)一起把黑海和地中海连接了起来,同时将欧亚大陆分隔开来。和罗马、莫斯科一样,伊斯坦布尔城中有七座山头,主城区斯坦堡区(Stamboul)是座土耳其风味浓厚的小镇,处于海边的一块三角地带,靠陆地一面有竖着哨塔的城墙保护,而深深的金角湾则将其与相邻的裴拉区(Pera)和迦拉塔区(Galata)隔开。斯坦堡区里色彩明亮的白房子错落有致地排列着,清真寺硕大的圆顶和细长的尖塔突兀在这房海之上。进入斋月的夜晚，千百盏灯点缀在尖塔之间，摆出先知和神圣伊玛目的名字，整个灯火将清真寺照得透亮。

斯坦堡区所有的寺庙里，最大最漂亮的要属圣索菲亚（St. Sophia）教堂，即"智慧圣殿"，公元548年由拜占庭皇帝查士丁尼（Justinian）郑重捐建。教堂的圆顶以及长长的回廊由一百根柱子支撑，其质地有些是墨绿色的大理石，另一些是暗红色的斑岩。

在那个年月，教堂的圆顶上竖着基督教的十字架，但是九个世纪之后，1453年5月29日那个温暖的夏夜，征服者穆罕默德率领一众暴徒，举着先知的绿旗杀到城门之外。罗马帝国的末代皇帝君士坦丁脱去他的紫色皇袍，英勇抗敌，最终战死沙场。尸体成堆，皇帝的遗体竟下落不明。大获全胜的苏丹观赏着绚丽辉煌的君士坦丁皇宫，想到沧海桑田、世事无常，不禁一缕愁思涌上心头，吟诵起一位波斯诗人的诗句："皇宫之中，蛛网罗布；阿法（Afrasiab）塔上，枭鸣暮曲。"

十万多位惊恐万分的基督教徒涌进圣索菲亚教堂，拴上大门，以求庇护。但是突厥人杀红了眼，撞开大门，一拥而入，一场骇人听闻的屠杀开始了。高起的祭台上站着一位希腊主教，他身着祭袍，高声为亡者朗读弥撒。杀到最后，只剩下他孤零零一人站在那儿。他读到一句，突然中断，拾起圣餐杯，走上通往楼上回廊的阶梯。突厥人如狼似虎般猛追过去，主教的脚步转向一堵墙，打开了一扇门。他走进去，门即关上。士兵冲着墙用长矛捅、用斧头砍，也是徒劳。四个半世纪以来，希腊人都一厢情愿地笃信，有朝一日，等圣索菲亚教堂再度回到基督徒手中，那堵墙会再次打开那道门，那位主教就会手持圣餐杯走出来。返回祭台，他会继续朗读弥撒，就从突厥人把他打断的那句开始读下去。虽有这么一说，但在世界大战末期，协约国军队攻占了伊斯坦布尔，那位主教却始终没有现身。

我们来访时，土耳其的新月国徽立在教堂圆顶和尖塔之上，安然无恙。圆形阳台上有唤礼员在宣告祈祷时，他的声音传向四面八方，清晰响亮："伟哉，真主！唯一的神！穆罕默德乃真主的先知！快来祷告吧，来到永恒的幸福世界。伟哉，真主！"

在这伟岸的清真寺，我们漫步于由无数盏油灯照亮的回廊里，看见上千名虔诚的信徒在潜心祷告。

征服者穆罕默德为苏丹皇宫奠定了基础，而直到苏丹阿布都梅吉地（Abdul Mejid）在博斯普鲁斯修建多尔马巴格奇（Dolma Bagche）的时候，也恰好是那场大征服过后四百年整，此处已有二十五任苏丹继任。皇宫占据了城中的最高点，黎明的晨光首先将皇宫的尖顶染成紫色，等到夜幕渐渐淡去，那皇宫的尖顶也随之隐没。站在皇宫的阳台可以远眺马尔马拉海、金角湾和亚洲大陆的海滨，眼前一片壮丽景色。

苏丹皇宫由几个大型建筑和庭院的群落组成，各有大门相隔。位于禁卫军殿的中门分有两对门，两对门之间是一个修有地下墓穴的暗室。如果一名高级官员受到苏丹的传唤，来到中门，听见第一道门在身后砰然关上，而与之相对的另一道门却没有打开，就心下了然，原来他的时辰已到，因为失信于皇上的官员就是在此地被处决的。

第三道门又叫"幸福之门"，门后就是国家金库，里面单单是苏丹谢里姆一世（Selim I）从波斯伊思迈尔大帝（Shah Ismail）那里掠夺来的黄金御座、珍珠、红宝石和翡翠，已不计其数。而先知的旗帜、长袍、手杖、弯刀和弓箭，都保藏在皇宫的一个隐蔽之处，闲人不得入内。每年苏丹也只前往那处圣地瞻仰一次。

有一天，我们受邀参加苏丹的斋月晚宴。宴席设在宜尔迪兹凉亭（Yildiz Kiosk）。担当主人职责的是苏丹的高官葛西（Osman Ghasi），他曾在 1877 年英勇顽强地守卫住普列夫纳（Plevna），把俄国的精兵强将抵挡在外长达四个多月之久，由此闻名天下。餐厅很小，内饰颜色很深，但是灯光流溢。屋外日光逐渐淡去，我们一个个雕像一般静静坐着，微微倾向面前的纯金餐盘，等候宣告日落的那声枪响。枪声终于响了，侍从这才端上了晚餐。

晚宴过后，阿布都哈米德二世接见了我们。他个子矮小，面容细致而苍白，胡须黑色略带点蓝，两颗黑眼珠犀利有神，还长着鹰钩鼻。他头戴一顶红色有缨无边的圆帽，身穿深蓝色军服外套。他左手放在半月弯刀的刀柄上，优雅地点了点头，接过我们瑞典国王命我们送交的亲笔书函。

当然，我们怎么会忘了去参观"死人城"（City of the Dead）呢？来到斯坦堡镇外斯库塔里区（Scutari）的墓园，其氛围宁静平和，坟冢之间长着高大苍郁的柏树，无数碑石之下是世间疲惫的朝圣徒最后的安息之地。平放着的墓碑上经常能看见一只碗状大小的凹洞，洞里存有雨后的积水，小鸟就来这饮水。这些小鸟一来，吱吱喳喳地唱上一会儿，给长眠在那些石碑之下的亡灵带来些许慰藉。

第七章　觐见波斯王

4月30日，我们登上俄国轮船罗斯托夫-奥德萨号（Rostov-Odessa），穿过博斯普鲁斯海峡，左右两边的海岸分属欧洲和亚洲，四顾皆是引人入胜的美景。时近傍晚，最后一座灯塔也消失了，我们悄然驶入了黑海，这之后要走的路程我相当熟悉。我们的船在小亚细亚海岸线上的几个小镇短暂停靠，最后在巴统上岸，接着我们转乘火车，经提弗利司到巴库。一路上的所见所闻与我上一次旅行时毫无二致，无论商队、骑士、牧人，还是如画般的水牛拉车，一如旧日。

这一次，我们依然去访问了诺贝尔家在巴拉罕尼的油田。那个时候（1890年）油井已增至四百一十座，其中有一百一十六座归诺贝尔家族所有。这里面，四十座油井正在产油，而另有二十五座还在钻探。其中有一座油井在二十四小时之内能喷出十五万普特（约二百四十五万公斤）的原油。这些油井通常有一百二十英寸至一百五十英寸（约二百一十六米至二百七十米）深，最粗的输油管直径达二十四英寸。每天大约有二十三万普特的原油经两条管道输入黑城，提炼之后，每日可生产六万普特的纯石油。

5月11日深夜，诺贝尔手下的几位工程师陪我们登上"米盖尔"号汽轮。我们一起坐在船尾闲聊，四面八方突然响起刺耳的汽笛声，白色的火焰从黑城那边窜起，火焰上方鼓起一阵阵褐色的浓烟。瑞典的几位工程师急忙上岸，跳上出租车赶往起火的地点。在这火光中，"美盖尔"号开船离港，向南前往波斯海岸。

在安采丽上了岸，岸上小号齐吹，礼炮轰响了四十下，这是在向我们致意。岸上站着两位高级官员,身穿挂着金色穗带和饰品的制服,戴的羊皮帽子上有太阳和狮子组成的帽徽。其中一位是艾嘉将军(General Mohammed Aga),他作为波斯王的官方代表,为我们主持欢迎仪式,并用一支大型护卫车队护送我们前往德黑兰。

我们又上了一只船,一群穿着宽松长衣的纤夫把我们拉到拉什特,这些纤夫不禁让我想起故乡传说中的森林怪人,或者民间故事里的精灵"好小子罗宾"(Robin Goodfellow),在灌木林和芦苇丛里面飞进飞出。总督用传统的达斯塔克罕(dastarkhan)餐款待我们,矮矮的餐桌上装了五十大盘菜肴。5月16日,我们离开拉什特。随行的帐篷、地毯、床铺、装备和食物很多,用四十四头骡马驮着。护送的士兵穿着黑色制服,配有长枪、军刀和短手枪,自行组成一支车队。

下面即将开始的这段旅程,大概只有在古老的传说故事里才会出现。波斯人为迎接特使,摆出了隆重而盛大的排场。正值仲春时节,森林里弥漫着浓郁的香气,小溪清水微波,鸟儿鸣唱着向我们的队伍问候。每天行程分为早上和夜晚两个阶段,白天的温度升至30℃以上时,我们就把帐篷支在橄榄树和桑树下,保持通风,我们躲在里面避开最热的时间。每次经过一个村落,村里的老人就会前来欢迎,老人们蓄着白胡子,身穿束腰长袍,头上还缠着高高的白头巾。

进入加兹温是我们迄今从未有过的体验。加兹温市长及其大批随从在城外很远的地方迎接我们,总督率一百名骑兵随后来到。我们的整个队伍渐渐规模庞大,沿路疾走,有时竟隐没在马蹄扬起的灰黄飞尘之中。两名传令官在最前头,两人着衣一黑一红,都戴着白色羊皮帽子和银色穗带。跟在他们后面的是吹着小号的骑兵,两侧各有一列跑步前进的蓝制服士兵。骑兵边前进边表演惊险马术。有时他们催马全速飞奔,自己却稳立于马鞍之上,有时在马疾驰的时候俯身向地,从地面上掠得一样物件,有时他们把长枪抛向空中,落下及手,即刻开枪,或者拔出薄削的军刀,在手中舞动,刀刃在阳光下忽闪发亮。我们的队伍就这样一路喧嚣,走过葡萄园和庭院,通过加兹温城门的瓷塔,又穿过市集和大广场。

路上还遇见一支与我们大相径庭的队伍,那是什叶派教徒送葬的长队。在最前头是两道红色横幅及两条黑带,之后是盛着面包、米饭和甜食的硕大托盘,盘子的各个角上还点着蜡烛。接着是一群悲伤恸哭的男子,喊着:"侯赛因,哈桑。"再后面,有人引着死者生前所骑的一匹灰马,置有华丽的马鞍披着刺绣的马布,鞍头上系了一条绿丝巾,象征着死者是先知的后裔。棺材架的拱顶很高,上面盖着棕色的毯子。旁观的路人可以轮流去扛一扛架子,大家都愿意这么做,因为死者生前是一位德高望重的大祭司。这支送葬队伍的最后是一群头缠白巾的教士。

在加兹温受过礼遇,我们乘马车继续前往德黑兰。走着走着,下起一阵冰雹,马车溅满了泥泞。又有一次,道路给一队驮着成卷地毯的骡马堵上了,听见后面马车轰隆隆地开过来,骡马一下昏了头,迈开步子跑起来,绑货物的绳子弄松了,毯子一个接一个地滑落。骡马身上的负重变轻,跑的速度也渐渐加快起来。那些骡马就这样活蹦乱跳地从我们马车跟前跑掉了。看着眼前这一出,我们不禁哈哈大笑,可那些赶骡子的哪里笑得出来呢,只得跟在后面一边跑一边把掉在地上弄脏的地毯再拾起来。

我们进入德黑兰城的那一天,东方世界的绚奇壮丽臻至顶峰,这一次与我上一次来不啻天壤之别。那时我还只是个穷学生,如今却是瑞典国王钦派的特使。一袭盛装的骑兵军团全部出列,步兵则列于街道两旁,骑在马上的乐队演奏瑞典国歌。在一座园林里,我们受到波斯高级官员的集体迎接。在这儿我们排成一道骑兵队列,一匹匹阿拉伯良马,鞍布上绣着金丝银线,马鞍下铺着豹皮，这些都是送给我们的。鼓乐喧天，马儿听了都浑身抖擞，迈着优雅的步子穿过城门。全城的人似乎都跑来观看我们进城的盛况。在一处庭园，行进的队伍停了下来，其间的奢华与美丽是我前所未见的。园子的中央矗立着庄严气派的元帅宫邸，也是我们下榻的地方。

之后是十二天一场接一场的宴请。无论我们去哪儿，都有骑兵和官员等候陪同，如影随形。宴席上，波斯王的连襟亚希雅可汗（Yahiya Khan）主持招待，晚上，乐队在宫邸前的大理石水池旁为我们演奏。

几天之后，我们得令觐见波斯王。在宫内大臣和政府官员的护送下，我们乘上皇家马车进宫，每一辆马车都由四匹尾巴染成紫色的白色大马拉着。传令官身着红衣，手执银棍和开路仪仗，远远地跑在我们前头。

我们先在一间接待室等候了一会儿，便有一名内侍来宣告波斯王陛下已预备接见我们了。我们被人带进一间波斯风格精致装饰的大屋子，下铺地毯、上有壁饰，数位侍臣、大臣和将军身穿旧式刺绣长袍沿墙而立，如雕像般纹丝不动。

波斯王纳瑟艾丁站在一堵外墙边上，左右分别有一扇单块玻璃的大落地窗，后面是著名的孔雀宝座。这个宝座很稀奇，看上去像一把巨大无比的椅子，后有靠背，座部经过加长，前有阶梯从地面搭升上去，整个宝座包以厚厚一层黄金，并且用各色宝石镶嵌出孔雀开屏的模样。近两百年前，波斯王纳迪尔征战印度时从德里的蒙兀儿大帝那儿把这张宝座抢了过来。

波斯王纳瑟艾丁一身黑衣，胸前佩带着四十八颗硕大的钻石，肩带上缀有三大块翡翠，黑色的毡帽上扣着一枚钻石饰品，腰间挂有一把军刀，刀鞘上镶嵌着宝石。他目不转睛地望着我们，浑身散发着皇族的气息，站在那里俨然是名副其实的亚洲君主，心知自己高高在上、权力无边。

特使团的首领呈上我国国王赠送给他在波斯的这位表亲的绶带。传译官接过绶带，转而展示给波斯王，之后波斯王与我们每个人都交谈了一会儿，问了些关于瑞典和挪威的问题。他对我们说，他曾去过欧洲三次，下回出行，想去瑞典和美国看看。

整个仪式从头至尾都散发着旧式传统的波斯魅力，但在十五年后，纳瑟艾丁的儿子慕沙法艾丁大帝接见我的时候，举行的仪式就已简化了许多，时至今日，更是荡然无存。

之后的几天里，所有的安排都是消遣娱乐。皇宫里还摆了一席丰盛的酒宴款待我们，帝国的高官尽数出席，而波斯王没有现身，只在回廊之外看着我们。

我们得以参观波斯王的博物馆，平日里馆是封锁的，只有在贵客莅临时才会打开。在馆内的奇珍异宝之中，我们见到了号称"光之海"的大钻石，还有一台直径两英尺的地球仪，上面用紧密镶在一起的绿松石代表海洋，用几块透明如水晶的钻石指代北极地区，象征德黑兰的则是另一块珠宝。我们也看见一只只装满宝石的方形玻璃罐子，里面有巴林群岛（Bahrein Islands）货真价实的珍珠，有内沙布普尔（Nishapurl）的绿松石，还有巴达克珊（Badakshan）的红宝石。

波斯王的马厩前面有很大一块场地，九百匹名贵的良种马一字排开，每匹马上都坐着一个马夫。

最为精彩壮观的是在城外旷野上举行的军事演习，由一万四千名精兵组成的部队排成方形纵队，我们乘坐波斯王的专用车，从队伍旁一路开过去进行检阅。随后波斯王在一顶红色的巨大帐篷里站定，我们也在旁边一顶玫瑰色的帐篷里就位，面前步兵队列踢正步走过，齐向君主敬礼，骑兵队狂奔而过。其中打扮最漂亮的当属身披红袍、头扎红带的骑师了。

终于有一天，我们骑马去了拉杰兹（Rages）的遗迹，这座古城在萨尔曼莎（Salmanasar）时代极盛，《多比传》一书中也曾提及。当年亚历山大大帝从"里海门"行军走了一天的路程，曾在这里驻扎休整。一千多年之后，哈里发曼苏尔将这座城市改造得更加美丽。拉什叶德哈里发就出生在城中，阿拉伯人歌颂它的无上荣耀，称其为"大地门中第一门"。到了十三世纪，拉杰兹遭蒙古人摧残，现如今只余下一座保存尚好的塔矗立在一片废墟之中。

在德黑兰的这些天，我心中左右为难。我是该就此满足，夜夜笙歌，无所事事呢，还是该利用这次机会继续探求，深入亚洲大陆内部？这样的远行，对未来的挑战将是一次宝贵的积累。我想一步一步地探访人迹未至的沙漠地带乃至西藏高原，这心中的渴望实在难以抗拒。

同行的特使团成员都同意了我这个计划。我向奥斯卡国王发电报，请求准许我继续向东行进，结果国王不但一口赞成，还允诺支付旅费。

就这样，特使团的其他成员于6月3日离开德黑兰，经由我们来时的路线回国，而我留了下来，借住在我的朋友海贝奈特家中。我的盘缠足够一直走到中国边界了。

第八章　盗墓

锁罗亚斯德教（Zoroastrianism）是世界上最古老宗教中的一支，由锁罗亚斯德（Zoroaster）创立。教中有圣书名为《阿维斯陀》(Zend-Avesta)。其信徒是世上最为强悍的一个民族，繁荣兴旺达一千年之久，之后气数渐衰，又撑了一千年，最终于公元640年灭亡。那年欧马哈里发（Caliph Omar）高举先知的旗帜对抗波斯人，并在埃克巴塔附近将其击溃。伊斯兰大军节节胜利之时，锁罗亚斯德教徒中有许多人早已乘船经霍尔木兹（Hormus）海峡逃往孟买。现在印度还有大约十万名虔诚信徒，波斯也有八千人。如此看来，该教的圣火尚未完全熄灭。

前面我说过曾去拜访位于苏拉罕尼（Surakhani）的一座新遭废弃的拜火教神庙。在波斯的亚兹德（Yezd），这样的拜火教寺庙有二十座左右。但是在远古时候，情形决然不同。那时在珀瑟波利斯建有数座拜火教圣坛，希腊史学家色诺芬这样写道：

"居鲁士走出他的宫殿，一列马匹牵到他的面前，预备祭献给太阳，一起的还有一辆饰有白色花圈的马车。随后又开来一辆紫色马匹拉着的马车，再之后是数名男子扛着火烧正旺的火炉。接着将马匹祭献给太阳，而根据麻葛（Magi）定下的规矩，也要为大地献上祭品。"

远在锁罗亚斯德时代之前，麻葛教（Magianism）就已在波斯和印度传播。天体与火、水两种要素被奉为神明，巫术和魔法盛行一时。

锁罗亚斯德的教义是二元论。它信奉一个神，即"善神"阿修罗玛兹达（Ahuramazda），是所有光明良善之物的创造之神。与之相对的是"恶神"阿里曼（Ahriman），代表黑暗与邪恶，并有一帮邪妖恶魔追随其后。善神与恶神之间的争斗永不会停息，而正义之士都有责任为善神取得胜利助一臂之力。

教中最古老的圣火是在拉杰兹点燃的。太阳与火是上天万能的象征。天地之间再没有什么能比火更臻于神圣完美，因为火送来了光明、温暖以及纯净。人的尸体会污染大地，所以人死后必须葬于高塔之上，并筑高墙将其与周遭的世界相隔。通向高塔的路也会因经过的尸体而受到污染，但是如果牵一条眼圈周围长有黑色斑点的白狗或黄狗，尾随在送葬队的后面，这条路便得以净化。狗能驱妖除魔。暴露在外的尸体引来群舞乱飞的苍蝇，那都是恶神阿里曼手下的女妖。敌人的尸体不会污染大地，因为他们亲眼目睹了善压倒恶的胜利。

在波斯的拜火教教徒又叫"帕尔西人"（Parsees），遭到伊斯兰教徒的鄙视与厌恶。于是他们与世隔绝，只待在自己的村落里面，这样他们可以虔心于自己的宗教仪式而不受他人侵扰。他们大多是做买卖和园艺的。几千年下来，他们仍然遵循锁罗亚斯德创下的教规，每家每户都点着一盏灯。抽烟被认为是对火的大不敬，因为一旦失火，任何人都不得将火扑灭，世间凡人无权对抗火的力量。

如有帕尔西人去世，尸体须穿上白袍，头上也缠一圈白布，点上油灯，摆放在一个铁制尸架上，脚边还要放一片面包。这时放一只狗进到死人屋子里来，如果狗吃了面包，人就是真正死去了。倘若狗不愿意吃，则表明死者的灵魂仍留存在躯体之中，如此一来，尸体可一直摆放到开始腐烂时为止。到那时，有洗尸人来清洗尸体；教中人认为洗尸人不洁，他们住的房屋无人敢踏进一步。

四个抬尸人穿着已经用流水冲洗过的白衣，扛起尸架运到埋葬的地方，此地人称"寂静之塔"。其实这并非真正意义上的塔，而是一道周长二百二十三英尺、将近二十三英尺高的圆形墙。进入墙内，将尸体放在一个露天的长方形浅坑之中。最后，松解敞开死者的衣服，除去头巾，参加葬礼的宾客退回墙边，继而返回家中。葬礼还在进行的时候，兀鹫就已飞来栖息在墙头之上，渡鸦也在上空盘旋。等到一切归于寂静，它们就出动了。不用多久，便只剩下一具骷髅，被阳光炙烤。

这些帕尔西人据说是远古时候锁罗亚斯德门徒的直系后裔，因此也是印欧种族中血统最纯正的一支。

在我从斯德哥尔摩出发之前，一位在医学和人类学上均享盛名的教授问我，能不能想办法弄到几颗拜火教教徒的头颅，并带回国来。照他的请求，在6月中旬的一天，我和海贝奈特医生出发前往德黑兰东南方的一处"寂静之塔"，也就是拜火教教徒的葬尸之地。时值盛夏，即便把温度计放在阴凉处，也显示有41℃。我们这次突袭，选在正午刚过的时分，因为这个时候人都怕热躲在了屋里。

我们随身带了一只软皮鞍袋，里面的两个口袋里装着干草、纸和两个人头大小的西瓜。

我们乘马车出了以阿布都·艾金大帝（Shah Abdul Azin）命名的城门。街道像干裂的河床一般空空荡荡。骆驼吃着野蓟草，在城外的大草原上游荡，被日光烤得干硬的大地上不时腾起一阵烟尘，如鬼魂般飘来晃去。

我们选了从哈谢马巴德村经过的那条路走，从一位农民那儿借了一罐水和一把梯子。到了寂静之塔，我们把梯子靠在墙上，结果发现梯子太短，还差了大约三英尺，但我还是爬上梯子最顶一级，设法用手抓稳墙顶，纵身一跃便上去了，接着又拉了海贝奈特医生一把。

一股尸臭扑鼻而来。海贝奈特留在墙头上，看着那个马车夫，以防他向我们这边窥探,而我则沿着水泥阶梯下到葬死尸的环形凹地。下面有六十一个露天的浅墓穴,其中大约有十个躺着骷髅和死尸,腐烂程度各异。圆墙边有成堆的尸骨,在风吹日晒之下泛白老旧。

经过几番盘算,我选中了三具成年男子的尸体。几具还算新鲜的尸体摆在那儿才几天时间,身上柔软的部分,比如肌肉和内脏,早就被猛禽啄食一空,眼睛已被啄走,但脸上的其他部分留存了下来,干干的,硬如羊皮纸。我摘下死人的头颅,清空余物。第二颗头颅也如法炮制。第三颗曝露在阳光下的时间太久,里面的脑髓已完全干掉。

我们翻墙的时候把鞍袋和水罐带了过来,当时是假装带着准备午餐用的。我用罐子里的水把手洗了,然后把鞍袋倒空,先用干草把头颅填实,再拿纸包起来,塞在原来放西瓜的袋子里。如此一来那袋子就跟原来一样,看不出有什么会引得马车夫怀疑的,唯一麻烦的是那股冲鼻的臭味,也许他闻了脑子里会一阵胡思乱想也未可知。等我们回到马车边,发现马车夫在墙底下细长的阴影里还睡得死死的,看来他并没有背叛我们。回去的路上,我们把水罐和梯子还了,穿过死气沉沉的街道,返回海贝奈特的家中。

我们把三个头颅埋在地里,埋了一个月,这才挖出来放在牛奶里煮,一直煮得骨头跟象牙一般白亮为止。

这样隐蔽行事是完全有必要的。倘若迷信的波斯人和帕尔西人知道了我们这些异教徒从墓地里偷窃死人头颅,他们该会把我们当成什么呢?再者说,海贝奈特是波斯王的御用医生,而且专治牙病。这里的人说不定会以为我们预备拔死人头骨上的牙来补在波斯王那尊贵的嘴巴里呢?真要如此,还可能爆发骚乱,我们也将难逃此劫,最终交给民众处置,然而并没有差错,一切都很顺利。

尽管如此,第二年我在回国途中刚上巴库的码头,就险些在海关官员那儿惹上大麻烦。我所有的行李都检查得仔仔细细，查到最后，有三个圆溜溜的东西滚落到地板上，一个个用纸包着，摸起来、看上去都像是个足球。

"这是什么东西？"海关检查员问我。

"人头。"我回道，眼都没眨一下。

"你说什么？人头？"

"正是，你想看就看看吧！"

于是打开了一个圆球，一个骷髅头在冲着检查员龇牙咧嘴。检查员你瞅着我、我瞪着你，一脑子糨糊。最后，验船员跟其他人说："把东西包好，都放回去！"转而又对我说，"带上你的鬼东西，赶快给我走人。"他可能以为这些头颅是一起连杀三人的谋杀案的证物。千万别跟这样的倒霉事情搅在一起，这才算得上是聪明之举。

那三只帕尔西人的头颅至今可能还可以在斯德哥尔摩的颅骨博物馆里看得到。

第九章　攀至德马文峰顶

每年夏天，波斯王纳瑟艾丁都要去一趟厄尔布尔士山，以避开德黑兰及四郊的酷热。今年的出发日期定在7月4日。我作为海贝奈特医生的客人，也一并受到波斯王的邀请同去避暑，这一去就要待上一个多月。另外还有一位欧洲人也加入进来，他就是法国人傅维耶医生（Dr. Feuvrier），也是波斯王的首席医生。其实一直以来很少有欧洲人参与这样的皇家出游。

整个排场无比浩大，让人过目难忘。出发的前一天，有位宫内大臣来访，告诉我们出行的路线，同时还交给我一小袋波斯王赠予的波斯金币，这是当地的传统，以祝愿受赠者一生不会缺钱。

按照旅程安排我们朝着东北方向进入山区，继而到达嘉杰河（Jaje-rud）和拉尔河（Lar）这两条河的流域，嘉杰河往南流向沙漠，而拉尔河往北注入里海。一路上要经过两道甚为高险的关隘，其中第二道海拔有九千五百英尺（二千八百九十六米）高。

我们到了山区，沿着崎岖的山路越过峭壁和垭口，穿过山谷和草原，突然之间，竟发现路的前后两边都给堵死了，把路堵上的，是两千多头骆驼、骡马和马匹，它们驮运着波斯王及其大臣与随从所需的帐篷、食物和其他装备。这次出行动用了一千两百人，其中有两百名士兵。晚上我们扎好了营地，寂寥的山谷中蓦地冒出一座三百顶帐篷搭成的小城。

除了随从以外，每个人都有两套帐篷。早上拔营出发之后，不管我们的骑行速度有多快，等到了下一个扎营点，总发现那里已经支好了帐篷。

波斯王的帐篷由插着高挑的红羽毛的骆驼驮着，骡马则背着他的盖着黑边红布的箱子。他的马匹也插着红羽毛，而且白马的尾巴都染成了蓝紫色。

帐篷总是按一定顺序排列的，每个人都清楚自己的帐篷所在的位置，也知道帐篷的行列布局。波斯王在他自己起居用的大红帐篷外，各扎一顶帐篷分别用于进餐和抽烟，另外还有几顶是给他的后宫妃子的。他从后宫带了多少妃子出来，没人说得清楚，有人估计总有四十几个吧，这个数字当然是把后宫妃子的女仆包括了进去。我们每天都会从这些皇妃身边经过，她们戴着厚厚的面纱，跨骑在马上。不管怎样，出于礼貌也为了避嫌，每当靠近这些妃子时，我们就把脸朝另一边别开。她们的身前身后都有太监和侏儒骑马陪着。

皇室的帐篷周围用长竿圈起一道很长的红布帘子。围在这道帘子里面的是皇室内庭。至于外庭又围着一圈帐篷，有的住着普通卫兵，有的存放补给，有的当作厨房。帐篷的这种安排，恰恰和色诺芬给我们描述的两千四百年前居鲁士的营帐是一个模式。

总务大臣艾密易（Emin-i-Sultan）负责大部队的行进秩序。管理伙食和配给的是波斯王的亲戚梅吉多夫列（Mej-ed-dovleh）。其他大小官员各自主管马匹、马厩、贴身警卫、衣橱、御寝（负责人是个长者，总是睡在波斯王就寝帐篷的入口处）、太监、水烟袋清洗工、厨师、仆役、理发师、洒水工（在波斯王的帐篷四周经常洒水以平抑灰尘），以及卫兵队。

我和海贝奈特的帐篷安在营区中央。我们的帐篷一顶用以起居，一顶当作厨房，还有一顶给我们的仆人用。到了晚上，营区里一片喧嚣杂乱，那情景简直难以言表：那边是车夫和卫兵大呼小叫，这边是铃铛晃得叮零当啷，还有马啸骡嘶、骆驼直吼，走到哪儿都是这么嘈杂。晚上十点钟，只听一声号响，意味着这时只有知道当天通行口令的人才能进入波斯王帐篷附近的警戒区域。

不时可以听见警卫员的呵斥声,是在警告那些未经许可就在周围走动的人。处处都点燃了明亮的营火,帐篷里也透着光亮,如果谁要出去找个朋友,总有人打一盏纸糊的油灯笼在前面引路。

营队里有几位极其诚信可靠的人负责主持正义。如果波斯王的队伍里有牲口踩踏了村子里的庄稼,主人去申诉就会得到相应的赔偿,而谁的索赔要是与事实不符,就会以杖刑处罚。

波斯王每天都要和大臣们处理一些政府事务,有时候他还让他的首席翻译官沙特奈(Etemad-e-Saltanet)高声朗读法国报纸上的内容。他经常带着大批随从外出打猎,如果捕获的动物可以食用,他就赏给随从,当然也不会忘记我们。出行的队伍经过一个村子,村里的人总要跑出来睁大眼睛好好看看这位"王中之王"。这个时候,波斯王就会拿金币散发给村民。骑马的时候,他会穿一件褐色外衣,戴一顶黑色毡帽,手里撑一把黑色遮阳伞,胯下的马鞍和鞍布都绣着金丝线。

我们在拉尔河岸边垂钓,钓着了肉极鲜美的鳟鱼。附近扎有大片游牧人的营地,支着各色帐篷。有时我也跑过去看看他们,画上两页素描。有一次,我想给一位长得好看的游牧姑娘画幅画儿,不料她父亲断然拒绝让女儿为我摆姿势。我问他怕什么,他说:"要是波斯王看见我女儿的画,会把她纳作后宫妃子的!"

波斯王自己对画画也有一点入迷,所以他对我的素描相当感兴趣,有时候还让我把画送到他帐篷里去给他看。

这一趟旅行中有一位有趣的人物我还没有提到——亚西苏易苏丹(Asis-i-Sultan),这个名字的意思是"国王之宠爱",他是个十二岁的男孩,相貌丑,有肺病,在波斯王纳瑟艾丁眼中却是一个活蹦乱跳的护身符、吉祥物。少了他,波斯王哪儿也去不了,什么事也做不成,甚至连活都活不下去。这么一个不讨人喜欢的人儿,波斯王却近乎迷恋地宠爱着,据说这是源自一个预言,说波斯王的有生之年会受制于这个男孩的生命,因此这个男孩受到了无微不至的关怀。他有自己专属的宫廷、侏儒、弄臣、黑人奴役、按摩师和仆从,可以满足他任何细微的愿望。此外他还被尊为军队元帅。正因为他对一国之主有着如此大的影响,每个人都不遗余力地讨好他,虽然私底下谁都盼着他早死。

纳兹艾丁似乎总是需要某样生物来接受他的宠爱。在男孩亚西苏易苏丹得势之前,五十只猫是波斯王的最爱。这些猫也有自己的皇室官邸,无论波斯王什么时候出行,总把猫装在天鹅绒衬里的篮子里一起带着上路。其中最受宠爱的那只猫叫"虎猫",它每天在波斯王的饭桌上用早餐。猫繁殖增多起来,皇宫的地毯上爬的全是猫,只可怜那些上朝的大臣只好小心走路,生怕踩到它们!

总的说来,我们避暑的日子非常愉快地过去了。我整日东游西逛,画画素描,写写东西,营区里只有我懂英文,所以有时我会受命翻译一些英文急件呈给艾密易大臣看。走到拉尔河谷的时候,那儿离德马文(Demavend)峰不远,我顿生一股难以抗拒的欲望,想爬上这座高达一万八千七百英尺(五千七百米)的波斯最高山峰。驻德黑兰的欧洲外交官员就经常爬这座山。

德马文山据说是座休眠火山,主要由粗面岩、斑岩和熔岩构成,硫磺形成的火山口圆周有半公里长,上面终年覆盖着积雪。远古时期,波斯诗人纷纷谱写歌谣来颂扬它。它最早的名字是"狄夫班"(Divband),意指"精灵家园",时至今日,人们还是相信在山顶上住着善精灵和恶精灵。

波斯王听了我的计划,表现出非常大的兴趣,但觉得我一无事前精心准备,二无大批护卫陪同,能否爬到山顶是个问题。在他的授意下,总务大臣给登山的起点站拉纳村的长老写了一封信,指示长老将万事安排妥当,助我早日登顶。

7月9日早晨,波斯王手下一个叫贾法的人来给我带路,我骑马,他骑骡子,一起前往拉纳村,晚上就在村里过夜。村中长老让我尽管吩咐,他一一照办。我要了一份尽可能少的行装,两名可靠的向导,以及够两天用的干粮。长老随即给我安排了塔吉和阿里两位向导,他俩自称曾经为采集硫磺爬到德马文峰顶有三十次之多。

早上四点半,我们准备上山,德马文峰顶尚笼罩在云雾之中。两个向导手拄长长的铁头登山杖,背着我们的干粮和登山工具。

我们缓慢前行,爬过陡峭的碎石坡,穿过巨石,蹚过一条条溪流,一整天就这样耗去了。黄昏时分,向导在一个洞穴前停住了,说晚上就要在这儿过夜。但是峰顶依然遥不可及,我建议再走一段。夜色降临,地势也变得崎岖不平,我们只好徒步穿行在乱石之中,直到走到第一处有积雪的地方,我才下令停下来过夜。我们在灌木丛里生了一堆火,烟雾像一层面纱悬挂在南山坡上。吃了面包、鸡蛋和奶酪,我们就在这苍穹之下入睡了。

夜里很冷,风也很大,我们把火堆一直燃烧着,大家像豪猪一样把身体抱缩起来,并尽可能地挨着火焰取暖。

第二天一早四点钟,阿里把我叫醒,我们喝了几口茶,吃了一点面包,就沿着由斑岩和凝灰岩构成的乱石嶙峋的山脊向前进发了。德马文峰的形状好似一个非常规则的火山锥。爬到海拔一万一千英尺(三千三百五十三米),我们踏上了一片终年不化的雪地,这片雪就像一顶帽子罩在大山骨架上,并且顺着山脊延伸到斜坡上,形成一条条白色纹理。我们就努力在两条雪舌之间向上攀爬。

太阳在一片晴空之中冉冉升起,放射出万道金光,洒满这块壮丽的荒野之地。西南方向,在普里普勒石桥边的河床上闪现出斑斑白点,原来那是波斯王营地的三百顶帐篷,前一晚上才转移到这儿来的。天一会儿就变得乌云密布,一阵冰雹从天而降,打在我们身上像鞭子抽的一样。迫不得已,我们停下来蜷缩在两块岩石中间,却依然躲不过冰雹的袭击。

等冰雹停了，我们继续沿陡峭的山坡向上爬行。两个向导脚步轻巧如羚羊，而我每一步走得跟灌了铅似的。登山并非我所长，我没有受过什么训练，也从来没攀登过什么高峰。每走上十步，我就得停下来喘口气，喘过了再走上几步。纵使这样，我的太阳穴还是突突地猛跳，头痛得厉害，整个人累得要不行了。

石子路到了尽头，我们走进雪地。没走一会儿，我一头栽进雪地。我还可能爬到山顶吗？这么辛苦为的是什么呢？立马掉头下山岂不是更好？不，绝不！我这辈子绝不能走到波斯王跟前说我失败了。可才一分钟的时间，我就睡过去了。阿里拽着我，冲我喊道："大人，快走吧！"于是我爬起来继续走。时间一小时一小时地过去。在我看来，山峰有时候远在天边，有时候近在咫尺，只不过是被层层浓云抑或旋涡般的飞雪裹挟。走到后来，阿里解下他的缠腰带，把带子的一头紧紧抓牢，另一头让塔吉拽着，我就夹在中间，被他们一推一拉地走着。就这样他们把我拖过了雪地，这么拖着走倒着实让我省了不少力。

天空再次放晴，山顶似乎也离我们更近了。经过十二个小时的艰难跋涉，我们在下午四点半登上了峰顶。要在这儿把水烧开可不是件容易事。温度已经降到了零下2℃，风鼓鼓地吹，冷得透心彻骨。我画了幅素描，搜集了些硫磺石作样本，并透过云层的缝隙，向着里海眺望北方，俯瞰南边德黑兰四周的平原，饱览这峰顶之上的绝世美景。

休息了一阵子，我下令下山。两位向导把我带到一条冰隙起始的地带，上面覆盖着积雪，整条冰隙沿着山坡向下，越往下越细窄。他俩在这薄薄的雪面上蹲下来，将铁头手杖往地上一戳，顿时滑下山去，速度快得让人喘不过气来。我在后面依葫芦画瓢，也跟了下去。此时得拿脚后跟当刹车使，而前面激起的层层雪花就好像汽船行驶时船头劈开的浪花。照这个法子，我们飕飕地直滑下去七千英尺的距离。最后积雪渐渐变薄，我们也就转而徒步在乱石之中了。就在太阳要下山的时候,云层也消散了。我们赶在傍晚时分到了那个洞穴。贾法和几个牧羊人牵着我的马正等候在那儿,才一两分钟的光景,我就睡得死沉死沉的了。

几天之后,波斯王纳瑟艾丁派人召我过去。他端坐在那顶宽大的红色帐篷里面,身边围着几位大臣。他们中间有几个人怀疑我是否真的登上了峰顶,波斯王看过我的素描,抬头说道:"他真的去了,他真的登上了山顶!"大臣们一听,深深一躬向我行礼,他们心中的疑云,就像环绕德马文峰的云雾,瞬间烟消云散了。我们在清爽宜人的山区又盘桓了些日子,才跟随波斯王还有大臣返回德黑兰。

我对德黑兰最后的回忆竟然充满了血腥味。当时城里正在举行祭礼的庆祝仪式,先是一头骆驼给牵到一块露天空地上来,它戴着银制笼头,身上插有高挺的羽毛,还披着贵重的刺绣花布,旁边聚集了成千上万的人。有个乐队开始奏乐,骑士驾着轻盈的坐骑在一旁兜来兜去,卫兵队拿着鞭子维持秩序。

这人群之中,当作祭礼的骆驼给人按着跪坐下来。见人递过来一把草,骆驼张嘴就吃,这时它的笼头也已经被除去。来了十个屠夫,一个个围着围裙,袖子撸得老高。其中一个魁梧壮实的汉子使上猛劲,上前一刀就捅进了骆驼的前胸。那骆驼猛的一抽搐,随即翻倒在一侧,头直垂到地上。紧接着又上来一个屠夫,只两刀就把骆驼头割下,接着将骆驼剥皮、切割成块,而围在四周的人竟如饿狼般扑向血淋淋的骆驼尸体争抢起来。谁若撕扯到一小块肉,便立即抽身退出来,把位置让给其他人。区区几分钟,只见地上那头骆驼刚刚倒下的地方空空如也,只剩下一滩血迹。但是符合习俗的祭礼已经献出,奉给了那主宰人类命运的至高神灵。

第十章 走过阳光之地阔拉珊

1890年9月9日,我启程走上一条漫长的茶马古道,沿途共有二十四个驿站,连接着德黑兰和阔拉珊(Khorasan)的省会麦什特(Meshhed)。阔拉珊被誉为"阳光之地",其省会也是波斯朝圣者的主要朝拜圣地。

早在薛西斯和大流士时代,这条古道沿线就有邮递系统在运作,到了帖木儿时期,他的信使在古道上来回奔波,传递信息。那时的驿站和现在已相差无几。

这片土地处处散发出浓厚的回忆气息。在这里,亚历山大大帝追击溃逃的大流士三世科多马努斯(Codomannus);在这里,哈隆·赖什德和他的部下发动过突袭;在这里,野蛮彪悍的蒙古部落肆意劫掠杀戮;在这里,纳迪尔大帝征战沙场;在这里,成千上万的一身疲惫的朝圣者一步步向着伊玛目利扎(Imam Riza)的陵墓(位于麦什特)跪拜而去。

出发前两天,我去向年迈的波斯王纳瑟艾丁告别。他正独自在御花园的小径散步,拄着一根金头手杖。他祝我旅途愉快,说完又继续孤零零一个人走着。如今在位的波斯王已是他的玄孙。纳瑟艾丁自己统治波斯达四十八年,但在他去世后的二十九年中,王位四次易主,分别来自四代人。

我即将开始的旅行有三千六百英里之长,一路上既要骑马,又得乘坐雪橇、马车和火车。我在旅途中尽量节俭,最后总计只花费了一千零十一美元。

我有三匹马:一匹我自己骑,一匹驮运行李,还有一匹给随行的马倌骑。和上次前往波斯湾的旅行一样,每到一个驿站都会更换马倌和马匹。

我们骑马穿过阔拉珊城门,出了德黑兰,这城门之上建有四座塔楼,都以黄、蓝和白彩陶装饰。我们赏给门卫一枚钱币,他就客气地回报了一声:"朝圣旅途愉快!"

路的右边是阿布都艾金大帝陵墓,上方的拱顶像只闪闪发光的金球,照得陵墓圆丘脚下的"寂静之塔"映入眼帘。在左边,德马文峰顶薄雾缭绕,很快就要裹上雪白的冬衣。游牧民的黑色帐篷在大草原上星星点点。黄昏时分,我们到了库贝甘贝德村,晚上就跟猫儿狗儿睡在一起。

骑马的邮差随时都可能到,他一到,便有权优先挑选新马匹,因此我们半夜就得起来继续赶路。我们让马先小跑一阵,转而急速奔驰,然后再缓下来慢慢走,以免让马累着。夜风徐徐,猎户座闪耀当空,月亮也升了起来。远处隐约传来低沉的商队铃声,不久那队骆驼就像影子般从我们身边掠过。

第二天的大部分时间,我们都在骑马赶路。有时我们在路边的咖啡屋停下休息一会儿,有时和正在休整的商队一起歇歇脚,或者在游牧民的帐篷边小憩,看着铜褐色皮肤的小孩和狗啊羊啊什么的一块儿打闹。有一次,我睡着了,太阳下山的时候,突然一声洪亮的"伟大真主",把我给吵醒了。当时已是下午五点,温度仍高达34℃。

在戴怡那马克村,第一位邮差赶上我们。这个小伙子人品不错,提议我们跟他一起走。那天晚上我们与他一起赶夜路,全队共有五匹马。路面上印有一条条平行的轨迹,这是几千年来骆驼蹄、马蹄和人的脚来往走过所磨砺出来的印迹。

就这样,我们骑过一个又一个村庄,经过赛姆南到达谷榭。有一次,我们碰见二十四个戴着白绿色头巾的托钵僧。他们从麦什特朝圣归来,正返回舒斯特(Shuster)。又有一次,我们遇见几位胡子斑白的朝圣者，他们身体虚弱，一路上得坐骆驼轿子才行。

谷榭村里只有两栋房子：一栋是客栈，另一栋是驿站。站在驿站的屋顶向南和东南方向望去，可以看见所谓"盐漠"（Salt Desert）的卡维尔（Kevir），那是一片冰冻的海洋。我花了一整天时间骑到盐漠的边缘，继而又骑上了白晃晃的沙海海面。骑了三十一英里路，我来到了一个盐层厚达九厘米的地方，白色盐层一直向南延伸到天际。

再次回到茶马古道上来，我们很快就到达一座山丘，在这上面可以看到达姆甘市（Damghan），此地有很多庭院，早前曾遭蒙古人劫掠糟蹋。现在还可以在城里看到一座美丽的清真寺，尖塔高耸，另一座清真寺更为古老，虽破败不堪，但却有优美如画的拱门和回廊。

我决定顺道去一趟北向六十英里以外的阿斯泰拉巴德（Asterabad）。要到那里的话，得穿越厄尔布尔士山，于是我雇了一个商队马车夫和两匹马，就出发了。

第二天，走着走着，便来到一个贫穷的小村庄恰尔代，村子周围是光秃秃的山丘。这个村子的毒虫肆虐是出了名的，因此马车夫没有带我进村，而是去了几百码以外的一处园林。园林四周围有一面五英尺高的土墙，墙上没有门，我们不得不翻墙入园。车夫把地垫铺在一棵苹果树下，把我的毛毯、宽大长外套和枕头铺成一张床，又把两口皮箱放在床的一侧，然后牵着两匹马去村里买些鸡蛋、禽肉、苹果和面包。过了一会他带着两个男子回来了，我们一起准备晚饭。晚餐吃剩的食物都放在我床边的箱子上，等摆弄停当，三个人就回村里去了。

见天还有点亮光，我就坐在床上写点东西。远近看不到一个生物，只是不时听见从远处传来的狗吠声。等天黑下来，我也躺下睡着了。

夜里不知什么时候，箱子边上传来"喀哒喀哒"的声响，我被吵醒了，坐起身来侧耳细听。万籁俱寂，什么声音都没有，我又重新沉入梦乡。可没有多久，我又醒来，再次听见皮革上的刮擦声。我壮着胆子起身，借着月光，模模糊糊地看见有五六只豺狼，它们立刻很警觉，退回到围墙的阴影里。这下我彻底清醒了，保持高度的警惕。我看见它们像暗影一样躲来闪去，听见它们在我身后发出"吧嗒吧嗒"的脚步声。紧接着从荒野和大草原上又来了几头豺狼，数量越来越多。

我知道一般来说豺狼这种动物是不伤人的，但我孤身一人，谁也说不好究竟会怎样。为了打发时间，我心想要不要把剩下的晚饭吃掉，但是箱子上已被一扫而空：豺狼已经吃掉了所有的东西，只留下几只苹果。渐渐的，它们胆子变得越来越大，一步步逼近我的床，我拿起一只苹果用尽全力朝狼群扔过去。只听得狼群中一声哀号，这群夜袭的家伙应该是有一只给击中了。然而它们马上又聚拢过来，而且越发放肆。我只好抄起马鞭，重重地抽打在皮箱上，想以此吓跑它们。时间慢慢过去，我当时真想再躺下来睡一会儿，可是有一群狼在身边"吧嗒吧嗒"地晃来晃去，一脚就能踩到脸上来，谁又能睡得安稳呢？

天终于破晓了，恰尔代村的公鸡开始打鸣。狼群翻墙而去，再也没有回来，我总算得以休息一下，一直睡到马车夫来叫醒我。到了下一个营地，我听到几则关于豺狼的奇闻轶事。其中一则说的是，有个男的骑骡子从这个村子赶着去另一个村子，在路上被十只豺狼盯上，费了好大的劲，也没有把它们甩掉。

我们骑马穿过杜松树林，在篝火边睡觉。除了杜松树林，我们还走过浓密的橡树林、松树林和橄榄树林。道路就修在陡峭的断崖边，往北边去的山谷笼罩在一片白雾之中。我们经过曾经一度强盛的土库曼人（Yomud Turkomans）居住的地区，最后到达阿斯泰拉巴德，通过一座名叫梅森德兰的城门进到城里。

我在城里逗留了几天，成了俄国领事的座上客。有天是波斯王的诞辰，我们受邀去省长官邸。我永远都不会忘记那个喜庆的日子。庆祝仪式在晚上举行，烟火绽放，五彩缤纷。骑手骑着纸马进入竞技场，拿着沥青涂抹过的木长矛比武。一支由铜钹、长笛、定音鼓和鼓组成的乐队演奏乐曲为大家助兴，一时鼓乐喧天。一群男孩装扮成女人，跳起舞来，尽管《古兰经》书有禁令，大伙儿还是开怀畅饮。

我们继续上路，穿过繁茂的树林，经过危险的悬崖，沿路向东走到了博斯坦和沙路德两个城镇，便又回到商队经常走的主道上来。在博斯坦，我们发现了几栋历史悠久的建筑，上面装饰着海绿色彩陶。还有一座以巴耶赛特苏丹（Sultan Bajazer）命名的清真寺，以及两座人称"战栗之塔"（Trembling Towers）的尖塔。

我们还是朝东走，经过微微起伏的荒地和大草原，左边远处，绵延不断的山脉在茫茫原野上截了一道边，成了与北方土库曼斯坦的天然边界。五十年前，一提起土库曼人的名字，就会在当地居民中引起极大的恐慌，因为土库曼人曾实施了一次劫掠式的远征。他们侵入波斯人的腹地，带回了丰厚的战利品，有货物、牛群和奴隶。奴隶交易由此兴旺起来。1820 年，穆拉维夫（Muravieff）时任俄国驻希瓦（Khiva）大使，那里共有三万个奴隶，有波斯人也有俄国人。拒绝皈依伊斯兰教的基督徒要么被活埋，要么耳朵给钉在墙上，任凭其活活饿死。俄国将军斯科别列夫于 1881 年攻克盖奥克泰佩（Geok-Tepe），随后释放了两万五千个奴隶。

路边的塔楼越来越多，有四五十英尺高，当地人叫作"布尔兹"。这些塔楼曾经由波斯的瞭望员把守，监视北方和东方的动静，以便提醒邻近村庄的居民及时逃离并躲藏起来。这个地区叫作"恐怖地带"，因为土库曼人动不动就来扫荡，一来就把人榨干。

棉达什特客栈坐落在沙漠之中，无疑是伊斯兰世界里最大的一间客栈。它给东来西往的商队提供了歇脚的场所，朝圣者也多半在这里休息上一两天。妇女、哭闹的小孩、托钵僧、士兵和商人通通聚集在此，构成了一幅色彩明亮、风格活泼的写实油画。一会儿听见有人在为争有利的位置而拌嘴，一会儿又看见有人跑到院子的井边打水，还有一些人在摆摊的小贩那里买水果。一支商队正准备好要出发，另一支商队的骆驼才刚开始卸下货物。我曾见过一位优雅的女士进了客栈，她坐在一把由两头骡子驮着的轿椅上，旁边跟着帮行人和骑士。

此地以东，一片沙漠景象。我们骑马经过一匹垂死的骆驼，它早先已遭主人抛弃。还遇见四个托钵僧，他们把鞋子搭在肩膀上，以免将鞋磨坏。一群渡鸦在我们前面飞了很长一段时间，好似一支先遣队护卫着我们。晚上我睡在落脚处的上层房间，仍见尘土飞扬，一阵阵打着漩涡吹进来。

我们下一站来到被称作"蔬菜之城"的萨卡泽瓦尔（Sabzevar），这里住着一万五千名居民，建有两座大的清真寺和几座小清真寺，还有一个有椽架屋顶的集市，里面有各种各样的货物，且储备充足。城里能看见一座堡垒，土库曼人的远征掠夺已成历史，堡垒也就只剩下一点遗迹。这里还有鸦片窟，不过因为当地人引以为耻，都隐藏在地下。我跟着一个亚美尼亚人走进了一个鸦片窟。两个男人正抽着鸦片，躺在铺着地毯的泥地上。鸦片烟枪由一根长管加上一个有小洞的黏土球组成，吸食者把一粒豌豆大小的鸦片丸塞在小洞里，举着烟枪放在火焰上，便可吸入这有毒的烟气。他们把鸦片丸一颗接一颗地塞进烟枪，渐渐地就进入一个飘飘欲仙的世界。四个烟民躺在墙边的暗处，已然对周遭没有了意识。我吸了几口，觉得鸦片烟的味道只不过与牛角燃烧的气味相似而已。

去内沙布普尔（Nishapur）的路上，我们超过一支贸易商队，里面竟有两百三十七头骆驼；我们还超过一群朝圣者，他们中间有十个妇女坐在驮篮里，男人则坐在骡子上睡觉。一位教士带领这队朝圣者前往伊玛目利扎的陵墓，边走边讲述那些神圣的传奇故事。

我们经过的下一座城市是内沙布普尔，此地因出产世上最纯美的绿松石而在东方世界闻名遐迩。城北边的比纳卢德山（Binalud Mountains）还蕴藏着银、金、铜、白镴、铅和孔雀石。

内沙布普尔在过去的几个世纪中屡屡遭到摧毁，但每次都奇迹般再度重建，其中下令毁城的人物里面就有亚历山大大帝。

又过了几天，我们到达特普易萨拉木（Tepe-i-salam）这座"问候山"，从这山上就可以望见圣城，因而多少年来，数不清的朝圣者在这里一看到"殉教地"麦什特就跪拜祈祷。山上高耸着成千上万座圆锥形和金字塔形的石冢，每个朝圣者来到这儿，都会放一块石头在其中一座石冢上，这样的致敬仪式虽简单却表达了朝圣者心中的虔诚。

第十一章 殉道者之城麦什特

有三位历史名人埋葬在麦什特。公元 809 年，因写作《一千零一夜》而闻名的哈里发哈隆·赖什德前往麦什特，准备去镇压一起叛乱，结果在途中去世。

九年后，回教第八任伊玛目利扎也葬在麦什特。波斯的什叶派教徒奉阿里（Ali）和他的十一位继任者为伊玛目。阿里和他的两个儿子侯赛因（Hussein）和哈桑（Hassan）是最早的宗教领袖，伊玛目利扎居第八任，而神秘的埃尔——玛迪（El-Mahdi）列第十二，传说他将在审判日这一天在人世间重建"上帝的王国"。

第三座陵墓是波斯王纳迪尔（Nadir Shah）的安息之所。他原来是个鞑靼族强盗，在劫掠阔拉珊（Khorasan）之后变得强大，帮助波斯王大马士二世（Thamas Ⅱ）夺回了所有被土耳其人占领的省份，从而使得波斯的疆界向四面八方拓展了出去。之后，他废黜了大马士二世，继而派人将其暗杀，还刺瞎了大马士二世的儿子，用死人人头在清真寺顶上堆起尖塔，德里血流成河（1738 年）。他下令在新铸的钱币上刻下这样一句话："钱币啊，向世人宣告纳迪尔统领天下，乃征服世界之君王。" 1747 年春天，纳迪尔率领他的军队来到麦什特城外，因对麾下波斯官兵的表现不满，竟下令把这些人全部捕死，但这条军令并未真正执行。土耳其、乌兹别克、土库曼和鞑靼籍的士兵都在蠢蠢欲动，警卫队上校赛尔·贝克（Sale Bek）趁夜色偷偷溜进纳迪尔的帐篷，把他的头砍了下来。他的尸体埋在一座宏伟的陵墓里，可是到了 1794

年，创建当今王室（乃卡亚人）的阿嘉·穆罕默德可汗（Aga Mohammed Khan）一掌权，就命令掘开征服者纳迪尔的坟墓，把尸体拖出来给狗吃了。据说纳迪尔大帝的尸体残骸现如今安息在一所庭院里的小丘之下，还有四棵桑树为其遮风蔽日。

这块圣地几乎自成一体，成了麦什特的城中城。不过城市里最美的景物却是陵墓上方八十英尺高的镀金圆拱顶，贴有彩陶装饰的陵墓正面和尖塔，可容纳三千名朝圣者的中庭凹室，以及中庭里的水池和鸽子。还有一座带有蓝色拱顶和两个尖塔的清真寺，是由帖木儿王最宠爱的王妃修建，价值难以估量的无数财宝保存在这些神圣巨大的建筑物中。我去拜访的时候，听说每年有十万朝圣者结队涌进麦什特，有一万具尸体运来埋在伊玛目的陵墓附近，这样到了复活日，伊玛目就会拉着他们把他们带往天堂。墓地周围常有豺狼出没，到了晚上甚至还会跑进城里、潜入庭院。麦什特约有八万人，据说其中五分之三是教士、托钵僧和朝圣者。在陵墓附近，穷人有饭吃，盲人能重见光明，瘫痪者的四肢又可以照常使用。

通向圣地的所有街道都用锁链封死。凡在锁链界内，所有罪犯都可安享无忧，因此很多悔过的杀人犯和强盗拿它当作避难所。

在那格拉卡纳（Nagara-Khaneh）那座鼓楼上，一支不同寻常的管弦乐队每天早上都会演奏，以迎接初升的太阳，而每天傍晚，太阳沉入西方远离阔拉珊，乐队也要演奏一曲，与之道别。

第十二章　博卡拉和撒马尔罕

10月中旬，秋天渐渐临近，我带上车夫和三匹马离开麦什特前往北方的跨里海铁路，途中穿过海萨尔迈斯吉特山脉（Hesar-mestjid）的走廊、山中的狭径和一道道关口，经过坚固的天然堡垒克拉特伊纳迪尔（Kelat-i-Nadir），最后到达铁路沿线的卡迦车站。

在外里海的首府阿什喀巴得（Askabad），我认识了军政府的首长帕特金将军（Aleksey Nikolayevich Kuropatkin）。此人军功显赫，在俄土（俄国、土耳其）之战中，他参加了普列夫纳（Plevna）战役和占领外里海地区的战斗。日俄之战中，他是俄军总司令。后来在撒马尔罕（Samarkand）、塔什干（Tashkent）和圣彼得堡等地我又和他见了几面。一想起他，我总是心存感激，旅途中有好几位贵人向我提供过帮助，他就是其中一位。

我在阿什喀巴得附近转了转，注意到土库曼人就住在他们曾经定居的村子附近，开始从游牧生活向农业生活转变。我参观了安瑙（Anau）美丽的清真寺，彩陶装饰的正面镶嵌着黄色的中国龙，清真寺以此出名。我在这里第一次看到卡拉库姆（Kara-Kum）黑沙漠，它位于里海和阿姆河（Amudaria）之间，也在阔拉珊和咸海之间。沙漠上奔跑着野驴、野猪、老虎和胡狼。土耳其斯坦的部分领土已被占领，希瓦和整个里海的东部海岸皆在沙皇统治之下。中间的卡拉库姆沙漠还没被攻克，沙漠中的绿洲便是土库曼人放牧的地方。

起初，俄军遭遇抵抗，军中本来有一万八千头骆驼，却在一场战役中损失了一万七千头。土库曼人的骄傲自满与日俱增，免不了遭受一次终生难忘的打击。斯科别列夫发动的这次战役成为亚洲历史上最为残酷的战争之一。这场战役也导致土库曼人一直处于被俄国压迫的状态，直至列宁时代到来。

1880年12月，斯科别列夫带领一支装备有七十杆枪的七千人部队向沙漠挺进，与此同时，安楠科夫将军（General Annenkoff）在不断移动的沙丘间以神速铺设了铁轨，作为军队的供应线。土库曼人叫安楠科夫将军"茶炊大官"（Samovar Pasha），还把火车称作"魔鬼车"。四万五千土库曼大军，其中有一万是武装骑士，和妇女儿童一起被围困在堡垒中，四周是高高的土墙。马丹库立汗（Makdum Kuli Khan）是大军领袖，他们装备有步枪、腰枪和一挺发射石弹的加农炮。

1881年1月，俄国人向前推进他们的营地，靠近堡垒，并且埋设能炸穿土墙的地雷。听到地下开凿挖洞的声音，土库曼人确信墙上会被炸出一个洞，而俄国人会从这洞里一个一个爬进来。因此他们时刻准备拔出军刀，拼个你死我活。结果当天足有一吨炸药爆炸，破坏力相当大。

俄军分三路冲进城墙上被炸穿的缺口，库罗帕特金和斯科别列夫率领其中两队。斯科别列夫骑白马，穿白色制服，又抹香水又卷头发，打扮得就像个新郎官，同时军乐团还演奏着进行曲。战争的结果是两万土库曼人被杀，五千个妇女儿童和波斯奴隶被释放；俄军损失了四名军官和五十五名士兵。其后许多年间，土库曼人无论何时听到俄军音乐都会哽咽哭泣，因为每个人都在这场绿丘战役里丧失了亲友。

俄军只花了数年时间就攻克了离赫拉特一天路程的地区，此时印度面临威胁。同时俄军迅速挺进中亚，使得英国人也开始担心。

1888年，通往撒马尔罕八百七十英里长的铁路开通了。10月底，我乘坐这趟列车前往默尔夫绿洲。在波斯古老的经文（Avesta）中，大流士希斯塔斯普（Darius Hystaspes）称这片绿洲为莫鲁，其历任总督中有一位就驻扎在马尔迦（Marga）那里。

默尔夫坐落于图兰（Turan）与伊朗的边界上，几千年来由一代代君主统治。公元前五世纪一位聂斯托利派（Nestorian）的主教居住在此。公元651年，鞑靼人袭击了整个城镇，萨珊末代伊嗣埃三世（Yezdigerd）国王带着圣火和四千人一起逃离。国王独自一人步行逃跑，逃到一个磨坊主那里，磨坊主同意把国王藏起来，条件是国王帮他偿清债务。伊嗣埃三世把珍贵的宝剑和剑鞘交给了磨坊主。夜里，磨坊主因为贪图国王华丽的衮冕将其杀害。鞑靼人被赶跑之后，这个磨坊主也被碎尸万段。

贾库特（Jakut）是一位博学的阿拉伯人，他在默尔夫图书馆做研究，一说起这片绿洲，便对那新鲜的水源……赞不绝口。1221年，成吉思汗的儿子托雷毁坏了这片地区。1380年，绿洲又被帖木儿占领，默尔夫的土库曼人十分害怕，希瓦和博卡拉（Bokhara）的土库曼人曾说："如果你碰到一条毒蛇和一个默尔夫人，先杀默尔夫人，再杀毒蛇。"

我在默尔夫的时候，每个周日绿洲里都会举办集市。当地生产的产品在帆布棚或是露天出售，尤其值得一提的是牛血色的地毯，上面有一排排白色图案，精美极了。市场里熙熙攘攘，一派热闹的景象，有戴着高皮帽子混乱喧闹的人群，有大夏骆驼，有长着笨拙脑袋和细长脖子的土库曼马，还有马夫、商队和马车。与之相比，老默尔夫城的遗迹和拱顶毫不逊色。

从默尔夫开始，铁路在沙丘之间蜿蜒前行。萨克索耳、柽柳和其他沙漠植物长在沙丘顶部，可以阻挡移动的沙子掩埋铁轨。火车从二俄里长的木桥上越过阿姆河；这条河全长一千四百五十英里，发源于帕米尔，注入咸海。

我们来到下一个西亚文化和历史的中心，即博卡拉。尊贵的博卡拉是世界上一座极为闪耀的城市，有"亚洲罗马"之称。

希腊、阿拉伯和蒙古的军队像毁灭性的山崩一样肆虐过这片地区。这个地区就好像是希腊人的粟特（Sogdiana），或是罗马人的河间地带。十一世纪的时候，博卡拉是伊斯兰教徒学习古典经文的中心。一条谚语曾这么说："在世界上其他地方，光从天空照在大地上，但是在博卡拉，光从地下升起。"哈菲兹曾在诗歌中这样描写博卡拉及其姐妹城市撒马尔罕：

"诗罗夫的美深深吸引着我——

为了她脸上的胎记我宁愿放弃撒马尔罕和博卡拉。"

城中共有一百零五所伊斯兰学校，或者叫宗教学校。清真寺多达三百六十五座，虔诚的信徒每天可以去不同的寺庙朝拜。

这座城市也曾被成吉思汗劫掠、被帖木儿占领。斯托达德上校（Colonel Stoddart）和康诺利上尉（Captain Connolly）参观了博卡拉，当时的纳塞马拉埃米尔非常残忍，他把这两个英国人抓起来，拷问他们，把他们扔进著名的害虫坑，最后斩首。1863年，凡贝利乔装成托钵僧来到城里，描述了这座城市的显著特征。

城市人口由几种人群组成，最重要的是伊朗族系的塔吉克人（Tajiks），受过教育的人和牧师属于这一阶层；还有蒙古族系的乌兹别克人（Uzbegs）和贾克提土耳其人（Jaggatai Turks）；萨尔特族（Sarts）是个混合的种族，主要包括平民百姓和长期定居者；其他东方人群也有代表，他们中有波斯人、阿富汗人、吉尔吉斯人、土耳其人、鞑靼人、高加索人和犹太人。

集市的拱门，总是沐浴着暮光，东方人生活忙碌，呈现出一派五光十色的景象。那里的人崇拜博卡拉纺织艺术的奇迹。在古董店里，可以看到希腊和萨珊王朝的银币、金币和其他珍品。棉花、羊毛、羊皮和生丝大量出口，集市旅店的庭院里，大捆的物品堆积如山。城中有很好的餐馆和咖啡店，老远就能闻到面团的味道，那是用洋葱和各种香料做的，还有咖啡和茶的香气，一个小馅饼卖一蒲尔。

在那些漂亮狭窄的街道上行走，我从来都不厌烦。路两边都是样子有点奇怪的两层小楼，路上骆驼拉的车队挤在大车、骑士和行人间赶路。我不时停下脚步，画一张清真寺或是街景的素描。这时，吵闹的人群会凑上来把我围住。慕拉德（Said Murad）是俄国公使馆的一名男仆，他挥舞着一条有彩色穗带的鞭子，把胆大妄为的流浪儿挡在远处。有一次我去散步，没带慕拉德同行，那些流浪的男孩子乘机向我报复，不停攻击我，使得我无法素描。他们从各个方向朝我冲过来，向我扔烂苹果、土块和各种垃圾。我试图保护自己，但是徒劳，只得赶紧逃回公使馆去找慕拉德。

1219年，成吉思汗攻进了大清真寺（Mestjid-i-Kalan），下令大屠杀。差不多两百年后，帖木儿才修复了这座寺庙。

直到三十五年前，罪犯仍旧会给人从一百六十五英尺高的尖塔上扔下来，此前法官会在同一个地方用洪亮的声音宣布他们的罪行。由于从尖塔顶部可见后宫法庭，人们便被勒令禁止靠近，使得几只鹳得以在那安心筑巢。

大清真寺对面是米尔阿拉伯（Mir-Arab），是中亚最著名的伊斯兰学校。米尔阿拉伯里有座圆塔，两个拱顶上镶嵌了精致的绿彩陶。学校的四个入口非常豪华，毛拉即牧师提供给一百一十四间房间。

撒马尔罕是中亚城市中的明珠，11月1日起我开始住在那里。亚历山大大帝征服这些地区的时候，粟特省的省会叫"马拉坎达"，即撒马尔罕。即使到了今天，撒马尔罕马其顿的名字"伊斯干德贝壳"（Iskander Bek）仍保留下来。虽然撒马尔罕有十一万士兵抵御成吉思汗大军，但最终不得不缴械投降，整座城市被夷为平地。

第三个侵略者的名字与撒马尔罕的联系更为紧密。1335年，帖木儿出生于一个鞑靼部落。他从希瓦逃难到沙漠，经历了一连串小说里才会发生的惊险事儿。他在西斯坦（Sistan）受伤，弄瘸了腿，所以别人叫他跛子提慕尔或是提慕尔（Timur），后来误写成"Tamerlane"，也就是现在所称帖木儿。1369年，帖木儿在撒马尔罕的王权地位得到巩固。之后,他便开始远征,占领了波斯。在设拉子,他见到前面提到的哈菲兹。战役空档期间,帖木儿在撒马尔罕建立了无比壮丽的大厦,这些宏伟的建筑物让这座城市独树一帜。即使在今天,花园里青翠的草木上升起的闪闪发光的绿色拱顶,以及那绿松石般纯深蓝色的尖塔和拱顶,在浅蓝色天空的映衬下依然十分夺目。

1398年,帖木儿行军穿过兴都库什山脉(Hindu Kush),打败了印度北方的马哈穆德国王,洗劫了德里,所得战利品不计其数,最后用偷来的大象运回撒马尔罕。之后占领巴格达、阿勒坡和大马士革。1402年,他在安戈拉(Angora)打败了巴耶塞特苏丹。根据一则可信度较低的传说,跛脚侵略者把独眼囚犯关在铁笼子里,为的是以后在亚洲其他城市示众。帖木儿从德黑兰到麦什特然后返回撒马尔罕,卡斯提尔里昂(Castile-Leon)国王亨利三世(King Henry Ⅲ)的大使柯拉威尤(Ruy Gonzales de Clavijo)一路紧跟,之后对帖木儿的行程做了详细的记述。

1405年1月,帖木儿从撒马尔罕出发,发起最后一次征战。他想攻打中国明朝最伟大的皇帝明成祖永乐,却在欧察尔(Otrar)——锡尔河(Sir-daria)的另一边去世,享年六十九岁。他的遗体被运回撒马尔罕,那里建造了世界上最宏伟的一座陵墓,帖木儿生前自己设计了这座陵墓。遗体用麝香和玫瑰香水进行防腐处理,再用麻布包裹,放进一口象牙棺木。拱顶下的墓穴用一块坚硬的玉石做标记,这块玉石长六英尺、厚一英尺半、宽一英尺半,是世上已知的最大一块玉。一面墙上刻有阿拉伯文的石膏突字:"吾若在世,人类颤抖。"

穆罕默德时代初期,先知的一位后裔阿拔斯(Kasim Ibn Abbas)来到撒马尔罕宣讲伊斯兰教。当地人毫不领情,把他抓住并斩首,阿拔斯把头夹在胳膊下消失在一个地下洞穴中。正是在此洞之上,帖木儿后来建造了他的那座壮丽夏宫,宫殿的七座蓝绿色拱门线条优美，至今仍耸立在这片黄土地上。

侵略者在那里举行饮酒比赛，喝得最多的人被称作"伯哈德"，或叫骑士。从洞上的缺口可以看到洞内阿拔斯用手臂夹着自己的头颅走来走去。他被称作"萨易信德"，意思是活着的国王，宫殿本身仍以此命名。当俄军向前推进，一步步深入亚洲时，有预言说当俄军攻到撒马尔罕，活着的国王就会高举头颅从洞里出来解救帖木儿的城市。但是俄国将军考夫曼（Konstantin Petrovich）占领撒马尔罕的时候，阿拔斯并没有现身，所以他在伊斯兰教徒中丧失了威信。

米尔扎·乌拉·贝克（Mirza Ullug Bek）、提拉卡（Tillah Karch）和马德拉沙·易·瑟达（Madrasah-i-Shirdar）是三所宗教学院，建于帖木儿时代之后。在学院附近，有世界上最美的开放地雷吉斯坦（Registan）。学院用最华美的彩陶装饰，显得十分艳丽。俄国画家列夏庚（Vasily Vasilyevich Verestcbagin）把这些建筑的拱顶和尖塔地绘在自己的油画上，画得很出彩。

在城外，我参观了中国皇帝的女儿——帖木儿最宠爱的妻子比比卡哈兰（Bibi-Khanum）的埋葬地。这是座清真寺，始建于公元1385年，年久失修却依然宏伟壮观。

夜里在一位法国人陪伴下，我去了趟北卡帕克（Pai-Kabak），那是女舞者的聚集地，格调不是很高。我们被引到香气弥漫的屋里，屋里铺着地毯，沿墙摆放着床。美女弹奏着奇特琴和吉他，娇小精致的手指拨弄着琴弦。其他人亦有同样的技巧和优雅姿态，拍打着铃鼓。为了让鼓膜绷紧，他们不时把乐器伸到曼加尔——燃烧的火盆上方。

夜色下，音乐声响起，舞女穿着轻薄、飘逸的衣服走了出来，动作十分优雅。她们中有些是阿富汗的波斯人，其他则是鞑靼人的后裔。舞女跟着弦乐器有节奏的乐声不断变换舞姿，就像梦中的仙女一般美轮美奂，让人感觉仿佛置身于天堂。

第十三章　深入亚洲心脏地带

我驾着马车离撒马尔罕而去，拱形洞上的钟铃铮铮作响，那些蓝色圆拱顶逐渐消失在远方，而正在升起的太阳却给阿法拉施亚（Afrasiab）的众山丘带来了生机与色彩。

驾着一辆三匹马拉的俄式马车，我穿过一个又一个园林，疾驰于这遍地红黄的秋色之中。我渡过了号称"金色滚轮"的泽拉夫尚河（Zerafshan），撒马尔罕和附近的几座绿洲皆靠着这条河的滋养。我经过狭窄多石的垭口"帖木尔通道"，又越过"饥饿大草原"，这个草原是克孜库姆沙漠的一角。俄属突厥斯坦的两条大河——阿姆河与锡尔河将这块又唤"红沙地"的沙漠夹在中间。

我们乘坐一艘巨大的渡轮横穿锡尔河，跟我们一起上船的还有十头骆驼和十二辆马拉货车。在换了几次马匹之后，我们到达俄属中亚的首都塔什干。

历史上，成吉思汗的儿子察合台汗曾占据过这块土地。1865年，切尔尼亚耶夫将军（General Cherniaieff）将此城纳入俄国的统辖之下。当时该城大概有十二万居民。切尔尼亚耶夫只带了两千个士兵就将其攻克。在全城投降的那个晚上，切尔尼亚耶夫由两个哥萨克人陪着，骑着马穿街走巷，到萨尔特人专用的澡堂去洗澡，洗完了就在市集里吃晚饭。这样的胆量着实让城中的居民印象深刻。

我到塔什干的时候，驻留此地的总督是瑞夫斯基男爵（Baron von Wrewski），他的房子就成了我在城中盘桓时借宿的去处。他给我提供了几张地图、一本护照和几封介绍信。他心肠好，待客又热情，让我十分感动。1873年我们瑞典国王举行加冕仪式时，他就是到场祝贺的俄国外交官中的一位。

我们换了新马车，继续上路，再次渡过锡尔河到达苦盏（Khojent），继而走进丰饶的费加那（Ferghana）山谷，到了浩罕（Khokand），在那儿我们参观了末代可汗廓狄尔汗（Khodier Khan）的宫殿，及吟游托钵僧居住的茅舍；接着赶到马尔吉兰（Margelan）城，这里谁都可以毫不费力地给初来乍到的外地人指出亚历山大大帝的陵墓所在。

皎洁的月光之下，我们驾着叮叮当当的马车来到欧什（Osh）。那时管辖这个地区的是杜布纳上校（Colonel Deubner）。我的计划是一直走到中国最西边的城市喀什（Kashgar），而喀什尚在连接天山与帕米尔高原的高山群峰的那一边。这其中最为高耸的垭口人称"极地关隘"，来往于俄属突厥斯坦的欧什与中属突厥斯坦的喀什之间的商队就由此经过。它的海拔高度有一万三千英尺（三千九百六十二米）。

杜布纳上校对我说，最后一支商队早已离开，暴风雪的季节即将来临，只有那些性情坚忍的吉尔吉斯人认得路，敢冒险翻垭口。这些话不足以让我打退堂鼓，于是上校尽他所能为我作准备，好让我早日上路。我买了些干粮，一件毛皮衣，几张毛毯；另外雇了四匹马，一匹马每租用一天，我得付上六十卡培克；仆人雇了三个，分别是马车长坚恩、马夫巴夷和伙夫阿苏儿。

我们穿着厚厚的衣服和软毡靴子，在12月1日出发了。雪下得很密实，左右高山之间白茫茫的旷野之上，点缀着一个个黑点，那是吉尔吉斯人居住的拱形毛毡大帐篷。路上前往苏非库尔根（Sufi-kurgan）的那天我们走的路程最长，达到破纪录的四十二英里。在那儿，跟一路上一样，我们借住在吉尔吉斯人的帐篷里，大家一起高高兴兴地围着火堆，吃吃东西，休息一下，再睡会儿觉。在苏非库尔根，有个由五十支帐篷组成的村子。科特比是村中长老，他和蔼可亲地招待我们；就着他的营火，阿苏儿煮了一锅"五指汤"。说这是"五指汤"，因为汤稠得简直可以用手抓来吃。羊肉、包心菜、胡萝卜、马铃薯、米饭、洋葱、胡椒和盐，所有这些放一块儿用水煮。

12月5日，天气相当寒冷（摄氏零下14.5度），我们离开苏非库尔根，向着极地前进。仆人们都穿着皮裤；那裤子很肥大，他们所有的衣物就连皮衣都塞进去，也绰绰有余。实际上，他们这裤子可以向上一直拉到胳肢窝。

走到结冰的溪流边，便要跨过摇摇欲坠的小木桥。我们经过的山谷两边斜坡上长着桦树和杜松。我们来到一条不到二十英尺宽的山路，两边是高耸陡峭的山壁，这就是著名的"达凡赛大闸"（Darvase）。陡峭的山路在雪地里弯弯曲曲地延伸。等我们到了关隘最顶处那轮廓分明的山脊跟前，白天也几乎完全过去了。雪地里掩埋着人和马的尸骨，那是夺命的暴风雪留下的无声印记。

朝着东边和南边望去，一片壮丽景色展现在眼前，荒凉的山脊层层叠起，仿佛一座迷宫。在暖热的季节，向东而去的溪水可以一直流到罗布泊，而西去的溪流则注入咸海。

下山的时候，我们惊动了一群野山羊，它们优雅地翻过斜坡消失了。我们继续前行，走过一个又一个帐篷，一直向下穿越山谷，路上经过俄国边境上的要塞伊尔喀什坦（Irkeshtam）以及喷赤河，接着到达纳加拉察地（Nagara-Chaldi）的林区，这里有二十顶帐篷，住着一百来个吉尔吉斯人。他们的首领邀请我们共进晚餐，有酸牛奶、油滋滋的羊肉、牛肉清汤和茶。

在中国边界的要塞乌鲁格柴特（Ulug-chat），驻有一支由八十个吉尔吉斯兵和二十五个中国兵组成的戍边军队，他们的统领叫柯安（Khoang Darin）。那天晚上，柯安来看我，身边跟着三位长老和十二个大汉，还带了一头肥尾绵羊当作见面礼。

走了一天又一天，高山大川一点一点展现在我们面前。往东边望去，无边无际的旷野映入眼帘，一直延伸到远方的沙漠里。12月14日，我们骑马经过喀什绿洲周围的几座村落，于是顺路去了位于喀什城墙外的俄国领事馆。有位长胡子的高个老人走了出来，他戴着金边眼镜，头上一顶绿色圆锥帽，身上披着长袍，在前庭和蔼可亲地向我们表示欢迎。他就是佩德罗夫斯基（Nicolai Feodorovitch Petrovsky），俄国的枢密大臣兼东突厥斯坦帝国总领事。我在他家待了十天。后来我再次以喀什为中心来此地旅行时，他也就成了我的朋友。

历史上征服喀什的统治者交替轮流，城中民族混杂，有雅利安人（Aryan）的后裔，也有蒙古人的子孙；而这块土地也令人遥想起当年成吉思汗和帖木尔统治的时代。中国人曾在不同时候管辖过这个地区。1865年到1877年，阿古柏贝克（Yakub Bek）从俄属突厥斯坦杀到此地，占据了从西藏到天山之间的大片领土，其政行专横残暴。自他死后，中国人便再次将其掌控，一直到今天。

喀什这个城市有一点很特别，比起世界上其他任何一个城市，它与海洋之间的距离最远。道台是管理喀什的中国总督，但这个地方最有权势的人却是佩德罗夫斯基，当地的萨尔特人给他取了一个称号，叫作"新察合台可汗"。这个俄国领事馆就把有四十五个哥萨克兵和两名高级军官的兵力。

我现在一想起曾在这儿居住过的四位友人，心里便充满了感激，而如今死神已经把我和其中的两位分开，世界大战使得另外两位也杳无音信。我说的后两位是杨赫斯本（Younghusband）上尉（日后晋升为上校弗朗西斯爵士）和麦卡尼（Macartney）先生（日后亦为爵士）。杨赫斯本最近刚刚完成他首次横穿亚洲大陆的长途旅行，途中还经过慕士塔格垭口（Mustagh），眼下正住在城墙外齐奈巴格的园林里。他没有房子，只有一个装木地板的拱顶毛毡大帐篷，地板上铺着地毯，墙上挂着价钱不菲的喀什米尔织物。麦卡尼是他的中文翻译。廓尔喀人（Gurkhas）、阿富汗人和其他印度本地人都在他的随从中。我和这两位随和的英国人在一起度过了多少难忘的夜晚啊。

有一天，我们几个正在领事馆的书房里聊天，一位留胡子、戴眼镜的牧师走了进来，他穿着一件褐色长僧袍，还用几句瑞典话跟我打招呼。这位亨德里克斯（Hendricks）神父是荷兰人。1885年他从托木斯克（Tomsk）取道伊犁来喀什，和他一块儿来的还有波兰人依格纳提耶夫（Adam Ignatieff）。自从来到喀什以后，亨德里克斯连一封信都没有收到过，他的过去似乎是个谜。没有人知道他的来历，而他自己也总是保持缄默。至于依格纳提耶夫——此人个子高挑，脸上总刮得干干净净，如白垩般的头发修剪得一丝不苟，身穿白长袍，脖子上还挂着一串缀有十字架的项链——大家都知道，他在上次爆发的波兰革命中曾助人吊死了一名俄国牧师，因此被流放到西伯利亚。他就住在领事馆附近一个简陋的棚屋里，每天三餐都到领事馆吃。

在一家印度人开的客栈里，亨德里克斯神父的房间同样家徒四壁，地面是泥土砌的，窗户是纸糊的，只有一把椅子、一张桌子、一张床和几只葡萄酒桶——他还是个酿葡萄酒的专家。房间里有一面墙上高悬着一个十字架，所以这间房也可用作教堂。弥撒之时，他从来不会放过。他的会众就只有依格纳提耶夫一人。亨德里克斯神父一直对着依格纳提耶夫讲道，讲了几年，后来他们闹了别扭。依格纳提耶夫被禁止到教堂来，于是教堂里唯一的会众也没了。但是神父依旧对着光秃秃的墙壁和盛满酒的酒桶说弥撒，可怜的依格纳提耶夫只能站在房间外边，把耳朵凑到钥匙孔上听道。

每座城门都有数名中国士兵把守，但是驻防的主要兵力是在七英里以外筑有城墙的英吉沙（Yangi Shahr）城。喀什的露天集市里摆着大小货摊，卖货的人里面还有一些不蒙面纱的女子，这一切生动如画。城中大片灰黄色的土屋之中，不时还能见到一座清真寺，景致就显得不那么单调。哈兹瑞特·阿帕克是座主持葬礼的清真寺，阿古柏·贝克就安息在寺外的庭园里，墓上长有桑树和梧桐树。据说中国人重新夺回这座城市之后，将他的尸体付之一炬。

喀什周围有不少其他圣徒的墓地。事实上，墓地的数量多得连当地人都觉得不可思议。当时就发生了这么一件事情：

喀什城外的一座圣徒墓边，一直有一位回教教长给他的门徒讲授《古兰经》。这一天，有个弟子来跟教长说："长老，给我点钱和吃的吧，我想到外面的世界去闯荡闯荡，试试运气。"教长回道："我也没什么东西可以给你，这里只有一头驴子，你就拿去吧，愿真主保佑你一路平安。"这位年轻人骑着驴子，走了几天几夜，最后真的走出了大沙漠。这时那头驴子却走得精疲力竭，死掉了。年轻人悲恸不已，又倍感寂寞，在沙地里挖了一个坑将驴子埋了，便一屁股坐在坟头上哭了起来。这时有几位富商赶着商队从旁边经过，看到这个年轻人，就问道："你为什么哭呢？"年轻人说："我唯一的朋友没了，它可是我一路上的忠实伙伴。"几位商人为这份忠诚所感动，于是决定在这个山丘上竖一块硕大壮观的纪念碑。长长的商队把砖块和彩陶运到这里来，一个神圣的宏伟建筑就在这沙漠之中挺立起来，闪闪发光的圆拱顶和尖塔直上云霄。这个新建圣徒墓的故事不胫而走，远近的朝圣徒都涌到此处来膜拜。多年以后，那位喀什的老教长也来到这个地方，发现他昔日的那个弟子而今已是这座声名显赫的圣徒墓的教长了，心中十分诧异，就问道："你老实告诉我，我不会泄露出去，安息在这拱顶之下的到底是哪一位圣徒？"这弟子悄声道："那不过是你给我的那头驴子罢了。现在你也老实告诉我，当年你给我们教授经文的那个墓地下面又是哪个圣徒呢？"老教长回答道："是你那头驴子的父亲。"

第十四章　结识博卡拉酋长

在圣诞节前夕，我开始了一次令人兴奋的旅行，一路上骑马、乘雪橇、又坐马车，狂野而迅急，周游了整个西亚。三个哥萨克人在领事馆的兵役刚刚到期，正准备返回纳林斯克（Narinsk），那是在俄国号称"七河之乡"的塞米尔耶金斯克（Semiryetchensk）；而我将要与他们同行。

我们乘坐一辆小型马车向北驶去。路上顶着刺骨的寒风（摄氏零下 20 度），穿过狭窄的山谷。我们蹚过的河流水冰融合。这时就能看出哥萨克人是多么厉害：他们沿着靠岸的冰面骑行，突然冰面裂开，马匹就像海豚一般扎进河水中，游走在一块块浮冰之间。我一直担心那么锐利的冰块边会不会把马肚子给划开个大口子。水满到马鞍的一半高，我们只得将两腿交错着跷起来，以便在马背上保持平衡，同时又能避免毛毡靴子沾上水。

再往上游走，那边的河水冻得结结实实的。马在水晶一般的冰面上滑来溜去，简直是在疯狂舞蹈。我们越过中国边界，骑过图鲁嘎特垭口（Turugart，海拔一万二千七百四十英尺，约三千八百八十三米），走过冰冻且覆有积雪的察提尔库湖（Chatyr-kul），翻越塔什拉巴特垭口（Tash-rabat，海拔一万二千九百英尺，约三千九百三十二米），之后进入了重重山谷，好似一个大迷宫，四面荒凉巍峨的山峦层叠交错，这就是中国人所称作的天山了。

过了塔什拉巴特垭口之后便是下山路，沿途有数不清的急转弯，两边尽是边缘锋利、群石嶙峋的石岬与尖坡，在当时的季节，有些地方还覆盖着冰或雪。就在这里，我们的一匹马脚下一滑，滚落悬崖，折断了脖子。

这里经常下雪。1891年元旦那天，雪花飘飘，仿佛天上落下一大张纹理细密的白面纱。在纳林斯克，我们这个队伍各自散去，而我一个人驾车走了一千英里，到了撒马尔罕。乘雪橇赶路的感觉真是棒极了。我们通常驾两匹马来拉；但是在雪厚而松软的地方，得使上三匹马才行。驾雪橇的车夫坐在右边座位，两腿搭在雪橇外面，嘴里一边喊着话给马儿加油，"我的小鸽子噢，就是这样，好样的，再加把油，使劲拉啊，我的小祖宗。"铃铛欢快地响着，雪一个劲地下啊下啊，我们简直给罩在这面雪纱之中，而路两旁也堆积了好几英尺厚的雪。我们向前飞奔而去，速度快得让人惊魂。雪橇像艘船一样在起伏不平的路上颠簸，不过雪橇两边装了两根水平的保险滑刀，在颠得快要倾覆的时候，可以起到缓冲的作用，不让雪橇轻易翻倒。只有那么一次，是在晚上，我们连人带雪橇整个翻过来，一头栽进积雪覆盖的路沟里，但我们随即把雪橇拉了出来，在一条更为平整的斜坡上摆好，又在夜色中左摇右摆地滑了下去。

伊塞克湖（Issik-kul）意指"温暖的湖"，因为注入湖中的各条河水都比较温暖，加上湖也很深，所以不会结冰。一到了这个大湖最西端的窄角边，我决定去朝拜一下伟大的俄国旅行家普哲瓦尔斯基（Przhevalsky）的墓地，也就在一个以他名字命名的小镇附近。整个路程有一百二十六英里。一个小山丘上立着一个黑色的木头十字架，上面还有耶稣像和月桂花环。普哲瓦尔斯基在这片荒原上逝去还不到两年，这里是进入亚洲腹地的起点，由此开始一段崭新的发现之旅。

我们沿着亚历山大山的北边向西而行，走到小镇欧里艾达（Aulie Ata）。阿萨河（Asa River）的浅水处有三英尺半深，人和贵重的行李都乘一辆装有高轮的拉车从河上渡过，而空载的雪橇则由马匹拉过河，在水上漂着像只船似的。

雪下个不停。气温降到了摄氏零下23度，所以雪还是比较松软。拉车的三匹马跳过一个个足有几英尺高的雪堆，溅起的雪花像泡沫一样在雪橇周围飞舞。但是离奇姆肯特（Chimkent）和塔什干越近，那些雪堆也就越小。等到了塔什干的西边，没了积雪，地面显露出来，于是我抛弃雪橇，改乘俄式四轮马车继续前行。

到了齐纳斯（Chinas），也就到了锡尔河畔。河面上有浮冰，渡船开不了，只好用一条弱不禁风的小船渡河。三个结实大汉各持一杆铁头篙，在不断裂开的浮冰中间左一下右一下，把我和一个从库尔兰（Courland）来的年轻上尉撑过河去。

等过了河，我们各自乘上一辆三匹马拉的俄式四轮马车继续上路。在去往米尔撒拉巴特驿站的半路上，马车的后车轴断掉了，有个车轮脱落下来，车身也随之擦到地面，马儿顿时受了惊吓，朝大草原狂奔不止。马车又蹦又跳，在小山丘之间撞来撞去。我只好双手紧握马车，以求保命。最后马跑得精疲力竭，才停了下来。马车夫和我忙把散落在地上的行李重新拾回来，将所有东西装到其中一匹马身上。我们丢掉已经毁坏的马车，也不用马鞍，直接骑上另外两匹马，一直骑到米尔撒拉巴特，那位年轻上尉正在那里等着我们。

我们深夜赶到了吉赛克河（Jisak River），在这儿又碰上一件倒霉事。当时天空云层密布，强风猛吹，冷得不行，将近午夜时分，我们到达河岸边，河水高涨，到处漂着浮冰，前前后后见不着一个人影，就在这时我们的两辆马车都在河的浅滩上停住了。

那个从库尔兰来的上尉立马跳进满是冰块的水中，他的马车还没有走上几个车身的距离，就被破裂的冰块卡住了。冰块堆压在马车上，马匹丝毫拉不动它。这么试了几次都没成功，他只好解下马的缰绳。取下行李，上尉和车夫一起骑马安全上岸。那辆马车就只有扔在水里了。车很可能在春天来临之前一直卡在那里，

081

也有可能会被破裂的冰块撞成碎片。

马车夫知道还有个水浅可以渡河的地方，吉赛克河在那里分成两条支流。库尔兰上尉的两匹马随即加入来拉我的马车，他的行装也和我的堆在一起。他自己坐在马车夫的座位上，背对着马匹，紧握车篷的前缘部分来稳住自己的身体。

等一切安排停当，我们开始横渡第一条支流。河面的冰层牢牢支撑着我们，沉重的马车就在上面嘎嘎吱吱地驶了过去。马蹄在冰面上扬起细小的碎冰。有一匹马突然打滑，幸好及时稳住了。本来一切都很顺利，可是走到第二条支流的时候，又出了差错。那边河岸到水面的斜坡相当陡峭，而且还有个右急转弯。

马车夫发出一声声鬼叫，鞭子抽得啪啪响，赶着马匹往前走。马儿口喷白沫，后腿直立，身上每一块肌肉都在抽搐，鼓起劲来往下坡一头扎下去，直到半个身子都泡在水里才停住。我们到了河道转弯的地方。马车右边的两个车轮还在结冰的斜坡上，左边的那两个轮子却滑进河水里。眼看着大事不妙，我赶忙把身体紧紧顶在车篷右侧。马车全速转弯，不幸的事发生了，马车给掀翻在三英尺深的水里，而且冲击力太大，车篷一下子被撞得稀烂。领头的两匹马摔倒在水中，缰绳杂乱地缠绕在一块儿，险些因此溺水身亡。就在这危急的一刻，车夫及时跳进河里施以援手，河水都漫到他半个身子。库尔兰上尉从座位上给甩了出去，正撞上一大块冰，顿时血流如注。我的几个箱子都漂在水上，只露出个角来；而我的毛毯、毛皮外套和毛毡也差点被急流冲走。我们的行李大半给糟蹋了；什么东西都是湿淋淋的，连我们几个人也不例外。我们把行李一件一件地捞上来，放在马背上运过河去，而我们自己则跟在后面，在浮冰块上跳来跳去。幸好下一个驿站并不远。我们在岸上把东西晾干，能挽救的都尽量挽救。但是可怜的上尉差点没逃过一死，我把他送到撒马尔罕的医院时，他还在发着高烧。

早先我曾受邀去拜访博卡拉的酋长艾哈德，每年这个季节，他都住在距离撒马尔罕城不到五十英里的夏里撒巴（Shahr-i-sabs）城堡。夏里撒巴这个称号之所以有名气，主要是缘于历史上帖木尔大帝在 1335 年出生于这座城堡。我现在就要去拜见他的后裔，虽说是一代不如一代——而事实上尽管他被尊为一方之王，却对沙皇称臣，并且还去参加在莫斯科举行的亚历山大三世加冕典礼，当时有人问他什么让他最感兴趣，他回答说："冰镇柠檬汁。"

我在边界受到一队骑兵的迎接，他们陪同我路过一个又一个村庄，随行护卫的人也由此逐渐增多。等到晚上停下来过夜，发现已为我准备好漂亮温暖且铺有地毯的房间，随处都有餐点可吃，如成堆的糕饼、葡萄干、杏仁、水果和甜点以及常见的肉食。宫廷大臣锡果尔（Shadibek Karaol Shigaul）带着一行绅士前来迎接，向我转达酋长的欢迎之情。这些绅士们穿着红色或蓝色丝绒斗篷，骑的大马身披绣有金线的鞍布。我们每到一处，当地人都蜂拥而至，以观赏这声势浩大的马队。

在奇塔布（Kitab）城，地方官员设宴向我表示欢迎，席间有人问到我的祖国，以及瑞典和俄国之间的关系。后来我发现酋长对瑞典所知甚详，这一晚上的经历可以为此作出解释。

西班牙大使柯拉比霍（Clavijo）当年派驻帖木尔王朝，曾将一路到撒马尔罕所受的款待记录下来。根据他的描述，这些仪式历经五百年的历史长河并没有多大改变。印度斯坦的首位蒙古大帝苏丹巴伯尔（Sultan Babeur）在他的回忆录里说，以前夏里撒巴和奇塔布两座城由同一道城墙所围，一到春季，城墙上爬满了繁茂的绿色植物，便有了"绿城"的称号。

此外，还为我专设了一座富丽堂皇的宫殿。晚宴摆上了三十一个大盘菜。我睡的床盖着红色丝绸，地板上铺有大块华丽的博卡拉地毯。要是我能带一两张这样的地毯回家该多好！

第二天早上九点钟，接见仪式正式开始。我穿上最好的衣服，骑马进入艾克宫——这也是当年帖木尔的宫殿。身穿蓝色军服的军官与我随行,五十名军人举枪致敬,一个有三十位乐师的乐队开始演奏。整个队伍前面还有两个先导队,他们身披绣金线的长斗篷,手持金棍。

我们骑过城堡的三座庭院,才与站在新城堡边的宫廷官员见面。有人将我引进一间用于接见的大厅,屋中央摆着两把扶手椅,其中一把上面坐的是酋长本人。他站起身,用波斯语向我表示欢迎。他个子高挑,面容英俊,留着一把黑胡子,这些都是纯正的雅利安人的特征。他缠着白色缎头巾,身披蓝色丝绒长袍,配有肩章,扎着皮带,还挂着一把短弯刀,身上缀饰的钻石闪闪发亮。

有二十分钟的时间,我们谈了谈我的旅程,以及有关瑞典、俄国和博卡拉的事。随后市长摆出一席有四十道大菜的丰盛晚宴。开席之时,市长将酋长所赠予的金饰纪念品交给我,同时发表一段演说,开头部分说得很精彩:

"这一次赫定大人从斯德哥尔摩远道而来,为的是看看突厥斯坦这片土地。基于我们与俄国沙皇大帝情谊友好、紧密相依,赫定大人获准进入安宁祥和的博卡拉领土,并有此荣幸,亲临此地与我们交好……"

我随身没带什么可以回赠酋长及其官员的,因为我的旅行经费实在容不得我挥霍。我所能做的,只是以合乎礼仪的言行,尽力维护瑞典对这位帖木尔王朝最后一位仁慈而无能的统治者所保有的好印象。

后面一周的时间我在俄国驻博卡拉大使莱萨尔(Lessar)的家里作客。在代表沙皇派驻亚洲宫廷的大使中,他是学识渊博且为人高尚的一个。

最终,我穿越卡拉库姆沙漠,横渡里海,经过高加索、新罗西斯克(Novorossiysk)、莫斯科、圣彼得堡和芬兰,回到了我的老家斯德哥尔摩。

第十五章　两千英里马车行——冬季骑行"世界屋脊"

1891年春天，我回到家中，觉得自己仿佛已然征服了一块无比辽阔的领土，因为我穿越了高加索地区、美索不达米亚、波斯、俄属突厥斯坦、博卡拉，并一度深入中属突厥斯坦。因此我相当自信，觉得可以再次出击，从西到东，征服整个亚洲。亚洲探险的实习时期已离我远去，现在在我面前最严重的问题是地理问题。我蠢蠢欲动，渴望再度踏上那通往无尽荒野的冒险之路。一步一步，我已经越来越深入世界上面积最大的大陆的心脏地区。而现在，唯一能让我心满意足的莫过于涉足以往欧洲人从未去过的路径。

最终这趟旅程成行了，前后历时三年六个月零二十五天，跨越的路途比南北极之间的距离还要长。规划出来的路程大约有一万零五百公里——这相当于地球圆周的四分之一。所有的图表共计五百五十二张，一张张连起来的话，有三百六十四英尺长。在这规划好的部分当中，将近三分之一抑或三千二百五十公里的土地尚未为人所知。但整个旅行的花销一万美元都不到。

这时我还不愿贸然动身，要等到李希霍芬男爵将亚洲地理知识倾囊传授给我才行。于是这一等一直等到1893年的10月16日，那天我与家人依依不舍地一一道别，然后解缆起航，向东前往圣彼得堡。

离开圣彼得堡，我们快马加鞭赶往奥伦堡，在距离奥伦保二千二百五十公里的路上，穿过莫斯科和塔波夫（Tamboff）森林，跨过伏尔加河上一座四千八百六十七英尺（约一千四百八十三米）长的大桥。奥伦堡是奥伦堡哥萨克人的首府，其总督也就是他们的首领。城中有巴什基尔人（Bashikirs），也有吉尔吉斯人和鞑靼人，这表明此地正是进入亚洲的门户。

第一个目的地是塔什干。我对里海的南线路段已经相当熟悉。这一次我想试着走走北线，穿越吉尔吉斯大草原，全线有两千零八十公里，细分为九十六段。一路上全部是乘坐俄式四轮马车。为了避免将行李搬运九十六次，跑远路的人通常会买一驾自己的马车厢和一些零备件，另外还要随车携带润滑油和补给。驿站的站长都是俄国人。马车夫呢，则多是鞑靼人或吉尔吉斯人，他们一年能挣六十五卢布，外加每月发一俄磅半的面包和半只绵羊。驿站里的房间配有桌子和长椅，供旅客过夜休息。角落里摆着一尊圣像，桌子上还放着一本圣经，那是普哲瓦尔斯基留下的礼物。

安楠科夫将军修建的铁路通往撒马尔罕，很快就会延长到塔什干，这对穿越吉尔吉斯大草原的马车而言不啻为重大打击。出于战略考虑，这条马车道仍继续使用，不过最终还是会被铁路替代。

我在奥伦堡买了一辆四轮马车，花了七十五卢布，到了马其兰之后又以五十卢布的价钱把车卖掉。我的行装有三百公斤重。行李箱外面缝上草垫，再紧紧绑在车厢的后面，马车夫的座位上也可以绑几个。这些箱子里面有两个装的是弹药，沉甸甸的。要不是我的守护天使在护佑着我，我肯定早就给炸飞了。路上颠簸得太厉害，一个个弹药匣都给颠成了火药末，就这么着，也没有爆炸，简直是个奇迹。

我在 11 月 14 日离开奥伦堡，当时只有摄氏零下 10 度，冬天的第一场暴风雪开始发威了。我坐在一小把干草上，盖着一床地毯，身上裹着毛皮和毛毯，只见飞舞打转的雪花从撑起的车篷底下被吹进来，一大团一大团地让人感觉窒息。到了晚上，一位灰白胡子的老信差赶上了我。他在奥伦堡和奥尔斯克（Orsk）两地之间来来回回跑了有二十年，一年要跑上三十五趟，这么走下来相当于从地球跑到月球，还要再加六千英里。他身上落满了雪花，胡子上也结了霜，进来一屁股坐在煮茶的茶壶边上，休息了一小会儿，连喝了十一杯滚烫的茶。

奥尔斯克在乌拉河（Ural River）的亚洲河岸边，是个小城镇。我坐着马车走过镇上的最后一条街道，心中暗道："再会了，欧洲！"下面即将开始穿越广袤的吉尔吉斯大草原，也就是夹在里海、咸海、乌拉河和额尔齐斯河（Irtysh）之间的那片土地。草原上有很多野狼、狐狸、羚羊和野兔。吉尔吉斯的游牧民在那里放牧牲口，支起蜂窝状的黑色帐篷，还沿着小溪边搭起芦苇帐篷，众多小溪最终流入一个个盐湖。一个家境富裕的吉尔吉斯人一般都有三千只绵羊和五百匹马。1845年，俄国人占领了部分草原，修建了一些堡垒，到现在仍有少量驻军戍守。

车轮在冰冻的雪地上嘎吱嘎吱地碾过。马匹时而疾驰时而小跑，路面因为有马车跑过，积雪开始融化。我坐在马车里一直这么颠啊颠的，人都快散掉了。时间就这样一个小时一个小时地过去，可是走了半天，周围仍是永不变样的一圈平原，我们的马车还是待在这个大圈子的中央。车夫时不时会停下一会儿，让汗如雨下的马匹喘口气。有时候车夫举起手里的鞭子朝着我们前行的方向一指，说道："过一会儿我们就会和南边来的一辆马车打上照面。"

我拿望远镜往地平线上张望，除了一个小黑点子，什么也看不到。但是那马车夫连朝我们驰来的那些马匹是什么颜色都说得一清二楚。这些吉尔吉斯人的草原生活经历的确将他们的感官磨炼得极其敏锐，有点神乎其神。就算是半夜三更，四周一片漆黑、浓云密布，他们也认得路。除了暴风雪，没有什么能影响他们的方向感。当然了，电线杆子在某种程度上可以当作路标；但是如果碰上一场相当猛烈的暴风雪，人在电线杆之间就可能迷路，除了坐等天亮别无他法。在这样的夜晚，路人也更有必要提防野狼。

在檀迪（Tamdy），我休息了几个小时，驿站站长拿些晒干的草原植物填进炉子，只这会儿野狼就叼走了三只鹅。

11月21日那天，气温降到了摄氏零下20度，这是我去塔什干路上所经历的最冷的一个晚上。下一个驿站康斯坦丁诺夫斯卡亚（Constantinovskaya）就简陋了一些，只有两顶毛毡帐篷。从这儿起，道路沿着咸海一路延伸过去。咸海是个盐水湖，鱼很多，面积大约跟维多利亚湖（Victoria Nyanza）相当。我们在点点沙丘之中跑了有七十二英里路。拉车的两匹马最终换成了三头双峰骆驼，车夫骑中间的那头骆驼。看着它们跑过一个个垭口，驼峰左右晃动，倒也有趣得很。

很快我们离较为暖和的地区越来越近。天下起雨来，骆驼的蹄子打在湿湿的沙地上啪嗒作响。就这样，我们到了锡尔河畔的小镇卡扎林斯克，乌拉山区的哥萨克人在这里捕捞鲟鱼，而鱼子酱的生意也十分红火。道路沿着这条伟大的河流一直延伸过去。在那片浓密得几乎无法穿越的树林里藏有数不清的老虎、野猪和野鸡。有个猎人给了我一堆野鸡，足够我吃到塔什干的，足以证明他的捕猎技术有多高明。

在离突厥斯坦还有一百零八英里远的时候，马车的前轴居然断掉了。经过暂时的修理，我们又小心翼翼、缓慢地将车挪到这座古老的城市。城中矗立着一座美丽的清真寺，有圆拱顶和尖塔，是当年帖木尔为纪念吉尔吉斯的守护圣人哈兹瑞（Hazret Sultan Khoja）而兴建的。

我们继续坐马车踏上这漫无尽头的旅途，在大草原上越走越远。有一次马车在泥沼里面陷得死死的，那三匹马简直无能为力。当时四下一片漆黑，马匹又是踢又是前腿腾空，把挽具都挣脱了。末了，马车夫只好骑上一匹马，掉头回驿站找人帮忙。几个小时过去了，只听得夜风呼啸。我等了又等，不知道会不会有野狼趁机袭击我们。最后车夫总算回来了，还带来一个人和两匹马。过了一些工夫，我们又可以上路了。

我们乘坐一艘渡轮过了阿里斯河（Aris River）。地势变得有些起伏不平，而我们坐的是一辆普通马车，由五匹马拉，有一人骑在领头的马匹上。马车很重，沿着山坡滑下的速度快得让人头昏脑涨。马匹全速飞奔，我胆战心惊，心想万一领头的那匹马一下子跌倒了，骑在马上的马夫岂不要被车轮碾成肉泥？还好，没有发生任何意外。到了奇姆肯特，来到我前一次旅行中已经慢慢熟悉起来的第一个地方。12月4日，伴着叮当响的马铃声，我们乘车前往塔什干。

最终，我在十九天内跨越了十一个半经度，经过了三万根电线杆，雇用了一百一十一位马车夫，使用了三百一十七匹马和二十一头骆驼，从寒冷的西伯利亚一直走到白天温度升至摄氏12度的地方。

在塔什干，我再次到总督瑞夫斯基的家里作客，而在马其兰又住在费加那省的总督——帕伐洛希维科夫斯基将军（General Pavalo-Shweikowsky）的家中。我采购了一些行李，比较重的有帐篷、毛毯、皮外套、毛毡靴子、马鞍、干粮、烹饪用具、新的弹药和俄属亚洲的一些地图，另外还买了准备送给当地人的礼物，比如布匹、衣服、左轮手枪、工具、小刀、匕首、银杯、手表、放大镜和其他一些新奇玩意。为了这些笨重的行李，我又买了几个包有皮革的木箱子，这样可以捆在马匹的鞍袋上。

我已经决定取道帕米尔高原前往喀什，帕米尔是整个中亚地带最为宏伟的一道山脉，它就像是众多积雪覆盖的巨山聚在一起打成了一个硕大无比的结，并由此向着四面八方扩散开去，形成世界上最高也最雄壮的山脉：东北方有天山，东南边有昆仑山、穆斯塔格山脉以及喜马拉雅山，而西南方则是兴都库什山。因此这地方有个恰如其分的名号，即"世界屋脊"。

俄属突厥斯坦、博卡拉、阿富汗、英属喀什米尔和中属突厥斯坦等地区的政治利益都集中在帕米尔高原。就在我动笔写书之际，这个地区正是俄英之间政治关系高度紧张的根源所在。其西部和南部在英国和阿富汗强有力的控制之下。中国则占据着东部地区。1891年，俄国借展示军事装备之名，声称北部地区归其所有；两年之后，他们在阿姆河的一条支流慕尔加布（Murgab）河边修建了帕米尔斯基岗哨的堡垒。再不经意的轻率举动，只要有一方认为是对其进行挑衅，便会触发战事。

从马其兰到帕米尔斯基岗哨的路有二百九十四英里长。距离倒不算很远，但若是冬天走这条路，真让人生畏，因为天太冷、雪太大。到了晚上，温度计里的水银都会冻上。所有的人都警告我说，阿莱河谷（Alai Valley）的积雪太深，你是不会活着走出来的。只有在马其兰和岗哨堡垒之间送信的吉尔吉斯信差才能走得过去；即便是他们，也有不少可怕的遭遇，受很多罪。

尽管如此，我还是坚持上路。和"世界屋脊"之上的寒冬大雪决一高下，这正是我心向往的。帕伐洛希维科夫斯基将军派了一位信差先行骑马去沿途吉尔吉斯人的帐篷村落传信，命他们好生招待我，想尽办法给我提供帮助；岗哨堡垒的指挥官赛茨夫上尉（Captain Saitseff）也得到通知，知道我将不日到达。

我的行装一无精细物品，二不笨重累赘，一身轻便。随我同行的只有三个人：贴身仆人雷辛和两个车夫，其中一个叫伊斯兰（Islam Bai）的车夫后来成了我的忠实仆人，与我一同走过许多年的艰难旅程。我雇了一匹骑乘用的马和七匹驮马，租费是每匹马每天一卢布，这样我也就免去了亲自照顾马吃喝的麻烦。车夫还多带了三匹马，驮着谷粮和干草，这都是他们自己花钱置办的。

1894年2月23日那天，我们出发了。路上经过伊思法仁河（Isfairan River）的河谷，这条河横穿阿莱山脉北边的山坡。我们越往高处爬,路也就越难走。我们将最后一处当地人的定居点抛在身后,又走过了最后几座岌岌可危的木桥。河谷越走越窄,最后窄得最多只有一条走廊宽,而山路又向着陡峭的山坡延伸上去,时而在河谷右侧,时而又在左侧。路上如果看到有结冰,那便是喷泉口的所在。就在这个地方,有匹驮马滑倒了,连翻了两个筋斗,撞上一处突出的山岩,折断了脊椎,跌在河岸上死了。

从最后走过的那个村庄起,就有一群当地人一直陪着我们走——而我们也确实太需要他们了!后面的山路十分难走,简直就像是沿着峭壁搭建的飞檐。有时候路埋在了积雪下面,有时候路面又结了一层冰。冰凿和斧子总是能派上用场,最滑的地方还得铺上些沙子才走得过去。暮色悄悄降临,这时要到达我们的营地,还要跋涉三个小时之久。夜色之中根本看不到深渊的谷底,我们就在这悬崖的边缘上攀爬滑行。每匹马都有一个人领着,而另一个人则在后面拽着马尾巴,随时准备在马匹滑倒的时候好援手一把。失魂的尖叫声不断在山谷中回荡。我们走着走着就得停一会儿。可能是有匹马在悬崖边滑倒了,旁边的人只好抓着马不动,等其他人来帮忙,把负在马身上的行李先卸下来。这正是雪崩多发的季节,我们随时都要面对被大块积雪活埋的危险。马匹的尸骨随处可见。有时整个一支商队,连人带马一起给埋在了积雪之下,这样的例子不在少数。

终于我们来到河谷稍宽的地带,看到远方出现营火的红光,大伙儿才松了一口气,心头有说不出的轻松。经过十二个小时的艰苦跋涉,我们拖着疲倦的身躯来到蓝加尔,这里的吉尔吉斯人已经为我备好了一顶舒坦的毛毯帐篷。

在这里,我派了八个吉尔吉斯人带上铲子、冰凿和斧子,去阿莱山脉的坦吉斯白(Tengis-Bai)垭口给我们的马匹先挖出一条道来。第二天,我们骑马上到海拔九千五百五十英尺(二千九百一十米)的一个叫拉巴特的小棚子,到了这个高度,头疼、心悸、耳鸣、恶心这些高原反应纷纷把我们击倒。晚饭我一眼都看不得,晚上也根本睡不好。后来到了西藏,我已经适应了稀薄的空气,即便身在一万六千英尺(四千八百七十七米)的高度,也不会感到有丝毫的不适。

次日一大早,我们顺着吉尔吉斯人先前挖好的小路出发了。阿莱山的山脊巍然高耸在我们面前。我们进入了一条陡然上升的小道,四边山岩犹如白垩。在这厚达六英尺的积雪之上,吉尔吉斯人踏出一条狭窄的通道,跟沼泽地上的浮板一样吃不住重,一不小心踩空一步,就会陷到深雪里。这么千回百转地绕了半天,我们上到海拔一万二千五百英尺(三千八百一十米)高的垭口,眼前积雪覆盖的山脊连绵广袤,好生壮美!再朝南望,阿莱河谷夹在阿莱山脉和外阿莱山脉之间,分别向着东西两方延展而去。

山上有一条峡谷直通向阿莱河谷。我们就顺着这峡谷,一会儿过桥,一会儿穿越雪堆形成的拱洞,在一条小溪上来来回回蹚了好多次。马匹经常脱队跑散,我们得几人合力才能把它们拽回来,重新负上行装。前一天刚发生过一次巨大的雪崩,把峡谷都给填满了,路也给埋在下面。吉尔吉斯人恭喜我们运气好,逃过了这一劫。我们现在就走在雪崩后的雪地上,脚下的积雪能有二三十码深。

达拉乌特库尔干(Daraut-kurgan)有个搭有二十顶毛毯帐篷的村子,我们便由此进入阿莱河谷。远远看见坦吉斯白垭口那边正有一场暴风雪在狂舞乱作,于是吉尔吉斯人再一次恭喜我们:如果早到一天,我们就会葬身雪崩;倘若我们晚一天来,也会遇上暴风雪,统统给冻死在里面。

暴风雪在3月1日前一天的晚上已经下到达拉乌特库尔干。村里的帐篷都得用绳索和石头给固定牢了,即便如此也差点让暴风雪夷为平地。在我醒来的时候,发现我的枕头上居然堆出一小座雪墙来,所有的帐篷都陷在一码深的积雪里了。

休息了一天之后,我们继续跟随吉尔吉斯的向导上路。那向导拿着长木棍敲击雪面以探虚实。在这冰天雪地里,我极目远眺,只见一个小黑点子,不禁心里热乎乎的,因为那就是我们今晚要去过夜的毛毡帐篷。那里正烧着一堆火,烟从帐篷顶的开口袅袅而出。那天晚上,有个吉尔吉斯人弹弦乐曲供大家娱乐。到了夜里,暴风雪再次来袭。

我们继续向东沿着阿莱河谷行进,阿姆河的一条支流赤水河(Kizil-zu River)也从阿莱河谷一路向东流去。走到这里,我们不得不让四头骆驼先踏出一条道来给马儿走。有时候骆驼整个儿陷到雪里,只得引到积雪不算太深的地方再试试。

我们离扎营过夜的帐篷只剩不到一百五十步远了。可是就这么点儿距离却走得千辛万苦。在这中间隔着一道九英尺厚的雪沟。走在前头的那匹驮马一下子就没了踪影,幸好我们设法卸下它背上的箱子,再用绳子将它死拽了上来。想拿铲子把雪铲开,也根本不管用。吉尔吉斯人想了一个主意,拆下帐篷上的几块毛毡,铺在沟壑的积雪上面。然后牵着马,一匹接一匹、一步一步地走过毛毡。等到我们把所有的马都牵了过去,感觉好像过了一辈子。

厚如高墙的积雪将毛毡帐篷给围得结结实实。到了晚上,温度只有摄氏零下20度了。第二天早上,外阿莱山脉的最高峰考夫曼峰(Kauffmann Peak,二万三千英尺,约七千零一十米)就矗立在眼前,显得那么雄伟壮观。

我从营地派出一个吉尔吉斯人去外面找人救援。结果他的马一下就陷进雪里,没到骑马人的膝盖。都这样了,还想突围出去,简直有点可笑。那吉尔吉斯人很快就放弃了尝试。我们给大雪围在了里面,没别的办法,只好坐等救兵。

后来,终于有几个吉尔吉斯人带着几头骆驼和马来了,花了好大工夫把我们从雪堆里解困出来。他们说,就算碰上比这还深还厚的大雪也是常有的事。此时他们就用牦牛来打通道路,钻出一条雪地隧道,好让马匹和人跟在后面走出困境。

他们还讲了个故事,说上一次下暴风雪的时候,他们一个朋友的四十只绵羊都让一头野狼咬死了。还有个人最近还损失了一百八十只绵羊。野狼真算得上是吉尔吉斯人的死对头。在暴风雪的夜晚,单是一头野狼偷袭,就能把所有的羊都咬死。野狼嗜血成性,挡也挡不住,但是一旦被吉尔吉斯人活捉,那就有它受的了。吉尔吉斯人会把一根粗重的柱子绑在野狼的脖子上,塞一块木头在它嘴里,再拿绳子把嘴巴缠个结实。然后把野狼放开,用鞭子劈头盖脸一顿猛抽,用烧得通红的煤块烫瞎它的眼睛,还拿干鼻烟灰塞它的嘴巴。有一次正碰上这么个场面,我也就有机会杀了那头野狼,让它少受了不少罪。

很多野生的绵羊(当地人叫做波利羊,随马可波罗的名字)都被野狼咬成碎片。野狼捕猎有着精细的系统分工,有几个是打前哨的,先把羊群赶到一处陡峭的斜坡。绵羊一看到大气直呼、双眼发绿的对头从后面上来,便纵身越过峭壁,吉尔吉斯人都说羊正是靠着强劲而优美的双角的根部软垫着陆,才得以安然落地而免于一死。不过即便如此,绵羊注定逃不过此劫;因为其他野狼已在峭壁底下守候多时,只等着绵羊送到跟前。

与我同行的一个吉尔吉斯人去年冬天曾结伴从阿莱河谷走过,当时遭到十二头野狼的攻击。幸好他们都带了武器,开枪打中了其中的两头狼,刚中弹倒地就被其他野狼窜上来吃了个干净。

不久前,有个吉尔吉斯人从一处营帐赶到另一处,却再也没有回来。大伙四处找了一下,结果在雪地里发现他的头颅和尸骨的残骸,以及他的毛皮外套,雪地上留有缕缕血迹,看得出他死前曾有过无助而绝望的挣扎。那个吉尔吉斯人独自赶路的样子总是在我的脑海里挥之不去;晚上我也睡不着,只想着他突然发现自己被野狼团团围住,那该是何等悲惨的境地。他肯定是想尽了办法往帐篷村落里赶,可是无疑野狼是从四面八方向他发起进攻的。他很可能拔出了匕首，左右乱捅，结果却激得这些杀手暴跳如雷、更为嗜血。拼到最后，他自然是一丝力气也使不出了，筋疲力尽、踉踉跄跄，眼前一片漆黑，继而走进了无尽的黑夜，因为靠他最近的那头野狼扑了上来，锋利的狼牙深深地扎进了他的喉咙。

来到赤水河岸边，我们拣巨大冰带的地方渡过，走到河中央，那水又急又深。马匹只能从滑溜的冰块上跳进湍急奔腾的河水，继而再鼓起劲来一跃而至对岸的大冰块上。

离此处不远，我们在深厚的雪地里清出一块地方，刚好支起帐篷扎营过夜。夜空清朗，万籁俱寂，上有星光闪闪，下有白雪皑皑，衬出美好的夜色。当时温度是摄氏零下34度。我很心疼马匹，它们只能站在帐篷外面挨冻。

我们正骑马朝东走，我感觉身体的右半边给太阳照得相当暖和，而左半边背阴则直冻得厉害。我脸上的皮肤都冻裂了，一块一块地脱落，最后越来越硬，变得跟羊皮纸一般坚韧。

博多巴（Bordoba）是一间小泥屋，由信差搭建。我和一个吉尔吉斯人率先赶往那里。我们在三英尺深的雪地里清出一条路向前进，直到深夜才赶到。在泥屋附近我们还看见七头野狼的足迹。

从此地开始，地势一路攀升，直至外阿莱山脉的喀吉尔（Kizil-art）垭口（海拔一万四千英尺，四千二百六十七米）。山顶上竖着一块石标，还有几杆扑拉拉飘着旗帜的柱子。那吉尔吉斯人在跟前跪了下来，感谢真主阿拉保佑我们得以安全通过这道神圣而又让人寒栗的垭口。后来在西藏，我也常常遇到这样的风俗——一样的石标、一样的柱子和旗帜，以及对山神的崇敬。

垭口南边的积雪少了许多。我们一路上经历的最低温度是摄氏零下38度，当时正在阔克赛泥屋。

第二天，我们穿过一个貌似门槛的小山脊，站在山脊之顶，整个喀喇湖（Kara-kul）——也就是"黑湖"的景致尽入眼帘。

夕阳西沉,西边山脉的影子随即移转过来,笼罩了这片荒凉凄清的土地。

3月11日,我带着四个人、五匹马和够两天吃的干粮,踏上了已经结冰的茫茫喀喇湖。余下的人马将在湖的东南岸与我们会合。喀喇湖面积有一百三十平方英里(约三百三十七平方公里),长十三英里、宽九英里半。我们利用湖东头的几个冰洞测量了一下湖水的深度,随后在一个岩石小岛上过夜。湖面的冰层发出奇怪的声响,既像有大鼓和大提琴在搬动,又像是封闭汽车的门给砰地一声关上了。我手下的人则觉得那是湖里的大鱼在用头敲打冰层。

在测量了湖西面一大片水湾的深度之后,得出湖水的最深处有七百五十六英尺。我和手下的吉尔吉斯人跟着前面人所留下的足迹前行。夜幕降临,我们走上了光秃秃的地面,前人的足迹便看不见了;等再次走到积雪覆盖的地方,也没能认出他们的足迹。我们骑行了四个小时,一路走一路大声叫喊,但是没有任何回应。最后我们停在一处满是干燥草原植物的地方,生了一堆火,既是让自己暖暖身子,也是以此为信号。我们坐着聊天,一直聊到夜里一点钟,中间没吃一片面包,也没喝上一滴茶水,只是一个接一个地讲野狼的故事来吓唬对方。聊完天,我们拿毛皮裹紧身子,躺在火堆前睡着了。

第二天早上发现了商队。我们继续向前,进入穆斯克(Mus-kol)山谷,这条山谷正通向阿卡白妥(Ak-baital)垭口(海拔一万五千三百英尺,约四千六百六十三米)。山谷中还有"冰火山",那是由于地下水涌出地面后结成冰,一层一层堆积而形成的一座座圆锥体。其中最大的一个有二十六英尺高,圆锥底座的周长足有六百五十英尺。

雪花随风旋转飞舞,仿佛新娘戴的一道白色面纱挂在垭口之上。走到这里,我们不得不丢弃一匹马。帕米尔斯基岗哨的翻译员库尔在垭口的那一边迎接我们,他是个乐观随和的吉尔吉斯人,曾在俄国上过学。我们一同骑行了一段路程之后,他手指着南边广阔的穆尔加布(Murgab)山谷的上空,说道:"你看见那边的一面旗子没有?它飘扬的地方就是帕米尔斯基哨所,全俄国海拔最高的堡垒!"

第十六章　与吉尔吉斯人在一起

那堡垒是由泥块和沙包砌成的，四个角落的炮台上都架着枪械。我们往堡垒朝北的那面骑过去，戍守边界的一百六十名士兵和哥萨克人都跑上护墙，开始高声欢呼。在堡垒的正门，我们受到指挥官赛茨夫上尉及其手下六名高级军官的热烈欢迎，赛茨夫上尉也曾担任过斯科别列夫将军的副官。

我打破了他们单调乏味的边疆生活，因我一来，他们便要举行一些欢迎活动。他们已经有整整一个冬天都没有见过一个白人了，而我的出现简直就像是上帝送来的礼物。我呢，也被他们热情给震住了，于是心甘情愿地在这里做了二十天的"囚徒"。

那段时间休息得真爽！我们在一起神侃，我也画画素描、拍拍照片，还跟他们骑马跑个短途，去拜访附近的吉尔吉斯部落各位长老。每个星期天，大伙都组织玩游戏，戍卫兵应着手风琴的乐声一起跳舞。每到星期二，我们举着望远镜盼望北方的地平线，希望让我们翘盼已久的信差会带着信件和报纸姗姗而来。

不知不觉，这段舒适悠闲的时光已到了尾声。4月7日那天，我道过珍重，重新上马，带着一小群人马向着东北方向的兰格库尔湖（Rang-kul）而去。当晚就在湖边过夜，住在一个没有排烟口、圆锥形的帐篷里。湖水只有六英尺深，但湖面却结了三英尺厚的冰层，而泉水涌入湖里的地方，则没有结冰。经常有大群大群的野雁和野鸭飞来此地栖息。

继续向东行，我们由瞿喀台（Chugatai）垭口穿越萨雷阔勒山（Sarik-kol），在山的那一面即是中国领土，我们在这儿的第一个吉尔吉斯帐篷村落扎营过夜。从附近一个中国堡垒布伦库勒来了三位长老跟我们会面，他们点了下我们的人数，又仔细清查了一番，才返回堡垒去。当时有谣言盛传说有支俄国军队正要来攻打中属帕米尔，甚至有人笃信我们就是乔装的士兵，并在行李箱中暗藏武器。但是当他们亲眼看到我不过是个单身上路、带着几个当地人做随行的欧洲旅客之时，心中悬着的石头才落地。

离布伦库勒不远了，这时指挥官乔大林亲自带了十名护卫前来探访我。他听了我要继续前往慕士塔格峰（Mustagh-ata）西麓的计划，并没有表示反对，但是要求我留一个人和一半的行装在他那里作担保。要去喀什，我唯一能走的路就是穿过起于布伦库勒的盖兹（Gez-daria）河谷。

中国人的疑心相当重，派了卫兵和特务整夜守在我们的帐篷边上，不过他们也没有多打扰。4月14日，我带上四个人和四匹驮马上路了，向南穿越宽广的萨雷阔勒河谷，经过美丽小巧的山湖喀喇湖，到达一位吉尔吉斯长老塔格达辛所掌管的帐篷村落，此人非常热情好客。那里的吉尔吉斯人一听说有个欧洲人在村里扎营休息，就把家里的病人带到我的帐篷里来，我只好尽我所能给他们看病，用了奎宁和其他一些苦口却无害的药，结果证明治疗效果是相当好！

慕士塔格峰，即所谓的"冰山之父"，巍然耸立在我们面前，其海拔二万五千五百英尺（七千七百七十二米），覆有一顶闪闪发亮且常年不化的白雪皇冠。它就像一座灯塔，远在其东边的沙漠内陆也能眺望到；它的大圆顶矗立在南方的喀什山脉之上。这条山脊与帕米尔高原接壤，一直延伸至东突厥斯坦山麓。

吉尔吉斯人流传着许多和慕士格塔峰有关的传说。人们都说它是座庞大无比的圣人墓，圣徒摩西和阿里都在此安息。几百年前，有位睿智的长者爬上这座山。他在山顶发现了一泊湖水和一条河，河边上有头白骆驼在吃草。几个身着白衣、举止庄重的老人在李树园里悠闲漫步。这位智者摘了果子吃，此时园子里的一位老人走过来，恭喜他没有对果子傲视不理；因为若是他没有吃那果子，他就得跟其他人一样，永生待在这里不能离去了。后来一位骑白马的骑士一把将他拉上马鞍，朝山下绝尘而去。

在这"冰山之父"的山顶，据说还有一座叫作贾奈达（Janai-dar）的城池，城中的居民个个都无比幸福，不知道什么叫寒冷，什么是受罪，也不会死去。

无论我走到哪里，无论我造访哪个吉尔吉斯人的帐篷村落，都会听到这座圣山的许多新故事。于是自然而然，我开始有了一种难以抑止的渴望，想和这座大山走得更近一些，去踩一踩它那陡峭的山坡——不一定非要爬上山顶，但至少可以走上一段路。

心里有了主意，我就把马匹和两个随从撇在山谷里，另找了六个壮实的吉尔吉斯人，雇用了九匹块头硕大的牦牛，将我的帐篷往高处升了两千英尺，搬到一个没有积雪的地方，只有岩石和石砾堆，以及冰川化成的潺潺溪水。第一个晚上我们靠着干草火堆取暖，露天度过。

但是我的首次尝试却以失败而告终。虽有牦牛的帮助，我们仍然十分费力地在雪地上爬行，一直爬上陡峭山壁的边缘，山壁的下面是北边巨大的延布拉克（Yam-bulak）冰川的深邃峡沟。从这里我们能看到西面萨雷阔勒河谷的壮丽景色，还有由山顶上的盆地之水所形成的雄伟冰川，白色中闪着点点蓝光，沿着峡沟滑下来，从我们脚下经过，而后带着帝王般的傲气从蛰居的乱石之地又露出来。

可惜我们没有时间玩味。起风了，高处的山坡上开始有暴风雪肆虐。大雪如浓云一般在我们头上打转儿，天色也渐渐变暗，我们赶紧掉头回营地。

在我们离开营地的档儿，塔格达辛长老爬上山来给我们送了一顶很大的毛毯帐篷。他真是雪中送炭！不到一会儿，暴风雪就将整座山包了个严严实实。什么也看不见了,但一想到还有帐篷能抵挡一下狂风,心头不禁感到宽慰。

天气好转似乎还需等上很长一段时间,想到此,我便派了几个吉尔吉斯人下山去山谷取些粮食过来。

然而屋漏偏逢连夜雨,整个计划泡汤了。我的眼睛染上了急性炎症,不容拖延,得赶紧找个更暖和的地方待着。这次登山半途而废,而我还得蒙着双眼,随着队伍一路走过喀喇湖和布伦库尔,径直向前沿着盖兹河的荒芜狭窄的河谷走下去,这个河谷常被强盗和小偷当作藏身之地。

我们不得不多次渡过这条在巨石之间翻腾咆哮的盖兹河。手下的人为了给马匹扶上一把,免得它们失蹄溺死,干脆自己蹚过河。只有很少几个地方有桥搭在河上。其中有座桥用一块巨头作引桥,当马匹从桥面松弛的木板条上走过时,倒也呈现出一番有趣的景象。

气温上升得非常快。我们退到山下,已然是夏天,温度计上显示有摄氏19度。最终在5月1日到达喀什,此时我的眼睛差不多痊愈了。

这里我只短暂回忆一下我待在喀什的那些日子,大半时间都是和我的老朋友佩德罗夫斯基总领事在一起,当然还有热情的麦卡尼先生和诙谐的亨德里克斯神父。

我的第一要务就是去拜访喀什城兼全省的总督张道台,他是个大好人,我头一次来的时候就认识他了。他接待了我,态度友好客气,我的每个请求,比如办理护照文件啊、自由走动啊,他都一一允准。

次日总督到我这儿来回访,他那五彩缤纷的大队人马气势高昂地踏进领事馆的庭院,那情景真是世间罕见。先是来了一支骑在马上的先导队,每踏出五步,哐的一声锣响。随后跟来一群步行卫兵,手持细鞭和短剑,为总督大人扫清道路。总督坐在一辆有布帘遮蔽的小马车里,前面由一头壮实的骡马拉着。马车两边各有仆人随行,举着遮阳伞,还有高杆,上面插着绣有黑字的黄色官旗。殿后的是一支骑着白马、制服华丽的骑兵队。

有一天,依格纳提耶夫领事和我受邀去张道台府上赴一场官宴。俄国的出行排场比中国的简洁多了。排在最前面的是西突厥斯坦商人的长老(aksakal,意思是"白胡子"),我们坐的马车前面有位骑士手擎俄罗斯帝国的旗帜。护卫队的两名高级军官和十二名穿白色制服的哥萨克士兵跟在我们的后面。就这样我们穿过整个喀什城,走过一个个市集和雷吉斯坦大市场,穿过"跳蚤市集"——在那可以买到附送跳蚤等害虫的旧衣服。

我们到达总督官邸的时候放了两响礼炮。主人和陪同官员在内庭接见了我们。用餐大厅的正中央摆着一张大圆桌子。主人将椅子摇了一摇,表示这些椅子足以承受我们的重量。他又在桌子和椅子上面挥了挥,意思是每样东西都一尘不染。他拾起象牙筷子碰了碰自己的额头,然后又将筷子放归原位。

我们全部就座,按照程序一点一点地吃完四十六道菜。席间每隔一会儿,就有人斟上温热的烈酒。依格纳提耶夫饭量惊人,而且要酒不要命,接连十七杯都是一干而尽,仍不见醉意,这让在座的人们大为惊叹。墙上贴了一句箴言:"饮烈酒,论妙事。"这两样我们都没少做。但我担心我们一行人可能频频冒犯了中国人最讲究的礼节规矩。要不是这些中国人生来皮肤就跟干桃子一般黄,此时脸色可能要变灰白了。整个宴席一直都有不同民族组成的各个乐队为我们演奏。吃完最后一道菜,我们便告辞了。

已是盛夏时节,温度到了摄氏35度。但我还是忘不了"冰山之父",忘不了那终年白雪皑皑的山地,还有泛着蓝光的冰川。我带上一支由伊斯兰仆人领队的轻便小商队,在6月离开了喀什,骑着马去小镇延吉息撒。镇上的官员警告我说,河流遇到狭窄的河谷水位会暴涨,为了更便利我的旅途,他派了几个吉尔吉斯人与我同行，领头的那人叫尼亚斯。

于是我们一直往山区走，在基普恰克族（Kip-chak）吉尔吉斯人的村落，受到了当地人的欢迎。这里的村落有些是由帐篷聚合而成，有些是泥土和石头搭建的小屋。慕士塔格峰令人炫目的白色圆形山顶时不时地在众山河之上翘然而出，层层山谷原野荒荒，条条深河白浪滚滚。不过一路上很顺利，没有出现什么意外。向着远方延展而去的河谷之中，有星星点点的村落，那里一般都水草丰足，长着一丛丛野玫瑰、野山楂和桦树。到达帕斯拉巴特村的时候，遭遇了一场倾盆大雨。暴雨过后，只见河流水位汩汩地疯涨起来，河水也变成了灰褐色，沿着河谷低声咆哮、奔腾而去。

途中最艰难的一段路程是穿越檀吉塔（Tengi-tar）峡谷，这里也叫"狭窄走廊"，路嵌在陡峭的山壁之间，只有几码宽。河水溢满了整个谷床，使得往帕米尔去的旅人只能下河骑行了。水流在滚动的石头之间拍打翻腾，狭窄的峡谷之中回荡着震耳欲聋的激流声。马儿拿不准该在何处落脚，便在大圆石头中间小心翼翼地跟着感觉走。它们不时跃上一块大石头，再用尽全身力气跳到下一块石头上去，而背上的行李箱总能平衡得很好。在最最难走的地方，有两个人就放几块石头方便落脚，自己先跳上石头，然后各在一边守护，引导马匹走过。

抬头仰望，蓝天夹在灰色花岗岩山壁之顶，只能瞥见细长的一条，慢慢地山势变得越来越开阔平滑，天空也随之扩展开来，我们这才大大松了一口气。离开了海拔一万五千五百四十英尺（四千七百三十七米）高的寇克莫依纳克（Kok-moinak）垭口之后，我们发现自己再次来到"世界屋脊"之上，到达宽广的塔嘉尔玛（Tagarma）河谷，那里的吉尔吉斯长老很热情地招待了我们。

在这清新纯净的空气中，高山险峰以及满山的生物都呈现出最美丽的一面。慕士塔格峰上的冰川像舌头一般从深窄的裂缝中间吐出来，清澈如水晶的小溪涓涓地流下山坡，流过青草漫地的牧场。牧场上有大群大群的牦牛和绵羊在吃草，还有约八十顶已经搭建好的帐篷。

我们继续向北，来到苏巴喜（Su-bashi）的大平原，在那里我们遇见了老朋友塔格达辛长老，他把自己最好的一顶帐篷送给我们。之后将近三个月的时间里，我和这些吉尔吉斯人待在一起，过着和他们一样的生活，骑他们的马匹和牦牛，吃他们惯吃的食物——羊肉和酸奶，最后成了他们的朋友。后来他们常常跟我说："现在你就是一个地地道道的吉尔吉斯人了。"

7月11日，塔格达辛长老在苏巴喜平原上举办了一场竞技大赛，以示对我的欢迎。整个地区所有的长老身着镶着金边、色彩鲜艳的华丽长斗篷，齐聚于我们的帐篷前。在四十二个衣着光鲜的骑士扈从的陪同下，我骑马来到那即将变得狂野而喧嚣的场地。一大群人已经在那里等着我们，其中还有一百一十一岁高龄的老人廓特和他的五个儿子，五个儿子也都是胡子斑白的老人了。

偌大的平原上满是骑马的好汉，一个个心情迫切，只盼着一声令下开始角逐竞技。终于有人发出了号令。只见一位骑士策马全速朝我们冲过来。他左手拎着一只活山羊，右手持一把锋利的弯刀，奔到我们跟前，不用手，只用膝盖引着马儿绕着圈子。突然间他手起刀落，只一刀便把羊头干净利落地砍了下来，羊的身子挣扎扭曲着垂在一侧，血汩汩地流。

接着那位骑士绕场地跑了一周，随即又朝着我们狂奔过来，这回他的后面跟了八十位骑士。马蹄哒哒响，震得大地都跟着颤抖起来。他们越跑越近，有时仿佛消失在阵阵尘雾之中，有时又像在向我们逼近，几乎转眼间就要如雪崩般向我们压来。就在那几步之遥、扬起的沙土都扑到我们身上的一瞬间，他们全部拨马转开了。领头的那位骑士将山羊的残体扔在我的脚下，掉头便隐入尘土连天的平原里了。

然而才几秒钟,他们又转了回来,随即一场争夺山羊尸体的混战开始了。我们这些旁观的人急忙后退。竞赛的目标是骑在马上捞起羊尸并将其带走。这是最为激烈又精彩的打斗。八十位骑士一拥而上,乱作一团。有的马匹前蹄腾空,直立起来;更有的直接摔倒在地。被甩出去的骑士须立马逃出混战重围,以免被马匹踩死。在这圈子的外围,另有一些吉尔吉斯骑士开始往里逼近,一点一点骑进圈子里,虽然里面已经是拥挤不堪了,不知道的人还以为他们是来烧杀抢掠的匈奴呢。

抢到最后,一个身强力壮的吉尔吉斯人得了那只羊,只见他拎着羊在平原上疯狂地绕着圈子跑,而其他人则在后面穷追不舍,跟一群饿狼似的。就这样,抢的抢、跑的跑、追的追,场面一再循环。

塔格达辛长老越看越兴奋,最后按捺不住,跳上马直接加入这场争夺。可是争着争着,他跟马儿一起摔了个大筋斗,额头上给贴了几张写着汉字的红字符,被判出局。

竞赛结束之后,我们享用了一顿精致的大餐,吃羊肉米饭,喝酸奶热茶。我则负责颁发奖品给所有的获胜者,奖品是银币。获胜者中有两位身强体壮的吉尔吉斯人,耶兴和莫拉,我便招他们入队。

暮色渐渐低垂,骑士们成群结队,回帐篷去了。又一个夜晚降临,浓浓的夜色落在慕士塔格峰脚下的平原之上。

第十七章 与"冰山之父"搏斗

我给自己定了一个任务,就是要规划一下"冰山之父"慕士塔格峰的登山路径。在仆人和几位吉尔吉斯朋友的陪伴下,我来到"小黑湖"喀喇湖的岸边。一顶精良的毛毯帐篷供我专用,附近的邻居也给我们送来了酸奶、鲜奶、发酵马奶和绵羊。白天吉尔吉斯人都下地干活。到了晚上,他们都来我们这儿,我让他们把对自己国家的看法都说出来听听。只要是碰上大风大雨的天气,我就待在帐篷里,记记笔记,或者给吉尔吉斯人画画肖像。

有一天,我们从费加那带来的看门狗不见了。过了些日子,我们去喀喇湖边上游玩,一只黄白色、很瘦弱的吉尔吉斯狗跑到我们跟前。伊斯兰和其他人捡起石子朝它扔过去,想把它赶走,可是它走了又总是跑回来。于是我就把这狗留了下来,肉啊骨头啊什么的都尽它吃,它很快就丰满起来,成了我们这里人见人爱的宝贝。我们称呼它"尤达西(Yoldash)",意思是"旅行伴侣",它很忠实地为我看守帐篷。后面的十个月里,它是我最要好的朋友,我无论去哪儿身边都不会少了它。尤达西是在相当悲惨的情景下离开我们的。不过那是另外一个故事了,稍后会补上。

吉尔吉斯人在慕士塔格峰周围放牧绵羊、牦牛和马匹,每一户人家在夏季和冬季都有自己固定的牧场。他们信奉伊斯兰教,但妇女出门不戴面纱,只在头上缠起高高的白巾包着头发,有点类似穆斯林教徒所戴的头巾。他们完全是围着牲口的安康团团转。太阳落山了,他们就把绵羊赶进羊棚。有一半野性的看家狗保护羊群不受野狼的侵袭。只要是和绵羊、母羊以及羔羊有关的粗活,女人们都得做，牲口的饲料也是她们准备。男人呢，大多骑在马鞍上，走亲访友串串门，骑到喀什赶赶集，或是监督一下，看看马匹和牦牛照顾得好不好。小孩子在帐篷旁边玩耍，通常都长得可爱又漂亮。我们曾见过一个八岁大的孩子，浑身一丝不挂地走着，只穿了他父亲的靴子，头上戴一顶羊皮帽。

我们穿过雾气向慕士塔格峰的北坡前进，北坡上那舌头形状的冰川如许多根手指一般垂下来，直伸向萨雷阔勒山谷。我们必须动用牦牛才能骑乘和驮运行李。要骑动一头牦牛，得花上一点耐心。尽管这家伙鼻子的软骨上穿了一个铁环，并且系上了缰绳，可是它脾气犟得很，嘴里一哼哼，自己想怎么走就怎么走了。

仔细观察了山北的冰川之后，我们把营地转到了山的西面，随后沿着延布拉克和坎珀基什拉克的大型冰流徒步行走。溪水里尽是融化后的冰块，从蓝绿色的冰面上滑滑流过，如水晶般清澈。冰川上随处可见张着大口的深邃裂缝，还有几处大石头俨然变成了漂亮的冰川桌子。

8月16日的日出之时，我带上五个吉尔吉斯人和七匹牦牛，开始攀登延布拉克冰川北面的一个陡峭悬崖。八点钟，我们就已经爬到比白朗峰（Mont Blanc）还要高的位置；爬到海拔一万六千英尺（四千八百七十八米）时，我们见到了雪线。积雪的厚度迅速增加，表面的一层也开始冻结起来。我们缓步前行。牦牛不一会就停下来，好好喘上一口气。其中有两头已经累得走不动了，只好把它们扔在那里，任其自生自灭。

我们又一次来到一个悬崖边上，一万二千英尺（三千六百五十八米）高的延布拉克冰川恰好躺在我们脚下。又往上爬了大约一千英尺，这时莫拉和另外两个吉尔吉斯人一头倒在雪地上睡着了，我也不管他们，和余下的两个吉尔吉斯人和两头牦牛继续往上爬。那牦牛显然不大乐意，觉得在雪地里爬个没完没了的，真是毫无意义。

到了海拔两万零一百六十英尺（六千一百四十五米），我们不得不暂停，多休息会儿。牦牛站在那儿，舌头耷拉在外面，呼吸的声音就像是在锯木头。我和吉尔吉斯人坐下来吃点雪，都感觉头痛得厉害。我现在意识到，如果我们要再攀高一两千英尺，就必须带足干粮和帐篷，预备在这两万英尺的高度过上一夜。我决心以后一定要再来试一次，于是便掉头返回营地了。

在冰川之间几度穿行后，我们终于在8月11日第二次尝试登顶，这一回是沿着察尔图马克（Chal-tumak）冰川以南陡然升起的峭坡往上爬。牦牛和吉尔吉斯人带着一顶小号毛毯帐篷、食物和燃料，一路挣扎着爬到一万七千英尺（五千一百八十二米）高的地方才停下来长时间地休息。

突然间，与冰川走廊北面垂直相接的悬崖那边传来一声震耳欲聋的巨响，回音在深谷之中久久不散。应该是山上高处突伸出来的山壁之上的厚冰层，因为无法承载自身重量而崩裂，摔落在冰面上。巨大而坚硬的冰块迅速坠落，打在突出的岩石上，顿时碎成白色的粉末，震得山摇地动，仿佛泛着白沫的激流奔腾而下。

再往上走，我们看见四只野山羊，因受了惊吓而显得十分紧张，在雪面上跃了几下便逃遁而去。在此之前，我们还看到两头淡灰色的大野狼，显然是为了追逐那几个山羊才跑到这终年积雪之地，只是力气耗尽，无法继续追下去。

冰面上的积雪有两英尺厚，这使得我们攀登起来比以前更加困难。仆人莫拉领着一头牦牛在前面开路，牦牛身上背负着两大捆硬如木头的草原植物。突然那头牦牛一眨眼就不见了，跟掉入脚下陷阱一般。跑到那里一看，原来刚才那牦牛踏上了一道横跨在裂缝之上的雪桥，大约一码宽，根本站不住，现在就被右后腿、头上双角和那捆植物一起撑着，悬挂在半空，而身子底下就是漆黑的无底深渊。牦牛给吓得一动也不动，不然早就葬身渊底了。吉尔吉斯人拿根绳子兜住牦牛的肚子，其他牦牛再一起使劲，就把这可怜的家伙给拉了上来。

我们缓慢又谨慎地再度尝试，结果另一头牦牛也差点给深渊一口吞了，有个吉尔吉斯人也是差不多，幸亏一把抓住裂缝的边缘挂在那里，才死里逃生。转而来到冰川上一条夹在天蓝色陡峭冰墙之间的裂隙，三四码宽，七码深，我们极其小心，总算过去了。这条裂隙向左右延伸，直至肉眼能看到的远方。这使得登山进程完全终止，不能再前进一步。此时我们的海拔高度在一万九千一百英尺（五千八百二十二米）。

回营地的路上，我决定试着再攀登一次，这回还是取道以前已经爬过两次的延布拉克冰川北坡。

我们花了一天时间，爬到两万零一百六十英尺（六千一百四十五米）的高度，也就是我们前一次走到的深渊边缘。这时我们得做出决定，要不要继续往上爬；考虑到我们带来的十头牦牛已经累坏了，于是只好在此过夜，次日继续。

从雪地里突出来的板岩石头屈指可数，牦牛就拴在上面；我们在陡坡上支了一顶小帐篷，并用绳子固定在几块石头上。帐篷里的营火熏得人眼睛生疼，因为没有通风口，烟气让人闷得喘不过气。积雪遇热融化，在营火周围积了一滩水；可是营火灭了之后，那滩水又迅速结成了一块冰。两个吉尔吉斯人感觉不舒服，我让他俩下到空气不太稀薄的地方。无一例外我们都出现了高原反应的症状——耳鸣、失聪、脉搏加速、体温偏低以及失眠。

太阳下山，紫色的暮光隐没在慕士塔格峰西山坡的后面。一轮满月升至冰川以南，我走出帐篷，踏入浓浓夜色，欣赏着这片我在亚洲大地上所见过的最为壮观的景象。

只见慕士塔格峰顶之上终年不化的积雪，以及处于最高处的那块冰川都沐浴在银色的月光下，然而冰流所在的深邃峡谷却一片漆黑，笼罩在无尽的阴影之中。稀薄的白云飘过起伏的雪原，仿佛是许多山中的魂灵在轻飘曼舞，也许它们就是逝去的吉尔吉斯人的魂魄，在天使的守护下，从每日辛劳的人世间升到天堂的极乐世界；抑或是迷人之城贾奈达里的幸运儿，在这满月的清光之下，围着"冰山之父"翩翩起舞。

我们所在的高度已接近钦博拉佐山（Chimborazo）或麦金利山（Mt. McKinley）的顶峰，比乞力马扎罗山（Kilimanjaro）、白朗峰以及至今四大洲上的所有山峰都高，只有安第斯山和亚洲最高的几座山峰才会高过我们现在所处的位置。世界最高峰珠穆朗玛峰的最高点比我们这儿还要高出八千八百八十英尺（二千七百零七米）。然而我还是相信，展现在我面前的这片天然又奇丽的美景超越了这座星球上所能见到的一切景观。我感觉自己仿佛站在无穷无尽的太空的边缘，眼前神秘的世界在永不停歇地运转。我与天上的星星只有一步之遥，简直一伸手就能触到月亮；而在脚下，我感觉到遵循重力法则的地球，在这宇宙太空的夜色中沿着自己的轨道在不断地旋转着。

帐篷和牦牛的影子十分清晰地映在雪地上。拴在石头上的牦牛静静地站着，有时它们用下颚的牙齿去磨上颚的软骨，偶尔发出咯吱咯吱的声音；或者它们转换一下位置，蹄子也会在雪地上踩得嘎嘎响。听不见它们呼吸的声音，鼻孔里冒出的白色雾气却证明它们在呼吸。

吉尔吉斯人在两块大石头之间生起的营火已经灭了，这些吃苦耐劳、饱经风霜的山里人脸朝下蜷身睡着，前额碰在雪地上，偶尔还发出几声嘟囔。

我在小帐篷里怎么也睡不着。天倒不是很冷（只有摄氏零下12度），但是我的毛皮外套却似铅块一般重。因为有些气喘，我不时还得出去透透气。

天亮之前，我们听到一声巨响，而且声音越来越大；到了清晨，暴风裹挟着厚密的雪云将我们的营地整个罩住。我们等了一个又一个小时。没有人想吃东西，每个人都开始头痛。我希望这场风雪能减弱下来,这样我们才有可能继续攀登,直至顶峰。可是风雪却一个劲地加大了马力,时近中午,我明白苦境已无可挽回。我想考验一下吉尔吉斯人有多大的韧性,于是命令他们把东西装上牦牛,顶着暴风雪继续登山。他们每一个人都遵命行事,不过等到我说我们还是返回山下的营地吧,他们真是既开心又感激。

我带了两个人先开始下山。我骑一头体型跟大象一般的黑牦牛。我随它自己走,因为想要试着指引它也是徒劳。大雪漫天飞舞,下得浓密,手放在脸前,居然完全看不见。牦牛吭哧吭哧地往前挪,一会儿陷进雪里,一会儿跳出来,像只在海浪中上下翻越的海豚一般。我没有办法,只得用膝盖死死夹住,否则牦牛这么一惊一诧地摇动,非得把我从鞍子上掀下来不可。有时候,刚刚还和牦牛背靠背地贴在一起,不一会儿,牦牛的角尖已经顶到我的肚子了。不过最后我们还是将那团雪云抛在了身后,安然到达营地,此处和内华达山脉的惠特尼峰(Mt. Whitney)一般高。

如此我们便结束了与"冰山之父"的搏斗。这座大山我已经爬够了,于是决定短时间地访问一下帕米尔岗哨。要穿过俄国边界,但绝不能引起中国人的怀疑,因为他们可能会因此警觉起来,并拒绝让我再回到中国境内。我把所有的行李都放了一个处于边远地带的吉尔吉斯人的帐篷里;等到半夜,我带上两个人出发,拣常人鲜知的秘密小道往俄国边界方向而去。在月光下能看见远处吉尔吉斯人的帐篷村落,但是村里的狗都很安静,在一片雪花之中我们平安穿越穆斯库劳(Mus-kurau)垭口,进入了俄国境内。

这趟路程漫长又艰苦。尤达西跑得后脚掌生疼,我们只好弄了只袜子给它穿上。但是它对这样的装扮感觉十分难堪,于是试着将后腿支在空中,只用前腿走路。看到自己落在后面了,它又换用三条腿跑路,两只袜子在空中轮流飘举。

我和赛茨夫上尉以及另两位军官一起跑遍了大半个帕米尔，最后在秀丽的高山湖泊耶希湖（Yeshil-kul）边支起了帐篷。从那里我又神不知鬼不觉地回到中国领地。离开的时候，中国人发现我不见了踪影，曾四下寻找。替我收藏行李的那个吉尔吉斯人若是给他们找到了，免不了惹上麻烦。为了不让人起疑，他把我的行李箱搬到石头堆里去，藏在两块大石头的中间。如此一来，9月30日，我的帐篷再次在喀喇湖的东岸支起来的时候，人们做梦也想不到我已经在俄国境内待了十二天了。

在返回中心营地喀什之前，我在这迷人的小湖边还有一个任务没有完成。我想测量一下湖水的深度，但是哪里也见不着船的影踪。这儿的吉尔吉斯人没有一个见过船的，连船这个东西是什么样也不清楚。于是我用木头和纸张做了一个小模型，随即造船的工程就在仆人伊斯兰指导下开工了。

先将马皮和羊皮缝在一起，然后展开，铺在由帐篷支柱排成的骨架上。船桨和桅杆也同样用帐篷支柱做成，再拿一把铲子当船舵使。这艘船真有趣，左一个凹陷、右一个缺口，简直像是一个废弃的沙丁鱼罐头！接着把充好气的山羊皮分别绑在船的左右舷和船尾上，以此来稳定船身。这个造型怪异的东西看起来像是坐着孵蛋的某种史前动物。有个吉尔吉斯人说他从没想过船竟然会是这个样子，而塔格达辛长老则这样评价："如果坐这个玩意儿下水，不淹死才怪。还是等湖水结冰了再说吧。"

坐在这艘船里，感觉挺好的，那个叫图尔度的吉尔吉斯人很快就学会了怎样划船。初次下水的时候，当地的游牧人携家带口，都聚集到岸边来，安静地看着我们一步步张罗。他们八成觉得我已经疯掉了，之所以来，不过是等着看我怎么沉入这清澈晶莹的深湖之中。

我在几个方位都做了测量。有一天，我们计划要从南到北驶过最长的一次水程。我们从南岸出发，又是划船又是扬帆，可还没走出多远，突然吹起一股强劲的南风。我们赶紧将船帆收了。紧接着浪头越打越高，浪尖上的水泡嘶嘶作响，我们的船像一只性子执拗的牦牛一样上蹿下跳。

我坐在船尾用铲子掌舵。突然间船尾一沉，紧接着一个大浪拍在身上，弄得半艘船里都是水。充气的山羊皮有一个给冲散了，像只野鸭子随着波浪漂流而去。图尔度为了保命急忙把船里的水往外舀，我则用铲子拼命减缓水浪的冲击。船不断下沉，拴在右舷的山羊皮也开始漏气，发出嘶嘶的声响。船倾斜得厉害，万分危急。深不可测的湖水在我们身下张着大嘴。船能一直这么漂到岸边吗？难道塔格达辛长老的话果然灵验？吉尔吉斯人有的骑着马，有的跑着步，挤在离我们最近的岸上来看我们溺水；不过我们终究还是坚持到了浅水处并成功上岸，浑身上下湿淋淋的。

还有一次——那是黄昏时分，我们离湖北岸也就几百英尺的样子，突然刮起一阵强劲北风，直把我们吹到湖中心。夜色渐浓，所幸天上有月亮。一会儿，风停息了。伊斯兰已经在岸上燃起一堆火，当作灯塔给我们引路。测量到最后，湖水最深处也只有七十九英尺。

时不时地会来上一场暴风雪和冰雹，使得我只能待在帐篷里。每逢这个时候，吉尔吉斯人就上我这儿串门，所以我从来不觉得无聊。他们跟我讲述自己的冒险经历，有时候也倾诉他们心头的烦恼。有个年轻的吉尔吉斯人爱上了美丽动人的娜弗拉，可是拿不出那笔必须支付的聘金给她父亲，就来到我的帐篷，想从我这儿借到所需的金额。不过我也是囊中羞涩，实在负担不起这样一笔钱。

有一个说法早已经传遍了整个帕米尔地区，说是有个欧洲人来到了这里，像羚羊一样轻巧地跃上了慕士塔格峰，又如一只野雁飞越湖泊。这个传说经过众人添枝加叶，也许到今天还在流传。

我和这些吉尔吉斯人意气相投，在他们中间我找到了新的生活；在我离开的时候，他们前来向我道别，言语之间听得出来饱含深情。如果没有和他们朝夕相处并成为他们的朋友，我又会怎样呢？他们的生活可以说是无忧无虑，但也算不上幸福。他们与冷酷的大自然苦苦打拼，却所得甚少。等到一辈子走到了尽头，便给抬到山谷里的墓地，那里有位圣人就安息在一座简朴的白色圆顶寺庙之下。

我换了一条新路线回到喀什，整理了一下这一路上的所有发现，也做了不少笔记。

11月6日，在佩德罗夫斯基领事家中的餐室里，我们围坐在餐桌前，桌上的茶壶正嘟嘟地响着。这时有个哥萨克信差上气不接下气地跑了进来，一副风尘仆仆的模样。他把一份电报交给了领事，里面的内容很简短，通告说沙皇亚历山大三世驾崩了。大家立即站起身，俄国人纷纷在胸前划十字，显然是真正伤心了。

又要到圣诞了，这次我和麦卡尼先生、亨德里克斯神父以及一位瑞典同胞霍谷伦（Hoglund）牧师等人一起过节，这位牧师不久前才和家人一同抵达喀什。亨德里克斯神父在午夜时分就告辞了，他要回他的小房间，和那里的葡萄酒桶、十字架一起举行圣诞弥撒。我看着他孤零零地走过这沉寂的漆黑街道，又想到他将会永远地这么孤单下去，不禁为他感到难过。

第十八章　接近沙漠

1895年2月17日,我离开喀什,开始了一段新的旅程,事实证明这是我在亚洲走得最为艰苦的一次。

我们坐着两辆四匹马拉的高轮马车,一匹马在车辕之间,另三匹马在前头,都系着缰绳。每辆车都有一名车夫驾驶。车厢上方是用灯心草草垫做成的拱形篷顶。我坐在第一辆马车里,携带部分的行李,而仆人伊斯兰则和较重的箱子在另一辆车上。我们还带了两只狗,一只是从帕米尔跟来的尤达西,另一只是在喀什碰上的哈姆拉,它们两个都给拴在伊斯兰的马车上。

我们的马车嘎吱嘎吱地响得厉害,车后扬起一大片黄色尘土,就这样我们穿过喀什城的"沙门"开始上路。到了英吉沙的中国军队营房,我们遇到了一点小问题。一个中国士兵将我们拦下来,声称哈姆拉是他的狗。他一看我们根本不愿意把狗解开,索性躺倒在车轮正前方,疯了似的尖叫起来,引得一大帮人闻声围了过来。最后我跟他正色道:"我们把绳子解开,如果这狗跟你走,那就是你的;如果跟我们走,就是我们的。"

车轮还没转上几圈,哈姆拉就朝着我们的方向箭也似的奔了过来。我听见后面围观的人哄然大笑,嘲笑那个士兵。

我们向东行进,离喀什河不远了。沿途不时走过冰冻的沼泽地。有一次我那辆马车的车轮压破了冰层,冰水一下子漫到车轴那么高,马车夫也给摔了下来。由于是在晚上发生的事故,我们只好生起一大堆营火,卸下行李,将马匹转到马车尾部,才把马车从水里拉出来;之后,我们换了一处地方走出沼泽地。

每到一个村落过夜，马车夫都睡在马车里面，这样好保护行李不让贼给偷了。

穿过极地森林和遍地是柽柳的大草原，我们来到了小镇马拉尔巴希。

眼下的目的地是塔克拉玛干沙漠，一路上每到一处歇脚的地方，都能听到许多关于这个沙漠的故事。有这么个传说：很久以前，塔克拉玛干这个古老的镇子给埋在沙漠中央的沙土之下，而镇子里的寺塔、高墙、房屋以及金锭银块却还暴露在沙土之外。但是如果有商队从这儿经过，把那些金子装上驼车带走，那么这个商队里的车夫就会中邪，一圈又一圈地绕个不停，直走到力尽气绝。他们以为自己是直线向前，其实一直在来回兜圈子。只有把金子都扔掉，才能破了这个魔咒，得以拯救。

还有人说有个男的独自一人去了塔克拉玛干古城，把那里能带的金子全装在身上，突然四下里冒出来数不清的野猫，一起攻击他。这男的赶紧把金子扔了，那些猫立刻消失得无影无踪，没有留下一丝痕迹。

有位老人告诉我说，如果旅人在沙漠之中迷路了，就会听见有好多人在叫他的名字。他会迷了心窍，随着那些声音，一步步被引诱到沙漠深处，最后因为干渴脱水而送了命。

这个故事恰恰和六百五十年前马可波罗讲述的那个故事一模一样，那时他正沿着更往东边去的罗布（Lop）沙漠边缘旅行。马可波罗在他著名的游记故事里写道：

"在这片沙漠里会碰见一桩奇异的事情，那就是一队旅人若是在赶夜路，其中有个人碰巧落了单或者是睡着了还是什么的，等他想加快速度赶上同伴的时候，就会听见有鬼魂在说话，于是错以为这些说话的就是他的伙伴。有时候鬼魂会叫他的名字，如此一来这个人就被引入歧途，再也找不着他的同伙了。很多人都是这样送了命。即便是在大白天，也会听到那些鬼魂在说话，有时候你还会听见各种各样的乐器演奏的声音,而且常常都是击鼓的声音。"

在前往塔克拉玛干大沙漠的路上,想要深入沙漠内部的欲望一天强似一天,这个神秘的诱惑让我无法遏止。在每个停下来歇脚的村子,我都找当地人刨根问底,让他们把所知道的关于塔克拉玛干沙漠的一切都说出来。小孩听大人讲童话故事听得再入神,也远没有我听这些朴实而迷信的乡下人讲故事时那样痴迷。穿越森林时常常能看见黄色沙丘,宛如大海波浪的条条脊线。不管付出什么样的代价,我都毅然决然地要将它们一条条冲破。

我们告别了喀什河,转而沿着叶尔羌河(Yarkand-daria)向西南方前进。我们走的这条路时而穿过茂密芦苇地,那里经常有大量野猪出没,时而穿越森林。3月19日,我们在河右岸附近的麦盖提村扎下营地。后面一段日子里,这儿就成了我们的总部。

我在这个地区四处短途走了几回,而仆人伊斯兰则去为我们即将开始的长途跋涉购置所需的物品,其中最困难的是找到合适的骆驼。我等这位领队等得不耐烦了,可是一个礼拜接着一个礼拜过去了,仍是遥遥无期。在沙漠的边缘地带已经能看出春意盎然的痕迹,天气越是暖热,穿越沙漠便越危险。

除此以外我也没有什么好抱怨的,我住在村子长老塔格霍嘉(Togda Khoja Bek)的家里,十分舒坦。他享有司法仲裁的权力,我每天都能在他家的院子里亲眼目睹司法判决是如何进行的。有一天,一个与人通奸的妇人给带到塔格霍嘉长老面前。长老判她有罪,罚她把脸涂黑,双手反绑在背后,然后倒骑在一头公驴上穿过市集。

还有一次,长老审问一个遭到毒打的妇人。那女的指控她丈夫拿刀片向她施虐。可是她丈夫矢口否认,结果给人反绑了双手,手腕上捆了绳子,就这样给吊在了一棵树上。那男的只好招供,受了一顿鞭刑。后来他又说他老婆也打了他的,但是长老判他说谎,于是又招来一顿鞭打。

显然伊斯兰教的信仰在此地受到普遍尊崇。如果有人在斋月期间白天吃了东西,就会被涂黑脸庞,像个野兽一样给人用绳子牵着穿过市集,遭受众人的耻笑和嘲弄。

这两天我的喉咙一直很痛,塔格霍嘉长老跑来说不妨让他给我治一治,药方子就是村里的驱魔法师。"求之不得!"我回答道。我心里倒想看看他们是怎么把附在我身上的恶魔驱除掉的,也许好玩至极也未可知。我的房间里来了三个留胡须的高个儿男人,在地板上安坐下来,用手指、拳头和手掌开始敲击他们身前的鼓,鼓面上的小牛皮绷得很紧,看起来就像金属片一样。他们敲打鼓的力道相当大,而且协调一致,所以听上去感觉像是在击打一面鼓。鼓声震耳欲聋,节奏越来越快,音量越来越大,三名法师也敲得越发兴奋起来。他们站起身来,手舞足蹈,同时将手中的鼓掷向空中,又齐刷刷地接回来,而手指还在节奏一致地击打着鼓面。就这样闹腾了一个小时。等到驱魔法术完全结束,我还真是感觉好多了。可是第二天,我成了半个聋子。

在4月8日,伊斯兰回来了。他买了不少东西:用来盛水的四个铁罐和六只充气羊皮;在沙漠之中为骆驼补充营养的芝麻油;各种食物补给,包括面粉、蜂蜜、干蔬菜、通心粉;铲子和烹饪用具;还有其他许多长途旅行时必不可缺的东西。最要紧的是,他买了八匹相当棒的骆驼回来,每头骆驼花费三十五元,都是公的。除了一头,其他的都是双峰骆驼。我们用当地的买克提土耳其语给它们取了名字,依次是"阿白"、"种马"、"独峰"、"老头"、"大黑"、"小黑"、"大黄"和"小黄"。

我们把骆驼牵进塔格霍嘉长老家的院子,其中三头骆驼脖子上系着当当直响的大铜铃。尤达西以前从没见过骆驼,这会儿觉得它们侵犯了自己的领地,跳起来狂吠不止,喉咙都哑了。

除了伊斯兰,我又雇了三个人与我一起闯荡沙漠内陆。他们分别是穆罕默德，他岁数大，留白胡子，是个骆驼车夫，妻子和小孩住在叶尔羌；卡西姆，留黑胡子，力气大、有责任心，很会赶骆驼；而最后一个人住在麦盖提，也叫卡西姆，但是我们都叫他尤奇，意思是"向导"，因为他说自己对沙漠相当熟悉，随便什么地方都能找到路走。临出发前的最后一刻，补给里面又加了两袋新烤好的面包、三只绵羊、十只母鸡和一只公鸡，也好让我们的沙漠营地多一些生气。铁罐子和充气羊皮袋子一共盛了四百五十五公升的水，预计够我们用上二十五天。

在这片茫茫的大沙漠上，我所要穿越的地域呈三角形，西边以叶尔羌河为界，东边到和阗河（Khotan-daria，叶尔羌河的一条支流），南边则到昆仑山脉。路线差不多是从西穿到东；因为和阗河是由南流向北，所以只要我们没有半路渴死，迟早会碰到这条河。十年前，也就是 1885 年，两个英国人凯瑞（Carey）和道格里西（Dalgleish），以及俄国人普哲瓦尔斯基曾穿越和阗河河谷，这条河的位置由此才为人所知。在河的西岸，这三位发现了一座很小的山脊，叫马撒尔塔格山（Masar-tagh），意思是"圣人墓之山"。另外在喀什河与叶尔羌河的夹角处还有一座小山，同样称作马撒尔塔格山，我曾在去麦盖提的路上顺道爬过。根据我的推测，这两座山应该是同一座山脉延伸出来的两片山翼，由西北向东南横贯整个大沙漠。如果确实如此，我们应该能在山脚下找到全然不掺沙子的土壤，或许还能发现数千年之前的古文明的蛛丝马迹。从麦盖提到和阗河的距离是一百七十五英里，但是这条河有着数不清的弯道，搞得我们在沙丘之间七拐八绕，结果实际走的路程要长了许多。我希望能用不到一个月的时间就穿过沙漠，接着在天气暖热的夏季可以继续向着气候凉爽的藏北高原前进。所以我们还带上了毛皮外套、毯子和冬衣。我们携带的武器有三把长枪、六把左轮手枪和两箱沉甸甸的弹药。我自己带了三台照相机、一千张拍片用的玻璃夹和胶片板、常用的天文与地理测量仪器以及几本科学书籍和一本《圣经》。

4月10日一早，驭手驾着八匹壮实的骆驼从麦盖提出征了。骆驼的负重都很沉，大铜铃的铃声庄严肃穆，仿佛是要去送葬似的。屋顶上和街道上都已经站满了村民，神情无不沉重。我们听见一位老人说道："他们一去不回了。"又一位也跟了一句："骆驼背的东西太重了。"有两个做高利贷生意的印度人朝我们头上扔了几个铜币，叫了一声："旅途愉快！"大约有一百位村民骑马送了我们一小段路。

骆驼分成了两队走，第一队的领队是卡西姆，第二队是穆罕默德。我骑的是"种马"，在第二队里打头阵，坐在骆驼上高高的位置，可以尽情欣赏旷野的壮丽景色。

这些骆驼脂肪肥厚，休息得又充分，刚刚走上征程，兴致很高。起先，年轻一点的骆驼里面有两匹挣脱了缰绳，接着又有一对跟随其后。这几头骆驼开始绕着圈子在草原上奋蹄快跑起来，把身上背的东西全晃掉在地上，有头骆驼的肚子一侧吊挂个弹药箱子。把这些不听话的家伙收拢过来后，每头骆驼各由一个麦盖提人牵着走。

我们在一个峡谷里支起了第一个营地，四周都是沙丘和草原。所有动物的牵绳都解开了。营火也生起来，开始做晚饭。晚饭的内容是羊肉和米饭布丁。我跟手下人吃的都一样。我在帐篷里铺了一块地毯，摆了一张行军床，堆了两只箱子，里面装有测量仪器和一些日常用品。从麦盖提来的几个人则返回家中去了。

第二天，我们碰上一座相当高的沙丘，有两头骆驼都滑倒了，背上负的行李只好重新装载。但是骆驼很快就适应了这样松软不平的沙地，走得非常稳健，再没出差错。看来聪明的走法是避开积得较深的沙地，于是我们转而沿着沙漠边缘向着东北方向行进。在每一处扎营的地方，我们都掘了一口井，挖到三至五英尺深便能找到水。这水有咸味，但还没有咸到骆驼不能喝的地步。于是我们将大部分铁罐子里的水都倒空，打算等到确认要开始进入沙漠了，再把铁罐装满水。4月14日，很长一段时间我们的两条狗见不着踪影，后来终于回来了，从脚到肚子都湿漉漉的。我们找到了狗儿先前去喝水的那个甘水湖，那天晚上就在湖边扎营过夜。

白杨树随处可见，广阔的芦苇地在一条条荒芜的沙地之间蔓延。我们一天通常走上十五或十六英里的路。骆驼挤开层层芦苇，走过茂密的芦苇丛，这时能听见啸啸抑或飒飒的声音。4月17日那天，我们瞥见东北方向冒出一个个山丘，那是马撒尔塔格山的北山。我们不知道这些山丘会向着沙漠这边延伸得这么远，因为以前还从未有人去过那里。

第二天，出乎意料地，我们撞上了一面甘水湖，于是沿着湖岸向东走。我们走过一片真正意义上的原始森林，常常因为树木过于繁密而不得不返身折退，绕道而走。有时候不得不挥起斧子砍出一条路来，否则真是寸步难行。我也下了骆驼，以免横在半空的树枝把我从"种马"上挑下来。

19日那天，我们到达另一面湖水，岸边有几株枝叶繁茂的白杨树，我们就在树下扎营休息，而且在那里停留了不止一天。数天之后，我们已经走在了寸草不生的沙漠之中，心里怀念起那湖边的扎营之处，那里只见闪烁着紫色光泽的高山，深蓝色的湖水，绿意盎然的白杨树，再衬着黄色的芦苇和沙地，不啻为天堂。我们带的绵羊已经宰杀了一只，现在又牺牲了第二只。余下的第三只我们准备好好留着。

4月21日，我们计划先在两座孤零零的大山之间穿行，然后沿着一面狭长湖水的西岸走。我们绕过这面湖的南角，在湖的东岸扎了营。往东南方向看不见一丝山脉的影子。我们的营地就处在一座山脊的南端，那山脊就像是从海岸边突伸向大海的一条岬角。4月22日一天都用来休整，而我则走上了这座山脊。无论向东、向南还是向西南，目之所及，别无他物，全是荒芜贫瘠的黄色沙丘，茫茫沙海就铺展在我们面前。

直到这天晚上，扎营帐篷的外面都有一大面湖水，人、骆驼和其他动物都能痛快畅饮。湖岸上芦苇丛生，所以骆驼和仅存的那头绵羊可以大吃一顿，而不必在意分给它们的一点配给。也许这些动物在那天以后的每个晚上也都会梦见这块营地，这片乐土。向导尤奇和其他人有些格格不入，大半时间一个人待着，只在其他人都睡去以后，才爬到营火边将余火挑旺；现在他声称向东走上四天就可以到达和阗河，并且在抵达河边之前就能找到水源。尽管如此，我还是让手下人带足了够十天喝的水，因为实际的路程可能要比向导说的更长。如果水罐都装上一半的水，那么我们走到沙漠内部也可以给骆驼喂两次水。水罐放在木框里，外面再覆上几束芦苇，以免阳光直射。手下人将水倒进一个个水罐，听着泼洒的哗哗水声，我躺在这次旅程最后一片湖水的岸边睡着了。

第十九章　沙海

4月23日，一大清早，我们将行李再次装上驼背，朝着东南方向进发。我想证明一下自己的猜想：我们最后看见的那座山脉并没有一直延伸到沙漠里。

两个小时的时间，我们走过零星的芦苇丛，荒芜的沙丘也越走越往高处升。又走了一个小时，沙丘变得有六十英尺高；而走到现在，已然升至八十到九十英尺。在这沙丘之间尽是平坦而干硬的泥土平原。骆驼在距离最近的沙丘脊线上走过，衬着这硬实的土地，一个个显得很小。我们四下里左突右拐，只为了避开难爬的沙丘之顶，而尽量保持在同一个高度上行进。

走了一会儿，经过最后几株柽柳，我们踏过了最后一点平坦的泥土地。至止，就只剩下黄色的细沙地了。目之所及，皆是鲜有绿色的高高山丘。说来也怪，见到这番景象，我反倒没有一丝害怕，也不会因此而停步不前！其实我早该想到，在这个季节穿越沙漠还为时过早，冒的风险也未免太大了！万一倒了霉运，我可能什么都保不住。然而我片刻也没有犹豫，一心只想征服这片沙漠。只要能走到和阗河，管它迈出多少疲惫的步伐，我的脚也不会偏移半步。我被无法抗拒的潜在欲望冲昏了头脑，认为任何艰难险阻都会迎刃而解，而不愿意承认这是不可能完成的任务。

我心里是这么想，然而我也看得出，手下的人为了给骆驼在举步维艰的地方开出一条便道，弯腰挥铲，那是多么辛苦。

如此跋涉了十六英里，黄昏时分，我们在一小块平坦的泥土地上扎营过夜，四周高大的沙丘将营地团团围住。这里长着两棵柽柳，恐怕是沙地上的最后两棵了，骆驼上去咬了几口，便把树皮啃光了。后来，我们不得不将骆驼拴起来，以防止它们夜里偷偷跑回湖水那边去。我们掘地求水，但是这儿的沙泥地干得跟引火种似的，只好放弃了。

哈姆拉不见了。我们爬上沙丘，吹起口哨，但是再也没见它回来。很显然，它比我们精多了，自己沿着来的路线回去了。而尤达西呢，则为它的忠诚牺牲了自己的性命。

午夜过后，沙漠上刮起一股猛烈的西风。天破晓时，我们开始把行李装上驼背，却发现每个沙丘从头而下划出了一道道波纹，地平线上也漂浮着一层黄红色的雾霾。到后来，我们也渐渐习以为常，这东方的飓风只要一吹起来，细尘便随风裹成云团，白天瞬间成为黑夜。

我们一直向着东南方走，但自打确认马撒尔塔格山并没有向着那个方向延伸之后，我决定改变路线，转而往东边去，据信朝这个方向走是到达和阗河最近的距离。伊斯兰手里拿着指南针，在前面领着整个队伍。看到他爬上高耸如金字塔的沙丘，我们猜想他是在寻找一条骆驼可以走得通的路。有头骆驼在一座沙丘的顶部摔倒了，倒下的姿势比较尴尬，想要四条腿重新站起来都不可能，我们只好将它从沙丘上推下去，滚了六十英尺，滚到较为硬实的沙地上才立了起来。到了中午，我们停下来休息，每个人都喝了点水，即便尤达西和那最后一只绵羊也不例外。这时水的温度超过了摄氏 30 度。

骆驼已经把围遮水罐的芦苇吃光了。在晚上扎营的地方，见不着一丝一毫绿色植物或者动物活动的痕迹，连一片风吹而来的落叶抑或一只小小飞蛾也没有。每天早晚我们都给骆驼喂上一小口植物油。

4 月 25 日，我们被一阵混和着尘土的东北风吹打醒了。眼前的颜色渐渐黯淡起来，距离感和方位感都变得扭曲。近在眼前的一个沙丘倒像是一座远在天边的高大山脉。

等到把水罐重新装上三匹载水骆驼背上的时候,我听见里面水晃荡的声音不对劲,于是检查了一下存水量。让我诧异的是,里面的水居然只够喝上两天的。我便质问手下人,当时我不是命他们带上十天的水量么,向导尤奇回答说我们离和阗河也就两天的路程了。我也不好太过责怪他们,因为我自己本该亲眼看着到底装了多少湖水的。我们现在只走了两天的路程,如果掉头按原路折回去,也还算得上明智,整个队伍可以得到挽救,也不会有谁因此送了命。但是我无法让自己走回头路,只好姑且听信向导的话了。我当着大伙的面,责令伊斯兰全权负责水量的供应。水只供给人饮用,而骆驼只能滴水不沾,只管走路了。

从那时候起,我和手下人都换成步行前进。大片山脉、高原和条条沙地向着四面八方延展而去。

叫"老头"的那头骆驼走得累了,我们只有将它背的东西卸了,牵着它走。有一次停下休息,它分了一口水喝,又吃了一大把它自己背上鞍袋里的干草。沙丘仍然有六十英尺高。整个队伍里弥漫着一种沉重而不祥的气氛,没有人说话,四下里听不见什么人声,只有飒飒的风声和骆驼疲惫的呼吸声,还有仿佛给死人送葬的铜铃声。

"乌鸦!"只听伊斯兰大叫一声,这只象征死亡的黑鸟在我们队伍上空绕了几个圈子,在一处沙丘脊线上停栖了几回,便消失在薄霭之中。我们精神一下子振奋起来,心想这乌鸦必定是打东边的树林和水源而来。

转眼"大黑"也走累了,我们只好就地扎营。"老头"背上鞍袋里的所有干草都分给了骆驼吃。我只吃些茶、面包和罐装食物;手下人则吃了茶、面包和烤大麦粉。燃料也没有了,于是我们牺牲了一只木箱子,好烧茶喝。两只蚊蚋是这里唯一的生命迹象,但是它们也可能是一路跟随我们而来的。

4月26日，我在天蒙蒙亮时独自一人离开营地，手里拿着指南针，每走一步便数一下。走上一百步，代表着收获，走上一千步，便增加获救的希望。天变得越来越热，四下里比墓园还要死寂，只是缺少墓碑罢了。沙丘的脊线如今已升到一百五十英尺高。骆驼已然精疲力竭，还得费力爬过一个个沙丘。我自己都累死了，想休息一会儿，但是不行！再走上一千步，然后才能休息！

　　在松软的沙地里走得乏了，浑身的疲惫占了上风，我仰头倒在一个沙丘的顶端，又把自己的白帽子盖在脸上。休息真是甜美啊。我睡着了，梦见自己在一个甘水湖畔扎营呢。我听见风在树林中低吟，听见水浪拍打在湖岸，像是在唱歌。但是残酷的铜铃一阵叮当响，我猛然惊醒，又回到这可怖的现实中来。我坐起身。只见那边来了我们的送葬队伍！骆驼的眼中都含着垂死的神情，目光懒散而无力。它们呼吸沉重而有规律，呼出的口气里散发出一股恶臭。

　　现在骆驼只跟上来六头，都由伊斯兰和卡西姆领着。"老头"和"大黑"落在了后头，穆罕默德和向导留下来陪着它们。

　　我们在一小块硬泥土地上扎营，这块地方不比帆船的甲板大多少。我的帐篷也不搭了，大伙儿全都睡在露天底下。晚上变得很冷，但是晚上找地方安顿下来的时候，总是比白天要更有精神；因为这时可以休息，能分到水喝，而且经过一天的燥热，晚上显得凉爽舒适。

　　那两头落后的骆驼在那天晚上给牵到了营地。六点钟，我跟手下人说："咱们来掘水吧。"大伙儿听了，无不精神一振。卡西姆操起一把铲子，径直挖了起来。只有向导尤奇在一旁跟其他人说风凉话，说这儿得挖上三十浔（约五十五米）才找得到水，其他人就问他，他先前说我们走上四天就能走到的那条河又在哪里呢。我们才挖了三英尺深，周围的沙地就变得湿润起来，这下子尤奇更没面子了。

大家绷的那股劲儿顿时涨上了天。我们五个人全力以赴，像是拼了老命似的。井里挖出来的沙子堆成了墙，而且越堆越高。后来得用桶把井底的沙子拉上来。挖到四英尺半的时候，沙子的温度只有不到摄氏 13 度，而气温却将近 29 度。至于水罐里的水更是给太阳晒到了 29 度。我们把一只铁水罐盛满水，放在冰凉的沙子里，然后开怀畅饮，因为很快我们就可以再把水罐装个满满当当。

井挖得越深，沙子也越湿润，现在甚至可以将沙子捏成一团都不会散开。只要有一个人挖累了，另一个人就会立即补上。我们全都打了赤膊，任汗水肆意流淌。有时我们会躺在凉爽湿润的沙子上，让沸腾的血液降降温。骆驼、尤奇和绵羊在井边都等不及了，它们知道喉咙里的干渴终将会化解。

天已经一片漆黑，于是我们在井壁上的小洞里点了两三个蜡烛头。

这水到底有多深呢？如果我们必须要挖上一整夜，甚至明天再挖一整天，我们也毅然决然要把水挖出来！我们干得有些破釜沉舟的味道。我坐在井边看着卡西姆埋头苦干，已经挖到十英尺深了，在烛光照耀下，井底的他看上去真是光彩照人。我只等着看那冒出来的第一股泉水所反射上来的光芒！

突然之间，卡西姆停下了手里的活儿，手里的铲子随之滑落在地。他语音哽咽，放出一声哭喊，便瘫倒在井底。我害怕他是不是得了中风，连忙冲他喊道："出什么事了？"

"沙子是干的。"他回答说，这句话就像是从坟墓里传出的，为我们这个颓废的队伍敲响了丧钟。

底下的沙子干得如引火种一般。我们费尽了力气，结果却是一场空。我们已经把所剩无几的一点点水几乎都喝光了，而且干活的时候还暴淌了一身的汗，这一切付出却没有任何回报。大伙一言不发，颓然倒在地上，希望在睡梦中把这一天的失意沮丧通通遗忘。我跟伊斯兰说了一会儿话，言语中也没有掩饰对当下危险局面的担忧。然而和阗河也不会太远了，我们必须要坚持到底。剩下的水还够喝一天的，现在也只能当作三天的量来用。这就意味着每人每天只能饮两杯水，分一碗给尤达西，另一碗给绵羊。骆驼已经有三天没有进水了，而现在仍分不到一滴水。我们现存的水量连一头骆驼一次喝足所需水量的十分之一都不到。

等我用毛毯将自己裹起来、睡倒在地毯上的时候，那些骆驼还趴在井边上，徒劳无望地等着喝水，跟往常一样忍耐又顺从。

我们把帐篷、地毯、行军床、炉子等等可要可不要的东西都扔了，4月27日一大早便重新上路。我提前步行出发。路上的沙丘只有三十英尺高，我心中又有了希望，但是沙丘再次升至两倍甚至三倍的高度，我们又再次陷入绝望的境地。

天空飘满薄薄的云，炙热阳光的曝晒也因此稍稍缓和了一些。走了四个小时以后，我停下来等后面的队伍跟上。骆驼依然执著地在跋涉。我们看见两只野雁往西北方向飞去，心中的希望又燃了起来。可是对于一只野雁来说，飞上一百、两百英里又算得了什么呢？

我疲惫不堪、极度缺水，忍不住爬上了"种马"骆驼的背上。可是我感觉它的腿虚弱得在颤抖，只得又跳下来，继续跌跌撞撞地往前挪。

尤达西总是紧挨装着仅有一点点水的铁罐子。我们路上停了许多次，有一回短暂休息，我忠心耿耿的尤达西来到我跟前，摇了摇尾巴，嘴里呜呜叫着，直盯着我看，好像是在问我，是不是已经全然没有希望了。我手指着东边大叫道："水，水！"狗儿冲着我指的方向跑了几步，但很快又垂头丧气地回来了。

现在沙丘的高度有一百八十英尺。我站在最高的沙丘顶上，用望远镜扫视地平线，可是除了变幻游移的高大沙丘以外，什么也看不到。眼前一片黄沙的海洋，无边无际。无数沙丘形成的波浪一直向着东边的地平线翻滚过去，最终那黄沙消逝在远方的雾霭之中。这么些沙丘我们得一个不落地翻过去，一直走到地平线的那头！不可能啊！我们没有力气了！不论是人还是动物，随着时间推移，都变得越来越虚弱。

"老头"和"大黑"两头骆驼已经无力跟上我们，走不到那天晚上的营地。一直领着它们两个的穆罕默德和向导尤奇只得自己走到营地来。穆罕默德告诉我们，"老头"已经倒地不起，腿和头瘫在沙地上，而"大黑"倒是还站得挺直，可是腿直打颤，一步也走不了了。"大黑"看着另六位伙伴的身影消失在层层沙丘之间，它在后面投过深长又困惑的一瞥。这时两人便抛下了两匹垂死的骆驼，连两只空水罐也一起扔了。

那天晚上我辗转反侧，想着那两头骆驼，心里满怀恐惧。一开始，它们还只是在享受这休息的时光。接着夜幕降临，气温也变得凉爽，它们便盼着主人回来带它们走。流淌在血管里的血液越来越黏稠。很可能是"老头"先断了气，只余下"大黑"形影相吊，到最后它也在这一片孤寂的沙漠之中死去了。再过一些时候，四处游移的沙丘就会淹没这两头半路殉难的骆驼的遗体。

日落之前，西边出现了铁蓝色的雨云。我们心头再次燃起希望。浓云扩展开来，离我们越来越近。我们把最后留着的两只空铁水罐摆好，又将所有的碗和罐子排在沙地上，并在沙丘的表面铺上帐篷的遮布。天色转黑了！我们拽着帐篷遮布的边角，准备收集即将从天而降的"救命水"。但是等雨云飘到我们近旁的时候，竟然渐渐变得稀薄起来。大伙一个接一个放开原本紧抓着的布角，伤心地走开了。再看头上的雨云已经消失得无影无踪，就像水蒸汽被沙漠的热气蒸干了，一滴水也没有落。

晚上，我听得手下人在说话。伊斯兰说："骆驼会首先一个一个垮掉，到后面就轮到我们了。"向导尤奇则觉得我们是撞了邪。

"我们自己还以为是在一直向前走呢，其实啊，我们从头到尾都是在转圈子。费了老大劲，结果啥也没办成，只把自己搞得半死不活；还不如随便找个地方躺下来等死算了。"

"你难道没有注意到太阳起落的正常轨迹吗？"我问他道，"每天中午太阳都在我们的右手边，你怎么觉得我们是在绕圈子呢？"

他的嘴依然很硬："我也就这么一说，都是巫术搞的鬼。要不然就是太阳自己疯掉了。"

真是干渴难熬。我们喝过这一整天分得的两杯少得可怜的水，便又倒身休息了。

第二十章　遭遇灾难

4月28日清晨，一场前所未见的沙尘暴侵袭了我们的营地，我们的身上、行李上和骆驼身上全都堆积了狂风席卷而来的沙子。天亮时我们起身，却迎来又一个倒霉的日子，原来我们几乎整个儿被沙子埋在了下面。所有的东西里面全是沙子。我的靴子、帽子、装仪器的皮袋，还有其他一些东西全都不见了，我们只好徒手将东西从沙堆里面挖出来。

这一天都黑蒙蒙的，即便在正午，天色也要比黄昏时候来得更暗，我们就像是在黑夜中行军。空气里满是一团团漂浮的混沌沙云。只有靠得最近的骆驼才能模模糊糊地辨出个样子，仿佛是影子隐没在这密不透风的沙雾之中。骆驼身上的大铜铃就算靠得很近，也听不见响声。人的叫喊同样不相与闻。耳边呼呼的只有风暴震耳欲聋的怒吼。

碰上这样的天气，行路时还是紧挨在一起为妙。一旦掉在队伍的后面，或是听任队伍从视线中消失，就意味着和大伙儿永别了。骆驼和人留下的足迹几乎就在一瞬间被抹得干干净净。

狂风逐渐演化成飓风，风速约有五十五英里每小时。在大风吹得最猛烈的那一阵，我们几乎要窒息了。有时候骆驼不愿意再走下去，而是躺倒在地，将脖子平展在沙子上。这时我们也就跟着倒下来，把脸紧紧贴在骆驼的腹侧上。

在那天艰难跋涉的路上，有个年幼一点的骆驼开始摇摇晃晃起来，它由尤奇牵着走在队伍的后面。我一边走，一边用手扶在一只行李箱上面，以免迷了路。尤奇跑过来冲着我的耳边大声喊叫，说那头骆驼已经倒在一处陡峭的沙丘脊线上，而且怎么哄怎么拉也起不来。我立即命大家止步，派穆罕默德和卡西姆去救那骆驼。过了几分钟，他们回来了，向我报告说沙子上的足迹已经消失，在这飞旋的浓密沙云之中根本没有办法再找到那头骆驼。因为事关所有人的生死存亡，我们也只好撇下那骆驼还有它身上的东西，包括两箱食物、弹药和毛皮。在这难以呼吸、杀机四伏的沙漠里，那头骆驼注定要渴死在那里了。

等到晚上扎了营，我们把余下的箱子连装在里面的补给、毛皮、毯子、地毯、枕头、书籍、炊具、煤油、锅盆以及一套吃饭用的搪瓷器皿和瓷器等等东西，全都扔了。所有可以处理掉的东西统统塞在箱子里面，再把箱子藏在两座沙丘之间。我们在较高的那个沙丘顶上插了一根杆子，杆子的顶端又绑了一张报纸，当作指引的标记。我们只留下足够吃上几天的食物，所有含有液体成分的罐装食物都分给大家。他们先是将罐头检查一下，发现里面没有猪肉，这才放心大吃起来，连沙丁鱼罐头里面的油都馋兮兮地舔光了。另一包鞍袋里面的干草也倒出来，但是骆驼吃得一点也不香，因为喉咙实在是干得冒火。晚上我喝完了最后一杯茶。现在只剩下两个小铁罐子里的水了。

大风在夜里渐渐停息。4月29日太阳升起的时候，伊斯兰跟我报告说夜里有个盛水的铁罐子被人偷了。大伙儿都怀疑是尤奇干的，因为夜里他人不见了，到第二天早上才现身。

我们带上余下的五头骆驼上路。登上高耸的沙丘，我们再次极目远眺。无论往哪个方向看，都只是一片黄色的沙海，不见一丝有生机的迹象，然而出乎意料的是，我们发现了一株灰不溜秋且长有气孔的白杨树桩，经过数百年甚或数千年的磨砺，已经完全枯萎。自从树根再也吸不到地底湿气而枯死的那一刻起，该有多少沙丘在这棵树上流淌过。

由于沙尘暴的缘故，空气里满是飞扬的沙粒，太阳光的炙热都因此而减弱了一些。但是骆驼还是走得很慢,步伐疲惫又沉重,最后的那两只铜铃也低缓而庄重地敲着。我们向前走了十二个半小时,中间暂停了无数次。从晚上扎营的地方向四周看去,一点也看不出快走到沙漠边缘的迹象。

第二天早上,也就是4月30日,骆驼把剩下的黄油全吃光了。最后的那只铁罐子里还留有几小杯的水。我们正把东西装上驼背,恰好撞上尤奇拿着水罐喝水。伊斯兰和卡西姆气不打一处来,翻身扑上去就打他的脸,把他摔倒在地上,又踢又踹,要不是我上前拉住,简直就要把他活活打死。

剩下的水连一杯的样子都不到。我跟手下人说,到中午的时候,我会拿手帕的一角在水中蘸一蘸,以湿润一下大家的嘴唇,而最后那一点点水还够每个人喝上一小口的。到了中午,我把他们的嘴唇都润湿了,但是走到晚上的时候,水罐子已经空空如也。我到现在也不知道是谁干的,真要一个个审问也无济于事。茫茫沙漠无边无际,而我们正往死路上走。

我们又走了一阵子,沙丘开始变得低矮,平均只有大约二十五英尺高。有只鹡鸰鸟在沙丘顶上一蹦一跳的。伊斯兰见了神情激昂,求我允许他带上空的铁罐子先赶到东边去,一找到最近的水源就把罐子装满水带回来。但是我没有同意,我们现在比以往任何时候都需要他。

尤奇又失踪了,其他人都气愤不过。那天晚上尤奇把我们的水偷走以后,他们就觉得尤奇是故意少说了路程的距离,指望我们全都渴死,然后他就可以偷走我们的中国银锭,并在和阗河沿岸的林子里躲起来。不过我倒觉得他们的猜疑没有什么根据。

那天晚上,我在日记里写下了自认为是此生最后的几行字:"停在一座高山丘上,骆驼在此无力倒下。我们用望远镜仔细眺望东方,四面尽是沙山,不见一根草,也不见一丝生命。人和骆驼都是极度虚弱。求上帝开开眼!"

5月1日，恰是老家瑞典欢庆大好春光的时日，而对于穿越沙漠的我们来说，却是这悲伤之旅中最为沉重的一天。

夜晚十分宁静，空气清澈而寒冷（摄氏2度），太阳还没冒出地平线，就已经开始暖和了。手下人把一张山羊皮里最后几滴已然变味的油脂挤出来喂给骆驼吃。前一天我滴水未进，大前天也只喝了两小杯水。口渴难耐，无意间我发现一瓶为点汽油炉留着的中国酒精，实在忍不住诱惑，便喝了一点。这么做当然愚蠢之极，但我管不了那么多，一口气喝了半瓶。尤达西听见有喝水的咕噜声，摇着尾巴朝我跑过来。我让它闻了闻瓶子，它哼了一声，伤心透顶地走开了。我扔掉瓶子，里面剩下的液体尽数流进沙地里。

那几口要命的酒精将我完结了。我试着站起身，可是两腿却撑不起来。整个队伍已经拔营出发，而我仍在后面动不了。伊斯兰手里拿着指南针，带领大家向着东方走。阳光早已晒得发烫。手下人八成以为我会死在躺着的那个地方。他们像蜗牛一样缓慢地往前挪，铜铃声越来越弱，最后完全没有了声响。队伍每爬上一个沙丘顶，便像一个黑点再次出现，而且越变越小；队伍每次走到沙丘之间凹下去的地方，就会隐没一小段时间。到了最后，我再也见不着队伍了。但是他们留下的深深足迹以及太阳（尽管尚未升高）之下拉出的暗影，提醒着我目前处于多么危险的处境。我没有足够的力气跟上其他人，他们已经离我而去。四面八方尽是可怕的沙漠，阳光酷热又刺眼，也没有一丝风。

突然我有了个恐怖的念头，万一这就是风暴前的宁静可怎么好？果真如此，我应该随时会看见东边的地平线上腾起一条黑线，那就是沙尘暴袭来的前兆。队伍留下的足迹一会儿工夫就会给刮得干干净净，那我再也不会见到我的那些手下和骆驼了，而他们不啻是我在沙漠之中的救命浮船！

我使出毕生所有的力气，站起身，晃了晃，又倒下，再沿着沙地上的足迹爬上一阵子，重新站起来，拖着身子向前，走两步再爬。一个小时过去了，接着又是一个小时。在一个沙丘的顶上，我终于看见了我的队伍，他们站着没动，铃铛也没有叮当响。我凭着超出常人的努力，终于赶上了队伍。

伊斯兰站在丘顶上，手搭凉棚扫视东边的地平线。本来他准备再次请求让他带上水罐赶到东边去，但是看到我这个样子，很快打消了念头。

穆罕默德趴在地上，哭泣着乞求真主阿拉相助。卡西姆坐在一头骆驼的影子里，双手捂着脸。他跟我说，穆罕默德一路上都在吵着要水喝。尤奇则躺在地上，跟死了一样。

伊斯兰建议我们继续前行，找一处硬一点的泥土地，兴许还能挖到水。所有的骆驼都躺倒在地。我爬上一匹白色骆驼，跟其他骆驼一样，它也不肯站起来。我们陷入了万劫不复的境地，就要死在这个地方了。穆罕默德嘴里喃喃自语，躺在地上玩着沙子，又吵着要水。我心里明白，我们在沙漠里上演的这一出已经到了最后一幕。即便如此，我还没有准备完全放弃。

此时太阳光芒四射，热得像火炉。我对伊斯兰说："等太阳下山了，我们就拔营出发，走上一整夜。现在搭帐篷吧！"骆驼驮的东西都卸了下来，在炙热的阳光之下趴了一整天。伊斯兰和卡西姆支起帐篷。我爬进去，把衣服脱得精光，躺在一块毛毯上，头枕着一只包袋。伊斯兰、卡西姆、尤达西和绵羊都躲到阴影里去，而穆罕默德和尤奇仍待在原来倒地的地方。我们中间唯有那几只母鸡还是倍有精神。

这个死气沉沉的营地是我在游历亚洲的旅途中住得最难受的一个。

第二天早上已经九点半，我们走了三英里还不到。我从头到脚都累得不行了，手指都没办法动一下。我觉得自己要死了，想象着自己已经躺在一个办丧事的教堂里，教堂的钟因为我的葬礼而不再敲响。我的整个人生像一场梦在眼前飞过。再过短短几个小时，我就要跨过永生的门槛。但是最让我受不了的是，一想到我会给父母和兄弟姐妹带来多少焦虑和不安，心里便痛苦不堪。一旦得知我已失踪，佩德罗夫斯基领事自然要展开调查。他会获知我于4月10日离开麦盖提，然而自那以后所留下的足迹全部消逝殆尽，因为至今沙漠中已经起了多次风暴。我的亲人会在家中一直等啊等。年复一年，但是收不到任何消息，等到最后便绝望了。

大约中午时分，帐篷原本松弛的遮布开始鼓胀起来，沙漠上微微吹起一阵南风。风越刮越大，刮了一两个小时之后，感觉风里有股新鲜劲儿，我不禁用毛毯将身子一裹，坐了起来。

此时奇迹发生了！我身上的虚弱无力全然不见，浑身再次有了力气！如果说我还曾渴望太阳快快落下，那就是现在这个时候了。我不想死，我也绝对不要可怜巴巴地死在这个沙漠里！我还能跑能走，也能手脚并用地往前爬。手下人也许撑不过去，但我必须要找到水！

夕阳像一颗火红的炮弹落在西边的沙丘之上。此时我状态极佳。我穿好衣服，命令伊斯兰和卡西姆两人准备出发。日落的紫色余晖洒在一座座沙丘上。穆罕默德和尤奇的姿势还是跟早上一样。穆罕默德早就开始在死神面前挣扎，并且没有恢复过意识来。但是尤奇却在凉爽的夜晚苏醒，他爬到我跟前，双手紧握，苦兮兮地叫道："水！给我们水啊，大人！一滴水也好啊！"叫完便又爬到一边去。

我问道："我们现在还有没有一点流质的东西？"

"对了，那只公鸡！"话音刚落，他们就砍断了公鸡的头，喝起鸡血，但这只是杯水车薪而已。大家的目光落在绵羊身上，这头绵羊一直像条狗一样忠心耿耿地跟着我们走到现在，没有一声抱怨。大伙儿犹豫了。杀了这头绵羊，我们也只能多活一天，这无异于丧尽天良。但伊斯兰还是把羊牵到一边，将它的头对着圣城麦加的方向，然后割断了它脖子上的动脉。红褐色的羊血黏稠难闻，缓慢地淌下来，血立即凝成了块，大家连忙吞下肚去。我也试着吃了一口，但是实在令人恶心，而且我喉咙里的黏膜太干燥，血块就卡在了嗓子眼，只好赶紧吐了出来。

伊斯兰和尤奇都渴疯掉了，竟把骆驼的尿收集在一个容器里，加上糖和醋一搅和，便捏着鼻子喝了下去。像他们这样畅饮骆驼尿，卡西姆和我都做不来。那两人喝过这毒液之后，浑身动弹不了，紧接着出现剧烈的痉挛，并且呕吐不止，一边呻吟着一边在沙地上不停地扭来扭去。

伊斯兰稍稍恢复了一点。在天色完全黑下来之前，我们将行李收拾了一遍。我把所有绝不可少的东西放在一堆：有笔记簿、旅行日志、地图、仪器、钱币和纸、武器和弹药、中国银锭（约合一千三百美元）、灯笼、蜡烛、一只桶、一把铲子、三天的食粮、一些烟草和其他一点东西。一本袖珍版的《圣经》是唯一留下来的书。准备遗弃的东西包括照相机和大约一千张胶片板（其中约有一百张已经曝光），还有药箱、骆驼鞍子、衣服、预备送给当地人的礼物，以及其他种种。从要扔掉的那堆东西里我找了一套干净衣服出来，从头到脚换了一身新，即便要葬身在这无垠沙漠之中，我至少也要穿上一套干净体面的寿衣。

我们把决定带上路的东西都塞进软鞍袋里，再系紧在骆驼背上。所有的驮鞍都抛弃了，因为它们只会增加不必要的负担。

尤奇先爬进帐篷，躺在我的毛毯上。他身上脏兮兮的，满是羊肺里流出的血，看上去让人很不舒服。我试着给他打气，建议他在晚上跟着我们的足迹走，他没有反应。穆罕默德也早已神智不清，胡言乱语之中喃喃地念叨着真主的名字。我尽力让他的头舒服一些，又用手来回抚摸他滚热的额头，求他一定要沿着我们的足迹尽力能爬多远就爬多远，并告诉他，一旦我们找到了水，就会回来救他。

这两位最终还是死在了营地里，抑或是死在营地附近。再也没有人听说过他们的消息，一年过去之后，他们依然下落不明，我便给他们的遗孀和孩子分别送了一笔钱。

所有骆驼都给我们打了起来，一个接一个地系成一长列。伊斯兰在前面领头，卡西姆殿后。我们没有带上那两位垂死的人，因为骆驼已经太虚弱，驮不动他们，而且以他们现在糟糕的状态，也没办法在驼峰中间坐稳。我们心里还保有一丝希望，希望能找到水，这样我们就可以把带在身上的两只山羊皮袋装满水，赶紧转回来救这两个不幸的人儿。

几只母鸡借羊血解了干渴，去休息了。比坟墓还要深沉的死寂笼罩了整个帐篷。在暮色即将融入黑夜的那一刻，铜铃最后一次响起来。我们跟以往一样，仍向东走去，尽量避开沙丘最高的那些脊线。走了几分钟之后，我转过身，最后瞥了一眼那死亡营地当作道别。帐篷衬着仍在西边盘桓的黯然月光，显得棱角分明。能离开这个让人不寒而栗的地方，我不禁松了一口气。它很快便消失在茫茫夜色之中。

周围已是漆黑一片，我点上灯笼里的蜡烛，走在前头寻探最容易走的路。有一头骆驼在路上瘫倒了，立刻伏地不起，脖子和腿都展开来，在那儿等死。我们把这头骆驼驮的袋子转到"大白"的背上，"大白"是还活着的四头骆驼中最为强壮的一个。那系在脖子上的铜铃也随它在一起，从此那铜铃的叮当声便不复存在。

我们前进的速度慢得让人绝望，骆驼每迈出一步都是那么费力。一会儿是这头骆驼止步不前，一会儿又是那头站住不动，大家只好跟着休息一下。伊斯兰又呕吐了几回，痛得像只蠕虫一样在沙地上扭来扭去。借着灯笼的微弱光芒，我加大了步伐，继续向前进。我这样走了有两个小时，铃声渐渐在我身后消逝。除了我的脚跟划过沙子所发出的沙沙声，四下里听不到一丝声音。

十一点钟，我挣扎着爬上一处平坦的丘脊，侧耳倾听、尽力观察，和阗河不会太远了，不可能的。我仔细远眺东方，希望能辨识出牧人的营火，然而周围只是一片漆黑，唯有天上的星星在闪烁。没有一点声音打破这死寂的世界。我把灯笼放好，当作给伊斯兰和卡西姆指路的灯标，然后仰身躺下来，独自沉思和倾听。此时我依然沉着，未曾有过动摇。

远处再次传来最后那只铃铛的当啷响声。铃铛时不时会安静一会儿，但是铃声是越来越近。我等了又等，仿佛永远也等不来似的，突然四头骆驼像鬼魅一样站在了跟前。一爬上我躺着的沙丘顶，它们便立即趴倒在地，很可能是错把灯笼当成营火了。伊斯兰一摇一晃地走过来，颓然倒在地上，吃力地说他不能再走了，自己就死在这儿了。我尽力鼓励他要坚持住，但是他没有一点反应。

眼看着此次征程就要到此为止了，我决定放弃所有的东西，只拼上一条性命。我甚至连日记和观察记录都牺牲掉，只带上一些我一直随身放在口袋里的东西，比如指南针、手表、两支温度计、一盒火柴、手帕、折叠刀、铅笔、一张折叠起来的纸，还有完全出于偶然才放在身上的十根香烟。

卡西姆面对困境依然乐观，一听我说让他跟我一起走，十分开心。他急忙拿上铲子和水桶，但却忘了帽子，导致后来他一直用我的手帕遮阳，以免自己中暑。我和伊斯兰道别，嘱咐他把所有东西都放弃不管，只尽力沿着我们的足迹走，救自己一命就好。他看上去却像是要死的样子，一声不吭。

朝极有忍耐力的骆驼看了最后一眼，我便匆匆离开这伤心欲绝的地方。我的人正在这里垂死挣扎，而队伍里早先趾高气昂的资深队员也将在这里永远结束他们的沙漠之旅。我抚摸着尤达西，让它自己决定是愿意留下还是跟我们走。它待着没走，从此我再也没有见过这条对我忠心耿耿的狗。此时正是午夜时分，我们在茫茫大海中遭遇船难，现在我要离开这艘沉船了。

灯笼还在伊斯兰身边亮着，但是烛光很快就消逝在我们身后。

第二十一章　最后的日子

就这样我们在黑夜里一步步穿越沙漠。连日劳顿，加上缺乏睡眠，在走了两个小时之后，我们实在体力不支，一头栽倒在沙地上睡过去了。我穿的是白色薄棉布衣，还没一会儿就给深夜的寒气冻醒了。于是我们继续走，一直走到体能极限，再次在一座山丘上睡着了。我穿的靴子直达膝盖，最上面还有一道硬边，走起来真是难上加难。有那么几次，我简直就想把这靴子一扔了事，还好我并没有真的这么做。

又歇息了一次之后，我们连续走了五个小时之久，差不多是从早上四点钟一直走到九点钟。这天是 5 月 2 日。接着再休息一个小时，随后又缓慢地跋涉了一个半小时。太阳炙热烤人，我们跌落在沙地上，我眼前一片漆黑。在朝北的一面斜坡上，卡西姆将尚保有前一晚寒气的沙子挖出来。我脱了衣服，全身躺在沙坑里，让卡西姆把凉凉的沙子铲到我身上，一直堆到我的脖子边。他自己也如法炮制。我们两人的头靠得很近；把那把铲子插在沙地上，挂上我们的衣服，以此来遮蔽阳光。

我们就这样躺了一整天，一句话也没有说，丝毫也没有合眼睡一会儿。蓝玉色的天空横在我们顶上，周围黄色的沙海向着地平线一直延展开去。

等到太阳这个大火球又一次栖落在西边的一座沙丘之上，我们爬起身来，抖掉身上的沙子，穿上衣服，一步一挪地慢慢向东走，中间停息了无数次，一直走到次日凌晨一点钟。

白天烈日当头的时候来一次沙浴，确实凉爽宜人，但也相当消耗体力。体力在一点一点消退，我们已经走不了前一晚上那么远的路了。现在干渴倒不是那么熬人，因为在头几天的路上已经干渴至极，我们的口腔已然干燥得跟暴露在外面的皮肤一样，对水的渴望都迟钝了。身体越来越虚弱不堪，所有腺体的功能都大为减退。我们的血液越发黏稠，流过毛细血管的速度也更加迟缓。这个干燥化的过程迟早要发展到极限，继而导致最后的死亡。

5月3日，从凌晨一点钟到四点半，我们都躺在地上奄奄一息，甚至连夜里阴冷的寒气都无法刺激我们起身。但是天蒙蒙亮的时候，我们还是再次拖起无力的身子向前行，走上一两步就歇一下。走到沙丘的下坡处，我们还能轻松应对，但是爬过一道道沙浪来却是无比吃力。

太阳升起来了，突然卡西姆一把抓住我的肩膀，手向东边一指，两眼死死盯着，却一言不发。

我细声道："什么东西？"

他喘了一大口气，说道："柽柳。"

终于见到绿色的迹象了！感谢上苍！心中的希望本来濒于灭绝了，现在再一次燃烧起来。我们走啊走，又拖又拽，左摇右摆，费了三个小时才走到那第一丛林木——这是一根橄榄枝，意味着这片沙漠的海洋终究还是有尽头的。我们摘下柽柳苦涩的绿色针叶，放在嘴里咀嚼，心中不禁感谢上帝给我们送来无上珍贵的礼物。这株林木宛如一枝水莲，立于沙浪之上，曝晒在烈日之下，但是给树根予以滋润的地下水究竟会有多深呢？

大约十点钟，我们找到了另一丛柽柳，而且看见在东边的方向，还有好几丛。但是我们的体力已经耗尽。我们脱了衣服，将自己埋在沙子里，衣服则挂在柽柳的树枝上挡一挡阳光。

我们静静地躺了整整九个小时。火热的沙漠空气把我们的脸烤得跟羊皮纸一般死硬。晚上七点钟，我们穿上衣服继续前行，走的速度比以往又要慢了许多。在夜色里走了三个小时之后，卡西姆猛然停住，嘴里小声道："白杨！"

在两座沙丘之间冒出三株白杨树，彼此距离很近。我们一下子倒在树底下，浑身累得没有了一丝力气。这些树的根部也一定是从地底下吸取水分的。我们拿起铲子，想要挖出一口井来，可是铲子从指间滑落，我们已经使不上劲了，于是趴下来用指甲在地上扒，但扒了几下也扒不动，只好放弃。

井挖不成，我们转而摘下树上的新鲜叶子，揉在皮肤上，然后拾了些落在地上的干枯树枝，在最近的一个沙丘顶上生了一堆火。要是伊斯兰还活着的话，这个火堆可以给他指引方向，虽然对此我并不抱多大希望。此外，这堆火兴许还能吸引和阗河沿岸林子里牧人的注意。不过即便有哪个牧人真的看见在这片死寂之地上燃起火光，很可能反而因此受到惊吓，觉得那肯定是沙漠里的鬼魂在闹鬼，或是施展什么巫术。我们让火烧了整整两个小时，心里直把它当作自己的伙伴和朋友，同时也是得以拯救的一线生机。时至今日，若有人在海上遇难且情况危急，已经有了其他的方式来发出呼救信号。而当时只有眼前这一堆火，我们的双眼不由得紧紧盯着燃烧的火焰。

黑夜即将到了尽头，太阳这个最恶毒的敌人，就要在东边地平线那边的沙丘之上再次升起，重新折磨我们。5月4日早上四点，我们起身出发，跌跌撞撞地走了五个小时。接着我们的体力耗尽，燃起的希望又一次慢慢熄灭。东边不再有白杨树，也不再有柽柳，没有一点绿色能够激发我们即将逝去的生命力。目之所及，只有一丘又一丘的沙子。

我们瘫倒在一座沙丘的斜坡上。卡西姆也没有力气再为我挖出一个沙坑来了。我只有亲自上阵，尽力而为。

我们在沙子里又躺了整整十个小时。奇怪的是，我们居然还活着。我们还有没有足够的体力再撑上一个晚上——也许是我们的最后一个晚上？

暮色降临的时候我爬起身，催促卡西姆起来上路。他喘着气，说话的声音小得几乎听不见："我走不了了。"

于是我把队伍里的最后一名队员抛在身后，独自一人继续前进。我一步一挪地拖着身子走，不断跌倒，只好手脚并用，爬上一个个沙坡，再从另一边摇摇晃晃地走下坡去。有时我静静地躺上很长一段时间，侧耳细听，没有任何声音！天上的星星像电筒一样闪烁着。我怀疑自己是否还待在地球之上，抑或是置身于死亡阴影的峡谷之中。我点上最后一根香烟。卡西姆过去经常接过我的烟头继续吸，而今我却是孤零零一个人，所以这根香烟我自己一直吸到头。吸完烟，我感觉得了些许宽慰和轻松。

从我开始单身跋涉到现在，有六个小时过去了，这时整个人已完全虚脱，颓然倒在一株新发现的柽柳树跟前，昏睡过去，我真怕死神会趁我睡熟的时候来夺命。而事实上，我根本就没有睡着。在墓地一般的死寂之中，我一直都能听见自己的心跳声和计时表的滴答声。过了一两个小时，我听见有人在沙地里走路的沙沙声，只见一个鬼影踉踉跄跄地挣扎着来到我身边。

"是你吗，卡西姆？"我低声问道。

"是的，大人。"

"走！要走的路不长了！"

两人得以重聚，无不备受鼓舞，于是打起精神继续走。我们一起滑下沙丘，一起挣扎着爬坡。跌倒了，我们就一动也不动地躺在那儿，与想要大睡一场的欲望拼力抗争。我们的速度逐渐缓慢下来，人也变得越来越懒散。我们俩就像是在梦游，但仍然在为了活命而拼搏。

突然卡西姆抓住了我的胳膊，指着地上的沙子，只见上面赫然印着人走过的痕迹！

刹那间我们心头一亮，这显然表明那条河一定就在附近！可能是有些牧人注意到我们生的火堆，便来这里查看；或者也可能是有头绵羊在沙漠里走失,牧羊人寻觅至此,刚刚才从这里的沙地上走过。

卡西姆弯下腰将脚印仔细看了一回,惊诧道:

"这是我们自己的脚印!"

一路上无精打采、昏昏沉沉,结果绕了一个大圈子自己还不知道。我们再也受不了了,扑通一声倒在脚印上就睡着了。这时是半夜两点半钟。

5月5日,破晓时分,我们吃力地撑起沉重的身体。卡西姆看上去状况很糟糕。他的舌头变成白色,还肿胀起来,嘴唇发紫,双颊凹陷,两眼泛出呆滞的死光。他正在遭受一种死亡之嗝的折磨,浑身抖个不停。人的身体若是极度干燥缺水,关节一动就会发出嘎吱嘎吱的响声,随便做什么动作都相当费力。

天色渐渐转亮,太阳升起来了。有座山丘的顶上视野很好,向东可以一览无余,我们在此向地平线眺望。过去的两个星期里,那边一直都是一排黄色锯齿状的沙丘,现在居然现出一道平平整整的墨绿色线条。我们呆住了,像僵了一样,随即同时欢呼起来:"森林!"我又继续说道:"和阗河!水!"

我们再次将所剩无几的一点点体力收敛起来,向着东边奋力前进。沙丘越来越矮小,我们走过一块低陷的凹地,便试着在最底部挖挖看,可是身体依然过于虚弱,挖不动,只好继续走啊走。墨绿色的线条渐渐变得粗大,沙丘则越来越稀少,最后完全消失,取而代之的是一片平整松软的地面。我们离森林只有几百码的距离了。五点半钟,我们走到第一丛白杨树边上,身心疲惫,一下子倒在了树阴底下。我们尽情享受着森林的芬芳,看见花儿在树丛之间开放,听见鸟儿在歌唱,还有苍蝇和牛虻嗡嗡地鸣叫。

七点钟,我们继续前行。森林变得稀疏起来。走上一条道路,上面有人、羊和马的足印,我们据此猜测这路应该是通向河边的。我们沿着路走了两个小时,又倒在一丛白杨树的阴影底下。

我们的身体太虚弱了,一步也走不动。卡西姆躺在地上,看上去像是快要死去了。和阗河肯定就在很近的地方,但是我们却像是给钉在了地上,周围热气腾腾。难道这白天就没有个尽头吗?每过去一个小时,我们便离死亡近了一步。我们必须将自己拽到河边,否则就可能为时过晚!但是太阳还没有落下,我们呼吸沉重,每一步都很费力,求生的毅力就要离我们而去。

晚上七点,我能爬起来了。我把铲子的铁头挂在树杈上,拿铲子的木柄当作手杖。万一我们找到几个牧人,可以回来按照铲子头指的方向去营救那三个垂死的队员,找回先前摒弃的行李。但是自我们离开他们,已经过去整整四天了,他们很可能早已去世。而且要找到他们还得再花上几天的时间。这样的处境简直令人绝望了。

我再次催促卡西姆随我一起去河边找水喝。他用手打了打手势,意思是他起不来了,又细声跟我说,他很快就会死在这些白杨树底下了。

我独自拖着疲惫的身躯穿越森林。路上总有长满刺的荆棘丛和落下来的干枯树枝挡道。我身上的薄衣和双手都被刮破了,但是还得一步一步地往前走。我不时停下休息,又手脚并用地爬上一小段路,同时注意到林中夜色渐浓,心里很是着急。最后又一个夜晚终于降临——这恐怕是最后一夜了。我无力再撑过一天的时间了。

森林蓦地走到了尽头,齐刷的就好像被火烧过。我发现自己来到一个六英尺高的阶地边缘,此处几乎是垂直地降到一大块没有植物生长的平地上。这里的土地很硬实,有一根掉光叶子的枯枝从土里伸出来,我看出那是一块浮木,而我恰恰就在和阗河的河床之上。这条河是干涸的,跟我身后的大沙漠一样干!

经过千难万险,终于来到河边,难道还要在这河床上渴死不成?绝不!我一定先要穿过和阗河,确认整个河床都是干的。除非所有的希望都无可挽回地消失，否则我绝不会就此躺下等死。

我知道河道几乎是向着正北方向。要到达河的右岸，最短的距离应该是径直向东走。尽管月亮已经升起来，我也一直看着指南针，但总是无意识地朝着东南方向去。我力求抗拒这股力量，可还是无济于事，好像是有一只无形的手在拉着我。最终我也不再抵抗，索性就向着月亮所在的东南方走去。我不断倒地休息，有一种大睡一场的强烈欲望。我的头都垂到了地上，要使上所有的意志力才能让自己不睡过去。我当时疲惫不堪，要是真睡着了，肯定会一睡不醒。

和中亚地区的所有沙漠河流一样，和阗河的河床非常宽广平坦而且不深。这片荒凉的旷野上漂浮着一层薄薄的雾霭。我走了大约一英里远，这时河东岸上森林的轮廓出现在月光之下。河岸像阶地一般，上面长满了浓密的灌木丛和芦苇丛。有棵白杨树倒在河边，深色的树干直伸向河床，看上去就像是一条鳄鱼。河床仍是和前面的一样干硬。就算走到离河岸不远的地方，我也要倒下死去了。我现在是命悬一线。

这时我猛然一惊，随即停下了脚步。一只水鸟，可能是野鸭或者野雁什么的，扑打着翅膀飞到空中，同时我听见了水花四溅的声音。再一转眼，我已经站在一片池塘的边上，这池塘约有七十英尺长十五英尺宽！月光之下池水如墨水一般黑。倒下的白杨树干正倒映在深邃的池水之中。

在这寂静的夜里，我感谢上帝送来这份美妙的奇迹。刚才如果一直朝东走，可能就走迷路了。事实上，如果我遇到的河岸是在水池以北或以南仅仅一百码的地方，我也会以为整个河床都是干的。我知道藏北高原上的雪地和冰川只会在 6 月初融化，而后一直流进和阗河的河床，而在夏末和秋天便会停止融化，这样河床在冬春两季都是干涸的。我也曾听说在某些相隔大约一天路程或更远的地方，河水会形成巨大的漩涡，将河床挖出一个个深坑，这些河岸附近大坑里面的河水甚至可以保存一年之久，而我现在就是来到了这样一个极其罕见的一湾水边！

　　我静静地坐在岸边，量了下脉搏，非常微弱，几乎感觉不到——只有四十九下。接着我开始喝水，喝了又喝，完全不加节制。池水很凉，如水晶一般清澈，跟最美的泉水一样甘甜。我还是在喝个不停，干瘪的躯体像一块海绵一样吸收着水分。顿时所有的关节都软化了，动作也自如了许多。皮肤本来粗硬如羊皮纸，而今也变得柔软了。额头上也有了湿气。脉搏加快了跳动，几分钟之后就上升到五十六下。血管里的血液流动得更畅快了。心中有了幸福舒畅的感觉。我又喝了些水，坐在水边抚弄这上天恩赐的池水。后来我给这面池塘取名为"天赐之池"。

　　池塘岸上的芦苇长得很密，树丛盘错交结在一起。银色的月牙高高挂在一棵白杨树梢上。树丛里有沙沙的动静，有东西在里面走动，踩踏到干燥易碎的芦苇，是一只老虎偷偷来到池边喝水吗？我面带微笑，俨然以征服者的姿态等着看那老虎的眼睛在暗处闪烁。我心想："来啊，你个老虎！只管来取我性命，我可是在五分钟之前才得以重生呢！"但是芦苇丛里的沙沙声渐渐远逝；不管那来池边解渴的是老虎还是什么其他生物，一旦它发现我这个孤独而迷途的旅人闯到此地，显然还是觉得先闪为妙。

第二十二章 吾乃鲁滨逊

我终于解了干渴；说来也怪，那么狂饮乱灌，也没有对身体造成什么伤害。

现在我的思绪飞到卡西姆的身上，此时他还躺在河岸西边的林子里，因为干渴而昏厥不醒。三个星期前队员们还趾高气扬的，可如今唯有我这个欧洲人一直坚持到得救的那一刻。如果我现在争分夺秒，或许卡西姆还能活命。但是我拿什么盛水呢？对了，用我的防水靴子啊！其实手边也真的没有其他容器了。我把靴子都灌满水，在铲子木柄上一头挂一个，小心翼翼地再次穿过河床。尽管月亮已经低落，我来时的脚印依然清晰可见。我走到森林边上了。月亮完全落了下去，浓浓的夜色笼罩着林子。自己的脚印已经找不见了，我就在刺人的荆棘丛和树丛之间瞎走乱撞，只穿着长袜的双脚刺得生疼。

我不时高声喊着："卡西姆！"然而声音消逝在树干之间，却没有一点回应，只听见一只受到惊吓的猫头鹰咕噜咕噜地叫了几声。

如果我迷了路，就再也找不到先前留下的足迹，而卡西姆也要就此送命。我在一丛密不可透的枯枝乱草跟前停住，点燃这一大堆草木，看着火苗乱窜，还把旁边的白杨树烤焦了，我心里暗自高兴。卡西姆离这儿不会太远，他肯定能看见也能听到这边在烧火。但是他并没有出现。我别无办法，只好等天亮了再说。

在一棵火势范围以外的白杨树底下，我躺着睡了几个小时。有火在旁边烧，我也不用担心会有什么野兽来偷袭。

天亮了，烧了一夜的火还是很旺，一柱黑烟直飘到森林上空。现在很容易就能找到我前一天的足迹，继而找到卡西姆躺着的地方。他身体的姿势还是和前一晚上一个样子。一见到我，他便声音微弱地说道："我要死了！"

"你要喝点水吗？"我问他，同时让他听听水花溅落的声音。他坐起身，瞪着双眼目光呆滞。我递给他一只靴子。他把靴子扶到唇边，一饮而尽。稍稍停了一会儿，他又将另一只靴子里的水喝得光光的。

我说："走，我们现在就去那个池塘。"

卡西姆答道："我走不动。"

"那等你能走了，就尽快跟着我的脚印走。我先去池塘，然后向南沿着河床走。再见！"

此时此刻，我也不能为卡西姆做些什么其他的事；而且我觉得他已经脱离了生命危险。

5月6日早上五点，我在池塘边又喝了些水，洗了个澡，并且休息了一段时间，然后顺着和阗河右岸，也就是河东边的林子，一直向南走。走了三个小时，天色渐渐暗了，一场黑色风暴席卷了这片荒原。

我心想："就是这头几下沙土埋葬了迷失沙漠的队员。"

森林的轮廓不见了，整个大地都裹在一团沙雾之中。已经走了三个小时，我又一次感到渴得难受，这时突然想到，要找到下一个有水喝的地方，可能得走上几天的时间。如此离开第一个池塘"天赐之池"显然相当不明智。

我心想我得回到第一个池塘，找到卡西姆。

转而向北走了半个小时，恰好碰上一个非常小的池子，水很脏，我停下来喝了点水。现在又觉得肚子饿得厉害，因为有一个星期没吃过东西了。我吃了些野草、芦苇芽和树叶，甚至连池子里的蝌蚪都尝了尝，但是蝌蚪的味道太苦，吃起来让人恶心。这时正是下午两点钟。

我心想先不找卡西姆,在这儿等风暴过去了再说。

于是我走进林子,找了一处草木密集的地方,打算在里面躲过强风吹袭。我拿靴子和帽子摆成枕头,倒头熟睡,自4月13日以来,我头一次睡得如此甜美。

晚上八点,我醒过来。天已经黑了。风暴还在我的头上肆虐咆哮,吹得干枯树枝嘎嘎直响。我为自己的"营地"找了些干柴,生起营火,然后在那个小池子里喝了水,又吃了些野草和树叶,便坐下来看着火苗乱窜乱舞。要是忠实的尤达西现在陪在我身边该有多好!我吹起口哨,但是外面的风暴掩盖了所有的声音,尤达西自然是永远不会回来了。

我在5月7日天蒙蒙亮时醒过来,这时风暴已经过去了,但是空气里仍然飘满了细小的沙尘。我心中突然一惊,因为想到最近的牧人很可能离这儿有几天的路程远,我没有吃的撑不了那么久。要走到和阗城,怎么也得有一百五十英里。我的体力已然大减,这么长的路程,至少需要走六天的时间。

早上刚刚四点半钟,我便向着南方出发,沿着河床的正中央走。为了保险起见,我把靴子都装了一半的水,再挂在铲子的木柄上,像牛轭一样挑着走。过了一会儿,我走到河左岸,发现这里有个已经被弃的羊圈以及一口井。到了中午,天热得人完全受不了。我走进森林,吃了点野草、树叶和芦苇芽,权当午餐。天色暗得太快了,转眼就已经是傍晚。我便生了一堆火,留在原地过夜。

5月8日,我在太阳升起之前动身,几乎走了一整天。在夜色降临之前,我在一个小岛的岸边有了一个惊人的发现:在河床坚硬的沙地上,现出刚刚有人走过的足印,是两个赤脚的人赶着四匹骡马向北而去!那我为什么没有遇见他们?很有可能他们是在夜里我熟睡的时候从我身边走过去的。他们已经走得太远,我现在再掉头去追赶他们怕也追不上了。

我似乎听见从突伸到河床里来的一块土地上传来一种不寻常的声音，便立即停下，侧耳细听。但是整个森林死一般的沉寂，我心想大概是什么鸟叫吧，于是继续往前走。

但是不对！过了一分钟，我听见有人说话的声音，还有牛的哞哞叫声！这不是幻觉，真的是有牧人！

我把靴子里的水倒空，也不管它有多湿，赶紧穿上冲进森林，闯过浓密的树丛，跃过倒下的树干。很快我又听见绵羊的咩咩叫声，有一群羊正在河谷里吃草。我一下子从树林里面蹦出来，那牧人站在那儿像是被吓呆了。

我向他打声招呼："愿你平安！"他一听，拔腿就跑，转眼就消失在树丛之间。

一会儿工夫，他跟一个年纪大一些的牧人一起回来了。他们与我保持着相对安全的距离。我用几句话跟他们简要说明我的情况。

我说："我是个欧洲人，从叶尔羌河那边进入沙漠。我的手下和骆驼都渴死了，所有的东西也都损失了。我已经有十天没有吃过东西了。请给我一块面包吃、一碗奶喝，让我在你们附近休息，我已经累得要死了。以后我会付钱来报答你们的帮助。"

他们一脸狐疑地看着我，显然觉得我是在说谎。但是稍稍犹豫了一会儿之后，他们还是让我随他们一起走。我便跟着他们来到他们住的棚子。棚子搭在一棵白杨树的阴影下面，只用了四根细长的杆子，撑起那树枝和灌木做成的棚顶。地上铺着一块陈旧的地毯，我一屁股倒在上面。年轻一点的那个牧人拿出一个木制容器，给了我一块玉米面包。我向他道谢，刚撕下一小块面包吃，便觉得好像已经饱了。接着他递给我一只木碗，里面盛着最最美味的羊奶。

这两个牧人一言不发，起身出去不见了踪影。但是他们的两只野性大狗待在一边不停地吠叫。

夜色降临时,他们带着第三个牧人回来了。刚刚才把绵羊赶到附近的羊圈里去,现在他们在棚子前面生了一大堆火,等火全都烧完,我们四人便睡觉了。

三个牧人分别叫玉素莆、托哥达和帕西。他们负责放牧一百七十只绵羊和山羊以及七十头奶牛,这些牲口都属于和阗城的一个商人。

5月9日天破晓的时候,我发现身边有一碗奶和一块面包,但是牧人都不见了。我狼吞虎咽地吃完早饭,便出去查看周围环境。这个棚子坐落在一个地势高的沙地上,从这可以俯瞰和阗河干涸的河床,河岸边有牧人取水的井。

他们衣衫褴褛,脚上简单地裹着几块缝在一起的羊皮,而腰带里塞着每日要喝的茶叶。他们的日常用具就是两个粗糙的木制容器,放在棚子顶上,旁边还有准备食用的玉米和一把原始的三弦吉他。他们也有斧子用来在森林里开路,还有一根拨火棒,这个拨火棒平常很少用到,因为他们一般只用嘴巴将灰烬底下的火炭吹旺。

那天下午发生了一件奇怪的事情。牧人正在林子里放羊。我坐着俯瞰那边的河床,看见一支商队从南向北走,里面有一百只骡马驮着袋子,应该是从和阗城去往阿克苏(Aksu)的。我该不该赶紧下去见领队呢?不,去了也无济于事,我口袋里一个铜子也没有啊!我自然是该在牧人这儿逗留两天,彻底地休整好身体,然后走到和阗城去。想到这儿我便躺下来在草木棚顶底下睡着了。

突然间我给嘈杂的人声和马蹄的嗒嗒声吵醒,起来一看,只见三位缠着白头巾的商人骑马来到棚子跟前,下了马,走到我身边,谦卑地向我鞠躬。原来我的两个牧人朋友将他们引到这里来,现在正给他们牵着马匹。

来的商人坐在沙地上,说他们是从阿克苏去和阗城,前一天骑行至和阗河的河床，经过左岸林地的时候，看见林地边上躺着一个人，显然是快死的样子，旁边还有一匹白骆驼在树丛之间吃草。

这几位商人心好，便停下来去问那人哪里不舒服。那人嘴里小声嘟囔道："水，水。"他们便派仆人带上水壶去距离最近的水池汲水，很可能去的就是救了我性命的那个池塘。接着他们又给那人吃面包和干果。

我一下子意识到那个人正是伊斯兰。他把我们旅行的故事告诉了这些商人，并请求他们去找寻我的下落，虽然他笃定我是已经死了。商人里的头领玉素莆把他的一匹马给了我，让我跟随他们同去和阗城，到那里休息静养。

但是我根本不需要什么休息！一分钟之前我还是那么消沉，但是他们带来的这个消息让我的情形立刻有了天翻地覆的变化。也许我们可以回到那个死亡营地，去看看留在那边的人是否还活着；也许我们还可以把行李都找回来，再配备成一支新的队伍；连我遗存在那里的钱兴许也能找回来。前途忽然变得光明起来。

三位商人跟我道过别，便继续他们的旅程，走之前借给我十八个小银币，大约值两美元，又给了我一袋子白面包。

几个牧人有些局促不安，这时他们才明白我跟他们说的都是实话。

5月10日那天我睡了一整天。我感觉自己像是大病初愈，而今正在逐渐恢复。日落的时候我听见有骆驼的吼声，便走了出去。只见一个牧人牵着那匹白骆驼，在后面摇摇晃晃跟过来的正是伊斯兰和卡西姆！

伊斯兰一下子扑倒在我的脚下，哭了起来。他原本以为我们是再也不会相见了。

我们围坐在营火边上，吃着牛奶和面包，伊斯兰则开始讲述他的惊险故事。在5月1日的晚上，休息了几个小时之后，他和最后的四头骆驼都恢复得差不多，于是跟随我们在沙地上留下的足印往前走。5月3日的晚上，他确实看见了我们生的那堆火，心里备受鼓舞。等走到那三棵白杨树的时候，他把其中一棵树的树皮磨破，吸吮里面的树汁液。有两头骆驼快要不行了，他就在白杨树下把它们驮的东西卸了下来。5月5日，我们的狗儿尤达西渴死了。两天后，垂死的那两头骆驼轰然倒地。其中一头前面一直驮着测量海拔高度的仪器以及其他很多重要的东西。最后只剩下两头骆驼，又有一头挣脱了缰绳，径自跑进林子里去吃草，伊斯兰只好带着"大白"继续走，在5月8日早晨来到河边。他发现河床原来是干涸的，心头一凉，绝望地倒地等死。几个小时后，玉素甫和另外两个商人骑马路过，便给他水喝。再后来，他们又发现了卡西姆。而现在他们两个都坐在这里了。

我们在白骆驼驮运的袋子里找到了我的日记和地图、中国银锭、两把长枪和少量的烟草。如此一来，转眼之间我又变得相当富有起来。但是测量海拔高度的仪器和许多其他必不可少的东西都丢失了。

我们跟帕西买了一头绵羊，那天晚上，我们围在营火旁，有说有笑，精神十分高涨。我的脉搏现在升到每分钟六十下，在后面的几天里便慢慢地恢复到了正常水平。

第二天，牧人们把营地移到了更好的一处牧场。伊斯兰和卡西姆则在两棵白杨树中间为我搭建了一个不错的遮荫棚。破旧的毡垫就是我的床，存放中国银锭的袋子就是我的枕头。白骆驼在树林里吃草，它是我们漂亮的骆驼队里唯一存活下来的。每天三餐我们都从牧人那里得来牛奶和面包。我们没有什么好抱怨的，但是我的思绪有时会飘转到鲁滨逊的身上。

5月13日，我看见有一支从阿克苏来的商队，在河床里向南边走去。商队的主人是随行的四位商人。伊斯兰将这四位带到我的遮荫处来，经过一番交易，我们的装备条件再次得到了改善。

我们花了七百五十坚戈（一坚戈等于十美分），买了三匹马；还买了三只驮鞍、一只座鞍、马嚼子、一袋玉米、一袋面粉、茶叶、几只水壶和碗；伊斯兰的靴子丢在沙漠里了，我又给他买了双新的。这下我们又能自由活动了，想去哪儿都没问题。

有客人来，是两个年轻的猎鹿人。他们捕猎鹿是为了获取鹿角，中国人将其当作药材用。他们送给我一只刚刚宰杀的鹿。第二天，他们的父亲梅尔艮也来到我们营地。大家商量了一下，决定由伊斯兰、卡西姆和这三位猎人一起去找那匹驮着仪器的骆驼，取回丢在那几棵白杨树下的行李，而且如果可能的话，争取回到死亡营地去看看。

他们带上白骆驼和三匹马走了，我独自一人和牧人们待在一起。

接下来的那段时间对我的耐心而言是个考验。我在失而复得的日记本里记录下最近的冒险经历；余下的时间里，我就躺在阴处读书。队伍遭难以来，只有一本书得以幸存，这本书就算读到最后一页了，还是可以从头再读，那就是《圣经》。牧人们现在已经成了我的朋友，非常关心我的生活。天气酷热难当，可是我住的地方遮蔽得很好，风在白杨树间婉转吹过。有一天，几个路过的商人卖给我一大袋子葡萄干。再有一回，我正睡得香甜，一只黄色的大蝎子爬到我的毡垫上来，搅了我的好梦。我现在做梦都梦见西藏。一旦伊斯兰找到其他人一起回来，我们就可以取道和阗去往西藏。我的体力完全恢复了，在这树林里休息静养，真是一段令人愉悦的时光。

5月21日，外出救援的队伍回来了。伊斯兰先前丢在那三棵白杨树下的行李都找到了。死骆驼的尸体散发出难以忍受的恶臭。但是驮运着沸点温度计、三支无液气压计和一把瑞典陆军左轮手枪等东西的"单峰"骆驼，却永远也找不着了。

没有测量海拔高度的仪器，要去西藏简直绝无可能。必须得从欧洲再弄一套新的设备来,这样我只好先回喀什去。我们给了牧人一笔丰厚的报酬,作为热情招待的回报。我们骑马来到阿克苏,此地距离喀什有二百七十英里。我们于 6 月 21 日到达,然后我派了一名信差快马加鞭前往俄国边界上最近的一座电报站。结果说是新设备运到喀什得花三四个月的时间,这么长的时间里我该做些什么呢?当然是再去帕米尔高原探一次险了。佩德罗夫斯基领事和麦卡尼先生借给我一些必要的仪器。

有一天,我受邀和道台共进晚餐。我一走进道台的衙门,他就指着桌上的一把左轮手枪问我道:"这个东西你认得吗?"

这正是我的瑞典陆军左轮手枪,是和测高仪器包在一起的那把枪!

我一脸诧异,问他:"这是从哪里来的?"

"是在一个农民身上发现的,他住在和阗河上的塔维克凯尔村。"

"那头骆驼身上驮的其他东西呢?"

"那些都没有找到。但是已经派人在和阗河沿岸仔细搜索,这一点你不用担心。"

显然这件事小偷和叛徒都有份。那些淳朴的百姓拿了这些科学仪器又有什么可高兴的呢,仪器对他们来说一无用处,对我而言可是价值连城!就算拿十头骆驼跟他们交换,我也愿意啊。

这把左轮手枪以及发现过程又是另外一个故事了,留待后叙。

现在,命运之神还是将我带回了帕米尔高原。

第二十三章　再次远征帕米尔

我忠实的仆人卡西姆被任命为俄国领事馆的守卫，于是我带上伊斯兰以及另外两个人再加六匹马，于1895年7月10日离开了喀什。

第二天，我们来到乌帕尔（Upal），这是个大村子，坐落在一个有着松软土壤的深谷之中。下午一场大雨倾盆而降，我从来也没见过这么大的雨。日落前的一个小时，我们听见惊天动地的一声巨吼，声音空隆隆的，而且离我们越来越近。就几分钟的时间，河床里涌起奔腾咆哮的水浪，很快就冲过河岸，将大半个村子都淹在了水里。大水翻腾而过，来势汹汹，形成了沸腾翻滚的泥浆，将前方所有的东西都裹挟进去。大地都给震得颤抖起来。飞旋溅起的水花像薄雾一般覆在褐色的泥浪之上。河上的桥被冲跑了，仿佛桥墩和桥板都是干草做的，树木、货运车、家用品和干草堆被连根拔起，在水面上疯转狂舞。大水冲垮了村子里的泥土危房，村民们惊慌失措，尖叫着四下逃窜。妈妈把自己的宝宝扎在背上，蹚着齐腰深的洪水准备逃命；而其他人则想办法从已经遭水淹的小屋和陋棚里抢救一些家具出来。柳树和白杨树都被洪水冲弯倒了。在一处暴露在河床中而毫无遮挡的地方，河水一下子冲走了十五座房子。有一块西瓜地，眼看着就要遭殃，村民们赶紧抱起快熟的西瓜送到安全的地方去。而我自己呢，就差那么一丁点儿我的队伍也要给毁了。幸运的是，我们的营地离河岸还有相当远的距离。黄昏时分，大水快速退去了，到了第二天早上，河床又变得空荡荡的。

现在我们就要开始再次攀爬山脉了，这次选择的是海拔一万六千九百英尺（五千一百五十一米）高的乌鲁嘎特（Ullug-art）垭口，那里一年之内有十个月的时间都被积雪包围。

漫天飞雪之中，我们爬到乌鲁嘎特的帐篷村子休息；吉尔吉斯人都认为我们的这趟行程太艰难了。但是村里的长老还是带了十个村民，齐力将我们所有的行装搬运过垭口上最难走的一段山脊，为此我付给他们相当于八美元的酬劳。

我们一早便出发，穿过狭窄的山谷，绕过了成百个锯齿状的曲折弯路，爬上极为陡峭的山坡。左右两边皆是崇山峻岭；如长舌一般垂下的冰川随处可见，非常显眼。积雪大约有一英尺深。行装都绑在吉尔吉斯人的背上，我们缓慢又费力地开始往山隘的入口处爬。就在垭口的顶上，立着一个石子堆，上面插有木棍和布条，吉尔吉斯人一起拜倒在石堆跟前。

如果爬山这一段路算得上艰难的话，那下山简直是惊险万分。积雪覆盖的山道就像是个瓶塞钻，而有些地方山道就在突出的岩石之间垂直下降。我们先拿斧子砍进山脊表面的冰层，再一点一点地用绳子把行李箱吊下去。每匹马都由两个人扶着，但是先前在和阗河边牧人营地买的那匹马脚踏空了，滚下陡坡，摔死了。我们自己则手脚并用往下滑行。

我们向南经过熟悉的土地，沿着杭塞拉巴河（Hunserab）往上游走，来到兴都库什山，在那里我穿过了四个高耸的垭口——垭口之上至少我自己能亲眼看见康居山（Kanjut）。以前我曾请求英国当局允许我去那座山，却被告知："此路不对旅客开放。"

我们继续往瓦克吉尔（Vakjir）垭口前进，那里的河水分别流向三个不同的方向：一条经喷赤河（Panj）注入阿姆河和咸海，另一条由塔格敦巴什河（Taghdumbash-daria）注入叶尔羌河和罗布泊，还有起源于垭口南面的一些河流，流向印度河和印度洋。

在恰克马克廷湖（Chakmakden-kul），我得知英俄边界委员会此时正在东北方的美曼尤里（Mehmanyoli）地区，大约一天的路程。委员会此行是要划定从维多利亚湖到中属帕米尔——即北边俄国属地和南边英国属地之间的边界。

我决定去拜访委员会的营地。于是书信两封，派一个吉尔吉斯人分别送给英国杰拉德将军（General Gerad）和俄国的帕伐洛许维科夫斯基将军。一天之后，我收到了两封热忱的邀请函。

8月19日，我骑马带领这支小队伍往营地赶，想把自己的帐篷搭在俄、英双方营地的中间地带。同为两位将军的客人，我自然应恪守中立。但是我觉得首先应该去拜访帕伐洛许维科夫斯基将军，因为在马其兰我曾是他的座上客。可是要到达他的那座吉尔吉斯大帐篷，我得从英国军官的帐篷中间经过。我的老朋友麦卡尼先生从其中一个帐篷里跑出来，给我送来一张请柬——杰拉德将军邀请我当时共进晚餐。结果我站在两方营火的中间，不知道该如何保持我的中立立场。最后我利用和帕伐洛许维科夫斯基将军的熟识关系，请他允许我第二天去造访杰拉德将军。待在营地的这段期间，我每隔一天便换访俄、英两方的总部。

这处搭建在帕米尔荒凉高原上的营地算得上有史以来最为美丽如画的一个。在积雪覆盖的山顶之上，野绵羊俯瞰着山谷里杂乱而乏味的生活，对人类所谓的政治边界漠然视之。英方有六十座印度式陆军帐篷，而俄方则有十二座吉尔吉斯式毛毡大帐篷，其中有些还披有白色毛毯以及色彩艳丽的缎带，十分惹眼。此地人员混杂，有哥萨克人、廓尔喀人、艾弗瑞迪人、印度人和康居人等；在用餐的时候，还有乐队演奏英俄两国的乐曲。

英方阵营中有许多杰出的人物。第一位自然是总领杰拉德将军，他在印度是最为彪悍的猎虎能手，曾经亲手射杀两百一十六只老虎，打破了史上所有纪录；接下来便是上校霍迪奇勋爵（Sir Thomas Holdich），一位亚洲地理学方面的高级权威；最后还有麦席威尼上尉（Captain McSwiney），与我结下的友谊令我终生难忘。多年之后我再次遇见他，那时他是驻印度乌姆巴拉（Umballa）的英国陆军准将，但不久便去世了。在俄国那边，地形测量员班德斯基（Bendersky）也是个有头有脸的人物，他曾经是出使喀布尔（Kabul）觐见阿富汗酋长锡尔阿里汗（Shir Ali Khan）使团里的成员，当时的阿富汗酋长阿布督拉曼汗（Abbur-rahman Khan）也派了一名代表出席边界委员会，此人叫古兰（Gulam Moheddin Khan），是个言语不多、仪态端庄的阿富汗长者。

再说我自己，在穿越沙漠之后，能置身于美曼尤里区莺歌燕舞的大小宴会，不啻有复活的感觉，而且周围全是好客的军人，自然不会有渴死的危险。我们聚集在俄国营地里的大型赌场时，帐篷前面有手持油火把的哥萨克士兵把守；等我们再到英方那边赴宴做客，空寂的大山里便回荡起乐队演奏的美妙旋律。

至于大伙儿娱乐消遣的方法，一个是在营地前举行田径运动。八个哥萨克人和八个艾弗瑞迪人比赛拔河，结果哥萨克人赢了。而在赛马的环节，哥萨克人也拔得头筹，比印度人快了两分钟。但是在砍椴树和马上刺术的比赛中，印度人终于报了一箭之仇。还有一个项目让欧洲人和亚洲人无不笑得气喘，那是不同国籍的人之间比赛谁的脚力厉害。参赛选手双腿套进一个大袋子，袋子口在腰间扎紧，然后蹦着跑，而且还得跳过横在中间的一条带子。骆驼和牦牛之间的竞争也一样的滑稽可笑。但是最后一个比赛才是最为精彩的。两队吉尔吉斯骑兵，每队二十人，一一面对面站好位置，双方距离两百五十码远。听到一声号令，两队立时策马狂奔，跑到中间便撞在一起，乱成一团。其中不少人一头栽倒在地上；其他人也是弄得青一块紫一块的，被马匹拖在地上跑；只有少数几个人能毫发无损地从混战中脱身。

与此同时，划分边界线的协议达成了。用作标记疆界的角锥按部就班地立起来，委员会的任务也就此完成。最后一个晚上，英方举办了一场盛大的饯别宴会，印度士兵围着大型营火跳起传统的剑舞。最后宾客各自散去，整个营地又恢复到原有的宁静。等所有的人离去，一场暴风雪扫荡了这个山谷。

我带着队伍返回喀什，途中得越过四座高大的山脉，不过在通村那里渡过叶尔羌河的这一段才是最为惊险的。汹涌的河水在狭窄深邃的河谷中奔腾而过，显得气势非凡。村里的长老哈珊准备帮我们渡过河去。六个有伊朗血统的塔吉克人裸着身子，把充好气的山羊皮绑在自己胸前，用一只系有十多个充气羊皮的担架做成的筏子，把我们的行李分四次运过河。有匹马套在筏子上，而另一个人一边在水里游，一边将一只胳膊弯在马的脖子上，领着它过河。但是正在渡河的时候，水流将筏子冲到了一英里以外的下游，此时的问题是要在筏子碰上急速漩涡被冲得七零八碎之前，得设法将它弄到对岸去。

我坐在筏子中央的一个箱子上。这个奇怪的渡河工具被疯狂的激流冲往下游，但是在我看来，对岸的悬崖峭壁却是在飞速地奔向上游。筏子左摇右晃，横冲直撞，我给这场狂野的摆动颠得头晕目眩，而激流低沉险恶的狂吼声却在逐渐增大。筏子被水流紧紧吸附，毫无抵抗地冲向那泡沫滚滚的大涡，也许转眼之间，我们便会撞上峭壁，弄得个粉身碎骨。不过那些塔吉克人都是训练有素的水中好手，每个力道的把握都了然于胸。就在那几乎无可逃避的危急时刻，他们拼力将筏子推进一处向外突出的峭壁底下，由于是逆流，我们才得以安然无恙地渡到对岸。

第二十四章　沙漠中发现两千年古城

我发高烧，在喀什病了很长一段时间。这时候，新的仪器已经从欧洲运过来，1895年12月14日，一支小型队伍再次整装待发。队里包括伊斯兰以及另外三个人和九匹马。到和阗城的距离是三百六十英里。我们有以往的经验，对这条路比较熟，路上再有什么困难也不会阻挡我们的脚步。此行将经过东突厥斯坦最大的城市叶尔羌，城中有十五万名居民，其中75％都患有一种奇怪的肿瘤病，叫作"博加克"，长在喉咙上，通常会长到脑袋那么大。

我在叶城（Kargalik）的东边度过圣诞夜，那里的土地变得更加贫瘠，然而还是有整齐的锥形泥土堆标记出古代的商道。我们有几个晚上在大型客栈里过夜，那儿的饮用水从深井里汲得，其中有一口井深达一百二十六英尺。

途中有一个叫"吾王之沙漠宫邸"的景点，这里上空有数千只咕咕叫的圣鸽，翅膀拍得啪啪作响。每个来到此地的旅人必须带些玉米来喂鸽子，我们出发时准备的一大袋子玉米就是为了它们。我站在那儿喂这些美丽的蓝灰色鸟儿，整个人都被鸽子团团围住，它们无所畏惧地落在我的肩膀、帽子和胳膊上。这里还竖着几根高高的杆子，上面挂着布条，代表供奉的意思，同时也充作稻草人，吓走捕食鸽子的猛禽。不过这里的虔诚民众向我打包票，倘若哪只猎鹰真要敢来捕猎鸽子，那它必然难逃一死。

1月5日，我们到达和阗，此地在古时候的梵语里称作库斯塔那（Kustana），数千年来早已为中国人所熟知，后来由马可波罗介绍给欧洲世界。中国的名僧法显（公元 400 年）形容和阗是个繁华的城市，信仰佛教的人相当多。

自公元 632 年以来就有一个传说，说沙漠之中埋有一座古城。据传和阗西边的琵玛村有一块高二十英尺的檀香木，里面曾出现一尊佛祖释迦牟尼的圣像，闪闪放光。在那之前，这块檀香木属于更北边的侯佬镇。有一次，一位智者来到这个镇子，向着佛祖的圣像膜拜。镇上的居民却很粗暴地对待他，把他抓起来，埋在土里，一直埋到脖子。有个虔诚的佛教徒偷偷地拿东西给他吃，把他救了。智者在匆忙逃离之前，对他的救命恩人说："七日之内，此镇就要被天上掉下的沙子埋葬，唯独你一人会得救。"那个虔诚的佛教徒就去警告镇上的人，可是大伙儿都嘲笑他，对他的话嗤之以鼻。佛教徒只得自己在一个山洞里藏了起来。到了第七天，天上下起了沙雨，将镇子埋在下面，所有的人都被埋在沙子里窒息而死。那位佛教徒从山洞里爬出来，往琵玛村走去。他刚刚走进村子，佛祖的圣像便从空中飘然而至，选择琵玛村作为其圣地，以取代已经埋入沙中的侯佬镇。

在那同一个时代，即唐朝的时候，有个中国的旅人曾在书中如此描写和阗北部的沙漠地带："那里没有水，也没有绿色植物，只有常常刮起的热风，吹得人和动物都无法呼吸，有时因此患病。人在此地几乎总能听见尖锐的呼哨声，抑或响亮的吼叫声，想要寻找声音从何而来，却又不见一物，不禁满心恐慌。这样的情形常常在旅人迷路时发生，因为此地正是恶鬼的居所。走过四百里，就会来到古代的王国吐霍咯（Tu-ho-lo）。很久以前，这个王国就已经变成了一片沙漠。国中所有的城镇都化为废墟，荒草丛生。"

尽管我在去年春天深入沙漠，遭遇悲惨，但我还是不由自主地被这个深埋在无尽沙漠底下的神秘王国深深吸引！和阗城周围延伸出一圈绿洲，那里的居民跟我说了那些被埋城镇的故事；有两个人还愿意带我去其中的一座古城，只要付给他们一笔丰厚的酬金就行。

在和阗城和古村博拉珊（Borasan）两地，我从当地人那里买了一些古董，都是赤陶做成的小玩意儿，比如双峰骆驼、弹吉他的猴子、印度哥鲁达（Garuda）式样的狮身鹰头兽、装饰有希腊兼印度风格瓶罐的狮子头、造型精美的赤陶碗和瓶罐、释迦牟尼圣像以及其他一些东西。我收藏了五百二十三件古董，这还不包括一些古代的手稿和一大堆钱币。我还买了一些基督教的金币、一个十字架、一块刻画"圣安卓亚艾弗林"（St. Andrea Avelin）朝拜十字架的勋章，其反面是圣艾林（St. Irene）头挂光环的肖像。马可波罗曾提及景教（Nestorian）和雅各教（Jacobite）两个教派于1275年在和阗都有自己的教堂。

和阗城的总督刘大人是位和蔼可亲的中国老人。他协助我进行所有的策划和采购，也不反对我去参观发现软玉的那个古河床。在那里中国人找到了美丽的玉石，对其推崇备至。玉石呈肾脏状，混杂在河床的大圆石块之中；它们大多为绿色，而黄色或纯白带褐色小点的玉石是最为珍贵的。

1月14日，我再次准备好上路了。这一次比起以往更是轻装上阵，只带了四个手下、三头骆驼和两头驴子。预计要走的路程也非常短，只是去看看先前听说的那座掩埋在沙漠底下的古城。于是我只带了供几个星期补给的食粮，而把粗重的行李、大部分盘缠、我的中国护照以及帐篷等等都丢在和阗的一位商人那里。尽管气温可能会一直降到零下21摄氏度，我还是想和手下人一样睡在露天里。

实际上，我们过了四个半月才回到和阗，而这趟历险的部分行程完全称得上是鲁滨逊式的传奇。我和刘大人道别的时候，他要送给我两头骆驼，因为他觉得我的队伍未免过于单薄，但是我谢绝了他的好意。

我的四位手下是伊斯兰、坚恩及两个猎人——梅尔艮和他的儿子卡西姆（Kasim Ahun）——去年我们在沙漠中遭难之后，他们俩曾与伊斯兰一起重返沙漠找回我们失落的东西。另外我还带上了答应带我们去古城的那两个人。

我们沿着和阗河东边上游的支流玉龙喀什河（Yurun-kash）一直走到塔维克凯尔村，我的那把瑞典陆军左轮手枪就是在这里找到的。我们四处寻找那些遗失的装备，但是一无所获。事实上，我们也没尽全力去找，因为除去照相机，我已经把其他丢失的东西都补齐了。

1月19日，我们离开河道，再一次慢慢地走进夺命的大沙漠。但这一回是在冬季，我们储存在四只山羊皮袋里的水都结成了冰块。在扎营的地方，我们掘地五至七英尺深，便找到了水；而如果我们朝东走的话，就会靠近流向北方与和阗河平行的克里雅河（Keriya-daria）。

这个沙漠里的沙丘并不像去年我们遇到的那些那么高。沙丘脊线的高度多在三十五至四十英尺。

走到第四天，我们在一处凹地里扎营，这里有一片枯死的树林，给我们提供了绝好的燃料。次日我们去了古城的遗址，我们的向导称其为塔克拉玛干城，意思是"象牙屋"。古城里的大部分房子都埋在了沙里。不过房屋里的柱子和木墙还支在沙丘的外面，在其中一面大约三英尺高的木墙上，我们发现几个石膏塑成的人物，颇具艺术风格。人物表现的是佛祖释迦牟尼和佛教众神，有站着的，也有端坐莲花叶上的，他们一律身着宽松长袍，头上还有一圈光环。我把所有这些发现及许多其他的古董都很仔细的包裹起来，放进我的行李箱里；并把有关古城的信息尽可能详细地记在我的日记里，包括古城的方位、已被沙漠掩盖的运河、枯死的白杨树大道、干枯的杏树果园等等。我带的装备单薄简陋，没法进行更深的挖掘；再者，我也不是考古学家。那些科学研究还是留待考古专家们来展开吧。不需几年，他们也许会用铲子挖开这里的松软沙地。对我来说，能有如此重要的发现，并在沙漠的中心地带为考古学开辟出一块新的天地，已经足够了。前一年我追寻灭亡的古代文明的蛛丝马迹，却一无所获，现在终于得到了回报，自己也备受鼓舞。中国古代地理学者的记述和沙漠边缘的居民流传至今的故事，如今都得到了验证。取得首次大发现，我欢欣开怀，而后的数年里，亦屡有类似的发现，我当时在日记里记下了这份喜悦的心情：

"在此之前，世上任何探险家对这座古城的存在都一无所知。而我在这里的发现，仿佛使困在魔法树林里的王子沉睡一千年之后又苏醒过来。"

在随后的几次沙尘暴中，我测量了一下沙丘移动的速度。根据这些测量的数据，以及暴风肆虐的轨迹，我估算出沙漠从古城所在的位置一直延伸至古城的南界，大约花了两千年的时间。后来的种种发现也证实了我的推论，这座古城确实有两千年左右的历史。

那两个向导接过他们应得的报酬，便沿我们来时的路线回家了。第二天早上，我们继续上路穿越这无尽的沙漠。

空气里满是极细小的沙尘。在浓密的雾尘中，我们全然不知太阳究竟在哪个方向。沙丘逐渐高耸起来。我们爬上一处高达一百二十英尺的沙浪之顶，拿不准这次是不是又要像去年那样走进一个凶险的迷宫。因为雾尘的缘故，我们分辨不清东边是怎样的状况，仿佛是一道幕帘挂在跟前，而我们前途未卜地朝着一个深渊走去。然而我们一直前进，路上也没有出现什么异样。沙丘变得越来越低矮，渐渐和平坦松软的沙地融为一体。有天晚上，我们在克里雅河岸边的森林里扎营。这里的河道有一百五十英尺宽，河面结了厚厚的一层冰。骆驼在走过这片沙漠之后，终于可以尽情地吃草、喝水了。四下里见不着一个人影，只有一个已遭遗弃的草屋。我们用木柴生了一堆火，烧了一整夜。冬日的寒气也奈何不了我们，睡在露天反而感觉舒适宜人。

还不曾有过欧洲人沿着这条河道一直走到它远在沙漠中的尽头，也没有人知道河里的最后几滴水经过与沙丘的无望搏斗之后，究竟在何处化为乌有。于是我决定顺着河道往北走到河的尽头。河道就成了我们的向导，我们不再需要他人指引。路上还是见不到一个牧人，而我们已经宰杀了最后一头绵羊。不过野兔、獐子、红鹿等动物有很多，所以我们并不担心会挨饿。在河岸上，偶尔会有受到惊扰的成群的野猪，叫嚷着逃进茂密的芦苇丛。有时候也会有一只狐狸，身手灵活迅捷地一下子窜到森林深谷里去了。

年纪较长的猎人梅尔艮有一次跑进林子转了一圈，回来时带来一位牧人。那牧人说还以为我们是抢匪，逮住了便小命不保呢。我们在他的芦苇棚边上扎营。牧人和他妻子给我的一切信息都记在我的日记里。

我问他："你叫什么名字？"

他回答："哈桑和侯赛因。"

"怎么会？你有两个名字？"

"是的，但是哈桑实际上是我孪生兄弟的名字，他住在克里雅。"

在我们向北穿越河边森林的路上，经常遇到牧人。为了能获得不同林区的信息以及牧人的姓名，我们总是带上一两个牧人跟我们一起走。就这样我们一天天向北行进。这条冰冻的河道向沙漠之中延伸的距离之长，超乎我们的想象。我在冰上测量了河的宽度，发现竟然超过三百英尺。再往下游走，克里雅河愈发宽广，在树林茂密的河岸之间流过，显得气势宏伟，每一个早晨都给我们带来新的刺激。还要再走多远才会看到河水渗进周围无尽的沙子呢？其实在有些地方，沙子已经逼近河水的边缘了。最后我规划出一个颇具风险的计划，即穿越沙漠直达塔里木河（Tarim）。

如果塔里木河流得够远,那河的尽头一定是这片沙漠的北方界限。

快走到通库巴斯泰(Tonkuz-basste,意为"吊挂野猪")的时候,有个牧人告诉我,如果向着沙漠的西北方走,很快就会找到一座古镇的废墟,古镇原名喀喇墩(Kara-dung,意为"黑山")。

2月2日和3日这两天都花在赶往喀喇墩的路上。这里我们也发现了一些埋在沙里的屋舍,其中最大的一座有二百八十英尺长、二百五十英尺宽,还有其他许多手工建造的房屋的遗迹,其风格可以追溯到佛教在亚洲内部盛行的时期。我同样把这个镇子的方位仔细勘定下来,以便将来考古学家可以轻易找到。

接着我们继续旅行,穿过森林和大片芦苇地,河道分成几条支流,从而形成一些内陆三角洲。2月5日,我们碰见四位牧人,负责放牧八百头绵羊和六头奶牛。两天后,住在树林里的一位叫默罕默德的老人告诉我们,这条河消逝在沙漠里的那个地方离此地只有一天半的路程了。老人的生活与世隔绝,连当今东突厥斯坦是由阿古柏贝克还是中国皇帝统治都不清楚。他还告诉我,在最近的三年里,都没有见过老虎的影子。最后见着的那一只抓过他的一头奶牛,之后便往北走,又返回来过,但最后老虎跑进沙漠直往东边去了。

我问道:"从这条河的终点算起,沙漠向北还要延伸多远啊?"默罕默德答道:"直到世界的尽头。要去那边,得走上三个月的时间。"

第二十五章　野骆驼的乐园

2月8日,我们在河道不到五十英尺宽的一个地方扎营,而到了下一个扎营地,河面上的冰已经缩窄至十五英尺宽。森林依然郁郁葱葱,芦苇地更是密得过不了人,我们只好绕路走,或者拿斧子劈出一条道来。野猪从杂乱的芦苇丛里钻过,有时竟然踏出一条名副其实的隧道来。

薄薄的冰层如箭头入地般在沙丘底下倏然断截,这一幕深深地震撼了我,永远也忘不了!

我们在真正的丛林里又走了一天,河床的轨迹依然清晰可辨。在河床最深的凹地里,我们掘地求水,还真的成功了。四周则是一座座黄色的沙丘。

早在2月1日,我们就听牧人说过野骆驼的故事,河流三角洲以下的沙地就是它们生长的地方。我只觉得越来越兴奋,巴不得赶快见到这些奇妙的动物,因为欧洲人还不曾知晓在大沙漠的这个角落居然有野骆驼。俄国探险家普哲瓦尔斯基在1877年带了一张野骆驼皮回到家乡圣彼得堡,并告诉大家这样高贵的动物只有在罗布沙漠中,我们当时所处位置的极东边才能找到。在那个地方,皮耶弗佐夫将军(General Pievtsoff)和他手下的军官,以及利特戴尔先生(Littledale)都曾成功射杀了几只野骆驼,将其带回了家。根据牧人的说法,野骆驼都是结群活动,一般会避开树林和小树丛,而在开阔的地方游荡。冬天它们从来不喝水,只有夏天河水高涨、漫到北边沙漠时才喝。它们常常遭到猎鹿人的捕杀,可以找到多种事实来证实这个说法,比方有几个牧人穿的鞋子就是用野骆驼皮做成的,而且是直接从野骆驼的脚上剥下来的——上面有角质趾甲和脚底肉掌等等东西。

有个牧人告诉我们一个传说,上帝曾派了一个精灵来到人间,化成托钵僧的模样,去找亚伯拉罕族长要一群家畜。亚伯拉罕很慷慨大度地同意了托钵僧的要求,结果自己却因此变穷了。于是上帝命令托钵僧把所有的动物都还给亚伯拉罕。可是亚伯拉罕却拒绝收回已经送给别人的东西。这下子上帝给惹怒了,下令让这些动物在大地上四处游荡,永无定所。任何人只要愿意,便可宰杀它们。这样绵羊、山羊、牦牛和马匹都变成野生的,而骆驼也不例外,成了野骆驼。

老人默罕默德有把枪,射程不超过一百五十英尺,那一年里已经射杀了三头野骆驼。他跟我们说,野骆驼对营火冒出的烟雾特别恐惧,只要一闻到有烧木头的气味,它们便一溜烟地逃进沙漠里。

我不会打猎,以前也从不在行,这倒不是因为佛教的第一条戒律规定不能杀生的缘故。但是让我熄灭无法重新点燃的火苗,我从来也做不到,更不必说对野骆驼这样高贵的动物下毒手了。它们是这片沙漠的主人,而我只是侵犯到它们领地里的过客。另一方面,我总是带上猎人随行,这样做很有必要,不光是为了能有食物补给,也为了收集科学标本。伊斯兰的博尔丹长枪打得很熟练,梅尔艮和他儿子卡西姆则是专业的猎人。我的四个随从从来都没见过野骆驼。我一直以来的梦想就是亲眼看看这个仪态端庄的动物从沙漠上气势轩昂地跑过。

大家心里都越来越紧绷,向着北方前进,走到2月11日,在愈发高耸的沙丘之间,河床已经渐渐看不太清楚了。时不时地只看见一株孤立的白杨树,但是更多的则是已然枯萎死去的树干,玻璃般易碎。这里到塔里木河的直线距离有一百五十英里,比我们前一年从4月23日到5月5日遭难时走过的路程还要长。而眼下我们能带上路的水量也只有四个羊皮袋的！这是一次大胆的冒险！不过冬季的寒气对我们却很有利。我们能成功吗？抑或前方又有一场新的灾难在等着我们？看看身边的沙丘越来越高大、绿色植物消失殆尽，同时心无声无息地紧绷着，我们这是不是自讨苦吃呢？

2月9日，我们发现了野骆驼出没的第一个迹象——那是一撮挂在一丛柽柳枝叶上的浅红棕色的驼毛。但是在第二天，我们便碰见许多骆驼刚走过的痕迹，朝着四面八方散开去。11日，我们时刻小心、处处留意。猎人卡西姆扛着那把原始的明火枪，走在前面打头阵。

突然间他停下一动不动，像是给雷电击中了一样。他打了个手势，让我们停住，他自己则伏下身，像只豹子一样在草木丛中匍匐前进。我赶紧跟了上去。只听一声枪响。那是一小群野骆驼，它们受了惊吓，直盯着我们的方向看，随即掉头向右飞奔而逃。但是它们领头的那头约莫十二岁大的公野骆驼只跑了几步，便翻身倒下。

我们就在它倒地的那个地方扎营。倒下的这位沙漠之王堪称完美的标本，它体长十英尺十英寸，腹围七英尺。后半天的时间我们都用来给骆驼剥皮，并且拿加过热的沙子覆在骆驼皮的内层，以便减轻负重。

我们找了一处洼地开始掘井，挖到十英尺半深，仍不见水冒出来。于是我们决定在原地再多待上一天，不敢贸然深入沙漠，免得到时候想回也回不来。

井是越挖越深，在挖到十三英尺半多一点的时候，水开始慢慢溢出来，等积成了一桶，便拉上井去。骆驼和驴子都可以喝饱肚子。四个羊皮袋子也装满了水。

第二天，我们继续往深不可测的沙漠里走。那野骆驼的皮由一头驴子驮着。一开始河床还能看得见，但是快到晚上的时候，河床便消失在移动的沙丘下面,此时这些沙丘已经升至二十五英尺。

在左手边,我们看见一群骆驼,共有六头——一头公的老骆驼,两头年轻的,还有三头母的。那头老骆驼被伊斯兰射杀。它积存在双峰里的脂肪以及身上的几块鲜肉都给割了下来,身上的驼毛也被剪下来编成了绳索。我还没来得及出手阻拦,伊斯兰就已经开枪把另一群五头骆驼里的一头母骆驼击倒。它倒地的姿势恰是平常趴下来休息的模样。我们赶紧跑到那母骆驼身边,我趁其还有口气画了几张素描。母骆驼并没有看我们,而是显出绝望的神色,因为它不得不和这片原本不容人类侵犯的沙漠永别了。临死之前,母骆驼张开嘴巴,一口咬进沙地里。从此我便严禁手下再犯杀戮。

原来野骆驼如此缺乏戒心,这倒出乎我的意料。我们逆风而行的时候,甚至可以走到离它们只有两百英尺远的地方。那些骆驼就盯着我们看;如果当时正在躺在地上反刍,便立时站起来。上面提到的第二群骆驼跑了约有五十步,便停下来目不转睛地看着我们,如此重复了两次,仿佛心头的好奇心完全占了上风,都忘了逃跑。如此一来,猎人很容易就能将骆驼纳入射程以内。

我们的三头家养骆驼一看到它们野生的亲戚,就变得狂躁不安起来。这正是它们发情的季节,一个个低声吼叫,甩起尾巴抽打自己的背部,同时磨着牙齿,嘴里流出一道道白沫子。它们看见那头垂死的母骆驼的时候,异常激动,我们不得不用绳子将它们拴住。它们翻动着眼珠,激情万丈地发出恐怖的怒吼。晚上我们总是把它们拴得牢牢的,不然它们就要追随那些在沙漠里自由游荡的同族去了。

在随后的几天里,我们又见到几群野骆驼,单个独行的也碰见几次;到后来我们对这些动物已经习以为常,也不再特别注意它们。但是我自己却一直用望远镜观察它们的一举一动,怎么看也看不够。我骑在高高的骆驼身上,四面景致一览无遗。我看着那些野骆驼从容地在沙地上跑过,时而悠闲漫步,时而急速快奔。它们的驼峰比家养的要小一些,也更笔挺,而家养骆驼的驼峰则被大小鞍袋和各色负荷压垮了。

每向前走一步,我们便往这片未知的大沙漠里深入了一点,也离克里雅河上最后一块三角洲更远了一些。走到2月14日那天,我们仍然看得见那条古老河床的踪影。我们实属幸运,每天晚上,都能在地下五六英尺的地方找到水。第二天,沙丘的高度升到一百英尺还多,沿途枯死的树林也很多。又走了一天,意外地在一处凹地发现一块绿洲,长有七十棵郁郁葱葱的白杨树。我们看见了一只豹子的足迹,干燥的骆驼粪遍地皆是。夜间寒气逼人,所幸燃料并不缺乏。我们一般都选在离枯死树丛不远的地方扎营。我趴在沙地上,借着营火的火光写日记,而我的手下则忙着张罗晚饭、照看牲口、掘井取水或者收集燃料。我成了个明察秋毫的君主!在我之前还从未有哪个白人涉足地球表面上的这个角落,我是第一人。我踏出的每一步都是人类知识宝库里一项崭新的收获。

2月17日,羊皮袋子里的水喝空了,不过在地下六英尺又找到了水。水流又细又慢,积到最后也只够给我们人喝,并且装满一只羊皮袋子。第二天,沙丘增高到一百三十英尺,极目北方,所能看到的只有高耸贫瘠的沙地。这时手下人开始情绪低落。我们喝光了最后一羊皮袋的水,到了晚上,怎么挖也挖不到水。一只鞍袋里的干草拿去喂骆驼了。不过地上发现一只狐狸往北边去的足印,倒给了我们些许希望,也许塔里木河畔的树林并不很远了。

2月19日拔营出发时已经滴水全无,我们决定今天晚上再找不到水的话,便掉头返回上一次找到水源的那个地方。

于是继续前行。路上又一次见到许多野骆驼的足迹。沙丘越来越矮小，常常在沙丘之间的洼地里，发现被风从树林吹落而来的树叶。我们在一块芦苇地边休息了一会儿，为的是让骆驼垫垫肚子。后来在地下五英尺的地方找到了水，但是水太咸，连渴极了的骆驼都拒绝饮用。

尽管如此，我们还是决定继续往北走。还没走多远，沙丘便缩小到极不起眼的高度。站在最后一个沙丘顶上眺望，我们看见远方有一深色线条，那就是塔里木河畔的树林。在一条曾经是塔里木河的支流河道里，我们看见一块结冰的水塘。本该在此处扎营，但又一想，反正塔里木河都这么近了，不如继续走下去。于是走啊走，穿过一片片芦苇丛和树林。一个小时接着一个小时过去了，暮色已然将我们包围。等到黑夜降临时，我们给一道密不透风的乱木丛堵得死死的。在这里我们度过了第二个没有水喝的晚上。

天亮以后，我们在乱木丛里劈开一条道，杀出重围，又找到了一片结冰的池塘，便就地扎营，人和牲口都喝个痛快。次日我们渡过宽五百二十英尺的塔里木河冰面。我放梅尔艮和他儿子卡西姆返回和阗去，除了给他们一笔钱作为报酬，还把驴子都送给他们，剥下的野骆驼皮也一并让他们给带回和阗去了。

等到我们到达小镇沙雅，已经走了四十一天的路了。我们穿过了广袤的大沙漠，绘制了河流下游鲜为人知的地带的地图，发现了两座古城，以及很难涉足的野骆驼的乐园。

我不愿意再沿着已经熟知的路线返回和阗的总部，于是决定绕远路穿过东边的罗布泊，然后再顺着马可波罗当年走过的南方路线骑回和阗。这条路线大约有一千二百英尺长。我们的补给都耗尽了，但是当地人吃什么我们就跟着吃什么，照样活得下去。我随身没有携带东部地区的地图，但我准备自己绘制一些新地图。我的中国护照丢在和阗了，即便没有，也差不多能应付过去。我的日记本和素描本都用完了，于是在沙雅镇买了些中国纸张。带的烟草也抽得精光,便只好拿中国的水烟管配上当地的酸烟草聊以充数。

沙雅镇的泰米尔长老(Temir Bek)要求查看我的中国护照,我自然无法出示,他便禁止我们走通往东边的那条路。不过我们耍了点小聪明,神不知鬼不觉地溜进塔里木河畔的乱树丛,没有留下一点痕迹。

第二十六章　后撤一千两百英里

本书章节有限,我必须尽快记下去和阗的旅程。我也巴不得这么做,在后面一章中我将有机会回述这段行程中最有趣的一段,即罗布沙漠和会移动的罗布泊。

我们穿越塔里木河岸边的树林,花了两个星期,路上总是有牧羊人给我们指路。野雁给了我很多乐趣,这个季节它们已经开始飞行,有时会迅速地掠过水面。每天我都会看见野雁,从三十只到五十只不等,结队向东飞去。白天它们高飞在空中;天黑之后,它们就在低空飞行。晚上还听得见飞在空中无形航线上的野雁在咕噜咕噜地相互交谈。很明显,它们都循着同一条路线飞行。

3月10号,我们来到可拉小镇,受到了西突厥斯坦商人库尔的热情接待。库尔绰号"白胡子",他骑马和我去附近的焉耆。从科学研究的角度说,这是一次收获颇丰的旅行。我大着胆子去拜访了中国的总督樊大人,来到他的衙门,我坦率地告诉他我没有护照。

这位彬彬有礼的绅士微笑着说道:"护照?你不需要护照。你是我们的朋友和客人。你自己就是护照。"

樊大人的友善不仅在此,他还给了我们一纸文书,可以让我们在他的辖界内自由行走。

我们回到可拉后,伊斯兰哽咽着告诉我,在我离开期间,发生了一件不愉快的事情。一天,他安安静静地坐在集市里和一位西突厥斯坦商人聊天,这时一个中国首领带着四个士兵骑马经过。他们举着一根象征皇权的令旗,每个人都必须起立以示对令旗的尊敬。但伊斯兰是俄国臣民，就坐着不动。因此中国兵停下来抓住他，勒住他的脖子用鞭子抽打，打得他流血不止。

伊斯兰受到这样的侮辱，便怒斥欺负他的人，说要报复他们。我给指挥官李达洛写信，询问哪里的律法写着中国士兵可以鞭打俄国臣民，并且强烈要求惩罚这些士兵。李官员立刻来到我这里请求原谅，道歉说罪犯可能无法指认出来。我因此要求整支部队接受检阅，让伊斯兰指认罪犯。

带头殴打伊斯兰的那个军官经过的时候，伊斯兰大喊一声："他在那里。"现在轮到这个可怜的罪人受惩罚了。正义得到伸张，伊斯兰称自己满意了；李官员也带着自己的军队离开。

我们在可拉买了一只火焰色的小狗，是一种亚洲野狗，我们叫它尤达西，它很快就得到所有人的喜爱。我在3月底离开可拉，跟我同行的有伊斯兰、坚恩、两位路熟的当地人，还有三头骆驼和四匹马。我们沿着孔雀河的左岸向东南方向走，这是塔里木河下游最大的支流。尤达西年纪太小，跟不上我们。我们只好把小狗放在篮子里，再将篮子放在骆驼背上，由于一路上不停地晃来晃去，小狗被颠得晕乎乎的。过了一段时间之后，小狗长高长大，从中国北京到蒙古、从西伯利亚到圣彼得堡，它跟着我去了许多地方。本来还可以把它带回斯德哥尔摩，只不过我听说俄国狂犬病流行，不能带狗入关。因此我把它寄养在巴克伦教授(Professor Backlund)那里。教授是我的同胞，担任蒲尔高瓦观测站的主任。我打算隔离期一解除就去接小狗，但是尤达西终究是亚洲野狗，一直都是，习惯于保护我们的车队，抵御或多或少假想的敌人。它一点都没有在蒲尔高瓦那所体面的大宅子里生活所必需的文明和优雅。起初，方圆半英里之内能抓住的每一只猫都被它咬死了。后来，因为它老是咬烂来观测站参观的游人的裤子，害得主人赔了不少钱。最后，它又咬了一位年长女士的腿，这时巴克伦觉得还是把它送给农民寄养为好，让它与蒲尔高瓦保持一段距离。这以后,我与我忠诚的旅伴失去了联系,至于这位英雄后来结局如何,我一无所知。——但就在现在,尤达西正值年少,第一次上路沿孔雀河岸旅行,躺在骆驼背上不停摇晃的篮子里哼哼唧唧。

我们的目的地是塔里木的内陆三角洲和罗布泊。马可波罗是第一位描写罗布沙漠及与其同名的大城市的欧洲人。这位闻名世界的威尼斯商人并不知道还有个罗布泊湖。但是中国人几百年前就知道有这个湖泊,也知道它的地理位置。在不同的时期,中国人都把罗布泊标注在自己的地图上。第一位深入到湖岸的欧洲人是伟大的俄国将军普哲瓦尔斯基。他于1876到1877年来到此湖,发现这个湖泊的位置比中国地图上标注的罗布泊向南方偏离了整整一度。这使以漫游中国而闻名的探险家李希霍芬男爵提出这样的理论:塔里木河三角洲多年间的变化使湖泊的位置向南移了一度。

在普哲瓦尔斯基之后,又有四支探险队探访罗布泊,分别是凯瑞与道格利绪、邦伐洛特与奥尔良的亨利王子、利特戴尔以及皮耶弗佐夫。他们所有人都严格按照俄国普哲瓦尔斯基将军当年的路线走。他们中没有一个人考虑到查明远东还有其他水路的重要性。我现在想要就此做个调查。这是寻找解决罗布泊问题方案的第一步,后来因此还引起了争议。

在去三角洲的路上,我已经听说东边有一条水路。水路的水源来自孔雀河,在我的先辈们曾经走的路线东侧形成了一串湖泊,和罗布泊处于同一纬度上。沿着这些湖泊的东岸走,我发现那里已经长满了芦苇。1893年,俄国柯兹洛夫上尉(Captain Kozloff)发现了一条支流,河流早已干涸,过去曾经是孔雀河的河床。这条支流似乎在流经一连串湖泊之后还在向东延伸。当地人称它"沙河"或是"干河"。在之后的一次探险中,我绘出了河流的整个河道,并且发现了它的重要性。

我们就这样顺着这串湖泊向南行。途中经过沙丘，有或枯死的或茂盛的树林，还有大片芦苇地，这使得我们行进困难。

在提干利克村，我们费了好大劲才让骆驼渡过孔雀河。水太冷，骆驼无法游泳。因此，我们把当地人又长又窄的独木舟绑在一起，上面盖上木板和芦苇，送第一头骆驼过河，然后再渡另外两头。可怜的骆驼害怕极了，拼命反抗，最后不得不把它们拴在渡船上，才过了河。

天气已经变暖。白天气温达到摄氏33度，到了傍晚和夜间，我们饱受小虫子的困扰。我在脸上和手上涂上了烟油。有一次，我们放火烧了一整片浓密干燥的芦苇地，把嗜血的虫子赶跑。芦苇秆在大火中爆裂，那声音听起来就像是枪击声。一整晚，我们就在持续的噼啪爆裂声中迷迷糊糊地睡去。火焰横扫这片寂静之地，火势越烧越大，把黑夜都照成了白昼。

在捕鱼地堪姆切喀，我和伊斯兰分道扬镳。他沿主路去我们事先约定好的地方，即三角洲的支流汇合地。我自己租了一只有二十英尺长、一英尺半宽、由挖空的杨树干做成的独木舟。我带着两位桨手航行，船沿着河道滑过湖泊和支流，向着与伊斯兰会合的地方行进。这是一次愉快的旅行。我坐在船中间，就像坐在安乐椅中。腿上放着指南针、表和地图，规划着行程。尤达西就躺在我的脚边，这种旅行方式比在骆驼背上晃来晃去要惬意得多了。桨手立于船上，扁平的船桨几乎垂直划入水中。独木舟在水中快速滑行，船尾激起许多漩涡。河岸不断后移。我们穿过浓密的芦苇时伴有刷刷和嘎吱嘎吱的声音。桨手老库尔班曾在这个地区打猎打了五十年，他记得二十年前这个地区还很干旱的时候，他杀死过一头野骆驼，并把骆驼皮卖给第一位涉足这片土地的欧洲人——普哲瓦尔斯基。

一天，一场猛烈的风暴席卷了整个大地，粗壮的老杨树都在大风中服帖地低下了头。这样的天气要乘船出行，我们想都不敢想，便躺在芦苇棚里静静等待。当地居民拿来新捕的鱼、野鸭、鹅蛋和芦笋热情招待我们。我们一直吃着当地的食物，再加上盐、面包和茶，非常可口。

几天后我们到了阿布旦，这是一个小村庄，就在塔里木河流入罗布泊之前的地方，主要由塔里木岸边最原始的芦苇搭建而成。此地的酋长是八十岁的康切勘长老（意思是旭日东升的首领），他是普哲瓦尔斯基的朋友，非常热情地接待了我们。他给我们讲述他经历过的精彩故事，也提及当地的河流、湖泊、沙漠和野兽。他还邀请我乘坐独木舟，我们驶出很远，向东一直穿过芦苇沼泽和淡水湖。

过了阿布旦，塔里木河分叉成几条支流。我们沿着其中的一条支流前行，不久便看到前面长满了繁茂的芦苇丛，结结实实地挡住了我们的去路。但是我们的桨手知道怎样应付。他们划着独木舟进入芦苇丛中一条水道的入口。水道十分狭窄，我们既看不见船下的河水，也看不见头顶的天空。芦苇丛中窄窄的水道像迷宫一样，但总是畅通无阻，因为芦苇已被连根拔起，新的芦苇难以长出。植物纤维编成的网密布排列，用来捕捞美味的鱼，而鱼类正是罗布泊人的主食。

我量过的最高芦苇有二十五英尺，从根部算起，直到顶上开花的部位。要贴着水面用大拇指和中指把一根芦苇握住，几乎都办不到。到处都是被暴雨毁坏折断的芦苇。厚厚的芦苇垫在一起，简直可以在上面行走。野雁通常就在这些地方下蛋。有好几次经过这样由折断的芦苇缠在一起的地方时，我的一位向导像猫一样灵活地跳上去捡了很多野雁蛋满载而归。

临近傍晚，我们出了闷热狭窄的水道，来到宽阔开放的水域，只见周围一群群数不清的野雁、野鸭、天鹅和其他水禽。我们在湖北岸露天扎营，第二天继续划船来到湖的尽头。晚上，我们在皎洁的月光中返回阿布旦。这次在亚洲腹地的夜游有种畅游水城威尼斯的感觉。

从阿布旦到和阗还有六百二十英里,我希望尽快赶路。这么长的路程只能骑马,因此在婼羌,我心痛地卖掉了三头老骆驼。这次在地理勘探和考古领域我们能有这么多发现,这些骆驼真是劳苦功高。尤其是要跟那头载着我一路穿越沙漠和树林的骆驼分别,我倍感难过。每天早上,它用鼻子碰碰我,把我叫醒,为的是提醒我喂它吃两块玉米饼。但现在到了分别的时刻,买主来取骆驼,我简直恨死他了。我看着骆驼从空荡荡的庭院中被人牵走,从眼前消失,眼中充满了泪水。它们离开的时候既耐心又平静,颇有风度,在前面等着它们的是新的劳役和冒险。

我们很快又有别的事情需要考虑。李大人派信使来我家,要求看我的护照。我回答说把护照落在和阗了。李大人告知我不得再走通往和阗向西去的路,但是我可以原路返回。如果我要违抗他的命令,擅自穿过且末和克里雅抄近路回和阗,他就会把我逮捕。

我站在那里,历历在目的是在夏日的酷暑中穿越树林和沙漠的这次旅程,这条路线我已经走过并绘制成了地图!傍晚时分,指挥官席大人来到我的住处拜访我。他和蔼可亲,通情达理,对我过往的旅行了如指掌。

他问道:"去年是不是你在塔克拉玛干沙漠损失了旅队,自己也差点渴死?"

我证实了他的推测。他非常满意,还让我仔细讲述我的冒险经历,就像一个小孩子听故事一样听得津津有味。说到最后,我向他抱怨李大人对我未免太不近人情,但席大人请我不必担心。

第二天,我登门回访。

我问他:"要逮捕我那件事情怎么样了?"

席大人朗声笑道:"李大人真是昏了头。我才是司令官,没有我的命令,就不会有士兵逮捕你。你只管走最近的路去和阗,我会关照其他的事情。"

我谢过了他的好意，去买了四匹马，并再次跟我忠诚的骆驼告别，骑马穿过车尔臣河边的树林去往科帕（Kopa）——此地的河床里可淘得金粉——最终取道克里雅到达和阗。我们另外三个风尘仆仆的骑手于5月27号抵达和阗。

第二十七章　亚洲心脏里的侦探故事

回到和阗之后，第一要务便是去拜访总督刘大人。当初沙漠历险像一部惊险刺激的侦探小说一样展现在我面前。前一年里还被我们视为救难天使的一些人，现在才暴露出真实身份，原来都是些混混和小偷。

当时来了三个商人，给伊斯兰水喝，以此救了他一命。现在看来，原来其中有一个叫尤赛普的曾经拜访过住在和阗的西突厥斯坦商人"白胡子"萨伊德，给了他一把左轮手枪，想借此封住他的嘴，希望双方能和平共处。不料萨伊德事先得到佩德罗夫斯基领事的警告，便把尤赛普交给官方进行严厉审问。结果尤赛普招供说，这把左轮手枪是塔维克凯尔村的长老塔格达给他的。萨伊德把武器上交给了刘大人，而刘大人则把枪送到喀什的道台那里。这正是道台当时还给我的那把瑞典陆军左轮手枪。

尤赛普感觉情形不对，立即窜逃至乌鲁木齐。萨伊德派了一名精明的间谍打入塔维克凯尔村，在塔格达辛长老家找了门差事——负责照看绵羊群。一天，这个假装成牧羊人的间谍进了塔格达辛长老家，来要他的工钱，结果给挡在屋外。但是他已经看见塔格达辛长老和另外三个人围坐在几只满是灰尘的旧箱子跟前，泥土地上到处散放着从箱子里拿出来的东西。这另外三个人正是梅尔艮和他的儿子卡西姆及托哥达，也就是我们队伍在沙漠中遇难后陪同伊斯兰回去找寻丢失行李的那三位，其中的两个还随我去古城探险并到达野骆驼的乐园。当时我还给蒙在鼓里，不知道我手下的四个人里竟然有两个是小偷，并且掠夺过我的财物。

话说回来，那个间谍该看到的都看到了。他慢慢退回来，往放羊的那个方向走。等到一走出旁人的视线，他便逮住路上看见的第一匹马，极速奔回和阗。他失踪后没多久，塔格达长老开始觉出事情不妙，赶紧派人骑马去追，但是为时已晚，那间谍已经走了很远了。

一到和阗，间谍就把事情一五一十地向萨伊德说明，萨伊德转而向刘大人禀报。刘大人便派了两名中国军官带领数名士兵赶往塔维克凯尔村。

塔格达长老现在明白他是跑不掉了，必须随机应变、灵活处理才行。他心想不如牺牲这笔不义之财，先保住自己的官位要紧，于是把偷来的东西重新装进箱子，一起运往和阗。就在运送的途中，和刘大人派来的手下遇个正着，他便编了一个谎话，说你们要找的东西已经被人发现了，就在前两天才送到他家，现在正要将原物送交中国官方。于是众人一同来到和阗，塔格达长老和其他小偷都住在同一家客栈。不承想萨伊德在那家客栈也安插了间谍，结果偷听到塔格达长老吩咐那三个猎人，一旦有人盘问该如何一一应答。

掌握了足够的证据之后，萨伊德展开审问，得到了三个猎人的供词，他们说去年冬天循着一只狐狸在沙地里留下的足迹，一直往西追到沙漠深处，最后来到一座洒满白色面粉的沙丘。那些狐狸很可能是被我们所丢弃食物的气味所吸引，多次去那个死亡营地觅食。

狐狸的足迹到此为止，没有继续向西，三个猎人据此推断这里就是我们先前抛弃帐篷和行李箱的所在。果然不错，经过一番挖掘，他们找到了帐篷，这帐篷大概在夏季被沙尘暴掩埋之前，就已经被大风掀翻，于是挖出帐篷里的行李箱便是轻而易举的事。对那两个很可能早已死在帐篷外的队员，他们一无所知。最后他们用驴子驮上行李箱，自己则带上羊皮袋里剩下的存水。

在塔维克凯尔村的塔格达长老通过某些途经听到了风声,便说服那三个原本忠厚老实的猎人把箱子送到他家。这些箱子在他家藏了一段时间。接着梅尔艮和卡西姆加入了我的探险队,一同去探访古城。他们一路上对事情的来龙去脉了解了很多,却闭口不提。等到他们带着野骆驼皮回到和阗的时候,刘大人也早已通晓整个事情的经过,立即将他们逮捕,施以鞭刑,并投入监狱。

我一回到和阗,刘大人就把所有东西都归还给我。这段时间我已从欧洲弄到了一套崭新的设备,所以对我来说,那里面已经没有什么珍贵的东西。比如那照相机的胶片,不管是曝光还是没曝光的,都给拆了下来,连里面的玻璃片都拆了做塔维克凯尔村里的窗户玻璃,现在我再要这个大家伙还有脚手架又有什么用呢?

刘大人的意思是给这些犯人上大刑,逼他们把所有的实情都交代出来,对此我自然是施手阻拦。进行到最后一次审问,塔格达长老和三个猎人互相推诿,责怪对方不好。刘大人用所罗门王式的风格做出判决,命他们每一个人都必须出钱赔偿我所丢失的东西。我保守地估算了一下,大约值五百美元。不过我声明自己并不会要他们的钱,已经造成的损失也无法用金钱来弥补。为了警示他人、杀一儆百,刘大人坚持要惩罚他们,否则绝不能轻易放他们走。于是我要了一笔相当于三匹商队驮马的赔偿金,约合一百美元。毫无疑问,塔格达长老得独自承担这笔赔偿金,因为那三个猎人都身无分文。我的确为他们感到难过。

倘若有读者问我下面这个问题,我也不会感到一丝意外:

"你这样拿自己的生命去冒如此巨大的风险,还要搭上手下人和骆驼的性命以及整套装备,在没有水喝的沙漠里一而再、再而三地长途旅行,究竟为的是什么呢?"

对于这个问题,我想这样来回答:尽管目前关于亚洲内陆最详尽的地图都表明,东突厥斯坦地区的沙漠有待考证,但还从来没有欧洲人涉足过那里。正是因此,勘察地球表面这一块地域的实质情形对地理学研究而言就成了一个尚未完成的任务。更何况在这些完全被浮沙掩埋的地区还有可能会找到一些古代文明的蛛丝马迹。我们在前面某一章里也说到,我所抱有的种种希望最终都冠以成功的光环,因为我确实找到了两座古城的遗址。

我同样也提到过另一个希望,即这些古城废墟在将来某个时候会成为考古专家发掘和研究的对象。对于这一点,我也没有失望,虽然这个愿望十二年后才得以实现,那是由我的朋友史坦因爵士(Sir Aurel Stein)付诸实践的。他出生于匈牙利,是一位著名的英国考古学家,在印度政府的资助下,欣然接下了这个有难度却也让他日后心存感激的任务。我发现的那两座古城由他来发掘研究,真是再合适不过。基于他在古城以及亚洲其他地方的研究成果,经过我的推荐,瑞典地理学会日后向他颁发了"瑞茨欧斯金奖"(Retzius Gold Medal)。

1908年2月初,史坦因爵士壮着胆子按照我在前面两章里讲述过的那条路线,沿着克里雅河穿越大沙漠。他是以我绘制的地图为准绳,不过行进的方向与我截然相反,也就是由北向南走。在《中国沙漠遗迹》(*Ruins of Desert Cathay*)一书他有过这样的描述:

"如果还在库车的时候就知道沙雅那个地方不容易找到向导,我也许会稍微犹豫一下,而不会尝试直入沙漠奔往克里雅河;因为没有合适的向导,我始终无法逃避困难,只能自己去完成这项既是高难度又有潜在风险的任务。当年赫定是从南边出发,离开克里雅河的终点之后继续向北往塔里木河这个目的地进发,因为他笃信自己设定的路线迟早会在某个地方与塔里木河交叉。而我们却是从北边来,情形又完全不同。我们希望在合理的时间内能赶到水源地,前提是我们有能力选择正确的路线,在高耸的沙丘地里穿越大约一百五十英里的距离,直达一个特定的地点——克里雅河的终点。这条河与我们的路线没有交叉点,而是朝着完全相同的方向流淌。这里又牵扯到另外一个假设，即河床里依然有水流向当年赫定所见到的那个终点。

"现在我有了亲身经历，已经深深体会到单靠一块罗盘就想在没有任何标记指引方向的沙海之中选择正确的路线是多么艰难。就算自己对赫定精心绘制的地图有一万个放心，也绝不能忽视一个事实，即单单依靠以往走出来的路线来推算经度，在这样的地形里必然造成极大的误差，而我们的情形恰恰是必须完全依赖于这些估算出来的经度，假设它们正确属实。万一我们没有找到早期河流尽头与沙漠殊死搏斗形成的干涸的三角洲，那我们的处境就太危险了。没有任何东西可以给我们指明河床到底是伸向东边还是西边，而我们还指望在河床那里挖井找地下水。如果我们继续向南行，便要冒存水完全用尽的极大风险，即便人还能苟活，牲口在走到昆仑山下的水井线和绿洲前，必定渴死在路上。"

如此一来，史坦因爵士以及他的手下和牲口能不能保住性命，全靠我的那张地图。倘若地图并不可靠，他却按图索骥，给引到克里雅河终点偏右或偏左的地方，那就会完全迷失方向，落到无人救援的境地，因此我负有重要的责任。即使到了今天，我依然感到欣慰，因为史坦因爵士对我绘制的地图有充足的信心。谁也不能把自己和旁人的性命都押在一张牌上。他比我只多了一个优势，即他从我的记录当中获知骆驼和驴子是可以穿越沙丘的。而我从克里雅河终点开始深入沙漠的时候，对此还是两眼一抹黑，自己也拿不准呢。史坦因爵士的旅行没有遇到什么不幸，顺利完成，在所有的危险都烟消云散之后，他写下了这段文字：

"我……见到西南偏南的方向延伸出一个宽广的长条地带，那是枯死的树林和生机盎然的柽柳，心中不禁大喜。我们刚刚经过的沙漠高地以及这条连绵不断的枯树林，都和赫定的描述相当吻合。赫定的记录里提到过这个地方，他从南向北行进，到达此处，完全找不到干涸的河床早年留下的轨迹。我十分清楚，几乎可以确定赫定地图上显示的第 24 号营地所在的地点。这简直是一场大胜利,一来证明赫定所绘制地图的精确性,二来也说明我们的方向感不错。"

几个月之后,史坦因爵士向北行进,沿着和阗河干枯的河床往下游走。对我来说,那次沙漠历险十三年后,又一次听他讲述那个"天赐之池"的故事,着实让我感觉兴趣盎然,因为那个池塘曾经救了我的性命,而且我从那里又装了水去救卡希姆。下面我引用他书中的原话:

"4 月 20 日,我从马撒尔塔格山出发前往阿克苏,顺着和阗河干枯的河床往下游行进。我们速度迅急,花了八天时间来到和阗河与塔里木河交汇的地方,一路上受了许多罪,包括逐渐上升的沙漠高温和一阵接着一阵的沙尘暴。在这样的环境里,我能更加深切地体会到赫定在 1896 年(实际是 1895 年)5 月第一次穿越塔克拉玛干沙漠时所经受的种种磨难。当年卡希姆在博克珊的牧人营地休养身体,并与赫定重逢,现在他还能给我带路,去看那个淡水池塘,沿和阗河往下游大约走了二十英里的样子,在靠河右岸的一个地方。这个池塘不啻为长途旅人的大救星,尤其是在人挣扎着穿过沙海,筋疲力尽、饥渴难当的时候。在这条河床靠右边一线还能找到一连串类似的池塘,相互之间距离甚远,水质甜美新鲜,由此可以证明和阗河的河床之下一定有一条水量稳定的地下水流,而且即便在最干旱的季节,这条水流也有一英里的宽度。"

曾经引诱我进入塔克拉玛干沙漠冒险的那个地理问题,在十八年后同样刺激了史坦因爵士,使得他也走上了这条险路。和我一样,他也认为马撒尔塔格山是一条由西北向东南横贯整个大沙漠的连绵山脉。但是他选择了一个更加适宜的季节出发,1913 年 10 月 29 日他开始旅行,而我则是 4 月 23 日上路,他要面对的是寒气逼人的冬季。他选择的起点也与我相同,即我发现的那个长形湖泊的南端。当年我走了十六英里之后,发现山脉并没有继续穿入沙漠,便改变了路线,转而一直往东走,以横穿整个沙漠。史坦因爵士走了二十五英里之后,觉得这样走太冒风险,便中途放弃,原路返回湖泊。他比我更为明智。对于这段行程他是这么说的(《地理杂志》1916年8月刊):

"山丘附近有一面湖水,由叶尔羌河的河水汇合而成,不过我们发现湖末端的水却是带咸味的。赫定就是于1896年5月(实际是1895年4月)从这里开始那一次勇敢的旅程,向东穿越沙漠荒原,最后整个队伍都遭覆灭,他自己侥幸才拣回一条命来。我们朝着东南方向行进,在满是沙丘的大漠中艰难地走了三天的路程。这些沙丘紧密相连,一开始的坡度就很陡峭,并且持续升高,总是和我们要去的方向呈斜线相交。走到第二天,所有绿色植物,不管死的还是活的,都抛在我们身后不见了踪影,眼前只有连绵不绝的高大沙丘,总也看不到尽头,而且沙丘之间连一块平坦的沙地都没有。前面要爬的沙丘很快升至两三百英尺高,骆驼又都驮着重物,整个队伍的行进速度相当缓慢,简直令人痛苦……这是迄今为止我在塔克拉玛干沙漠中所遇到过的最令人望而生畏的地段。到了第三天晚上,雇来的骆驼……不是完全瘫倒不起,就是表现出力气耗尽的严重迹象。次日早晨,我爬上营地附近最高的一座沙丘,仔细扫视远方地平线,了无他物,只有那气势逼人的沙丘一层层延伸而去,就好像大海怒火冲天,掀起层层巨浪,突然定格在一瞬间时的那个模样。这景象中有一种诡异的诱惑,暗示出大自然致人于死地的威力。尽管沙漠里召唤我继续前行的声音貌似难以抵抗,我还是觉得必须得改道转向北方……这个决定做得艰难,却非常及时。因为在第三天之后,大漠中突然刮起了猛烈的风暴……"

从他掉头的地方到和阗河西岸的马撒尔塔格山,还有八十五英里的路要走。对史坦因及其同伴来说,能及时转换路线绝对是极幸运的事。若是换成我,在当时的情况下绝不会做出那样的决定,我会硬着头皮继续穿越沙漠,这样我和手下人就可能走上一条死路;我可能会失去一切,就像1895年的那次遭遇一样,但是上路探险、征服未知领域、与不可穿越的险地博弈,这一切都散发出无可抵抗的魅力,让我深深为之着迷。

第二十八章　首次进藏

在和阗度过的夏天是多么美好！在沙漠和林间经过漫无尽头的跋涉，终于可以甜甜美美地休息了！

如今我回想起在和阗古城度过的那一个月，不免有些许伤感。那时候每天从早到晚，我都埋头工作。我绘制好地图，整理完笔记，再写写信，读读书，并为西藏北部之旅做准备。我基本上是一个人住在一个非常宽敞的木制阁楼中，里面只有一个大房间，四面都开有窗户，晚上则用格子木架锁起来。这个楼阁竖立在砖头砌成的台子上，恰在一座大花园的正中央，四面隔着高墙，墙上只开了一扇门。花园里还有一间门房小屋，里面设有厨房，伊斯兰和其他仆人就住在那儿。阁楼离厨房很远，即便我大声叫喊，仆人们也听不到。于是我们在这两个屋子之间安装了一个极为简陋的响铃装置。

花园里有十五匹新置办的大马，在吃着马槽里的谷物。刘大人是个大好人，十分慷慨。他每天都给我送来当日的伙食和马匹的饲料。我先前曾请他给我推荐一位年轻的中国人，可以随我一同去北京，还可以在旅途中教我一些中文。有一天，我的新旅伴出现了。他叫冯喜，是个脾气和善、精明能干的人。能去一趟北京，他也相当开心。我立即开始跟冯喜学中国话，每天都做笔记，记下他那奇怪难懂的母语。

天气炎热，但在我们的花园里，即便气温有摄氏38度，我们也不觉得有什么。这里有足够的阴凉地，树丛之间的小溪涓涓流淌。有时候强烈的风暴也会从这个地区横扫而过。那时大风会在树梢间呼啸高歌，我们可以听见树枝摇曳、互相撞击抑或猛然断裂的声响。

在一个漆黑的深夜，一场风暴袭来。我躺在床上，尚未入眠，屋外狂风怒吼，屋里却很舒适。尤达西早已经长成一只称职的看门狗，这时突然跳将起来，开始冲着一扇离得较远的窗户狂吠不止，窗格子都是关上的。尤达西浑身颤抖，怒不可遏。我悄悄爬到连着铃铛的那根线前，线已经被切断了。我蹑手蹑脚，走到外面的砖台上，只见两条黑影，被狗叫声吓得停在那里，转眼便消失在树丛中。我把伊斯兰叫起来，一起随意开了几枪。第二天早上，我们发现围墙里面架着一把梯子，那是贼昨晚匆忙逃匿时丢下的。自发生这件事以后，我们总是在花园里安排一个人守夜。每隔一两分钟，守夜人就在鼓上敲三下。从那以后，再也没有小偷来打扰我们休息了。

如今万事俱备、只等出发，我便去和刘大人道别，并赠给他一只金表外加一条表链以作纪念。花园里生起一大堆火，周围摆着为我们饯别的宴席，所有曾经帮助过我们的人，还有我们自己，都围坐下来享用羊肉、米饭布丁和热茶。音乐响起，人们翩翩起舞。我们享受了视听的盛宴。次日早晨，牲口都驮上行李，我们便出发前往克里雅和尼雅（Niya），之后又购置了六匹新骆驼，接着赶往一个叫科帕的小村子，这个村子位于发现金矿的大山脚下，很不起眼，只有几间石屋而已。

7月30日，我们进入茫茫的高山群，这里是地球上海拔最高也最为宏伟壮观的自然屏障，这就是西藏高原。我们顺着一道山谷一直爬高，来到达赖库干（Dalai-kurgan）地区，此地海拔一万一千英尺（三千三百五十三米）。这里依然有塔格里克人（Taghliks）居住，他们是东突厥斯坦人演化而来的山民。他们只有十八户人家，睡帐篷，放养六千头绵羊。但是在离开达赖库干之后，我们来到一片无人区，一直向东走了两个月，这中间没见到一个人影。

更糟糕的是，在离开达赖库干一天行程后遇到的那块肥美牧场，是我们行程中碰见的最后一个。从此之后，地上的草越来越稀疏，到最后全然消失。我们离开达赖库干的时候，带有二十一匹马、二十九头驴子和六头骆驼，只有三匹马、三头骆驼和一头驴最终活着走过西藏北部。此外我们还带了十二只绵羊、二只山羊和三只狗——包括我忠实的"旅伴"尤达西、"老虎"尤巴斯和"野狼"布鲁。另有一只因和野狼搏斗而跛了一条腿的牧羊犬也自行加入了我们的队伍。

我身边有八位踏实可靠的仆人：伊斯兰、冯喜、帕尔皮、伊斯兰阿轰、罕姆丹、阿默德、罗斯拉克和库班。我们在达赖库干又带上十七个塔格里克人，他们的首领将陪我们走上两个星期，帮助我们走过几个最为艰难的山隘。

帕尔皮五十岁，相貌英俊，一把浓密的黑胡子，深褐色的双眼炯炯有神，身穿绵羊皮的外套，头戴毛皮镶边的帽子。他曾经是探险家道格里希的随从，后来道格里希在喀喇昆仑山口被人刺杀；他也曾是杜垂尔迪罕（Dtreuil de Rhins）的仆人，而后者在西藏东部遭人谋杀；他还给奥尔良亨利王子做过事，结果这位王子又死在法属东印度地区。他一坐在营火边上，便没完没了地讲述自己在亚洲长途旅行中的种种奇妙见闻。

我们从一开始就注意到，那些塔格里克人不可靠。有天晚上，他们中间有两个人跑了，后来又跑掉两个，而他们的工钱是提前就收下的。他们的首领只好将这笔钱垫付归还。要在这迷宫似的山谷和高山之间穿行，并直达西藏高原，没有这些山地人是绝对不行的。

整个队伍分成五个小组分别行进。骆驼由人带着走在最前面，接着是马匹，再往下是分成两组的驴子，而最后则是牧羊人赶着绵羊和山羊。我由冯喜和一个熟知这个地区的塔格里克人陪同，因为我事情太多,要绘制行进的路线图,又要给四面拔地而起的雄伟高山画素描,还要收集一些植物和岩石标本,所以总是走在队伍的后面。伊斯兰负责挑选扎营的地点,一般选择的标准都是依据水源、牧草和燃料三个要素。等我到达营地的时候,帐篷早已搭起来,牲口正在稀疏的草地上吃草,营火也烧得正旺。我的尤达西一般一见到远处建好的营地,便撇下我撒腿而去。我到达的时候,它却站在帐篷前的空地上,摇着尾巴向我表示欢迎,仿佛它才是这营地的主人似的。

山谷转向东南方,越走越狭窄。我们顺着山谷爬上第一座高耸的垭口,走到这里就需要塔格里克人给我们领路了。最后队伍安然无恙地通过垭口。此处海拔高度是一万五千六百八十英尺(四千七百七十九米),从极为尖削的山脊上放眼望去,只见积雪覆盖的崇山峻岭,甚为壮观。在垭口的南边,地势却再次开阔起来。我们在这里惊动了见到的第一头野驴,它掉头消失在群山之中,我们的狗在后面紧追不舍。那只跛腿的牧羊犬发现自己根本跟不上队伍,独自站在一块突出的岩石上,看着队伍离它远去,长嚎不止。

布拉卡巴希(意指"春天之首")是最后一个塔格里克人有名字称呼的地方。从那儿向东走,我们即将在无名的地域里穿行很长一段路程,这里也是欧洲人从未涉足过的地方。塔格里克人仅仅把南边的山脉称作"更远的山脉",它们夹在积雪覆盖的山脊和山峰中间。

高原地区的冬季来得很早。有天早上,我们被一场大风雪惊醒。我的帐篷被狂风掀了起来,不得不用绳子和箱子死死固定。气温已经降到摄氏7度,虽然此时正值八月天。整个大地都变成白色,要找到队伍的足迹都不太容易。高原反应也开始出现,大多数人都抱怨头痛、心跳加速。冯喜最悲惨,他身体的情形一天不如一天。他发起高烧,在马鞍上根本坐不住。若是带他继续前行,无疑是拿他的性命冒险,于是我只能让他回到东突厥斯坦去。他骑的马仍给他骑,又给了他一些钱和吃的,再派一个塔格里克人护送。他想去北京的梦想就此破灭,伤心不已。那天早晨,我们在一堆营火的余烬旁道别,他露出一副凄凉的神情。

我忠实的仆人伊斯兰也生病了。他咳嗽咳出血来,我派两个塔格里克人陪着他走在队伍的后面。经过几天的休息,在一个勉强能找到牧草的山谷里,他的身体总算好转。牲口已经有整整四天都没吃过任何绿色的饲草,不过它们总有玉米可吃。驴子身上驮的是给马匹和骆驼吃的玉米。驴子自己倒不挑食,甚至连野驴和牦牛的粪便都吃得下。队伍带的玉米够牲口支撑一个月,人的口粮能吃上两个半月。每天傍晚日落时分,骆驼吃完草归来,摇摇摆摆地走进营地,而它们今天分得的玉米就堆在一块帐篷布上。

我是带着一帮病歪歪的队员进入藏北高原的。我们所在的高度是一万六千三百英尺(四千九百六十八米),夜晚的气温降至零下10摄氏度左右。每天从西边吹来夹杂着冰雹和大雪的风暴,横扫整个高原。不管天空有多晴朗,西边总是黑压压的,铅色的云层布满了积雪覆盖的山峰之间的空隙。不一会儿,就能听见狂风怒吼的声音,以迅雷不及掩耳的速度扑到我们面前。即使正值当午,天也黑得如夜色突然降临一般。天上巨雷滚动,山壁之间回荡着沉闷的回音。接着一场冰雹当头砸下,仿佛是敌方阵地的排炮发射过来的炮弹。数不清的小冰球抽打着我们可怜的身体,即便穿上最厚的绵羊皮外套,也能真切感受到冰雹的力量。我们什么都看不见,只能把头藏在衣服里。夜色包围了我们,队伍也停住脚步。可怜的马匹受到惊吓,一个个被冰雹砸得龇牙咧嘴,纳闷凭什么要受这一顿无情的抽打。这些风暴来得猛烈,去得也极为迅速。风暴过后往往会随即下一场大雪,但是大约一个小时之后,天空又会放晴,而灿烂辉煌的太阳也正要沉入高山的背后。

眼下我们即将翻越那"更远的山脉",向导带着我们按部就班地穿过一道陡峭的山谷。我跟在马匹的后面,那天是它们打头阵。经过几个小时的艰难跋涉,我们攀至海拔一万七千二百英尺(五千二百四十三米)高的垭口。就在登上山口鞍部的那工夫,一场冰雹不期而至。我们无法前进,因为根本看不清路,于是决定暂时就地扎营。帐篷支起来固定好,牲口也都拴紧。我们缺水、牧草和燃料,不过在罅隙里拾得的冰雹可充作水喝,一只木头箱子拆了可当木柴烧火。这真是个可怖的营地。雷声四作。地面随着巨响而颤动。骆驼和驴子都不见了踪影。到了晚上,天空放晴,月亮升了起来,闪烁着银色的光辉。

第二天,我们发现塔格里克人带错了路,我们扎营的那个垭口通往一个更小的山脊,而不是去"更远的山脉"。我们只好再次下山,寻找正确的那个山隘,还要找回已经走岔路的其他小组。

我们把走散了的人都找了回来。大伙儿都走得精疲力竭,一看到一条小溪旁有勉强可供牲口吃草的地方,便赶紧就地扎营。

我们安排了一下,让三个塔格里克人先行返回老家,而其他人则随我们继续前行,一直走到遇见人烟为止。留下来的人要求提前支付一半的工钱,好让那三个先行回家的同胞带给他们的家人。

那天晚上,营地很早就陷入一片寂静。那些塔格里克人通常用玉米袋子和装粮食的箱子围成一小圈壁垒,在中间生一堆营火,之后各自找个避风的角落休息。

8月19日的早晨,警报拉响了。塔格里克人全都不见了,很可能半夜时分就溜走了!我们几个累得不行,睡得很死,谁也没有觉察出什么动静。那些塔格里克人偷走了两匹马、十头驴子和一些面包、面粉和玉米等补给。而且从他们留下的脚印能清楚地看出,他们为了迷惑我们,分组离开营地,朝着四面各个方向散去。随后他们会在事先商量好的一个地点会合,再一同返回。

我们委以帕尔皮重任,让他带领两个人和我们最好的马匹,

去追赶这些临阵逃脱的人。结果一天半过后,他就带着那帮一脸歉疚的塔格里克人回来向我汇报:

塔格里克人在逃出相当于我们跋涉三天的路程之后,以为自己安全了,于是停下生火休息。他们中有五个人围坐在火堆边,而其他人早已熟睡。等看到帕尔皮策马赶到此地,他们跳起来拔腿四散跑开。帕尔皮向空中鸣枪,大吼一声:"给我回来,不然一枪打死你们!"一听这话,塔格里克人只好回来,扑倒在地,哭着求饶。帕尔皮取回他们身上的钱,把他们双手反绑在身后。第二天一早,众人出发返回我们的营地。当天晚上十点钟,这些可怜的家伙终于回到营地,一个个累得半死。

在火光和月光的交织下,我在帐篷前有模有样地摆开法庭的阵势。塔格里克人被判用绳索捆绑起来,晚上为大家守夜,以弥补给帕尔皮和另外两个人带来的麻烦。判决做出之后,他们又回到用袋子和箱子搭起的壁垒里去睡觉,他们都累散掉了,倒头便沉入梦乡。月光洒满了铺着一层薄雪的大地。

几天之后,经过一次彻底的实地勘察,我们从一处海拔一万八千二百英尺(五千五百四十七米)高的垭口越过"更远山脉"的主峰翻到另一边,然后直下到一个向东延伸而去的宽广大山谷。我们顺着这个山谷走了几乎一个月。在我们左边,是"更远的山脉",有着一座座雄伟的山峰、终年不化的雪原以及蓝色的冰川;右边,也就是我们所走路线的南边,是蒙古人称作可可西里山脉(Koko-shili,意指绿色山林)的最东端的部分山脊。

以前从未有人来到过这个地域,不论是牧民还是他们的牲口都无法在此存活。这里海拔实在是太高了。即便站在此处山脉最低矮的地方,我们也要比勃朗峰来得更高,而大部分时间我们都处于海拔一万六千二百英尺(四千九百三十八米)的高度。

在我们第一个扎营的地方,山神以一声雷鸣巨响表示欢迎。日落时分,山谷里升起壮丽而野性的紫黑色云层,像火山熔岩一般向东飘去。周围渐渐变黑。飓风几乎就要把整个营地连根拔起。我们所有人只得紧紧抓住帐篷，使其保持原位。冰雹像施鞭刑一样抽打着整个山谷。但是不到五分钟时间，暴风就过去了，形状各异的云宛如一艘艘气势宏伟的战舰般向东边移去。密不可透的浓雾随之而来，接着便是茫茫黑夜及其一个个解不开的谜团。

第二十九章　野驴、野牦牛和蒙古人

此时立于辽阔的西藏高原之巅，这是地球上最大也最高的山脉群落。由于空气稀薄、缺乏牧场，队伍的抵抗力一下子给击垮了，我们最困难的阶段由此开始。几乎每一天，路边都躺着被舍弃的驮有重物的牲口，这反倒成了我们行进路线的一个标记。

此时我们也已置身于野生动物的福地。四处寻觅不到牧草，野驴和羚羊却有办法找到极其稀有的牧场，野牦牛则靠着生长在悬崖沙石里的地衣和苔藓维持生命，并且一直吃到冰川的边缘。我们每天都看见它们或形单影只或成群结队；荒凉而贫瘠的山地也因为这些高原主人的存在而变得富有生气。

探险队伍里一些四条腿的成员，比如狗儿，跟我们人一样，对这些野生动物兴趣十足。有一次，一头好奇心强的野驴在我们队伍前面连续跑了两个小时。它时不时地停下脚步，嗅嗅鼻子，哼上两声，又在前头跑起来。"老虎"尤巴斯跟上去追它，它便掉头来向狗儿发起攻击。看着尤巴斯夹着尾巴落荒而逃，我们都忍不住哈哈大笑。

又有一回，我最喜爱的伴侣尤达西如飞箭一般直冲向一头野驴，那野驴逃进最近的小山里不见了踪影，引得尤达西一路追赶，但是勇敢的狗儿一去就没有回来。我们在原地扎营，等了大半个夜晚。不过凌晨三点钟，尤达西在帐篷布底下不停扭动，把我给弄醒了。它高兴地哼叫着，上来就舔我的脸。显然它先前没找见我们的踪迹，自己游游荡荡，找了十四个钟头，很可能是出于偶然才发现了我们的营地。

有一天，伊斯兰冲着一头孤零零的野驴开了一枪，击中了它的一条腿。野驴只跑了一小段距离，便摔倒在地，这场景我画进了素描簿子。这野驴从上嘴唇到尾巴根共长七英尺半，毛呈深红棕色，很漂亮，腹部和腿是白色，而鼻子则是灰色。它的蹄子和马蹄一般大小，双耳特别长，鼻孔大而宽，尾巴跟骡马的差不多，肺部长得很壮实。我们留下野驴皮，驴肉则作为日常饮食的补充，很受大伙儿欢迎。

美丽优雅的羚羊并没有受到伊斯兰的骚扰，不过有几只牦牛却倒在他的枪口之下。有一头是母牦牛，身长约八英尺，其舌头、肾脏和骨髓成为我的三餐，其他人则把牦牛肉平均分配。另外一头是公牦牛，对付起来可就不大容易。伊斯兰趾高气扬地回到营地，跟我们说他在离帐篷有些距离的地方击倒了一头雄壮的公牦牛，最终费了七颗子弹才让那个大家伙与这片它已熟悉的草地永别。那公牦牛躺倒的地方离我们次日即将经过的道路不远，我决定到时候让伊斯兰带我过去，这样就可以给它画一张素描。

第二天早上，伊斯兰便给我带路，结果发现那个地方空空如也，已经"被杀"的公牦牛不翼而飞，可以想象当时我是多么惊讶。开始我还怀疑这"被杀"的公牦牛会不会只是猎人司空见惯的牛皮，可是错了！地上的痕迹清清楚楚地表明那头牦牛在挨了一连串子弹后，又恢复过来，爬起身朝着一个喷泉晃过去。原来它就在那池塘边上走来走去，在地里翻找东西吃。它看见我们，便把头一昂，摆出一副盛气凌人、怒火冲天的架势。当第八颗子弹带着一声闷响射进它的身体时，那牦牛低下牛角，直冲着我们奔过来。我们赶紧掉转马头，全速逃窜。但是牦牛紧追不舍，而且越追越近。牦牛离我们越来越近，在靠近我们的时候，突然间来了个急停，用牛角挑起地上的沙子，尾巴狠狠地抽打着空气，血红色的眼睛疯狂地翻滚。这时我们也停下来，伊斯兰又向它开了一枪，这一枪打得它在地上滚了好几圈，泥沙四溅。随我们一起的尤达西激起牦牛的怒火，好在躲避及时，保住了性命。第十一颗子弹穿透了牦牛的心脏，那头上了年纪的野家伙重重地倒在地上，而这块土地原本是它自由自在、不受打扰的乐园所在。

这头公牦牛大约二十岁，身长十英尺半，是个极好的标本。牛角的外部有二英尺半长，身体两侧又密又黑、羊毛似的毛穗长二英尺多一点，这些毛穗在牦牛卧躺时可充作柔软温暖的毛垫。

从这一次的经历来看，牦牛并不是那么容易对付。不击中它的肩膀后部，就别指望它会倒下。就算一颗子弹射进它宽大的前额，它也不过是哼上两声、甩甩头而已。若是被击中更为致命的部位，它反而会变得凶悍起来，继而反攻猎人。它的身体已经完全适应高原的稀薄空气，再怎么样也不会喘不过气，所以它很有可能会击败习惯呼吸较浓厚空气的猎人和马匹。

在向东前进的路上，我们发现一长串的湖泊，大部分多少带有咸味。我没有给湖泊取欧洲名字，而只是用罗马数字编了号。第14号湖泊的海拔高度在一万六千七百五十英尺（五千一百零五米）。一周之后，我们沿着一个超大湖泊的岸边走了十七英里。

沿途的地形一直都单调乏味，但是两边积雪覆盖的山峰和冰川每天都呈现出新的景致。看不到任何人类的足迹，但是有了！有一次，我们穿过邦伐洛特和奥尔良王子当年走过的路线，意外发现一块毛毡毯，很可能是他们带的牲口身上的。我们一路走一路把野牦牛的粪便收在袋子里，这些粪便烧起来的时候耀出红中带蓝的火苗，并产生极大的热量。最糟糕的是草地越来越稀少，马匹和驴子一头接一头地倒下去。在那些日子里，若是哪一天没有损失一头牲口，那天真算得上是幸运日。骆驼是最能坚持的，但是它们的脚掌总和沙地摩擦，会肿痛起来，于是我们只好做了袜子给它们穿上。在捕猎不到多少动物作为食物的时候，狗儿只得吃队伍里牲口的死尸聊以果腹。大家的情绪一天比一天紧张，后来我们怀疑就算一直走到最后一头牲口都倒下了，可能都看不见游牧人的帐篷。果真如此,我们也只好抛弃行李,徒步前行,直到找到人烟为止。

事实上,我们有一阵子捕猎不到动物吃了,最后一头绵羊也已经给宰杀。在第一头骆驼瘫倒之后,大家就把它身上最好的肉割下来当饭吃。有天早晨,我忠实的坐骑,那匹驮着我走了十六个月的好马,也死在两个帐篷之间。

9月21日,我们在一面湖水的西岸扎营,湖泊正好斜挡着去路。无法走到湖泊的东南角,我们想象着自己是站在一片海湾的岸上。无奈,我们只好沿着湖岸往东北方向去,这样绕湖一大圈,浪费了两天的时间。有一天,就在湖边我们遭遇了一场风暴,其范围和强度可以说是空前。天空瞬间黑沉下来,原本湛蓝的湖水变成暗灰色,湖面上也掀起泛着白沫的滔天巨浪。层层山脉消失在遮天蔽日的浓云后面。狂风夹着冰雹抽打着山岩,湖里的大浪占据了前进的道路,不得已我们只好在一个山谷的入口匆忙停下扎营。

眼下我们还有五头骆驼、六匹马和三头驴。能给牲口吃的谷物也只剩下最后一次的量。面粉还足够吃上一个月,所以马匹每天尚能分得一小块面包。

9月27日,我们离开这座藏有多面湖泊的辽阔山谷,继续向东北翻越一个垭口。在山的另一侧,我们惊动了约有百来头的牦牛群。伊斯兰朝牦牛群里开了一枪,惊慌失措的牦牛分成两拨狂奔而逃,其中一群大约有四十七头牦牛,却直冲着我和身边的塔格里克人奔过来,一头雄壮的公牦牛跑在最前头。跑到离我们有一百来步的距离,这些牦牛终于看见我们,突然转向从我们身旁呼啸而过。伊斯兰开了第二枪,这下公牦牛开始发动攻击,眼看着他就要连马带人一股脑儿抛到空中,就在这最后关头,伊斯兰在马鞍上一侧身,对着牦牛胸部补了致命的一枪。后来我们就在牦牛倒地的附近扎营。它身上的肉让我们多了好几天的吃食。

现在我们离人烟不会太远了!在下一个垭口的峰顶,有一个石头地标，很显然是蒙古的牦牛猎人竖立的。此外，我们还看见约二百只的野驴群。我们的马又死掉两匹。这个队伍还能存活多久呢？食物补给几乎耗尽，而帐篷、床、箱子和收集的标本却和以前一样沉重，甚至比以前还要重。

9月的最后一天，我们来到山谷里的一处空地，发现一座美丽的宗教纪念堂，名叫"欧玻"（obo），是为祭拜山神而建。整个建筑由四十九块墨绿色的板岩搭建而成，有些板岩长达四英尺半，沿边角堆叠起来，看上去像是有三个饲料槽的马厩，板岩上刻有西藏文字。以前我从未见过欧玻是什么样子，很可能柴达木蒙古人前往拉萨朝圣的路线在此交汇。这些刻在板岩上的西藏文字会不会包含什么重要的历史信息呢？不过我无须花费太长时间研究，因为发现在所有的板岩上，同样的图形按照相同的顺序一成不变地重复着。这自然是信徒通常念叨的那句咒语："嗡嘛呢叭弥吽！"意思是"赞美莲花心之宝石"。

第二天，我们顺着一个山谷往下走，在花岗岩的大山之间发现另一座欧玻，此外还有一些火炉和废弃的帐篷营地。有一群牦牛在山坡上吃草，伊斯兰远远地朝它们放了一枪，可是它们动也不曾动一下。倒是有位老妇人尖声叫喊着跑上前来。我们从妇人那里得知，这些牦牛都是家养的。我们走近之后也看出来了，因为家养的牦牛要比野牦牛小一号。一条小溪淙淙流下山谷，我们就在溪边支起帐篷，距离那位老妇人的帐篷也很近。

经过五十五天与世隔绝的孤独旅程之后，再次与人相见，是十分有意思的事。不过我们中间谁也不懂那老妇人所说的蒙古话。帕尔皮只懂得一个单词"巴尼"（这里有），我知道五个："乌拉"（山）、"诺尔"（湖泊）、"郭尔"和"慕伦"（河流），以及"戈壁"（沙漠）。只有这么可怜的一点词汇，要让老妇人弄明白我们最大的愿望是想跟她买一只肥美可口的绵羊，那真是难上加难。我只好试着学羊咩咩叫，同时给她看我手上的两块中国银币，就此决定了她家一头绵羊的命运。绵羊肉很快就进了我们的煎锅。

那老妇人身穿绵羊皮，扎着腰带，脚穿靴子，额头上还缠着一块手帕。她把头发编成两条辫子。她八岁大的儿子也是差不多的打扮，只是扎了三根辫子。他们的黑色毛毡帐篷由两根直立的杆子支撑，并用绳索绑紧。帐篷里面乱糟糟的，什么锅、木碗、勺子、打猎工具、毛皮、盛着牦牛脂油的绵羊膀胱、还有从野牦牛身上割下来的大块大块的肉。帐篷后面一只有木头箱子，上面摆着两尊释迦牟尼的小佛像和几只神圣的容器。据我手下的伊斯兰教徒说，这些就是所谓家庭佛堂。

这家的主人到晚上才返回家中，他的名字叫朵尔切，专以猎杀牦牛为生。在这荒野之上不知从何处冒出来的一帮人成了他的邻居，这让他着实吃惊不小。他浑身僵了一样站在那儿，两眼呆呆地瞪着我们，搞不清楚我们是真的人，还是自己正处于幻想之中。

很可能那老妇人和男孩已经告诉他，我们并不是抢匪，而是相当正经的君子，拿了东西都老老实实地付钱，而且还送给他们烟草和糖。

朵尔切的态度渐渐缓和下来，等我们带他去看我的帐篷时，他已经变得十分和蔼可亲。他成了我们的朋友和无话不谈的知己，还给我们当了几天的向导，带我们去看他的族人，也就是柴达木的塔吉努尔蒙古人（Tajinoor Mongols）。第一次见面的那天，他就卖给我们三匹小马和两头绵羊。

开始交流的时候，我们互相理解起来还有很大的难度。要是我们没弄懂朵尔切说的是什么意思，他是又喊又叫，好像我们耳朵全聋了似的。我立即开始跟他学说蒙古话。首先我把数字的发音写下来；接着，我手指着额头、眼睛、鼻子、嘴巴、耳朵、手脚、帐篷、马鞍、马匹等等东西，以便记下它们的名字。学习动词要更难一些。我们先是搞定一些比较简单的动词，比如吃、喝、躺、走、坐、骑马、抽烟等；后来我想知道蒙古语"击打"是怎么说的，便随即在朵尔切的后背上拍了一下，他顿时浑身一惊，还以为我生气了。后面的几天里我一直坚持学习蒙古话。经过几天的休息之后，我们去纳吉慕仁山谷骑马兜风，我总是让朵尔切骑在我身边，问他这个山谷叫什么、那个山脉怎么说。我很想学蒙古话，同时，现在的情形也逼迫我不得不这么做。有时候无须翻译也能交流是个很大的优势，到那个时候不想亲近这门语言都不成了。过了几个星期，我已经能毫不费力地说一些当地游牧人的简单土话。

10月6日，队伍尚未整装，我只带上朵尔切和狗儿尤达西先行出发。我们顺着逐渐开阔的山谷骑行了一里又一里；到最后，看到柴达木盆地的水平线在北方显现出来。一天过去了，我们正在穿过一长条沙漠地带，此时暮色降临；接着我们走上一条道儿，在柽柳遍地的大草原上蜿蜒而行。

走着走着，朵尔切停下来，指着我们来时的方向，说我的旅队若没有一个向导带路的话，永远也不会找到我现在的营地。于是他只有原路返回去给队伍带路。不过在离开之前，他用手指了指我要继续前进的方向，我好不容易用笨拙的蒙古话向他表明我已经听懂了他的意思，他大笑着点点头，开心地一会儿跃上马鞍、一会儿飞身下马。随后他消失在夜色中，而我则继续骑行。

周围变得漆黑一片。我骑的这匹新买来的马，显然认得路，因为它一直走啊走个不停，道路似乎永远没有尽头。终于，远处出现了一些火光，而且越来越亮。能听见北边有狗在吠叫不止，过了一会儿，许多只怒狗跑上来围攻我们。要不是我跳下马把尤达西抱上马鞍，这可怜的家伙十有八九被撕成碎片。就这样骑了将近三十英里之后，我们——我、马匹和尤达西三个——走进了伊科左汗果帐篷村。我拴上马，走进一个帐篷，只见里面有六个蒙古人围坐在火边，一边喝着茶，一边在木碗里揉捏糌粑，也就是烤玉米面。

我跟他们打了一声招呼:"阿姆桑班?"(身体可好?)

他们只是瞪着我,一言不发。锅里盛有马奶,我拿过来灌了一大口,又泰然自若地点上烟斗。那些蒙古人大为诧异,根本就不知道该拿我怎么办才好。我试着说上朵尔切教给我的几个蒙古语单词,以此博取他们的钦佩。但是他们只是大眼瞪小眼,一声都不吭。

于是我们就这样坐在火堆边,你看着我我看着你,僵持了两个钟头,这才听见马蹄声和人说话的声音,原来是我们的队伍终于抵达此处。在东突厥斯坦购得的两匹马和一头驴已死掉,最初的五十六头牲口里面只剩下三头骆驼、三匹马和一头驴子。

朵尔切跟这些居住在伊科左汗果的蒙古人解释了一下事情的来龙去脉,很快我们便成了朋友。我们在帐篷村里住了五天,又重整了一支新的旅队。

住在附近的蒙古人听说我们想要购买马匹,都跑来推销各自的牲口。我们总共买了二十匹马。帕尔皮制作马鞍有一手,他给每匹马做了驮鞍。该地区的首领梭南来拜访我,他身穿一件红色斗篷,给我们带来用木头罐子装的牛奶、酸奶和发酵马奶。我也去他的帐篷回拜,只见帐篷出口的外面插了一根长矛在地上,里面设有一座精致的家庭神坛。这个地方完全没有开展农业耕作,人们只是放牧为生——有绵羊、骆驼、马和角牛——有些人的日子过得还相当不错。

当地蒙古人脖子上都佩带黄铜、红铜或银子做成的小盒子,盒子里面藏有泥塑或木刻的佛祖圣像,还有一些写有宗教祈祷的纸片。这样的盒子叫作"高"。我买了各式各样一整套的盒子,都装饰得很漂亮。尤其是银盒子,上面镶有绿松石和珊瑚。但是这些蒙古人又不敢当着其他人的面堂而皇之地将这么神圣的遗物卖给一个异教徒,于是他们就等到晚上才偷偷摸进我帐篷,在浓浓夜色的掩护下,把这些神圣的佛祖圣像交到我手里。

第三十章　在唐古特强盗的地盘

10月12日那天，我们离开了新认识的朋友，继续向东穿越大草原、沙漠和盐地，此时我们又有了一支崭新而辉煌的队伍，马匹也是个个精神饱满。左手边延伸着平整没有尽头的柴达木平原，而在右手边则是西藏高原的山脉。晚上我们在蒙古人的帐篷村过夜，蒙古人吃什么，我们也跟着吃什么。几天后，朵尔切拿了报酬回家。取代他的是一个叫洛布桑的大个子蒙古人，人很好。我们离西宁还有一个月的路程，离北京更有一千二百五十英里远。冬季带着寒流向我们靠近，不过我们已经到达地势较低的地带，大约处于海拔九千英尺到一万英尺的高度。

接下来我们转向北行，来到托素湖（Tossun-nor），一个美丽的泛着深蓝色光的盐水湖。这块地方几乎无人涉足，但是晚上我们在呼伦河的岸边见到了火光。此处有着奇妙而神秘的气息！美丽的欧玻建筑随处可见，上面飘扬着象征祈祷的尖旗，幽灵一般。托素湖湖岸附近有淡水水源，可以见到天鹅在蓝色的河上嬉游。气温已然降到零下26摄氏度，空气没有一丝流动，满月将银色的光辉洒向这荒凉的大地，并在湖面上映出一条条粼粼闪动的水道。

我们沿着淡水湖库里克湖（Kurlyk-nor）的南岸骑行，洛布桑一直静静地坐在马鞍上，表情严肃，嘴里一刻不歇地念叨着那神圣的咒语"嗡嘛呢叭弥吽"。我追问他为何如此忧郁，他回答说从最后遇到的那些蒙古人那里听说，唐古特抢匪在几天前已经来到库里克湖一带，偷了游牧人好几匹马。有鉴于此，他建议我们准备好所有武器，随时派上用场。我把带的三支长枪和五把左轮手枪分给手下人。晚上，马匹都紧靠着营地拴好。帐篷周围安排人守夜放哨，同时也指望那三条狗儿能起些预警的作用。

10月的最后一天，在喀喇湖畔扎营，此处有许多熊掌印，我们不得不比往常更小心地看管马匹。虽说熊一般吃些野浆果便可安然度日，但在晚秋时节若是碰见正在吃草的马匹，它也会发起攻击。

第二天，我们向东骑行，穿过一道宽广的山谷，周围环绕着低矮的山脉。山谷中央的这条道上，能看到一只熊跑过的足迹，并且走向与我们前进的方向一致。伊斯兰和洛布桑骑马顺着足印去追。一个小时之后，他们两个快马加鞭地赶回来，脸上的表情像是撞见鬼似的。一到我跟前，他们便气喘吁吁地叫道："唐古特强盗！"

只见他们身后扬起滚滚尘土，来了一帮唐古特强盗，约有十来个人，都持有长枪，或扛在肩上或拿在手里。眼见他们冲着我们这边直奔而来，我们赶紧停下来，迅速排好防御的阵势。我们位居一个六七英尺高的土墩上，我和伊斯兰、洛布桑拿起长枪和左轮手枪选好地方，随时准备开战。其他人则带上队伍躲在土墩后面。手下人觉得末日已到，吓得双膝直抖。交战的结果很不好说。我们只有三把长枪，对手却有十二把之多。我点上烟斗，希望以此来稳定军心，虽然我自己心里也是七上八下的。

这帮强盗一看他们要对付的是一整支旅队，在一百五十步开外便勒马停住，开起了作战会议。他们团团围在一起，一面说话一面比划着手势，手里的长枪在阳光下闪着亮光。过了一会儿，他们掉头撤退。我们再次上马，上路走人。那些唐古特人一直跟在我们右边，保持两倍长枪射程的距离。他们分成两队，一队往旁边岔开的一条山谷骑去，另一队则在山谷右面绕着山脚行进。他们一直保持队形，像是一心在等待我们走到山谷变狭窄的那个地段。看来前方危机四伏，我们只有极力催马快跑了。此时洛布桑都快吓死了。

他说:"他们肯定要从山岩顶上向下朝我们开火,咱们最好还是掉头换条路走吧。"

但是我不管,只催促手下全力向前冲。在山谷狭窄入口附近的山岩上,唐古特强盗再次现身。我们的处境真算得上惊险万分。唐古特人可能就埋伏在高悬于我们顶上的山岩之间,躲在暗处便可以把我们一个个全部干倒。他们确实是选择了一个一夫当关、万夫莫开的有利地形,而我们只有区区三把长枪而已,突围的可能性实在微乎其微。

我大口抽着烟斗,策马骑进狭窄的山岩通道,心想:"看着吧,我即将被一颗子弹击倒,而手下那些勇敢的穆斯林则慌不择路,各自逃命。"

结果什么事也没有发生。我们安然无恙地通过这条山谷狭径,等看到前方山谷变得开阔、直伸向一片大平原时,大家心头才松了一口气。唐古特人已经消失得无影无踪。我们继续前行,直到在平原中央找到一块冰冻淡水池塘才停下来,那周围长有绿草,我下令在此扎营过夜。

随即放任马匹在草地上吃草,不过仍然有人看着,直到天色渐黑,才拴在帐篷之间。伊斯兰和帕尔皮负责守夜放哨。其实也无需采取什么措施让手下人保持警醒,因为每个人心里都清楚,唐古特强盗会召集更多人马卷土重来。普哲瓦尔斯基曾有一次遭到三百号唐古特人的袭击,要是他们在喀喇湖东岸的族人胆子再放大一些,早就抢了个盆满钵满。

夜色刚变得漆黑,就听见一长声狂野至极的嚎叫,就像是深夜里饥饿的鬣狗、豺狼和野狼发出的那种凄厉惨叫。这叫声从我们营地的四面八方传来,而且感觉距离相当近。洛布桑向我们担保,这肯定是唐古特强盗开战前的吼叫,目的是扰乱我们的军心,并且试探一下我们的看门狗有多警惕、有几分胆子。匪徒们正用胳膊肘和膝盖在草地上匍匐着前进，加上夜色的掩护，他们可以爬到我们跟前而不被察觉。我们觉得下一秒就能听见对方进攻的第一声枪响，但也只有跟着盲目还击。现在只能尽可能地把对方弄出的声响盖下去。每隔半分钟，帕尔皮就大喊一声"卡巴达！"（卫兵都醒着吗？）我们没有鼓敲，另外两个人则使尽全力，各自拿一面锅敲得咣咣响。

一小时又一小时过去了，双方都不曾开火。显然唐古特强盗还是感觉没有把握，于是推迟了进攻。我慢慢有了困意，倒头躺下来，临睡着时还听见帕尔皮不厌其烦地喊着"卡巴达"。

如此一夜相安无事。次日太阳升起的时候，唐古特强盗已经骑上马退到长枪射程以外的地方去了。我们将牲口负上行装，向东行进。刚一离开昨晚扎营的地方，就见唐古特人骑马赶来，到了营地翻身下马，在昨晚支帐篷和燃烧营火的所在又是挖又是搜。空的火柴盒、烧至尽头的蜡烛以及几张报纸等东西，无不证明这个队伍是由欧洲人率领的。不管怎样，之后他们再没有追赶我们，从此不见踪影。

这下大伙儿才感觉安全无忧，我看大家前一晚上过得太辛苦，便让他们好好睡了一整天。他们睡觉时打的呼噜声音之大，在我这辈子听来简直是空前绝后。

从那之后，我们还是经常路过唐古特游牧人的帐篷，跟他们买些绵羊和鲜奶。唐古特人是西藏的一支部落，但是通常都认为他们比一般西藏人更为野蛮而凶残。他们抢劫弱小的商队，逮住机会就偷旁人的马匹。有一次我带上洛布桑走进一个帐篷，两人都没拿武器。里面坐着两个妇人，正在给孩子喂奶。我把他们帐篷里的装设一一记录下来，并询问各色物品都叫什么名字。那两个妇人大笑不已，以为我是个疯子。洛布桑心想，倘若她俩的丈夫恰好就在这个档儿回到帐篷里来，那我们可就惹上大麻烦了。还有一回，我们路过二十五座帐篷，但是不管我们出多少钱，就是没有一个唐古特人愿意做向导陪我们一块儿走。

离都兰寺越近，山谷就越有生气，据说那寺里有活佛居住。在小小的查干湖（Tsagan-nor，意指"白湖"）扎营的那个晚上，我们再次听见附近传来鬼一般的嚎叫，让我们不由得相信唐古特强盗这次是要发起全力进攻了。不过我身体太累，倒头便睡着了。到了早上，手下人告诉我昨晚的嚎叫其实是野狼发出的，它们极力靠近我们的帐篷，还跟我们的狗儿有过一次交锋。

第二天，我们碰见一支约有五十人的唐古特人商队。他们是去小镇谭卡（Tenkar）购买面粉和其他准备过冬的补给。他们就在我们营地附近扎营，晚上便在我们帐篷周围走来走去，伺机偷上一点东西。

接下来到了一处荒凉的地方，这里看不见人或野兽的踪影。但到了晚上，还是能听到野狼凄惨的嚎叫，我们的狗儿也毫不示弱，把喉咙都叫哑了。

雅克河冻了一半，渡河后，只见东边的青海湖上一片瑰丽的景致，其颜色蓝绿变幻，有如奇妙的孔雀石。青海湖湖面非常宽阔，但是正如1846年约珂修士（Abbe Huc）在旅行记录里说的那样，此湖还没有大到在岸边就能看见"间歇的潮汐"。这里的海拔高度是一万英尺（三千零四十八米）。冬季唐古特人来到湖岸边支起帐篷过冬；等到了夏天，他们则搬到高原地带，那里有新鲜牧场。我们沿着青海湖北岸行进，路上可以尽情欣赏湖面以南的连绵山脉。湖中有一座石头小岛，上面住着一些贫苦的隐士。他们靠着朝圣徒和游牧人的自愿施舍存活，在冬天最寒冷的时候，施舍者们就穿过结冰的湖面来到小岛。这一路走过去可以说是冒着极大的风险，因为万一走到半路，突然刮起大风暴，冰层就有可能破裂。不过既然他们如此做是相信有上天保佑的，所以都心甘情愿地冒这个风险。

青海湖畔有大群大群的羚羊在吃草，有次我们还惊动了躲在峡谷里伺机捕猎羚羊的六只野狼。我们经常会看见帐篷和绵羊群。有一回,遇见一支有六匹牦牛的商队,都驮着玉米,准备运来卖给青海湖边上的唐古特人。还有一次,一道山谷几乎挤满了人和牲口,原来是德松萨萨克(Dsun-sasak)蒙古人的超长旅队,他们从谭卡购置冬天的补给回来。队伍里有一千匹马、三百头骆驼、配有一百五十把长枪的三百名骑士,另外还有妇人和小孩。整个队伍经过时,马蹄声震得山谷隆隆直响。

唐古特人问洛布桑,你们的箱子里装的是什么,洛布桑眼都不眨一下,回答说大的箱子装两个士兵,小的呢只装一个。我有一个轻巧的小炉子,用铁皮做成的,配有一根烟囱,以给我的帐篷取暖用,洛布桑却说那是一支喷射炮。唐古特人甚为惊讶,没想到大炮要加热才能用,洛布桑解释说这是使用这种武器的惯用做法。他告诉唐古特人,炮弹是从那根锡皮管子发射向敌人的,而世上没有什么力量可以抵挡得住这冰雹似的炮弹。

越过哈拉库图(Khara-kottel)山隘,我们便来到东流到海的黄河地带。到那时为止,我待在没有一滴水会流至大海的土地上已经整整三年了。但是北京离我还有九百英里远。我非常渴望到达中国的首都,可是对我而言,它仍是那么遥不可及。

越往东去,途中的景致就越显得生机勃勃。一路上我们遇见骆驼商队、骑士、徒步赶路人、运货车、成群的牛和绵羊。我们穿过有白杨树、桦树、柳树和落叶松环绕的村落,经过桥梁、寺庙和佛塔,最终进入谭卡的城门。

我曾听说谭卡城里有个基督教教会,于是亲自去拜访那些教士居住的中国房舍。教士中的领头人荷兰人林哈特先生已经去了北京,他的妻子苏茜博士是个博学和善且多才多艺的美国人,她极为热情地招待我,并帮我们一大帮子人都安排好住所。这位勇敢又能干的女士即将面对一个女人所遭受的最悲惨的境遇。1898年,她同丈夫及幼子一起克服种种险阻,前往拉萨,走到那曲时,被迫掉头返回。小儿子死了，西藏人又偷走了他们的马匹，出事地点离1894年法国探险家杜垂尔迪罕被谋害的地方不远。林哈特夫妇两手空空，在札曲河边休息，河对岸可以见到有一些藏人的帐篷。林哈特先生就试着游过河去。他的妻子眼看着他消失在一块大岩石的后面，以为他会跟以往一样，打探过附近的其他帐篷很快就回来，但是他再也没有回来。林哈特夫人等了整整一天。过去了一天又一夜，但是丈夫仍然杳无音信，至今也没有人知道他到底是溺死河中还是遭人杀害了。在经历了这一切几乎难以承受的悲痛与灾难之后，林哈特夫人最终设法抵达中国，随后返回美国去了。

从热情好客的林哈特家中出来，我来到著名的库班寺（Kumbum），拜访寺中的活佛住持，住持也为我的朋友洛布桑祝福。我参观了宗教改革家宗喀巴的硕大塑像，还看见那株约珂修士在游记中所提到的神奇大树，每年春天其树叶上都会自动写上"嗡嘛呢叭弥哞"的咒语。不过洛布桑在我耳边小声说，那是晚上喇嘛们自己把咒语印在树叶上的。

11月23日，我们出发得比较晚，等到我们摸着夜色来到西宁城门外时，已近深夜。有个守夜人在城墙上踱来走去，一边还敲着鼓。我们用马鞭抽打城门，但是根本没人回应，于是把守夜人喊来，允诺给他一笔丰厚的赏钱，只要他能给我们打开城门就行。经过好一番讨价还价，他总算派了一个信差去总督衙门请命。我们等了一个半钟头，才等到一个回复：天亮时城门自然会开！

我们别无他法，只得在旁边的一个村子里过夜。第二天，我们去拜访中国内陆教会的三位教士：芮德利（Ridley）、杭特（Hunter）和霍尔（Hall）。住在芮德利家中的那些日子里，我受到了他们三人极友好而热情的招待。

我的生活方式以及旅行模式在此发生了变化，我把所有随从都打发了，只留下伊斯兰一人。付给他们的报酬比原先商定的多了一倍，还把马匹都送给他们当作礼物，我自己只留下两匹。他们原本就是中国的老百姓，所以很容易就从西宁城的道台那里弄来了返回故里的通行证。

这时我的腰包里还有七百七十两中国银子，而离北京仍隔着三个月的路程！

第三十一章 向北京进发

这趟漫长旅程余下的几个月简直就像是回归人类文明的路程，所以对这段经历我将一笔带过。

如前所述，如今伊斯兰是我唯一的随从，负责看管行装。我们驾驶骡马车到达平番，接着换乘突厥斯坦式大型马车前往凉州府。在横渡西宁河时，头一辆马车的车轮像利刃一般切进冰面，还好这冰冻得并不结实，最终安然驶过。另一辆马车则死死地陷在冰泥之中，毫无脱困的希望。我们只好把马车上所有的行李都搬上河岸，这时一个中国人——我现在一想到此人，仍会浑身冷得打颤——脱光衣服，走进深深的河水中，将堆积在车轮前面的冰块移开。整个过程花费了四个小时。

又经历许多其他有惊无险的意外，我们最终驶进漂亮的凉州府城，并直接赶到英国传教士贝尔切（Belcher）的家中，受到他一家人的热情招待。可是在我借住的十二个夜晚，教堂里并不温暖。只有星期日才会生火加热，而其他的日子里，里面的温度会降到零下15摄氏度。我买了一个铜手炉，其形状如茶壶，内有几块埋在灰烬里的煤块，可以整日整夜地燃烧。

我在凉州府待了很长时间，有一个原因就是很难找到足以胜任奔赴宁夏的牲口给我们拉车。我耗尽所有的时间去观光，城里城外到处物色。其中最值得回味的一次经历，是去桑树庄村拜访那些博学而和善的比利时传教士。看着这里的中国农民自愿放下地里的活计，走进教堂对着圣母玛利亚的圣像在胸前画十字，真让人觉得怪异。旁人告诉我，许多人全家都是天主教徒，父子相传，历经七代之久。

最后总算找到一个很不错的中国人，他开价五十两银子，便可用九头骆驼带上我和伊斯兰以及所有的行李，走上二百八十英里，前往宁夏。我们走的路线要穿过贺兰山沙漠、乌兰阿勒苏沙漠（意指"红沙"）和贺兰山的王爷府。我在王爷府拜见了一位中国皇帝所赐封的亲王，他虽年长却平易近人，我们愉快地交谈了一个小时。

在宁夏，同样有两位和善可亲的传教士敞开怀抱欢迎我的到来，他们是皮奎斯特（Pilquist）夫妇，不仅如此，他们还是我的瑞典同胞。

宁夏距离北京仍有六百七十英里的路程。亚洲真是广阔无垠啊！要横穿整个亚洲大陆，非得经年累月地骑行不可！我们下一站要穿越鄂尔多斯，沿途有草原也有沙漠，其西、北、东三个方向都被黄河河套所围，南面则以长城为界。骆驼一天走不了多远，我们花了十八天，行进三百六十英里，才到达包头。

黄河已结冰，我们选了一处冰面较厚的地方过河，这里河面有一千一百一十二英尺宽。一个星期之后，我们已到荒芜的沙漠地带，蒙古人的帐篷都极为少见。我们在有名的古井边扎营，这些井水通常很深，其中的宝亚井就有一百三十四英尺深。这里寒气逼人，最低气温达零下33摄氏度，帐篷里的温度有时也只有零下27度。

然而最为恶劣的，是常刮不歇的西北风，冰冷凛冽，裹挟着沙尘横扫大地。骑在骆驼的双峰之间，我们冻得浑身僵硬。我一直把那只烧着火炭的小手炉捂在大腿上，否则我的双手都要在这受罪的旅程中冻成冰了。1月31日，我们遭遇了一场真正的飓风，简直休想再前进一步。整个沙漠都笼罩在漫天飞旋的沙尘之中。我们可怜巴巴地蜷缩在小帐篷里，包着皮毛尽力保留一点点体温。

再次来到黄河边上,我们在一处河宽一千二百六十三英尺的地方过河,总算感觉舒畅起来。继而来到包头城,再次受到隶属于基督教联盟美国传教社的瑞典传教士海勒柏格(Helleberg)夫妇的热情照顾。这些富有自我牺牲精神的好人和其他不计其数的外国教士一起,不幸于1900年义和团运动时惨遭杀害。

在这里我让伊斯兰和队伍继续前往张家口,而我自己则离开他们,和两个中国人乘坐一辆蓝色小马车取道桂花庄向张家口进发。这条路线沿途有一连串美国传教士开的驿站,其中有六十一名瑞典人在此工作。如此一来,我在去张家口的路上总是住在瑞典人的家里。在张家口,我成为勒传教士拉尔森(Larson)的座上客。那时我压根也不会想到,在二十六年后的1923年11月,我会同他一起坐汽车从张家口到乌兰巴托,直接横贯整个蒙古。

在张家口,我雇了一顶驮轿,由两头骡子抬着,沿着南口谷赶了四天到达北京,如今乘坐火车的话只需七个小时。3月2日,我们来到北京西北方的低地。我已按捺不住内心的兴奋,难道前方不正是我花费三年六个月想要抵达的目的地吗?时间过得真慢,骡子迈出的步伐更是过于缓慢,一点儿也不理会两个车夫的不断呵斥。

我们经过一座座村落和园林。在日落时分,我在树林间瞥见一个灰不溜秋的东西,原来那就是北京的城墙!我只觉得自己仿佛在赶赴人生中最了不得的一场盛宴。此时我是孤身一人与那两个中国人同行,相互之间的对话只限于中国话里最常见的字句。但是现在,不到半个小时的工夫,我自己规划的亚洲内陆漫游之旅就要走到了尽头,想到即将与人类文明重新拥抱,不知是舒适,抑或是不适。

我坐的驮轿像只船一样摇摇摆摆地进了拱状的南城门。来到领事馆的大街,我看见路左边有一扇白色大门,外面站岗的是两名哥萨克士兵。我向他们打招呼,询问这座房子的主人是谁,士兵答道:"是俄国公使。"妙极了!在那个时候,瑞典尚未在"中原王国"派驻代表。我一下子跳出那左摇右晃的驮轿,径直穿过一方大院子,来到一幢富有典雅中国特色的房子跟前,周围聚满了一帮中国侍从。有个跟差的进去为我通报,不到两分钟,俄国的代理公使帕夫洛夫(M. Pavloff)出来迎接我。他衷心祝贺我完成了这趟旅程,并且告诉我他很久以前就得到圣彼得堡外交部发来的指令,原驻北京的卡西尼公爵(Count Cassini)如今回国度假,现将他的寓所安排给我住。

此时不禁回想起在科曼夏的时候,好人哈桑给我住的那个宫殿!这一次也是如此,我来到此地时身心疲惫、囊中空空,除了手里提着的便一无所有。我从沙漠深处而来,睡过蒙古人简陋的帐篷,此时却置身于一幢拥有客厅、餐厅和卧室的豪宅,屋内铺着中国式地毯和丝绸刺绣,摆有贵重的古董和价值不菲的铜器,还有康熙和乾隆年间的瓶碗器皿!

旅途的生活太粗糙,我花了三天时间才从头到脚换成新颜,从一介流浪汉变为一个绅士。也只有等这个蜕变的过程结束,我才能去拜访各国大使馆,一头扎进各色晚宴和聚会的漩涡之中。

我对北京最美好的回忆是与李鸿章的相识相知,他是位睿智的老政治家,名震天下。同时他也是当时中国公认的最富有的一位。虽然处于这繁复如迷宫的房舍和街巷之中,他的生活方式却是十分简朴而不张扬。那个时候,北京城里的街道既窄又脏,人们也还没有像今天那样使用汽车或马车,甚至连拖板车也没有。即使是人力车,在北京都难有立足之地。街上太脏,而且出门去任何地方都比较远,因此走路上街简直不可能。一定要出门的话,只得骑马,或者坐轿子。

李鸿章笑容可掬,接见了帕夫洛夫和我。他问了问有关我的旅程和计划的事情,然后邀请我们数天之后来赴晚宴。

那场晚宴真是绝妙无比!在一间不大不小的屋子中央摆上一

张小圆桌，屋内墙上只有两幅照片，别无其他的装饰。一见我们进来，老人立即让我们看墙上的照片，掩饰不住得意的神色。一幅是李鸿章和俾斯麦（Bismarck），另一张则是李鸿章与英国首相格莱斯通（Gladstone）。照片里他面带微笑，颇显尊贵优越，仿佛在暗示这两位欧洲政要与他相比，不过是区区小人物，他们能和他合影留念，本应心存感激、荣幸之至的。

菜都是欧式做法，香槟酒也尽可畅饮。我们借助一位翻译，谈起去年（1896年）李鸿章前往莫斯科参加俄国沙皇加冕仪式的旅程，以及对欧洲数国和美国的访问。我们也同样说到我穿越亚洲大陆的历险。谈话中间有过几次尖锐的交锋。以李鸿章本人的经验来判断，所有来访北京的欧洲人都怀有不良的动机，无非是来此获取一些利益。他相信我也不例外，于是向我坦白道：

"不用说，你来这里是想在天津大学里谋个教授的职位吧？"

我回答说："不必，多谢！即使大人真的给我这样一个职位，再配上部长级的薪水，我也不会接受的。"

在谈及瑞典国王的时候，李鸿章所用的称呼是"王"，即"诸侯亲王"的意思。

帕夫洛夫解释说瑞典国王极为独立，也享有实权，和欧洲列强的君主同在一个级别。这时我向李鸿章发问：

"去年大人出访欧洲，离瑞典也不远了，为什么不去瑞典访问呢？"

"我哪里有时间将你们那里的国家一个个都看过来呢。不过你不妨跟我说说，瑞典是个什么样的国家，你们的老百姓又是怎样生活的。"

我说："瑞典是个幅员辽阔、生活安乐的国家。冬天不会冷得过头，夏天也不会太热。那里没有沙漠也没有草原，只有田野、森林和湖泊。既没有毒蝎也没有猛蛇，野兽之类更是罕见。没有富人亦没有穷人……"

正说到这，李鸿章打断我的话，转向帕夫洛夫说道："多奇妙的一个国家！我要建议沙皇将瑞典占为己有。"

帕夫洛夫甚为尴尬，不知道该如何打圆场。他回答说："这不可能，大人！瑞典国王和沙皇是世上最要好的朋友，彼此绝不会恶意相向。"

李鸿章随即把问题指向了我："你方才说你一路走过东突厥斯坦、西藏北部、柴达木和蒙古南部。那你为什么要踏足这些属于我国的领地呢？"

"为的是探索这块地域尚不为人所知的地方，将其绘制成地图，并研究那里的地理、地质和植物的情况，而最重要的，是要找出有哪些省份适合瑞典国王占为己有！"

李鸿章好脾气地大笑起来，竖起大拇指赞道："好样的，好样的！"我是报了一箭之仇。不过他没有就瑞典征服中国属地的话题继续追问下去，反而觉得可以拿另外一个话题来为难我，便问道：

"如此说来，你也研究地质的东西。那么假如你骑过一片平原，遥遥望见远处有一座大山，你能立即看出那座山是否藏有金矿吗？"

"那根本不可能！我必须先骑到大山跟前，仔细地研究山岩的成分才行。"

"那真要多谢你了！这不需要什么高妙的技术。你能做的我也做得到。问题的关键是能否凭远观便可判断山中是否有金矿。"

我不得不承认，这个回合我败下阵来。但是不管怎样，我的对手可是中国近代最了不起的政治家，所以与他对阵，虽败犹荣。我们席间的谈话就是照着这个路数进行下去。等晚宴结束，我们起身告辞，便又坐上摇摆的轿子打道回府。

在北京盘桓十二天之后，我回到张家口，与此同时，仆人伊斯兰也正带着行李赶往此地。我决定从蒙古和西伯利亚这条路线返回家乡。当时横跨西伯利亚的铁路还只通到叶尼赛河以东的康斯克（Kansk），因此我只能乘坐马车和雪橇走上一千八百英里的路程。

到了圣彼得堡，我第一次去位于皇村里的皇宫拜见沙皇尼古拉斯二世。之后的几年里，我又与沙皇频频相会。我收到瑞典大使馆送来的一张请柬，上面写明"皇帝陛下屈尊接见"的具体日期与时间，以及其他的一些细节问题，如开往皇村的火车、前往皇宫的马车等安排。一位仆人会在车站等候贵宾，并陪同前往皇宫。在从车站到皇村的路上，我三番两次被骑马的索卡西亚士兵（Circassians）或哥萨克士兵拦下，须得出示请柬以证明我就是沙皇要见的那个人。

沙皇身着上校军服，给人的印象不像是高高在上的皇帝，反倒是个普普通通的人，简朴而不张扬。他很和善，对我的旅行历险表示出极大的兴趣，看得出他自己对亚洲内陆的地理是相当在行。他在桌子上铺开一张硕大的中亚地区的地图，这样我便可以把旅行路线从头至尾指给他看。他用一支红色蜡笔在我停留的主要地点作上记号，比如喀什、叶尔羌河、和阗、塔克拉玛干、罗布泊等地，并且如数家珍似的谈及普哲瓦尔斯基也同样去过的一些区域。他饶有兴致地听我讲起帕米尔的英俄边界委员会，而我曾在委员会的总部待过些时日。他直截了当地问我，对俄、英双方在"世界屋脊"上设定的边境线怎么看，我便把自己的想法和盘托出，回答说其实To简单的办法就是以兴都库什山的主要山脊为界，这条山脊也正是一座天然分水岭，否则若将平坦的高原台地一分为二，必然要人工竖碑作为划分的标记，而游牧民族好四处游荡，这样就易引起双边摩擦。

沙皇一听，眉头紧锁，脚步沉重地在地板上踱来踱去，继而掷地有声地说道："这个问题我早就指出来了，这么显而易见的事实真相可就是没有人告诉我！"

之后他听说我有意规划一次新的探险旅行，要深入亚洲的心脏地带，就让我在出发之前，把旅行的计划和具体细节向他做出通报，因为他愿意尽其所能来助我一臂之力。后来他用行动证明这一番承诺并非虚情假意的客套话。

几天之后，也就是1897年5月10日，我乘坐汽船从芬兰抵达斯德哥尔摩。我的双亲、姐妹和好友都在码头上翘首等候，再次重逢的那份喜悦简直难以言表。这一次我差点就回不来了！也就在同一天，我前去拜见瑞典老国王，他是我最主要的赞助人，并给我颁授皇家荣誉头衔。但是我自童年就梦寐以求的盛大欢庆游行却不见丝毫迹象，原来当时整个都城的人们脑子里只想着即将开幕的世界博览会。

5月13日，我和两位朋友为安德烈（Andree）举行了一个小型的私密告别晚宴，他将要与另两位同伴前往斯匹茨卑尔根，接着乘坐他的热气球"老鹰号"飘越北极，直抵白令海峡。安德烈发表了一番激动人心的演说，恭喜我在亚洲历险多年之后顺利返回家乡，并将沿途累积的所有收获带回瑞典，实乃荣幸之至。而他自己也正要干一番大事业，虽然结果如何还很不好说。我随即向他表示，我热诚地希望他这次跨越大海和冰原的飞行能圆满成功，而此时在座的正在祝福他旅途愉快的这些朋友，在他胜利凯旋之时也将再次团聚，为他接风洗尘，到时候今日让我们动容的伤感便会化为狂喜。

安德烈于5月15日离开斯德哥尔摩。7月11日，他从斯匹茨卑尔根的北海岸乘热气球升空，"老鹰号"消逝在地平线的那头。从此再也没有回来，直到今天，没有人知道他及同伴的下落。但是世人对他们此项壮举的记忆依然鲜活，我们都倍感骄傲，因为世上第一次大胆尝试从空中飞越北极的是我们瑞典人。

那天晚上，就在安德烈离开后几个小时，国王在皇宫里设宴招待八百位来宾，庆祝博览会正式开幕。在我返回家乡的前两个星期，南森（Fridtjof Nansen）驾驶"弗兰姆"号成功横渡大西洋,也在斯德哥尔摩受到热情接待。现在轮到我了,大小官员的敬酒都一一饮尽。当时有一份会场记录是这样写的:"国王再次起身发言,他的声音总是如此美妙,具有特别暖人的音色。"国王身材高挑、满头银发,走到宾客中间,为我致辞。他演讲的部分内容如下:"南森冒着生命危险,凭着坚强不屈的勇气,在北冰洋的冰原之中搜寻陆地。而斯文·赫定,瑞典的好儿子,冒着同样的生命危险,凭着一样坚强不屈的勇气,极力寻找水源——要知道远在亚洲内陆的大沙漠和草原之上,水并非是自由流淌、随处可见啊。身为国王,责任重大,而国王的特权也总是十分宝贵。我现在就要行使一项国王的特权:我以瑞典国王的名义,呼吁在座的各位政治精英与社会名流,同我一起传达瑞典人民的美好情义,同我一起大声呼喊这个名字:斯文·赫定!"

我的父亲年事已高,也参加了这场宴会,在国王为我致辞的时候,他心头的那份喜悦可一点也不亚于我。

此后几乎欧洲所有的地理学会都为我举办过欢迎宴会,若要一一道来,即便写满整本书也并非难事。其中,巴黎、圣彼得堡、柏林和伦敦举办的盛会又更胜一筹。各种奖章和皇室荣耀接踵而至。我尤其感激并怀念年迈的李希霍芬老师(任职于柏林地理学会)、法国共和国总统佛尔(Felix Faure)、巴黎地理学会的爱德华兹(Milne Edwards)和邦拿帕(Roland Bonaparte)、圣彼得堡的老塞门诺夫(Semenoff)、威尔士王子(即后来的国王爱德华七世)、老友马克汉爵士(Sir Clements Markham)(伦敦皇家地理学会会长)以及许多其他朋友。伦敦皇家地理学会还给我颁发了一枚金质大奖章——"创立人奖章",并推举我为学会荣誉会员。在伦敦停留期间,我频频拜访史坦利的府邸,他是位伟大的非洲探险家,也是我终生不渝的挚友。当时我收到许多很不错的提议,史坦利都一一给我绝好的建议,其中包括庞得少校邀请我远赴美国演讲。这一趟并没有成行,因为我心里还有决然不同的计划。

第三十二章　重返沙漠

1899年仲夏日（6月24日），丁香花开得正艳，我第四次出发前往亚洲心脏地带旅行。我的主要后援是奥斯卡国王和诺贝尔。各式仪器、四个照相机、两千五百张胶片板、文具和画图原料、给当地人的礼物、衣服和书本等等，所有的行李加起来足有一千一百三十公斤重，塞满了二十三只箱子。一艘有詹姆斯专利的折叠船从伦敦而来，备有桅杆、船帆、船桨和救生筏，即将在这次行程中起到重要的作用。

跟以往几次一样，和我的父母、姐妹兄弟道别是整个旅行过程中最难过的一部分。而愉快的部分要在出发之后才会到来，每个阶段未知事物所散发出的魅力层出不穷。我渴望去那辽阔的天地，即便孤寂也要上路以实现伟大的冒险。

在出发的几个月之前，我已经去觐见过沙皇，向他说明这次新旅程的具体计划。他全方位地为我提供方便，给了我免费搭乘各种交通工具以及在欧洲和亚洲乘俄国火车免付关税的待遇。此外沙皇还亲自派遣一支约有二十人的哥萨克骑兵队为我护卫，为此我也无需花费一分钱。我跟他说骑兵数量未免过多，四个就足够，于是我们敲定为四名护卫。至于是哪四位哥萨克骑兵，则由战事部长库洛帕金将军来安排。

我要乘坐火车穿行三千一百八十英里，前往俄属突厥斯坦的安狄山（Andishan）。在里海东海岸的克拉斯诺沃茨克（Krasnovodsk），一节有卧铺的车厢已为我准备好，在即将跨越俄罗斯亚洲领土的旅程中，这儿就是我的家。我在各个不同的城市可以随意逗留，只须确定我的车厢搭挂上哪一班火车即可。我的车厢总是挂在火车的尾部，在车厢的平台，我可以尽情享受飞逝而过的无限美景。

到达安狄山的时候，仆人伊斯兰已经在那里等候多时。他身穿一件蓝色长袍，胸口挂着国王颁赠的金质奖章。我们两人重逢，并将再次上路同甘共苦，心中自是欢欣不已。我让他赶紧带上行李先去欧什，到了以后即与协助我们前往喀什的车夫安排相关事宜。我利用这段时间去老朋友赛茨夫上尉家作客。

我带了七个随从、二十六匹马以及两只约有一个月大的小狗尤达西和多夫雷，于7月31日出发。要去喀什，得长途跋涉二百七十英里的山路，并翻越咸海与罗布泊的分水岭唐布伦山口。整个亚洲就在我的面前！只觉得自己俨然是位征服者，沙漠深处、群山高峰，那里有多少神秘的惊喜在等待我去一一发现。这一次探险旅程后来持续了三年之久。在此期间，我的首要任务是去探访历史上尚未有人去过的地方。我一共绘制了一千一百四十九张实地勘测的地形图，其中绝大部分显示的都是从未探索过的地域。

能再次在帐篷里听见风儿在林间树梢的低声细语，听见大型骆驼商队的铿锵铃声，真是让人心花怒放！吉尔吉斯人仍像往日那样赶着牲口在草地上放牧；他们还帮助我们从一处河水较浅的地方，牵着马匹渡过凶险湍急的喷赤河。

在喀什，我与老朋友们重逢，他们是佩德罗夫斯基总领事、麦卡尼爵士和韩瑞克神父。瑞典的传教士霍谷伦和他的家人及助手一起在喀什城中设立了一个基督教会。一如从前，佩德罗夫斯基从语言和行动上都给我许多帮助。我用一万一千五百卢布兑换了一百六十一块中国银锭，共有三百公斤重。我把银锭分别装在几个箱子里，以减少遭窃或全部丢失的可能。当时一块银锭值七十一卢布。等到后来我需要更多钱的时候，银锭已然升值至九十卢布。我们购置了十五头健硕的双峰骆驼，结果只有两匹一直坚持到最后。尼艾斯和涂尔都是我们旅队的领队。涂尔都是个白胡子老头，在队中地位举足轻重，但他自始至终一直听我的调遣。法朱拉也很可靠，是个驾驶骆驼的好手。另外还带上了年轻的卡德尔，因为他会写字，如果需要用东突厥斯坦的文字写信，那就得靠他了。沙皇派来的两位哥萨克护卫兵来自赛米尔叶琴斯克，叫锡尔金和切诺夫，也随我从喀什出发。另有两位骑兵将在罗布泊的营地加入我的队伍。

9月5日下午两点钟，我们顶着炙热的阳光出发了。清脆的铜铃声中，负着重物的旅队离开喀什，在村落、园林和田野间穿行。无论往哪个方向望去，都是一片平坦的黄土地。黄色的尘云在骆驼和马匹身边飞旋。西北方的高山上变得黑压压的。突然一股强风卷起厚厚的尘土，风暴即将来袭。转眼间，一场暴雨倾盆而下，雨水抽刷着地面，隆隆的雷声一阵接着一阵。我们耳朵都给震聋了，大地也跟着颤抖，仿佛世界末日就快来临。一分钟不到，我们都成了落汤鸡。泥土变得松软，跟肥皂一般滑溜。骆驼像是喝醉了一样，脚步踉跄，一不小心摔倒在地，泥浆四溅。牲口一旦滑倒，就会发出刺耳的鸣叫声。我们只好频繁停下，给倒地的骆驼除去负重，帮它们重新站起来，然后再次装上行李。当年在塔克拉玛干沙漠里艰难跋涉时要是也能下一场这样的暴雨，我们也不至于落得那么悲惨的境地！而眼下这场雨对我们却只有坏处。这时浓浓夜色笼罩下来，我们便在一处园林里扎营过夜。

在大草原和荒原上走了六天之后，我们抵达位于叶尔羌河畔的莱立克（Lailik），这里与麦盖提村遥遥相对，我们在沙漠遇险的那次旅程就是从这个村子出发的。在河右岸离麦盖提村不远的地方，我们发现有人要出售一艘驳船。船的模样与叶尔羌河上运输商队和货车的渡船差不多。我们花了一锭半银子买了下来。船有三十八英尺长、八英尺宽，满载时吃水还不足一英尺。听当地人说，这条河流至马拉尔巴希附近就分为几条狭窄的岔流，于是我们又造了一艘小一些的船,还不到原来那艘的一半大。这样不管河道怎么变化,我们都能顺着河流一直驶向罗布泊的那个方向。

驳船的船头上又搭了一块甲板,我的帐篷就支在上面。船身中间有一个方方正正的船舱,外面盖上黑色毛毯,准备用作冲洗照片的暗室。室内配有嵌入式桌子和架子,我把两只面盆盛上清水准备洗胶片用。船舱的后面堆着沉重的行李和食物补给;而在船尾的甲板上,我的手下把他们自己的东西堆放在露天底下,最中间则用泥土砌了一个茶炉,如此我一路上都可享用到香喷喷的热茶。船左舷一侧有条窄道,可使船头船尾保持畅通。

我帐篷前面的空地上摆了两只箱子,权当我的观测台,另外还有一只较小的箱子当椅子坐。从这个角度,整条河的风景我都一览无余,可以从容地绘制出河道的详细情况。帐篷的里面有我的床及一块地毯,以及我随时用得上的几个箱子。

河岸边的码头呈现出一派生气勃勃的景象。木匠正忙着锯木头,铁匠在打铁,而哥萨克士兵则在一旁监督。秋天已然到来,河流的水位每天都在下降。我们必须要加紧速度了。等到万事俱备,我们神奇的船儿终于起航,在之后将近三个月的时间里,这儿就是我的家,它将带着我顺着河道穿行九百英里,深入那些尚未有人在地图上标注过的地方。晚上,我为造船工人和附近的居民举办了一次晚会。帐篷之间挂起了通亮的中国灯笼。鼓声和弦乐与我的音乐盒交相辉映。赤着脚的舞娘头发编成长辫,身着白裙,头上戴着尖顶帽子,围着熊熊燃烧的营火翩翩起舞。叶尔羌河畔洋溢着欢乐的气氛。

9月17日,我们准备出发。哥萨克卫兵在前面打头阵,带着旅队穿过灌木林。他们将途经阿克苏和库车,大约两个半月后在叶尔羌河的某一处与我会合。

伊斯兰、卡德尔和我则上了船。驳船上有三名水手:帕尔塔、纳赛和阿林,两人在船尾,一人在船头。他们拿着长长的篙子,万一我们离河岸太近,可用杆子将船撑离河岸。另外还有第四个人卡西姆,负责驾驶那艘仿佛是一个流动农庄的小船,上面有咯咯叫的母鸡、香甜可口的西瓜、蔬菜等等。两只绵羊拴在大驳船上,小狗多夫雷和尤达西两个从一开始就把这儿当成了家,过得自在舒坦。

我们起航出发的那个河段有四百四十英尺宽、九英尺深。河水流速达到每秒三英尺,流量是每秒三千四百三十立方英尺。我下午下令开船。船雄赳赳地滑入树林夹岸的河道。在第一个河道转弯的地方,莱立克村消逝在我们身后。

下面一个河湾水比较浅,河岸上有一些妇女和孩子早就在那儿等着我们。等我们的船离岸边很近了,他们蹚着河水跑过来,给我们送上鲜奶、鸡蛋和蔬菜作为送别的礼物,我则以一些银币回报他们。他们是水手的家人,来作最后的道别。

我很快就坐在写字台前,面前摆好纸、罗盘、手表、铅笔和望远镜,看着这条气势恢弘的大河在沙漠之中蜿蜒而行。我们宛如一只蜗牛,随身带着房屋行走,走到哪儿都还是在家里。两岸的景色悄无声息地朝我慢慢滑过来,无需我走路,也不用控制马的缰绳。每过一个弯道,都是一番崭新的景象:林木丛生的岬角、浓密的灌木丛、抑或是随风招摇的芦苇。伊斯兰用托盘送来热茶和面包,放在我的桌上。周遭一片宁静,不过偶尔沉寂也会被打破:河流拍打着深陷淤泥的树干、船员用篙子把船撑离河岸、小狗互相追逐嬉戏或站在船头冲着岸上的牧羊人狂吠——那牧羊人像个雕塑一样呆呆地站在用灌木和树枝搭起的帐篷外面,看着我们的船从眼前驶过。我已经融入了大河的生命,能感到它的脉搏。每过一天我对河流的习性就多了解一些。我从未享受过比这一次更有田园风味的旅行,至今仍对这段经历念念不忘。

船猛然停住! 应该是刮擦到了什么东西。原来驳船的船头紧紧卡在了立于河床之上的一株白杨树干上,船一下子横转过半边来。那阵势就好像太阳在空中滴溜溜滚了一圈。我利用这个机会测量一下水流的速度。但是帕尔塔等人跳进水中，很快船又浮动起来。随后我们一直滑行到暮色降临，才扎下此次河上之旅的第一个营地。

船泊在河畔，手下人上岸生火，准备晚饭。两只小狗跌跌爬爬地上了岸，在灌木丛里互相追逐，过一会儿又回到船上的帐篷里。我在自己的帐篷里过夜，其他人则睡在营火边。我还没来得及写完当天的笔记，伊斯兰就给我端上米饭、布丁、烤野鸭、黄瓜、酸奶、鸡蛋和茶。小狗也分得自己的盛餐。我把帐篷门打开。月亮在打着漩涡的河道上投下曲曲折折的倒影。空气里弥漫着魅人的气息。这黝黑的树林和银色的河水构成的夜景实在迷人，让我无法转身背向。

为了节约时间，我们等太阳一升起，便再度出发。茶水炖在船尾的炉火上。我在上路之后才穿衣洗漱。帕尔塔坐在我跟前，手持长篙，唱起一首关于传说中的一位国王外出历险的歌谣。岸上有个牧人，在船缓缓从他身边滑过的时候，他回答了我们几个问题。

"你们林子里有些什么？"

"红鹿、獐子、野猪、野狼、狐狸、大山猫，还有野兔！"

"没有老虎？"

"没有。有很长时间没见到老虎了。"

"这条河什么时候结冰？"

"再有七八十天的样子吧。"

我们得赶紧了。河水的水量在秋天下降得很快。才走了两天的行程，水量就已经减少到每秒二千三百五十立方英尺。风是我们首要的敌人。船上的帐篷和船舱就像是两座船帆。顶风的时候，船速变慢；而一旦顺风，行进的速度比我们所希望的还要快。有一天，我们还没有驶出多远，蓦然而起的一股强风迫使我们停靠岸边。于是我干脆上了小船,升起船帆,借着风飞速前行。而那驳船与河岸、树林一起消失在黄灰色的尘霭之中。我只管好好享受这宁静。过了一会儿,我把桅杆和船帆都放下来,自己躺在船板上,任凭小船在水流中漂荡。

大风渐渐停息,我们继续上路。有时候伊斯兰让人划船将他送上岸,肩上扛把枪在树丛间游晃。他每次回来,总能捎回几只雉鸡和野鸭,给大家的饭菜添些大受欢迎的花样。有一回他带了个帮手同去打猎,一去就去了七个小时。最后我们找到他们两个,四仰八叉地在一处岸边睡得正香。驳船无声无息地从他们身边滑过,他们睡得还是很死。我便派一个人乘小船上岸,把他们两个叫醒,再带上船来。

野雁已经开始按捺不住,成群地集结起来准备长途飞行至印度。我们一直带着一只在莱里克捕获的野雁。它的翅膀已经剪掉,可以自由地在大驳船上来回走动。有时候它也会走进帐篷来拜访我,在地毯上留下到此一游的名片(看上去像一坨菠菜)。我们每次扎营休息,就让它在河里畅游一番,而每次它都自动上岸回来。一听到它的那些表亲在空中鸣叫,它都要昂起头,长时间地注视着它们。也许它心里又想起恒河两岸上的芒果树和棕榈树吧。

9月23日,我们来到先前麦盖提的村民警告过的那个要害之处,在这里叶尔羌河分成几条水流湍急的支流,河床变得十分狭窄。我们以惊人的速度在河水上漂荡,情形危急。周围简直就是白浪滔天。这时冲过来一道激流,河道太窄,弯道也过于急促,结果船来不及掉头转向,一下子狠狠地撞在岸上,甲板上的箱子几乎撞飞出去。还没等搞清楚身在何处,我们又被另两道急流卷走。这条河直操捷径,自己冲出一条新的河床。这边没有树林,但河床上仍立着一些柽柳。漂在水面上的浮木和白杨树干堆积在柽柳跟前,俨然一座座小岛。激流飞旋而下,船速太过迅猛,猛地撞上一块礁石,差点就整个翻了过去。有时候,我们彻底给浮木纠缠住,得费很大力气才能将船解脱出来。这时河水已经变得更浅,因为几条支流分散了主河道里的水量。到了最后,我们行进的那道河床几乎见底,整艘船一下子陷在河底的蓝色淤泥里。船上水手都被派到临近的村子里去搬救兵。他们带了三十个人回来,大家把所有的行李都搬上岸,然后合力将船一点一点地拖过那道浅滩。经过了这一段,接下来就只有最后几条甚为陡峭的激流要应付。我一个人留在船上。手下人用一根长绳把船固定好,以免船横向翻转继而倾覆在急流之中。船滑过激流的边缘,接着像跷跷板似的倒进水里。下一处急流出现在一条狭窄的通道里,我们时刻保持警惕,横冲直撞的同时防止船被撞成碎片。

我们仍然行驶在那条新形成的河床上,两岸光秃秃的,也极少有动物活动的迹象。只有一片片芦苇地,上面留有野猪和獐子的足印。老鹰注视着我们,乌鸦尖叫着从河上飞过。小狗最逗我开心,它们从船头跑到船尾,好似开心的精灵。一开始它们见到横卧在河水里的黑色白杨树干,以为是鳄鱼,一直吠叫不停。但是很快也见怪不怪,随它们了。随即它们又发明另一个游戏。船仍在行进的时候,它们跳下船,游水上岸,只为了沿着河岸偷偷尾随我们的船跑。只要一碰上河道转弯,船只得离开狗儿正在跑的那道河岸,它们又赶紧游泳回来。这样的举动完全没有必要,它们却乐此不疲。玩到最后,它们终于乏了,游到船边,费力地爬上船来。

新河床走到了尽头,我们再次行驶在巍巍森林夹岸的河道上。水流虽然迟缓,森林却越来越茂密。现在已是秋天时节,树叶变成黄红色,不过白杨树的树梢依然绿叶茂盛,太阳光也不能透过。我们向前滑行,仿佛行进在威尼斯的运河之上。只不过这里两岸没有拔地而起的宫殿,仅有森林而已。贡多拉的船夫则在长篙边打盹,森林里仿佛有一种富有神秘色彩的魔力。如果真要听见童话里的潘恩吹起了笛子,抑或看见顽皮捣蛋的树林精灵在浓密的树丛间探头探脑，我也不会有一丝惊讶。一阵清风在林间吹过，黄灿灿的树叶飘落在清亮的河面上，像是下了一场雨似的。这不禁让我想起印度贵族敬献给神圣恒河的黄色花环。

叶尔羌河的弯道之弯最是疯狂，有一个地方，转了几乎整整一圈才转过来。又有一次，我们一直漂了一千四百五十米才走了直线仅有一百八十米的距离。水位较高之处，河流很快漫过弯道间狭长的地带，从此撇开旧有的弯道。

河水水位在下降，船行驶得很慢，天气也愈发寒冷。我心里想着，不会在到达目的地之前就赶上河水结冰了吧。

第三十三章　亚洲中心最大河流上的生活

9月的最后一天，周围景色开始变得大不同。森林到了尽头，平坦的草原四处铺展开来，而天边隆起的马撒尔塔格山好似一朵轮廓分明的云彩。有时候正前方有座大山，有时候河流出现弯道，由东北拐向西南，而大山也跟着船一会儿在右舷、一会儿在左舷，甚至跑到船屁股后头去了。

又走了一天，只见天山的雪峰矗立在北边的远方，成了一片朦胧的背景。马撒塔格山愈发清晰可见，轮廓也更加鲜明。等到夜色降临，我们就泊在山脚下扎营。那里已有一顶帐篷，友好的当地人来到岸边向我们兜售野鸭、野雁和鱼，都是他们自己用陷阱和渔网捕来的。我们委托当地的长老，骑马去商队行道最近的村子买一些毛皮和靴子，另外再买些大米、面粉和蔬菜以充实我们的食物补给。他拿了足够的钱，并跟我们约好在何处会合。我们这么做确实有风险，因为他与我们素不相识，完全有可能拿钱走人。但是他并没有骗我们，如约来到指定地点，任务也办得很妥当。

驾船的卡西姆捕起鱼来有一手绝活。他做了一支鱼叉，选了河水支流形成瀑布的一处地方叉鱼。又过了几天，我们远远瞥见秋卡塔格山（Choka-tagh），那里是马撒尔塔格山最南端的部分，也是我走上遇难沙漠之旅的起点。我想再去看看那个地方，重游一回我们当初取水时取得太少的那个湖泊。此湖与河道相连，于是我们换乘英国式小船前往。伊斯兰跟我一起去，但是他忘了带上长枪。如果我们去太久，到了夜里，守在大船上的人就会生起火来以给我们指引。

乘着一阵阵劲风，我们驶离主河道，穿过一条狭窄的水道来到第一面湖泊，这里的芦苇丛非常茂密，但也有相当开阔的水域。有十四只雪白的天鹅在湖上戏水，看到我们的船驶过来，它们感觉很惊奇，纳闷这船上的白帆是不是一只巨型天鹅的翅膀呢。直到我们离天鹅很接近了，它们才扑扑拉拉地飞起来，不过只飞了一小段远，就又落在湖上。

一条长长的水道将这面湖泊和北边临近的丘尔湖（Chol-kol，意指"沙漠之湖"）连接起来，而1895年的4月22日，我曾在丘尔湖的南端扎营休息。我们就在那边上岸。帕尔塔和两个当地人已经从陆地上跟随我们到此。伊斯兰和当地人负责看管小船，而我和帕尔塔徒步走向秋卡塔格山，之后从山的东坡返回营地。

我们花了很长一段时间，才走到大山脚下，然后一直爬上山顶，此时太阳已经贴近地平线。我在山顶待了一会儿。从南边望至东边，脑海里不禁浮现出一幕幕奇异的回忆。目之所及，那些沙丘的丘顶闪烁着红光，仿佛正在爆发的火山口。它们就像是立在我那些死去的手下人和骆驼之上的一块块墓碑。我的老穆罕默德啊！他现在若是在天堂的棕榈树下借天上的甘泉解了喉咙的干渴，还会原谅我吗？

只有三个人活了下来，我是其中一个；就在那边，那很远很远的地方，我们在沙丘之间最后一次搭起帐篷。我没有意识到太阳已经西落。我似乎听见从沙漠深处传来一曲丧歌。夜色越来越浓，我感觉黑暗的沙丘那边好像有鬼影直冲着我扑过来。

末了我被一头从山坡上轻盈跳下的野鹿惊醒，又听得帕尔塔说道："先生，我们离营地太远了。"

下山的路走得很费劲。天色已黑，须得小心走路。我们下到平地，向北走了有二十四英里。我不习惯走远路，只走得浑身乏力。最后指引我们的火堆总算出现了。朝火堆走去的这一路很让人迷惑，明明感觉火堆近在眼前，却走了几个小时才走到跟前。直到深夜，我才重返船上的帐篷。这是出发以来第一次感到吃力的一天，可是这样辛苦的日子往后还多着呢！

我们于10月8日离开那个值得纪念的地方，继续这蜿蜒逶迤的航程。从那时起，我们总会请一两个熟知地方情况的牧人上船同行，以便获取相关信息。就在正前方，一头野鹿正游泳渡河。伊斯兰赶紧拿出长枪来瞄准，但是距离太远，加上他又兴奋过头，一枪打偏了。那美丽的鹿儿只一跃就上了岸，一溜烟似的消失在芦苇丛中。

夜幕降临，我们在林地里扎营。我的小狗多夫雷已经有好几天都无精打采，而且行动怪异，这时突然跑上岸来，焦急地在灌木丛里寻找什么东西，最后竟然浑身痉挛倒地死掉了。我心痛极了。在欧什刚买到它的时候，它还只是个小可怜儿。它已经长大，而且就要长成一只帅气十足的大狗呢。当时搭我们船赶路的摩拉教士挖了一块墓穴，将狗儿裹在羊皮（从最后一头绵羊身上取下的羊皮）里，口中喃喃念了一段诵经，便把它埋在这小小的坟墓里。多夫雷离开之后，船上的生活也变得孤寂凄凉起来。

我们越往前行，水流速度就变得越发迟缓。船员也没有什么事情好做。除了帕尔塔以外，大伙儿都在后甲板听摩拉高声朗读当年先知穆罕默德的信徒为伊斯兰人民征服东突厥斯坦的故事。岸上森林投下的绿荫地一天比一天减少，而黄色和红色成了林中的主色调。我们经过一处好似一个小岛的地方，两边都竖有高大的柱子。伊斯兰为了给大家解闷，把音乐盒打开，船上的沉寂一时给《卡门》、瑞典国歌和瑞典骑兵队行军进行曲打破了。一只野鸭沿着河岸游过来，还有只狐狸偷偷摸摸在一旁逡巡。一群野猪在芦苇丛里翻寻东西吃，老一点的是黑色毛发，小一点的是棕色的。它们静静地站在那儿，目不转睛地盯着我们，接着一起掉头转身，闹哄哄地穿过草丛跑掉了。

我每天工作十一个小时，一直坐在观测台跟前，就像粘在那里似的。我绘制的河流走向图不容一点空白。在10月12日的前夜，气温第一次降到冰点以下。以后，森林里的最后一点绿色也很快不见了。碰上刮风的时候，树叶纷纷飘落，在河面上铺上密密麻麻的一层，让人误以为自己是在黄红相间的拼花地板上滑行。在森林地带变得稀疏的地方，我们有时也能看见塔克拉玛干沙漠里离我们最近的沙丘丘顶。

有四个牧羊人正在河边一块地上放牧绵羊。他们围坐在营火旁，我们的船无声无息地从他们身边经过。他们见了吓得目瞪口呆，一下子跳起来飞箭似的逃进森林里去。我们上了岸，高声呼喊，四处寻找，可是他们这一去就再也不见踪影。他们很可能是错把我们的船当成鬼魅一般的大怪物，悄然无声地来把他们消灭干净。

10月18日和19日，一场黄色风暴肆虐了两天，河面上漂满了树叶，好似海上蔓延的马尾藻。我们被迫靠岸泊船，我便徒步穿过森林，一直走到有沙漠的地方。大风终于渐渐消停，我们借助月光和灯笼，在夜色里继续赶路。末了，我们扎营生火，四截干枯的白杨树干给我们带来浓浓暖意。

第二天，船开至一处弯道，摩拉说若从这里上岸，在不远处的森林里可以找到一座叫"马扎和仁"（Mazar Khojam）的清真寺。除了卡德尔，我们所有人都去了那里。这个不大的寺庙是最原始的那种类型，由先将树枝和木板笔直地插入沙地里，再从四周围将起来。几根长竿上飘扬三角旗帜和布条。摩拉如大祭司一般庄严肃穆，开始念诵经文；刚刚还静悄悄的森林里响起洪亮的祷告声："伟大的真主，伟大的阿拉。"等我们回到船上，卡德尔说他也想去寺庙向先知表达同样的敬意，请求我允许他跟随我们的足迹去一趟神庙。可是一转眼他就回来了，就好像一大帮地狱来的恶鬼在后面紧追不舍似的。原来他独自前行,感觉浑身不自在,每个树丛怎么看都以为是凶蛮野兽,而且旗帜布条在风中吹得扑拉拉的声音也把他吓得不轻。

卡西姆驾着小船在我们前面漂行,以便探测河水深度,警告我们哪里会有浅滩。他手持长篙站在船尾,一时将篙子捅得过猛,竟然卡在河底下拔不出来,结果倒身掉进河里,看得我们几乎笑岔了气。

10月23日,船上的气氛活跃起来。此时河道和商队走的线路靠得很近。有个骑士骑着马出现在树林边缘,一会儿不见了,但很快又带着一大帮骑马之人转回来。他们让我们停下,于是我们上了岸。他们在一块地毯上堆起一堆堆西瓜、葡萄、杏子和新烤好的面包。之后我邀请他们中间最显特别的几位上船同行,而其他人骑马在岸上一侧随行。过了一阵子,又来了几群人,都是从阿瓦特(Avat)来的西突厥斯坦商人。但是还不止这些,又有三十个骑士从林中奔出来。这一次是阿瓦特的长老亲自来向我们表示敬意,他和那些商人同样被邀上船,伊斯兰给他们都上了茶。船就这样继续滑行。岸上的骑士成群结队,越来越多。我们最终泊船上岸,扎下营地,在此地多待了一天。附近的居民都跑到岸边来看我们那奇怪的船只。有八位放鹰人和两位带猎鹰的骑士邀请我们同去打猎,捕获的战果——一头野鹿和四只野兔,都一并送给我。

离开这个热情好客的地方时,船上的地毯上放着一碗碗喷香的水果,还有足够我们吃上好几个星期的食物。同时我们又有了一只新狗儿"哈姆拉",费了几天工夫才把它训得服帖。

两天之后,周遭的景色再度改换新颜。我们来到从阿克苏河与叶尔羌河交汇的地方。缓慢而蜿蜒的叶尔羌河航程在这里告终,流量增大的河水从此处向东流去,名作塔里木河。美轮美奂的景色在眼前铺展开来。离开叶尔羌河右岸上最后一个岬角,我们停泊在河左岸。在这儿我们待了一天时间,以仔细观察两大河交汇之处的漩涡和急流。

这一天过去,我们重新上路。船有一次在漩涡里打了一个转,不过之后又稳稳地跟上一股强劲的水流。河水呈灰色,显得很浑浊。河道既宽又浅,弯道却不是很急,而且长段长段的河道几乎是笔直的。两岸飞速地向后闪过。河的南边,和阗河张着干涸的大口。几年前,那条河曾救过我的命。

这一天,我们第一次在塔里木河畔扎营。大群的野雁排成箭头形状从天上飞过,它们这是在飞往印度的途中。有一群野雁就落在离船很近的河面上歇息。我们没有去打扰它们,因为吃的东西已经足够多了。第二天早上,这群野雁继续飞行。我们养的那只驯化的野雁很困惑地注视着它们。有一只野雁落在后面,很可能是太累了。但是它很快觉得孤独难耐,于是再次腾空飞起,追寻同胞在空中留下的无形轨迹而去。它知道下一个停歇点在何处,也有把握能追赶上大部队。从莱立克来的船员还没有那些野雁清楚下面的路该怎么走。他们离家乡莱里克愈发遥远,心里不免犯糊涂,不知道如何找到回家的路。不过我向他们保证,到了那时一定会帮他们返乡的。

到这个时候,塔里木河的流量达到每秒二千七百六十五立方英尺,流速则有每秒三四英尺的样子。到了晚上,气温直降到零下9摄氏度。地面上都结了冰,不过一到白天又再次融化。与河面垂直的岸上不断有整块整块的泥沙滚落进河里。有一回土块落下时我们正好从旁边经过,溅起大片水花,给船的整个右舷淋了个冷水澡,船身也摇晃得厉害。又有一次,有个妇人独自站在河边,手里拎着装有十来个鸡蛋的篮子。她问我们要不要买鸡蛋,那时船尾离岸边很近,我们一伸手便将篮子接上船来,趁船没跑远,扔了一枚银币给她。

水流相当强劲。到处有急流喷涌过来,形成一个个漏斗似的漩涡。有时候我们眼看着就要全速撞上一块突出来的陆地，把所有的篙子都撑入水里，但是一点儿用也没有。最后倒是聪明的水流帮了我们的忙，那便是将船冲离那危险的地方。整整两天时间，我们就这样疯狂地急速漂行在一支刚形成不久的河道上，几乎是笔直往前冲，而两岸就是垂直的峭壁。大块的泥土不断从高地上跌落到河水里，看上去就好像两岸都在冒着浓烟。

最惊心动魄的时刻来了，每个人的神经都紧绷着。在我们前面先行的卡西姆突然慌里慌张地大喊一声："停！"只见一株白杨树干正卡在河中央，导致浮木和乱草堆积在此处形成一座小岛。我们直挺挺地冲着这个拦路虎撞过去，中间只有几百英尺相隔，河水泛着泡沫在船周围怒吼咆哮。除非奇迹发生，否则我们的船就会就此倾翻过去。灾难仿佛就在眼前了，这时阿林揽起一根绳索，纵身跳进冰凉的河水，游上岸去。他成功了，把我们的船速拖缓下来，于是船重新得以控制，缓缓地通过拦在中间的障碍物。

当天停靠在营地旁的船只给水流冲得摇来晃去，整个晚上都没有消停。

最后总算又回到原来的那条河床上，这里两岸仍是林木茂盛。我们遇见一些牧人，有几个负责看管八千、甚至一万只绵羊。几只灰褐色的秃鹫落在一个淤泥堆积成的半岛上，这些大鸟身子肥而笨重，坐在那儿连头也不会动一下，只拿眼睛盯着滑行的船。当地人在岸上到处架渔网，形状好似鹅掌或蝙蝠翅膀。他们把渔网沉入河水里，双臂一夹，整个大网就兜着捕获的鱼拉上岸来。

我们在下一处营地买了一只公鸡。这只公鸡刚一上船，就跟我们原来养的那只公鸡斗起架来，一直把它逼到河里去。如此一来，只好把这两个斗士给分开，一条船上放一只，这样天下才算太平。只要有一只公鸡打鸣，另一只立即随声应和。我们还买了一只独木舟，由伊斯兰和摩拉划桨驾驶，走在船的前面。最后我们买了点燃火炬用的油，留着备用。船上来了一位新乘客——一只棕色小狗，就随了死去的多夫雷的名字。天破晓的时候，所有的东西都蒙上了一层白霜。森林里不见一片树叶，整个光秃秃的，等候冬天正式降临。每天成千上万只野雁在往更暖和的低纬度飞去。有些雁群相当浩大，领头的那只野雁遥遥飞在箭形雁阵的前面，而雁阵的两翼有几百码之长。

此时夜晚的气温大约是零下 11℃。河道的小水湾纵然有遮挡，也开始冰冻结冰。撑船的长篙都裹了一层冰。我们穿上冬衣和裘皮，晚上则生一大堆营火取暖。在河水全部结冰把我们困住之前，不知道还能再走多远呢。我们开始每天凌晨尽早开船漂行，一直到夜色降临才停船休息。

在 11 月 14 日的前夜，泊在岸边的所有船只都冻在冰里，不得不用斧子和凿子劈开冰层才得以脱困。从那时起，我们都选择在流水不息不会结冰的地方扎营。经过一处地方，只见岸上有四个人带着四只狗在看管一些马匹。那几个人见了我们拔腿就逃，好像亡命之徒似的；可是马儿和狗儿沿着岸边随我们走了几个小时，那狗儿一直冲我们狂吠不止。我们的狗在船上也跟着大叫，一时吵得一团糟。这里的当地人似乎比河流上游的人腼腆得多。有一次，我们上岸扎营，紧靠在旁边的当地人一下子跑空了，也不管小屋里的炉火烧得正旺。我们跟在后面大声叫喊，想求得一点信息。最后只抓到一个男孩，结果他吓得脑子都昏掉了，我们一个字也问不出来。

几天之后，我们总算在一间用树枝和芦苇草搭成的草屋里找到了一个向导，他是位打虎的猎人。我跟他买了一张虎皮，至今仍挂在我在斯德哥尔摩的书房里。

这个地域住在森林里的人在猎虎方面并不以英勇而著称。老虎扑倒一头奶牛或者马匹之后，吃得肚子饱饱，这才退回林中的乱木丛中。但是第二天晚上，老虎又转回来，继续享用美餐。这一来一回，它总是跟随牧人或牛群踩过的路径。与此同时，牧人

240

及其同伴已经在这条路上挖了一个坑洞，在里面设上机关，就等着老虎一脚踩上，厚重且锋利的夹子便一下子把它的脚紧紧夹住。果真如此，老虎不可能就此轻易逃脱，也许它会拖着夹子逃进密林，但是没有了吃食，老虎日益消瘦，苦不堪言，注定要饿死。直到一个星期之后，猎人才有勇气出去搜寻。其实顺着老虎的足迹很容易找到。猎人骑在马上慢慢靠近老虎，最后一枪把垂死的老虎结果掉。

在和这些捕虎猎人在一起的时候，我们第一次碰上罗布人。他们住在河岸上的芦苇草屋里，河鱼是他们最主要的食物。其中一个罗布人给我们演示他们是如何捕鱼的。在河岸和一条突伸出来的泥岸之间有一块狭长的水湾，他在这里撒下渔网。水湾里已经结冰。沿水湾的外围他用船桨把可以够到的冰层全部敲碎，接着将渔网一点一点地移至刚敲破的冰层边缘，鱼群退回河湾里来。最后他把离河岸最近的冰面打破，鱼儿吓得想游回河道里去，结果给渔网逮个正着。整个过程处理得麻利而熟练。我们把这丰硕的成果买了下来。

11月21日，我们来到河流进入新河床的地方，这里的流速跟以往一样湍急。当地的首领前来警告我们要小心，但他自己倒是无所畏惧，上船与我们同行一段。此时森林已消逝不见，取而代之的是光秃秃的沙丘，高耸于两岸，足有五十英尺高。小片白杨树丛零星可见，有的甚至就长在河床之上。我们途中上岸，有几次都发现有老虎新留下的足印。

就这样，塔里木河带着我们逐渐深入至亚洲的心脏地带。

第三十四章　与冰搏斗

11月24日，我们经历了一次险情，差点因此造成严重的后果。与往常不同，这天大船漂行在最前面，小船随后跟着。河道狭窄，水流强劲。我们绕过一个急弯，突然发现就在不远处有一棵高大的白杨树，树根已经被河水冲垮，树干倾倒下来，像座桥一样躺卧在河上，挡住了三分之一的河面，导致此处的水流更为迅急。平行横躺的树干离水面约有四英尺。对小船而言，从这树干和枝叶底下穿过去，并非难事。但是我们这艘大船正全速向前冲，船上的帐篷、桌椅连船舱暗室一起都有可能给树干横扫得干干净净；还有一个更大的可能性，就是挡在暗房上的阻力使得船整个儿倾覆过去，那么我的行李和所有的记录资料将会毁于一旦而无法挽救。当时的情形真是万分凶险。大伙儿无不高声叫嚷，纷纷下着指令。篙子不够长，撑不到河底。河水打着漩涡，滔滔翻滚。顷刻间我们就会船毁人伤。我慌忙把地图和所有散落一旁的东西收拾起来。莱里克村的水手拼了老命，使劲划着沉重的船桨。水流的吸力很强劲，带着我们的船直往白杨树底下冲过去。好在大家没有白费劲，最终使得大船滑进白杨树树冠周围的大漩涡。这时阿林再次跳进冰冷的水里，游到左岸，用一根绳索奋力将船朝他那边拽过去，结果只有帐篷和暗房在和白杨树最外面的树枝相擦时受到轻微损坏。

如果这次险情在晚上发生，那又是什么样的状况呢！我真是想都不敢想。

刚过一会儿，伊斯兰就来送来几条刚煮好的鱼、盐、面包和茶。

我刚要准备大吃一顿,就听得河上传来刺耳的求助声。原来是后面那只小船给一株藏在水底下的白杨树干撞翻掉了。水桶、装面粉和水果的箱子、面包、蛋糕、长篙和船桨都漂在水上打转儿。罗布人划独木舟把这些东西一一打捞上来。卡西姆在最后一刻抓住那狡猾的白杨树干,这会儿正骑在上面喊救命,冰冷的河水齐至腰深。绵羊自己游上岸,公鸡已成了落汤鸡,站在底朝天的小船上。而铲子、斧子和其他工具都沉入河底。我一听说卡西姆已经获救,便回头急着吃那已经放凉了的煮鱼。我们生起旺盛的营火,烘干掉在水里的东西,就这样忙了一整个晚上。

第二天,一位首领带着两艘独木船加入我们的船队,此时船队已有十艘船之多。我们朝着托库斯库伦大沙漠(Tokus-kum,亦称"九沙山")的一角驶去。河右岸沙丘林立,有两百英尺高,不见一丝绿意。沙丘的底部被河水冲开,沙子一点一点地滑落下来,被水流冲走,一直到较远的下游冲积成河岸与沙洲。

我们在此处停留了一个小时,然后爬上沙丘之顶,这一路爬得相当费劲,因为脚下的沙子每踩一步就软陷下去。在沙丘顶上眺望沙漠中的河道,景色十分壮观。河水与沙子你争我斗,有意一较高下。这边生机盎然,河中盛产鱼类,岸上树林连绵。可是向南看去,尽是死寂而干燥的沙漠。

与我们随行的罗布人说,从开始有浮冰的那天算起,再有十天时间,河流就会完全冰冻起来。11月28日,船舷边上传来一阵奇怪的叮叮吱吱的声音,把我给吵醒了。起来一看,原来是第一块有气泡孔的浮冰在水面上晃晃悠悠地漂了过来。

"日出之前就起锚!到后甲板上生起火堆,到我的帐篷里放一个烧炭的铁火盆,别让我在写字台边上冻坏了手!"

下午一点钟,浮冰都化完了。但是夜晚的气温只有零下16摄氏度,我早上起床的时候,河上漂满了大大小小的冰块。这些冰块相互碰撞,边角都磨得圆滑,像是有白边的圆盘子。看到这些,不禁让我想起葬礼上的花环，好似冰寒与死亡之神在给河水裹上僵硬的寿衣之前，先用无形的神力送来这些不祥的白花环。在旭日的照耀下，晶莹的冰块像钻石一般璀璨闪亮，互相撞得叮呤咣啷直响，仿佛瓷器摔碎的声音；有时还发出刺耳的吱吱嘎嘎声，就像是在用小圆锯切割方糖块似的。很快地，河流两岸也开始结起硬实的长条冰层，而且冰面一天比一天宽。在我们扎营的地方，漂浮的冰块碰撞船的力量非常强大，使得船的骨架都随之震颤。一开始小狗冲着浮冰及其撞击产生的噪音狂吠不止，但是一会儿就习以为常；我们在漂行前进之时，狗儿甚至还跳上船两边同样漂流随行的冰块。不过我们若是在沙岸边停下，看着那些托着小狗的冰块仍是自顾自地漂下去，真是感觉怪异又忍俊不禁。

　　我们的船再一次漂流到高大的沙丘脚下。这里只能见到秃鹫、雉鸡和大乌鸦三种鸟类；至于野鸭和野雁早就不见了踪影。到了晚上，小船上挂起中国灯笼，点上油火把，照亮前面的航道，使我们得以一直航行到深夜。我在写字台前也点了一只灯笼，这样晚上也可以工作。岸上的沙地到了尽头，取而代之的是浓密的黄芦苇地。寒气刺骨，我们只得就地扎营。但是水流太急，我们在夜色里无法看清楚该在何处上岸。我令一只小船驶到前头去放火烧芦苇。整个河岸一下子火光冲天，呈现出一幅绝妙而有野性的画面。黄红的火光让河流全然变色，成了一条融化的金条；衬着熊熊燃烧的火光，几艘小船和上面的船夫突显出浓黑的剪影。芦苇烧得劈啪作响。我们就在大火没有烧到的一处地方泊船扎营。

　　12月3日，我们经过一处地方，只见岸上燃有信号火堆，几名骑士示意我们上岸。他们是哥萨克卫兵派来的，告诉我们旅队已经扎营等候，距离此地有数天旅程。

　　第二天，河水的流速依然迅猛，船就在浮冰中间一路高歌。有时候，船刮碰到河岸，结果在岸边的冰层边缘上搁浅。到了卡拉乌尔（Karaul），我看见伊斯兰站在岸上，旁边还有一位蓄有白须的人,原来那是我的老朋友帕尔皮——1896年曾与我同甘共苦。他身穿一件深蓝色长袍,头戴一顶皮帽。我们将船行至岸边,把他接上船来。他情绪激动地向我问好,随即加入进来,成了此次行程中忠实的随从。

塔里木河的流量依然大约是两千立方英尺每秒;但是河岸沿线的冰带更宽了。在一个水浅的地方,船撞上一株藏在水下的白杨树干,要不是厚重的浮冰在后面推着我们走,船就给卡在那里动弹不得了。船头蓦地翘出水面,接着回落下来,拍得河水轰然一声响。

12月7日是这次辉煌旅程的最后一天。我们知道旅队已经在新湖(Yangi-kol)安营等候,而塔里木河由此向前不远就全部结成了冰。三位长老和一大帮骑士沿着河岸在船后随行,只有一位来自新湖的长老被邀上船。他面带微笑,坐在我的帐篷跟前,仿佛正在享受人生的清福。

塔里木河一直向东南方流去。河左岸是一大片草原,只有零星的白杨树和乱木丛;右手边则是巨大的沙丘,中间隔有浅水湖。有些地方,河道过于狭窄,船在两边的冰层上撞来撞去,弄出好大的动静。

切诺夫、尼亚斯和法朱拉三人和其他的骑士编成一队。日暮时分,我们再次点上灯笼和火炬,继续赶路。我们决意要赶到旅队的营地才行。最后终于看见河左岸的一堆大火,那就是我们的旅队了。最后一次抛锚泊船,我们赶紧上岸去暖暖已经冻得僵硬的手脚。

这个地方的名字就是新湖。之后的半年,这儿成了我历险的总部。此处的地理位置再好不过:往几个方向去都有邻居;骑马只要三天就能到库尔勒镇(Korla);而以南以西则是无垠的大沙漠。

第二天上午彻底休息过后,我检查了一下队伍中的骆驼和马匹，再把两艘船移至一块有遮挡的圆形小水湾，这里的冰在冬天一直冻到水底，我们的船好似停歇在一床花岗岩上。在这之后，我们还有一大堆事情要做。有位信差从喀什送来一捆我渴望已久的家信；所以我要忙的第一件事就是写回信，并让信差传送回去。我们还在库尔勒购置了食物补给、蜡烛、毛毯、布料以及帆布等等物品。船员都拿到了双倍工钱，我也设法确保他们都能安全返回家中。尼亚斯被人发现爱偷东西，我便将其解雇。伊斯兰担任旅队的领队；图尔度和法朱拉被委以照看骆驼的重任；帕尔皮除了放养猎鹰，还看管马匹，同时手下有十六岁的库尔班替他跑腿传信；罗布人奥迪克负责驮运饮水、木柴和从邻居那里买来的饲料。

之后几天，一座像模像样的农场在新湖的总营地落成。我们用长竿和成捆的芦苇为八匹马搭成一个马厩，而两艘独木舟成了马匹的饲料槽。我把帐篷移到陆地上，并安好火炉；除此以外，另有一间芦苇草屋专为我建，里面有两个房间，地上铺有干草和毛毡垫，我所有的箱子都搬到这里。有了帐篷、手下人的草屋、马厩、骆驼行装、木柴堆以及我自己的草房，一个名副其实的院子就形成了。院子中央还立了一棵白杨树，树底下一堆营火烧得很旺，我们围着火堆铺上垫子，即便来了客人也可以坐下来喝喝茶。在这里总能听见闲聊、大笑和谈生意的声音。同时还有众多小狗陪伴，除了跟我们同船旅行的尤达西、多夫雷和哈姆拉，以及跟随旅队行走的尤巴斯之外，库尔勒的一位首领又给我们送来两只绝顶漂亮而聪明非凡的猎狼犬，分别叫作玛西卡和泰嘉。两只狗儿高大而敏捷，一身黄白色，只是对夜晚的寒气太敏感，于是我们专门缝制了一些毛毡外套给它们穿。它们立即成了我的宠爱，就睡在我的帐篷里。晚上我帮它们把毛毡外套掖紧保暖，这时它们都显出十分感激的表情。和其他狗相比，这两只看上去相当纤弱无力。但是它们立时成为狗中的首领，将临近地区的所有狗儿都视为奴仆。它们打起架来绝对厉害。一口利牙快速又灵活地咬进对手的后腿，随即拖着对手甩圈子，在甩到转速最快的时候再松开口，把对手摔出去老远，直疼得嗷嗷乱叫。

守夜的人在帐篷和草屋中间来回巡走，并且保持营火不断燃烧。实际上这堆营火一直烧到下一年的5月份才熄灭。我们建立的这个村子变得远近闻名，商人和旅人都赶远路来亲眼看看这般奇迹，或者带东西来跟我们交易。当地的罗布人给我们这个地方取名为"上帝缔造之屋"。我一厢情愿地以为在我们离开此地之后，这个名字也还会继续流传许多年。但是就在我们离去后的那个春天，河水冲过河岸，把我们遗留在那里的草屋也一并吞没了。只有对这个转瞬即逝的小镇的记忆会继续保留下去，虽然这段记忆也会随着时光的流逝而逐渐模糊。

我渴望亲眼见到西南方的沙漠，就此我也与当地的老人有过很长时间的探讨。他们中间有些人跟我讲述一些骇人听闻的故事，都和那些古城以及沙子底下掩埋的宝藏有关。那些塔克拉玛干沙漠里的种种故事，我都记忆犹新！至于其他老人，则全然不知沙漠里面藏有什么东西，只晓得一进沙漠，必死无疑。这片神秘古怪的荒地在他们口中也没有什么特别新奇的名字，仅是"沙地"而已。

在骑骆驼穿越沙漠的危险旅程开始之前，我决定先试探性地走上几天再说。此时河道已经冻得结结实实，但是冰层还是太单薄，骆驼在上面走不了。于是我们在河岸之间开辟出一条水道，牲口都用大船运过河去。哥萨克卫兵、几个当地人、狗儿玛西卡和泰嘉跟我们一起走，不过我们没有携带帐篷。我们仔细检查过巴什湖（Bash-kol）和新湖这两个完全冰冻的湖泊，并跋涉过两湖之间一座三百英尺高的巨大沙丘。这些奇形怪状的支流湖泊又长（巴什湖长十二英里）又窄。两个湖泊都是由东北向西南方向延伸，湖之间又被三百英尺高的沙丘隔断。几条小水道将湖泊与塔里木河连接起来。每个湖的西南角都突起一块沙漠边界，往往相当低矮，而边界的那一头又是如湖泊般的洼地，但是里面没有水。我心里想，幸亏有这些洼地，这样也许可以不费多少力气穿越沙漠。

覆盖在湖泊上的冰层如水晶般透明，又像窗户玻璃一样折闪光亮。我们直直地往下看去，感觉深处的湖水好似深蓝色；同时也看见黑背大鱼在水藻之间慵懒地游来游去。锡尔金用几把小刀给我做了一些冰刀鞋。罗布人看我踩着冰刀在暗黑的冰面上划出白色的数字，都大为惊叹，他们还从未亲眼见过这等事情。

在我回到"上帝缔造之屋"后，有天一个当地人骑马快速奔进我们村子的广场，递给我一封著名的法国旅行家柏楠写来的信，此时他正在北边六英里以外的一个村落里扎营。我立即骑马赶过去，并把他带到"上帝缔造之屋"来。我们在一起度过了难忘又美好的一天一夜。他穿了一件红色长外套和红长袍，好似一位朝圣的喇嘛。他十分和善，也非常博学，是我在整个旅程中遇见的唯一一位欧洲人。除了他，我是这亚洲最内陆的荒地上绝无仅有的欧洲人。

第三十五章　横越大沙漠的凶险之旅

12月20日，我开始一趟崭新的沙漠之旅，如果霉运连连，这一次也可能落得悲惨的结局，就像上回前往远在西边的和阗河一样。因为从我们在塔里木河边上的总部到南边的车尔臣河（Cherchen-daria）之间的距离几乎有一百八十英里远，而一路上的沙丘比塔克拉玛干沙漠里的沙丘还要高出一头。

我只带了四名手下上路：伊斯兰、图尔度、奥迪克和库尔班；此外还有七头骆驼、一匹马以及小狗尤达西和多夫雷。一支由四头骆驼、帕尔皮和两个罗布人组成的小型副队陪我们走了前四天的路程，随后便掉头返回。这四头骆驼只负责驮运袋装的大冰块和烧火的木柴。我带的七头骆驼里面有三头装载冰块和木柴，另外几头驮运食物补给、床、仪器和烹饪用具等杂物。我没带帐篷，整个冬天都是睡在露天。据我计算，我们带的冰块和食物可以维持二十天。万一得花上三十天才能走出沙漠，我们必然丧命其中，因为在这片地域，想要找到一滴水喝简直就是妄想。

骆驼再次用船渡过塔里木河去。到了右岸，也就是河西岸，我们把行装给骆驼载上，由图尔度率领，沿着很小的塔那巴塔拉第湖（Tana-bagladi）行进。走到湖的南端，在足有一英尺厚的冰层上凿出几个洞，让骆驼就着这些洞口最后一次喝个饱。

此后，我们继续前行，穿越第一道将湖泊与西南边的干枯洼地分隔开的低矮沙丘脊线。沙漠中这样没有沙子的椭圆形地块叫"巴依儿"。我们经过的这第一个巴依儿的北部还有芦苇丛，如此一来，骆驼就不会挨饿了。

第二天，我们接连走过四个巴依尔，底部都是松软的尘土，骆驼一脚踩下去，能陷进一英尺深。遇上起风，尘土就飞旋到空中聚成灰色的尘云，弥漫在旅队四周。整个队伍的领队走得是最费力，而尾随在后的人就轻松许多，因为领头的骆驼已经在尘土里踩出一条硬实的道儿来。鉴于此，我骑马给队伍押后。一天到晚，骆驼铜铃的叮当声在我耳边响个不停。

周遭景象与月球表面一样死寂。见不到一片风吹的落叶，也没有一丝动物经过的痕迹，这里还从未有人类来过。大风从东边呼啦啦吹过来。我们在如大山一般的陡峭沙丘边上躲风。这边的沙丘像一堵沙墙沿三十三度角延伸出去，而右手边，每个巴依尔的西边则迎着风吹，逐渐升高，一直连到下一个高耸的沙脊。一路上的地形都如此重复。只要我们在平坦的巴依尔上行进，一切都没有问题。但是一爬沙丘的陡坡，就把骆驼给累着了。这样一来，心里就冒出一个大大的问号：这一连串的巴依尔地形还要走多远？每爬上一个巴依尔南端的新沙脊，我们就急迫地搜寻下一个巴依尔是在哪里。成功还是失败，就全看它了。

我们在第四个巴依尔洼地的南端扎营。燃料得省着点用。晚上的营火只能烧上两块木头，早上再加一块，如此而已。夜里即便裹着毛皮披风，还是感觉寒气刺骨，次日早晨一爬出来，更是冷得厉害。马喝的是我洗过手脸的剩水，肥皂自然也就忍着不用，免得把水弄脏了马也不喝了。

到了下一个洼地，我们发现一些野骆驼的残骸，都是些惨白、脆弱而带有毛孔的碎片。不知道它们是否在沙地里埋藏了几千年之后，才因沙丘移位而暴露出来？

在圣诞节前一天的清晨，月亮还高悬空中俯瞰着我们。空气堪称清澈。血红色的太阳升起来，将光秃的沙丘染得通红，仿佛喷涌而出的火山熔岩。骆驼和人在沙地上投下悠长的黑影。帕尔皮率领的副队由此处返回，于是我带的七头骆驼驮运的行装就更沉重了。

我一马当先，走在前面。沙地越发难走。沙子越来越多，而巴依尔洼地也越来越小。我从一个洼地向着一个似乎望不见顶的高地爬上去。最后总算爬到最顶端，往下一看，在众多高大沙丘之间恰是下一个要经过的巴依尔，那是一路上遇到的第十六个巴依尔，乍一看，好似一个张着大嘴的地狱黑洞，四周围绕一圈白色的沙盐。我顺着松散的沙地滑下高坡，在底下等候旅队到来。队员都有些泄气，觉得再往沙漠里走，只会碰上更多的困难。于是我们就地扎营歇息。在这个圣诞夜，并没有圣诞节的天使降临。我们的水还足够饮用十五天，柴火也能烧上十一天，但是大家感觉有必要多加节省，于是很快就裹上毛皮披风睡觉了。

在圣诞节的早上，我们被一场沙尘暴惊醒。沙丘之顶腾空卷起阵阵黄色沙浪。一片灰色铺天盖地笼罩下来，四下里什么都看不见。所有东西都给吹进了浮沙里。两年半之后，我取出当时用的笔记簿想详加引述，结果纸页之间还夹着沙漠的细沙，笔在纸上写字也仍有沙沙的声响。

我们看见一只野雁的尸骸。这一定是飞往印度或从印度飞回来时疲惫不堪，从半空中掉落下来死在这里。如大山一般高的沙丘将我们在白天搭的营地团团围住；整个队伍弥漫着沮丧的氛围，叫人只想早日掉头回家。

将巴依尔洼地隔开的沙脊愈发高耸。沙丘的南坡以三十三度的倾角向另一处洼地斜下去。看着整个队伍从斜坡上滑下来，感觉真是滑稽。骆驼每一步都走得很稳实，它们顺着沙丘表面的一层浮沙滑行而下，四条腿却仍然保持直立，站得笔直的。

还有两头半骆驼驮运的是冰块；但是柴火几乎全部用尽。等到最后一根柴火烧完，也就没法再融化冰块了。跟以往一样，情况紧急时，首先把驮鞍牺牲掉，填充在里面的干草分给骆驼吃，而驮鞍的木头架子则用来当燃料。

这时我们连一半的路都没有走到。但是很快，就在 12 月 7 日，我们得到意料不到的鼓舞。经过漫长的攀爬，我们终于爬到一道脊线的顶上，只见前面的第三十个巴依尔洼地里有些许草黄色，那是芦苇丛！这意味着沙漠之中长有植物！再下一个巴依尔同样也有芦苇，我们就在这里扎营，好让骆驼有草吃。好大一块冰拿给这些颇有耐力的骆驼享用，以便让它们大开胃口，吃得香一些。要不是有它们在，我们何以存活？再有，干枯的芦苇也可用来烧营火，正好节省了我们余下的燃料。

日落的景色十分壮观。蓝紫色的大地之上，云朵衬着浓浓的暗红色天空，显得十分突出，上边沿有一条闪闪发亮的金边，而下半部分则呈现出如沙漠一般的黄色。沙丘的层层线条宛如大海中的波浪，在火红的暮色天空下形成近乎黑色的剪影。在东边，又一个冰寒的黑夜随着闪烁的星星降临到沙漠之中。

气温已降至零下 21 摄氏度。我继续走在前面领路，同时也让身子暖和暖和。昨日傍晚的美景荡然无存，凶险而灰茫茫的荒野将我们包围，同时又刮起一阵大风。走到下一个巴依尔洼地，碰见一株枯死的柽柳，我就用树上的干枝生了一小堆火。有头骆驼走累了，由库尔班领着落在队伍的后面。但是走到夜色来临时，库尔班却一个人走过来。晚上伊斯兰和图尔度两人带了干草去喂那累垮的骆驼，结果发现骆驼已经断气，嘴巴张得老大，身上倒还温热。图尔度扑在骆驼身上大哭了一场，因为他太爱这些骆驼了。

之后我们又一次碰见几株柽柳，于是就在平坦的巴依尔洼地里挖井。刚刚挖到四英尺半深，就有水冒出来。水质很适合饮用，只是流速缓慢。我们把井挖得更深一些，总算汲得更多的水。每头骆驼都喝了六桶水。这个地方太诱人了，次日我们又待了一整天。就在此时，我们发现有狐狸和野兔的足迹。另外还瞅见一只几乎全黑的野狼，只见它偷偷爬过一座沙丘的脊顶，一转眼就不见了。这一天每头骆驼又喝了十一桶水，这样它们即使不喝一口水也可以再走上十天。

在十九世纪的最后一天，我们一共走了十四英里半的路，这是我们进入沙漠以来创下的最长行程记录。路还是不好走，但是洼地里已没有沙子，让我们省力不少。我们在经过的第三十八个巴依尔扎下营地。太阳在云层中沉落下去；当旭日再次升起，我在日记里写下"1900年1月1日"几个字。

往前走了不到八英里半，沙漠又开始变得荒芜起来。晚上飘起大雪；等早上起来，只见沙丘上都覆盖了一层薄薄的白色被单。风从南边吹来，吹到下午就转为一场真正的暴风雪。雪花直直地飘下来，仿佛是从阴云上垂落而下的白色帷幔。这下我们再也没有渴死的危险了。

又来到一株柽柳前，骆驼再次得到一天的休息。我们也不能太辛苦它们，对于它们而言这些天来过得才真叫漫长。雪下个没完，而我却没有帐篷遮蔽。我躺在营火边读书，不过得不断抖一抖书，不然雪片落在文字上就看不清了。次日早晨，我们被大雪压了厚厚一层。伊斯兰用一根芦苇做了个扫把，将积在我的毛皮披风和毛毯上的雪清扫干净。气温低至零下30℃。我们坐在火堆边洗脸穿衣时，面朝火堆的这一面有30℃，而背后却是零下30℃。

营地再一次搭起来，最后一块木头也烧完了。我们冻得浑身僵硬，睡觉都梦见秋天在塔里木河河岸上生起的营火。到了早晨，骆驼一身白色，好似用大理石雕刻而成。它们呼出的热气结成长长的冰柱子，挂在鼻孔的下方。此时空气清澈，被大雪覆盖的沙丘好像呈现出奇怪的泛蓝色调。

1月6日南方出现了西藏高原最北边的山脉，轮廓十分清晰。我们扎营的地方一片惨象，所有烧火的木头都用尽了，四周也看不到任何可以替代的燃料。钢笔里的墨水结成冰，我只好换用铅笔写字。大伙儿你挤着我、我挨着你，都蜷抱在一起睡觉，尽量以此来保持体温。

第二天的旅程峰回路转。我们来到一处立着许多枯死白杨树的沙地。我们在这里停下，生起一堆大火，即便在上面烤一头大象也不成问题。枯空的树干在火中烧得劈啪作响。等到晚上，大伙儿在地上挖几个洞，先往洞里填几块火红的木炭，接着再埋上沙子。这么一来，我们就如同睡在中国客栈里的热炕上一样暖和。

1月8日的早上，我向手下人保证，下一处营火必将在车尔臣河畔点燃。他们对我的话半信半疑，因为那干枯的树林已经走到了尽头。但是我们还没有在这荒凉的沙漠里走出多远，就发现南边的白色沙丘之上现出一道深色的线条。大家想在遇到的第一片树林停下，可我要求继续前行。赶在夜幕即将落下之前，我们到达车尔臣河的岸边。此处的河道有三百英尺宽，已经冰冻的河面又覆上一层雪。那天晚上，我们度过了一个群星闪烁的月光之夜。

我们终于完成了这次穿越沙漠的危险之旅，历时二十天，途中只损失一头骆驼。

又向前行进了几天，我们便在车尔臣镇安营休整，这个小镇里住有五百户人家。我借住在七十二岁高寿的托克塔梅长老家中，他是我在科帕结识的老朋友，当时也是该地的首领。

休息了几天之后，我向西跑了一个小短途。我还不曾见过这个地区与沙漠的接壤处，但是皮耶费佐夫和洛伯罗夫斯基（Roborovski）都曾到过此地；这是我在此次旅行中唯一一个不是首次探访的地方。这一来一回要走二百一十英里，我只带上奥迪克、库尔班和一个叫默拉的人，默拉以前曾在利特戴尔的手下做过随从。我们共有七匹马外加一只狗尤达西，随身带有食物和厚实的衣服，不过帐篷没有带。

我们在1月16日出发，那天天气又干又冷。有时候地面光秃秃的，只听得马蹄哒哒响；有时候又碰上有积雪覆盖的地面，踩得雪咕吱咕吱响。这条路像是一条长长的走廊，常常在交错丛生、貌似豪猪蜷身的柽柳丛间曲折穿行。我们走上一会儿就得停下歇半个小时，生堆火暖暖身子。

沿着这条路，我们穿过干涸的喀拉米兰河（Kara-muran）河床，渡过高山脚下水流湍急、水位较高的莫立札河（Molja）。我们还碰见一个流浪汉，他带着一只狗，被野狼严重咬伤的一只狗。1月22日早上醒来时发现一场大雪把我们盖得严严实实，积雪厚有一英尺左右，一路很不好走。本来奥迪克用一块毛毯遮在我头上，可是夜里给积雪的重量压塌下来，所以我醒来的时候还以为脸上躺着个冰凉的尸体。

我们发现一些古代村镇的遗址，开始就地测量。在这废墟中，有一座三十五英尺高的塔。在安迪尔（Andere）附近，我们掉头折回车尔臣镇，在那里我们得忍受零下32度的低温。

踏上返回总部的漫漫长路，我们先是沿着车尔臣河行进，一会儿渡过结成冰的河面，一会儿又走上河道两边已经废弃的河床。夜里野狼在营地外围嚎叫不停，我们不得不小心看好马匹。我们这个小队伍有了默拉加入，更显强大，他一直跟随我走完全程。路上我们还经常见到老虎的足印。

有一次，一个牧羊人带我们去看一处诡异的墓穴，其风格既不像伊斯兰教也不像佛教。我们从中挖出两具古老棺材，是用平常的白杨树板做成的。其中一个葬的是位老者，头发花白、脸干枯如羊皮纸，其寿衣几乎裂成碎片。另一口棺材装的是位妇人，头发用一条红色缎带扎在脑后。她身上穿有一件连衣裙，袖子封得很紧。她头上还缠着一条围巾，脚套一双红色长袜。那牧羊人跟我们说，这样的墓穴在树林里还有很多。他们很可能都是对俄国旧教有异议的信徒，在十九世纪二十年代从西伯利亚逃到这里来。

在车尔臣河边上，有些白杨树干周长有二十二英尺半，高则有二十英尺。树枝弯弯扭扭地向四面八方伸过去，就像乌贼鱼的触角似的。

离开车尔臣河之后，我们进入塔里木河昔日的河床，名叫艾提克塔里木河（Ettek-tarim），两岸树林葱郁，高达二百英尺的沙丘向西延伸而去。之后，我们发现沿着如今塔里木河的河道，另有几条人迹较多的路径。

在杜拉尔村以北的森林地带，我们与阿布都尔巧遇，他是一位来自北边辛格尔（Singer）的野骆驼猎人。先前他和他兄弟马雷克带妹妹还有嫁妆去杜拉尔与一位长老成亲，而现在他正赶回库鲁克山（Kuruk-tagh，意指"干燥的山"）的家中，那里处于天山山脉伸向戈壁沙漠中的尖角地带。当地只有两三个人知道"六十泉"在哪里，阿布都尔就是其中一个。就在几年前，他曾陪同俄国旅行家柯兹洛夫前往那里。我的下一个目标是穿越罗布沙漠，希望借此机会能解开罗布泊何以移位的难题。而要穿过罗布沙漠，从"六十泉"出发是再安全不过的。阿布都尔和他兄弟并不反对与我同行；同时我们也达成一致，我须得雇用他的骆驼来完成这次探险旅程。

2月24日，我们抵达自己的村子"上帝缔造之屋"。离村子还有几英里远的时候，锡尔金与另两位刚刚赶到的哥萨克卫兵夏格杜尔和车尔东出来迎接我们。只见那两个卫兵身穿深蓝色制服，肩上挂有弯刀，头戴高挺的黑色羊皮帽，一双靴子擦得锃亮。他们两个骑在西伯利亚的高头大马上向我们行以军礼，并汇报一路上的行程。他们从外贝尔加湖旁的赤塔市出发，走了四个半月，途中经过乌鲁木齐、卡拉赫尔（Kara-shahr）和库尔勒。他们都是二十四岁，喇嘛教徒，在外贝尔加湖的哥萨克部队服役。我向他们表示欢迎，希望他们在我这里过得顺利。不妨预先说一句，他们两位的言谈举止怎么夸赞都不为过，和另两位信奉东正教的哥萨克卫兵一样，都是我此生见过的最棒的人。

过了一会儿，等我们进了村里，却见广场中央居然有一只活老虎，着实叫我吃惊不小。不过根本就没有什么危险，原来那只老虎几天前被人射杀，死后就一直保持着这个姿态僵在那里。这个老虎皮自然也添进我的收藏之中。

在我出远门的这段时间里，我们的村子扩大了规模，又建起几顶新帐篷。从俄属突厥斯坦来的一个商人在这里开了一个铺子，卖些纺织品、衣物、披风、帽子和靴子等等。回教徒和哥萨克卫兵都喜欢到他的铺子里喝茶聊天，搞得像俱乐部似的。其他也有一些从库车和库尔勒来的商人，来这里兜售茶叶、糖、茶壶、瓷器以及各种适于旅行的东西。铁匠、木匠和裁缝都在这"上帝缔造之屋"开店做生意，最后演变成当地远近闻名的一处交易市场。原来商队走的主路都因此岔出一条道，专门绕到我们的村子里来。

我们的动物乐园里也新添两只刚出生的小狗，毛发白底加黑点，乱蓬蓬的。两只小狗分别取名为马兰基和马尔奇克，它俩活得比旅队里所有的狗都长。

马匹和骆驼现在得以好好休息，开始长得健壮起来。骆驼正处于发情期，有点疯疯癫癫的，只得用绳子拴紧，免得又踢又咬地伤着谁。其中单峰驼尤其危险，我们只好给它戴上口套，把四只脚都用链子固定在铁桩子上。那骆驼嘴边上起了一圈白色泡沫，就好像正等着理发师给它刮脸呢。

在我们出门的时候，有一头骆驼惹出很大的动静。那次天快黑了，它跟其他骆驼被人从牧草地上赶回来过夜，结果它跳出骆驼群，自个儿跑走了。两个护卫和一名哥萨克兵赶紧上马去追。骆驼跑过的足迹清晰可见。它穿过结冰的河面，跑进塔里木河以东的沙漠，并一直跑向库鲁克山那边。我们的人又去喊上另外一帮人，组织起来一同去找。逃跑的那头骆驼再次跑下沙漠中的高山，像阵风似的越过荒原，向着库车的方向而去。后来它又从那里掉头回来，最终跑进尤尔都兹（Yuldus）山谷，追过去的人在山谷里跟丢了骆驼的足印。到最后也没有人知道它究竟是错了哪根神经，至今仍是个谜团，那个单峰驼也成了名副其实的"流浪的荷兰人"。附近有位睿智的老者告诉我，驯化的骆驼有时也会变得疯狂不羁，跟它那些野生的弟兄一样怕见人。遇到这种情况，发疯的骆驼一见到人，就会撒腿奔往沙漠，而且日夜不休一直这么跑下去，仿佛恶鬼附身一般。骆驼就这么跑啊跑啊，跑到精疲力竭，最后疲惫不堪倒地不起。还有个人认为那骆驼一定是在树林里看见老虎了，因此给吓疯了。

我们养的那只野雁倒是过得挺好：它像个警察一样在帐篷之间来回巡逻，相当自以为是。它的野生同胞在印度待了四个月之后，很快又大批大批地飞转回来。不论白天黑夜我们都听见野雁在空中厉声尖叫，聊天似的互相聊个没完，最后才在祖祖辈辈休养生息的地方安顿下来。这不能不让人相信，对于这些飞禽一族而言，栖息地疆界的法则与习惯绝对是高高在上、根深蒂固，正如罗布族人划定捕鱼地界限的原则一样。

第三十六章　在罗布沙漠发现古城

3月5日，我们再次准备从总部出发。这一回我带上路的人员有哥萨克卫兵切诺夫、驾驶骆驼的法朱拉、罗布人奥迪克和荷戴。同为猎人的兄弟俩阿布都尔和马雷克各骑一头他们自己的骆驼，同时我又雇用了他们的六头骆驼。除此之外，我们自己还有六头骆驼，而慕撒和另一个罗布人带领我们的几匹马。如果碰上的沙漠路程过于艰难，就把这些马匹遣返总部。两只狗儿也跟我们一起走，一个是从欧什来的尤达西，另一个是猎狼犬玛西卡。我们还带上食物、两顶帐篷和七只装冰块的山羊皮袋。

旅队余下的人马留驻总部。帕尔皮身板健硕，笔直地站在哥萨克兵和回教徒中间。这是我最后一次看见他。我离开村子十二天后，他就去世了，遗体埋在新湖边上的墓地里，那里正处于沙丘的脚下、大河岸边。

转眼又到了春天。白天的温度升至13℃，到晚上又降到零度以下。我们横渡孔雀河上厚硬的冰层，走到河的另一边，发现有一排石堆与塔楼，表明这里曾是连接中国与西方的古道。

我们从荒凉而平坦的草原转而往库鲁克山的山脚下行进。这些枯萎又荒芜的山脉呈现棕色、紫罗兰色、黄灰色和红色的色调，逐渐向东延伸，最终消失在远方的沙漠尘霭之中。走过一段较长的路程，往往就能撞见一处泉水。其中有一眼泉水是在库尔班奇克（Kurbanchik）峡谷里，有一百三十英尺深。还有一个叫布延图泉。我早上起床的时候，切诺夫就会点燃我的那个小炉子。但是这天早上在布延图泉，大风把帆布吹到炉子的烟囱上，帐篷烧着了。我只来得及把宝贵的文件救出来。这场意外火灾把整个帐篷烧掉了一大半，不过我们还是尽力把帐篷重新拼补起来。

我们离开孔雀河及两岸的树林。在接下来的数天跋涉中，南方地平线上那条深色的林带依稀可见，但随后很快就让位于黄灰色的沙漠。

此次出行的一个目的是将孔雀河在一千五百多年前就已干涸的古河床绘制成地图。此地由柯兹洛夫发现，但是他只不过蜻蜓点水地提过有这么一个地方，除此以外也没有机会去探询更多。在昔日中国商旅大道上有一处叫营盘的古老驿站，我们碰见古河床的两个弯道。我们在这里对保留至今的遗址进行测量和拍照。有一座塔高二十六英尺，底座周长有一百零二英尺。还有一圈高大的围墙，开有四扇门，墙内断井残垣，废墟片片。在一块曾是墓地的高台上，人的头骨从窄洞里向外窥探。

3月12日，气温有摄氏21度。慕撒带上所有的马匹从这里返回总部，只留下我的坐骑"沙漠灰"。他把大伙的冬衣也一并捎回去，但不久我们就为这个决定追悔莫及。

在营盘，我们发现仍然有活的白杨树。但往东没走出多远，树林开始稀疏零落，余下的几株树干就好似墓园里的一块块墓碑。

我们沿着这条死河的河岸继续前进。泥土沙漠在我们周围无限延展开来，不见一丝绿意。大地被强劲的风雕刻成奇怪的形状。天空晴朗，热浪咄咄逼人。

东边的地平线上出现一条棕黑色的线条，并迅速变得宽大，仿佛在把树的枝干射向空中。

"是黑风暴！都停下！"

众人慌作一团。我们所处的位置一马平川，得赶紧去找更适合扎营躲避的地方。第一股风呼呼地扫过地面。大地似乎在西南方向更为平坦。我往那个方向挪了几步。又有几股强风吹来，卷起一团团沙尘。我立即转过身，以防找不到其他人了。但就在这时,风暴像子弹一般呼啸而至,怒扫整个干燥温热的沙漠。我被吹得近乎窒息,也不晓得该把身体转向哪一边。不过几分钟之前风吹在背上的,于是我想应该转过身来迎着风吹。飞旋在空中的沙子打在我的脸上,我用胳膊护着脸,极力想透过尘雾看发生了什么,但是沙尘已经将白天变成了暮色,我什么也看不到,也听不见人的呼喊。所有其他的声音,即便如开枪射击的声音那么大,也都给咆哮的狂风淹没了。我用尽浑身的力气与风暴搏战,但又不得不时时停住,转向背风的方向喘上一口气。我挣扎着走了半个小时,结果已经和队伍擦身而过。地上任有多少足印,都给风沙抹得干干净净。

我心想:"如果不能很快找到他们,风暴一时半会儿又停不下来,那我可真要迷路了。"

我站在原地不动,这时切诺夫一把抓住了我,并把我领回队伍中去。

我的帐篷支柱断成两截,只好用剩下的一半柱子将就着。我的手下费了好半天劲,才把帐篷在一处泥土小丘底下支起来。帐篷用绳索扎紧,再拿重的箱子堆在边缘。骆驼卸下负重,背着风躺倒在地,脖子和头平放在地上。帐篷也支不起来了,大伙儿用披风将身子裹紧蜷缩在帐篷布底下。地面上的风速达到每秒八十六英尺,地面十二英尺以上的风速还要高出一倍。浮沙打在帐篷上,细小的沙粒还能渗透进来,所有的东西上面都覆了一层沙。我的床直接安在地上,此时也看不出来了;箱子上也覆了一层黄灰色的尘土。沙子无孔不入,弄得我们身上搔痒,抓一下就刮擦在肉上。营火是休想点燃了,也不可能做饭吃。我们只好拿几片面包充饥。风暴肆虐了一天一夜,一直持续到次日上午。最后的风扫过、向着西边奔去,整个世界终于恢复平静,这时我们只感觉头晕目眩,像刚生过一场大病似的。

我们向东移动。干枯河道岸边灰色多孔的树干看上去就像树木乃伊。这么久以来这些树干都没有被浮沙侵蚀掉，让人诧异。

3月15日，我们离开河床，前往雅尔丹泉（Yardang-bulak）。所过之处常常能见到野骆驼的足迹。在亚洲极内陆中，我第三次遇见这些号称沙漠主人的高贵动物，它们几乎与世隔绝，住在地球上最难到达的地方。切诺夫开枪射中一头年轻的母骆驼，它的肉成了受欢迎的佳肴，因为我们剩余的口粮实在少得可怜。罗布族老猎人奇尔贵原本是要带上一些绵羊在雅尔丹泉与我们会合，但他很可能在风暴里迷失了方向。

野骆驼成了大家谈论的主要话题。阿布都尔捕猎野骆驼已经有六年，但只射杀过十三头，由此可见捕杀野骆驼并非易事。但是我们的向导对野骆驼的习性就跟对家养骆驼一样了如指掌。在夏天，野骆驼每过八天便要喝一次水，冬天就能撑上十四天。而且它要找泉水的话一找一个准，仿佛在穿越茫茫沙海时有航海地图相助。野骆驼在十二英里以外就能嗅出人的气味，随即像阵风似的逃走。它一闻到营火的烟味便掉头躲开，有人支过帐篷的地方，它也长时间避而远之。它碰见家养骆驼也会逃开，但是碰上年幼的骆驼却并不避讳；因为这些小骆驼还不曾给人使用过，它们的驼峰还没有被行装和驮鞍压得变形。它只去泉水边饮水，但不会久留；在长有芦苇丛的地方，至多也只待上三天。到了发情的季节，公骆驼们会为争夺配偶殊死搏斗。最后的赢家将所有母骆驼纳为己有——有时有八匹之多——而败下阵来的对手只有在一旁独自伤心的份儿。所有的公骆驼身上都是伤痕累累，那是为了爱情留下的印记。

我们离开这处泉水，所有七只山羊皮袋里装满了冰块，另有一头骆驼驮上两大捆芦苇草。我们往东南方行进，准备返回库鲁克河干枯的河床。阿布都尔骑在最前面。突然间他从骆驼身上哧溜一下滑下来，向我们示意停下。切诺夫和我尾随于后，只见阿布都尔跟豹子似的偷偷摸到一个小土坡后面的有利位置。原来几百步远的地方躺着一头在反刍的深色公骆驼，离它不远，还趴着三头母骆驼，另有两头母骆驼在吃草。公骆驼的脖子朝我们的方向伸过来，鼻孔张得老大，嘴巴停止嚼动。它猛然立起身，四处观望，嗅到了我们的气味。我从望远镜里把这些动物的举动神情看得清清楚楚。枪声响起，那三匹躺在地上的母骆驼像弹簧似的惊跳起来，一大帮子骆驼急驰而去，扬起一阵浅色的烟尘。不到一分钟，整个骆驼群就缩成一个小黑点，继而消失不见了。阿步都尔断言，这些骆驼接连跑上整整三天才会停下。

过了一会儿，我们遇到了一头形单影只的公骆驼。它很可能是因为体力不支才落单的。我们开了一枪，它吓得跳起来，像中了魔法似的一下子不见了踪影。

干枯的库鲁克河有将近三百英尺宽，二十英尺深。在河岸上我们发现密密麻麻的贝壳、泥土容器的碎片和石斧，随处也能见到枯萎的白杨树干仍笔直地立在岸上。有一回我们找到一只上了釉且涂有装饰花纹的大型土制容器，还有一些带有小圆把手的蓝色碎片。这条河边肯定有人类居住过，在那遥远的年代，这里应该还有河水奔流不息。

如今我们的存水已经用尽。不过这里离六十泉也不远了。在大山脚下跋涉一长段路程之后，尘霭之中依稀显露出黄色的芦苇地和浓密的柽柳树丛。旅队就在有巨大白色浮冰的泉水边安顿下来，阿步都尔配上一把长枪，潜入绿洲的东部地带。他看见一群骆驼，跟先前撞见的那群一样多，有一头深色公骆驼和五头年轻一点的母骆驼。我还没有观察过这一带沙漠中骆驼的生活和习性，于是跟随阿步都尔一同前往。但我总是对骆驼抱有同情，心里暗暗祈祷子弹射偏。在我们需要吃肉的时候，倒也不禁止打猎，更何况阿步都尔本来就是以捕杀骆驼为业。风从正在吃草的骆驼那边吹来，它们根本想不到这里会有埋伏。但是我们距离骆驼太远，阿步都尔只得迂回前进，悄悄走进射程范围之内保证不被察觉。

与此同时，我坐在地上举起望远镜细细观察，把这些高贵动物的形态和举止都一一记在脑子里。只见骆驼静静地吃着草，不时抬起头来，扫视一下地平线，嘴里慢慢地咀嚼着。骆驼咬起东西来力道很大，我们都能听见它们牙齿磨在芦苇秆上所发出的劈啪声。

枪声响起，这群骆驼快如闪电一般直冲着我奔过来，但很快就猛然掉头迎风逃去。其中有一头四岁大的年轻公骆驼实在跑不动了。它倒在地上，嘴巴还在嚼个不停。它挣扎着要站起来，却侧身摔倒在地。宰杀它的时候我们在它的前驼峰里发现一颗其他猎人朝它开枪时留下的子弹。

这些骆驼肉够我们吃上一阵子了。在接下来穿越沙漠之前，牲口要好好休息一下。它们在草地上自在吃草，晚上则站在那里嚼冰块解渴，我们看着也开心。泉水有咸味，但冰块却很甜美。临近傍晚时，有八头野骆驼结队来此处喝水，不过它们及时发现这里有危险，随即如影子般消失在夜色之中。

我们在3月27日出发向南行进，山羊皮袋装满了冰块，阿步都尔手下有四头骆驼都驮上芦苇草。他自己不能陪我们更远，最多再走两天，他就打道回府。在行走了十八英里之后，我们来到黄色的土沙漠，地上有一条条深达六至九英尺的沟壑，都是被常年不息的东北风和东风吹成了这个样子。很长一段时间我们都是走在这样的洼地里，两边有土坡阻挡住我们的视线，有时还会遇上比这些更高的土坡。

这里见不到任何形式的生命。只有枯死的树林和被沙子侵蚀的灰色多孔的树干。有些深沟里有大风吹来的贝壳，像秋天的干落叶一样一脚就踩得粉碎。

地上一条条西南走向的沟壑实在非同寻常，于是切诺夫和奥迪克两人走在前头，以寻找最合适的路线。下午三点钟，他们突然停下脚步。我还以为他们又看见野骆驼了，但是这次是截然不同的东西，而且更为引人注目。他们站在一个小土丘上，竟然发现这里还有几间木制的房子。

我下令全队原地停下。趁着大家休息放松的工夫，我给三间房屋作了测量。这些房子以现在的样子保持了多长时间呢？这问题我回答不了。这些房子有八至九英尺高。很显然它们原本是建在平地上的。大风把房子周围的土地一点点侵蚀掉了，而房子的基座却保护底下的土壤不被风蚀。

我匆忙检查了一下屋里屋外，结果找到几枚中国钱币、几把铁斧以及一些木头雕刻，上面刻着一个男子手持一根三叉戟，另一个男子拿着一个花环，最后两人拿着莲花。我们只有一把铲子，但是一直铲啊铲没有停歇。

在东南边很远的地方，耸立着一座泥塔。我带上切诺夫和阿步都尔跑过去看。爬上塔顶，我们又望见另外三座塔。此时我们还不能确定这些塔楼是否为防御外敌而修建，还可能是打仗时的烽火楼，或者跟印度的舍利塔一样有其宗教意义也未可知。

我们到达营地时已经一片漆黑，好在法朱拉点燃一堆火给了我们指引。

次日我带着一丝不舍离开了这个有趣的地方。我们不能久留，因为暖和的季节就要来了，白天赶路时装冰块的山羊皮袋一直在滴水，这是一个危险的信号。

我给了阿步都尔一份丰厚的酬劳，便让他回家去。随后又让仆人荷戴带上两头骆驼和所有的木刻及其他途中收集的物品先行返回总部。

我继续向南穿越泥土沙漠，随行的有切诺夫、法朱拉、奥迪克、四头骆驼、一匹马和两只狗。走了十二英里路后，我们来到一处洼地，这里长着几株柽柳。附近一定有地下水！我们一定要挖口井出来！但是铲子呢？奥迪克承认他把铲子忘在废墟那边了，主动要求去取回来。我听了心里有些不忍，但是铲子对我们来说可能是生死攸关的。真要去的话，会有很大风险，尤其是刮起风暴的时候。

"万一你找不到我们的足迹，就只管朝着南方或西南方走，这样你肯定能走到喀喇珂珊湖（Kara-koshun）。"

奥迪克休息了几个小时。他在午夜离开的时候，我把自己的坐骑借给他骑。他们一人一马都先喝足了水才上路。

奥迪克消失在夜色之中。两个小时过后，一场大风暴从东边袭来。我心里巴望着奥迪克能立即回来，但是直到天亮都没有他的消息，于是我们开始向着西南方进发。多亏刚吹过的这场大风，天气并不像平时那样闷热。

在翻越过一长条低矮的沙丘之后，我们在一片寸草不生的土地上发现几块木头，便就地扎营。出乎大家意料的是，奥迪克安然回到营地，马和铲子都带了回来。下面是他讲述的经历：

他在那场风暴中没找见我们留下的足迹，由此迷了路，结果误打误撞来到一座泥土塔楼跟前，在附近发现一些房屋的废墟，还有雕刻精美的木板半埋在沙子里。他把拾到的几枚硬币和两块木雕带在身上。在多番寻找之后，终于找到了我们原先的营地和铲子。接着他想把木刻板安放在马身上，但是马一声嘶鸣便把东西甩在地上。于是奥迪克就自己把木刻板搬到我们先前遗失铲子的地方。可木板太重，他再也搬不动了。他再次尝试把东西装在马背上，可马挣脱了缰绳，费了好半天劲才抓回来。这样奥迪克才丢下他的战利品，骑回我们的新营地。

这么说来，那些废墟比我见到的还要多得多！我首先派奥迪克回头去取那几块木刻板，在我们准备出发之前，他就完成任务回来了。看到这些雕刻精美的涡卷装饰和树叶，我不禁目眩神迷。奥迪克告诉我，这样的东西那里还有很多，他不过是搬了这两块木板作样品而已。我真想回去。但是这个念头太愚蠢了！我们的存水只够喝上两天。去那边会把所有的旅行计划都打乱。明年冬天我一定要再回到这个沙漠里来！奥迪克带我去看他发现木刻板的那个地方。真是多亏他把铲子忘了，不然的话，我就不会再回到这个古城，从而完成这项重要的发现。有了这个发现，亚洲最中心地区的历史向世界展现出崭新的一面。

但是眼下我们不得不考虑先保住自己和牲口的性命再说。我们赶紧往南边前进，有时穿过泥土地，有时又翻越二十英尺高的沙丘。我赤脚走路。太阳把地面烤得火热，但是骆驼留下的脚印里的沙子却很清凉。晚上扎营的时候，每头骆驼分得一桶水，又吃完最后一口袋干草。骆驼已经有五天时间滴水未进。我们也只剩下一天的饮水量。水整天装在山羊皮袋里，喝起来一股怪味。

第二天我走在前头。距离喀喇珂珊湖应该还有三十八英里路程。我爬上一个沙丘，用望远镜扫视远方，除了低矮的沙丘以外空无一物。等等，那个在东南方向闪光的是什么东西？是水？还是海市蜃楼？

我急忙赶过去。原来是纯净清澈的水，虽然有一点臭味，但喝起来没有问题。看着骆驼喝上水，我心里也乐呵呵的。不过我们还得给它们找片草地，同时也必须给我们自己找点东西吃才行。现在剩下的只有一袋子米和一点茶叶而已。

我们沿着岸边继续前行。4月2日，到达从东延伸向西南方向的喀喇珂珊湖（即罗布泊），湖南边有一丛丛芦苇。这儿的湖水甜美可口。野鸭、野雁和天鹅在湖面泛游，但是离岸边太远，枪打不到。

接下来的一天都用来休息，牲口也可多吃吃草。东北风清新扑面，而我忍不住冒出一个念头，想到湖里洗去一身沙尘。但是到哪里弄船呢？得，我们自己造一艘。最关键的是意志力！有志者事竟成啊！我带上切诺夫和奥迪克往东北方走出很远，但没有发现树木。但是我们有一直都带着的山羊皮袋，还有捆在驮鞍上的木梯子。

我们在一长条岬地上停下来。奥迪克把羊皮吹得跟皮鼓一样鼓胀。我们用绳子绑紧木梯，做成筏子的骨架，然后把羊皮系在船架的下面。风吹向西南，我们可以借助风力漂过湖面直达营地，这样我也能对湖水做一系列的测量。太阳晒得到处都很热，躲在荫凉地里才舒服些。切诺夫上船的时候，筏子差点翻过去。我们坐在筏子的边上，脚就在湖水里晃荡。

风从身后吹来，把我们送离岸边。泛着泡沫的水浪一波一波地推过来，每一个浪头都拍到我们腰间，下半身全部湿透，溅起的水花到我们的帽子那么高。我测得水深最多不超过十二英尺。野雁和天鹅扑拉拉地从湖面飞起，野鸭则贴着水面飞行，翅膀尖都点到了水浪。我们在湖上航行了两个半小时。营地的帐篷由小而大。我们冻得皮肤发紫，只盼着赶紧上岸。奥迪克在营地迎接，我们几个浑身骨头僵硬，几乎都走不到营火边去。我全身颤抖得厉害，整个半死不活的。直到喝过几杯热茶并上床睡觉之后，我的体温才总算恢复过来。

日落时分，天空、大地和湖水都弥漫着神奇的色彩。太阳在沙丘上洒下猩红色的余晖，而迅速飞往西南方的尘云底下却显出火焰似的暗红色。这幅景象非常壮观，让人肃然起敬。湖水泛着深蓝色，白色的浪花在落日光辉的反射下呈现出紫色。水浪如雷鸣般激烈拍打岸边，打湿了我的帐篷，我们只好把帐篷搬得离岸远一些。

第三十七章　塔里木河上最后几周

我们沿着曲折而荒凉的湖岸又走了两天，也没有见到有人走过的印记。我们现在什么吃的都没有，饿得前胸贴后背。走到第二天的傍晚，南边出现一道烟云。奥迪克平时在陆地上跑得有蜥蜴快、在水里游得也不比鱼慢，现在他半走半游地渡过长有芦苇丛的湖水，回来时带来八个渔夫，另有三只野雁、四十只雁蛋、鱼、面粉、米和面包。饿死的危险顿时烟消云散。

在堪姆恰克潘（Kum-chapgan），我们碰见几位老朋友。康切堪长老已经去世，但是他的儿子托可达成为我们信任的朋友。我们把四头骆驼和马委托给努梅特长老，让他把牲口带到密兰的牧场去，我们有一支队伍很快就要出发前往西藏，到时在牧场将牲口取回。

我和切诺幅、法朱拉、奥迪克一同乘独木舟回到总部。不过在此之前，我还乘独木舟在喀喇珂珊湖上快速游览了一圈。这片湖水——抑或称为沼泽才恰当——比我四年前来此地时长了更多的芦苇。最深的地方也不到十七英尺。我们蜻蜓点水似的掠过一大片湖面，结果看见一出极富戏剧性的场景，令我终生难忘。一只死天鹅浮在芦苇丛边上，它的伴侣就在近旁来回游动。我们的船桨在水里一划，独木舟便如箭一般轻盈地驶向天鹅。天鹅并没有展翅飞起，而是用翅膀加速游走。它游到芦苇丛的边缘，便一头扎进干枯的芦苇秆里去。但是一旦进了芦苇丛，它就再也舒展不开双翅。一个罗布人跳进水里，游过去追。那天鹅一下子潜入水中，但是由于芦苇丛的缘故，又在原地冒出来。罗布人一把抓住天鹅，扭断了它的脖子。整个过程还不到一分钟。那天鹅根本不忍抛弃死去的伴侣不管，它这样丧命也正好终结了自己的痛苦。我也只有这么想，心里才能得到些许宽慰。

塔里木河下游以北分出一条新的支流，即什尔吉恰克潘河（Shirge-chapgan）。我当然非常希望能绘出这条支流的走向图，并记录下河道宽度，但是这里没有船。旅队里的四头骆驼还没有离开，于是它们分成两队分别系在两只独木舟上，将船拉上陆地再引到新的河道里去。

我们沿着新水路和湖泊继续向北方行进。有一天，我们在塔里木河上遇见车尔东，他带着我们的三十五匹马、六头骡子、五只狗以及人手和食物往藏北山脉去。在那边的孟达里克（Mandarlik）山谷，我们的几队人马即将会合在一起。

总部里的所有东西都收拾整齐。驳船也准备停当。我原来安在前甲板上的帐篷换成了一间用木条和毛毯搭起来的舱房。要做的事情千头万绪。我们这个总部俨然成了罗布地区名副其实的新首府。当地人有了争执，就跑我们这来，把这儿当成了官府，而我们也就公平仲裁，评判是非。

剩下来的几头骆驼现在就要开始去藏北地区探险了。切诺夫、伊斯兰、图尔都和荷戴都骑马。尤巴斯的腹部曾给野猪伤得很严重，也跟着其他狗一起去。虽然身上有伤，可等大家穿过沙漠并一直走到山脉脚下的时候，它却是唯一存活下来的狗儿。

旅队启程时的场面可以说是美轮美奂。在铜铃的叮当声中，队伍穿过了稀疏的树林。从此以后，"上帝缔造之屋"就变得空荡荒凉起来。所有的商人和匠人都收拾东西离开了。只有几只乌鸦在广场上呱呱叫着；厨房小屋里的最后一堆火尚有余烟袅袅升空。

锡尔金、夏格杜尔以及哥萨克卫兵和其他忠心的仆人仍然在我身边。我和他们以及新来的四个罗布人一起，于5月19日永远离开了这个总部。当地所有的人都聚集到河岸上向我们亲切道别，

270

驳船顺着水流继续往塔里木河下游漂下去；前面半年时间里这条河曾一度干涸。

一路上我们不时停下，以便测量河右岸的湖泊。我丈量了一座夹在两个湖泊中间的沙丘，发现它比河面高出二百九十三英尺。附近的其他沙丘则又高出四十至五十英尺。有时候罗布人在连接塔里木河与湖泊之间的水道上修水坝，这样鱼就给围在湖泊里，湖水也因此变得有一点咸，使得湖鱼更加鲜美。罗布人用围网捕鱼，由两艘独木舟各在一头拽着洒向湖中。

我们的老朋友猎人奇尔贵几天之后也登上船。他召集了一帮人手和一支独木舟船队，以协助我们渡过新形成的水域。芦苇丛长得太浓密，我们只有放火烧才得以继续前行。

5月25日，我们在贝格里克湖（Beglik-kol）上历了一次险。塔里木河右岸有许多这样的湖泊，此湖是其中较大的一个。我们有两艘独木舟，一艘坐着夏格杜尔和两个船夫，另一艘上是我、奇尔贵和另一位船夫。那天风平浪静，整个湖水就像一面镜子，沙丘在水中勾勒出的倒影跟岸上的原物一样清晰。我们朝南边划了三个小时，做了一些测量工作。太阳炙热烤人，我们只好在衣服上洒些湖水，好让自己凉快一点。

到了晚上，我们达到西湖岸的中部，就地休息了一会儿。突然奇尔贵手指着东湖岸那边的沙丘，嘴里蹦出最让人心灰意冷的几个字："黑风暴！"

暗黑色的条纹和黄红色的云团在整个沙丘地带上空升起，并很快合成一道幕帘。船夫的意思是我们原地不动，过一夜再说。但是我必须要回到驳船上去给计时器上发条。

"再划出去！拼命给我划！"

只要能赶到水道的开口处，就能脱离危险。但是要到达那边，我们必须得穿过一个向西延伸的宽阔湾口。

这时湖上还很平静，湖面像一大块玻璃。大家双膝跪倒，船桨划得如弓箭一样弯。如果船桨没被划断，我们就能逃过这场风暴。不然的话，不要两分钟，独木舟就会淹满水，而我们又不可能游上岸去。

"真主啊！"奇尔贵闷声喊道。

接着他又补充道："风暴已经到沙丘了！"此时一股飓风裹挟飞旋的团团黑沙横扫过湖面。

一转眼，沙丘和整个东边的湖岸都消失在尘云里。

听见远方传来一声巨响，随即以迅雷不及掩耳之势奔涌而来，顷刻间变得震耳欲聋。飓风已经吹到湖面上。第一股风力扑在了我们身上。

奇尔贵大喊："快划！快划！有上帝保佑！"

我们的速度渐渐加快。独木舟像小刀一样直切过湖面。每个人都神经紧绷，时刻警备。离到达湖北岸仍有一英里远。但是不到一分钟，北岸连西岸一起都笼罩在雾霭之中。

很快风暴就追上我们，大风呼呼地抽打在身上。要不是我们及时将身体顺风斜倒过去，独木舟早就翻船了。

水浪飞速升高，浪尖上的泡沫嘶嘶作响。独木舟一会儿给水浪抬到空中，一会儿又被抛下来。我们就像是坐在澡盆子里，里面的水随着船一阵阵猛冲而来回飞溅。奇尔贵极力掌控船的方向，想借助风浪的劲头顺势而行。除了自己的船以及船边泛着白花的黑色波浪以外，我什么都看不见。其他的万事万物都消失在浓密的雾霭里。四周一片漆黑，凶多吉少。夜幕也正在降临。我把笔记簿和仪器包裹起来，并开始脱衣服。再有几个大浪打过来，我们就要翻船了。独木舟又直又长的舷上缘也只比水面高出不到两英寸的样子。

但是就在那一刹那，奇迹发生了！浪头突然变得很小，船也不再摇晃了。哈哈！紧靠船右舷的地方出现一团黑呼呼的东西。原来是从北岸突伸出来的一处岬角上长着的柽柳树丛——这不啻为天然的防波堤！我们得救了！我们赶紧上岸，把独木舟里的水倒空，接着继续沿着水道行进。但是天色变得漆黑，芦苇秆不断抽打到我们脸上。在黑地里摸索了好一阵子，最后看到因风暴燃起的一场大火，这才很快返回到驳船上。

我们顺着水流向前漂行。奇尔贵手持长篙坐在我的工作台前面；他这个人有说不完的风趣话、讲不完的怪故事。天上的恶魔终于平静下来，世界又恢复了寂静。这时一艘独木舟全速驶过来，靠在大船边上。只听得有人疾步走上船来。原来是从喀什赶来的信差慕撒，来到我的工作台前，把厚厚一叠从家里寄来的书信以及一些报纸和书籍放在桌上。那天晚上，我躺在床上看信读书，一直到凌晨三点才睡。

随后的几天我们经常因为风暴而耽搁了行程。结果晚上风小的时候也只得继续赶路。在这时候，举火把的人就在前头的独木舟里给我们开路。

又有一位信差意外到来。他只送来一封信，是佩德罗夫斯基写来的，想必一定是有什么重要的事情。这位塔什干的总督命令锡尔金和切诺夫两名哥萨克士兵立即返回喀什，因为在俄国和亚洲的边界发生某些骚乱。不巧此时切诺夫正在藏北地区，在他回到营地之前，我也无能为力。于是我派了一位信差沿路去追赶他。

在捕鱼场切格里克湖，我们不得不放弃原来的驳船，因为这里的水域实在太浅，开不了大船，于是我们另造了两艘小一点的船。每一艘船都是把一块平台安在三艘长独木舟上。在每个平台上，我们又各立起一个架子，再用毛毯盖上。我就住在其中一个棚子里面。另一个则成了锡尔金和夏格杜尔的住所。同时我在大船上的暗房里将前面几个星期里已经曝光的胶片板冲洗出来。这艘在大河上漂行了九百英里的船确实已经尽到了义务，我把船送给当地人，由他们使用。

新造的船开起来很容易，但是碰上水流湍急的时候，我们也只得一直忙着把独木舟里的水舀出去。尽管如此,我们还是成功抵达古渔村阿布达尔,这里是此次河上之旅的最后一站。

几天之后,切诺夫、图尔都和摩拉来了,他们带着四头骆驼和十匹马来接我,并把余下的行装搬到我们在大山里的新总部去。在出发之前,牲口必须要休息上几天时间。天热得难受,阴影底下的温度都升至 40 摄氏度以上。爱吸血的大牛虻漫天飞,这些牛虻对骆驼和马匹而言是最糟糕的瘟疫。如果白天任凭牲口自己吃草,它们身上就会叮满成千上万只牛虻。它们大吸特吸牲口的血,直置牲口于死地。所以只要太阳一升起来,就得把牲口都关在茅草棚里。日落以后,再带它们去河里冲冲凉,到晚上也可以放它们在外面待着。有一天,骆驼不见了。从走动的足迹来看,很显然它们是跑回大山里,以躲避牛虻的叮咬。图尔都骑上马把骆驼都追了回来。我们也受了不少牛虻的罪,单单从一个草屋走到另一个草屋,就好像是冒着枪林弹雨一般。我们都盼着能呼吸到高原的清新空气。

6 月 30 日的傍晚五点钟,余下的行李都让四头骆驼和两匹马给装上了。在装行李的时候,有四个人分别站在几头牲口跟前,只为了扑打牛虻。等到一切就绪,旅队出发了。夏格杜尔负责照看仍与我们随行的狗儿玛西卡和尤达西,以及马兰基和马尔奇克两只小狗。我命图尔都带旅队去喀喇珂珊湖的南岸,在那里找一条转向东南方的路,从那儿直通山区里距离最近的泉水。要到达湖岸边上的那个转折点,得走上整整一个晚上,我更愿意乘独木舟驶过这段路程。于是旅队在暮色中走远消失,而我和锡尔金、切诺夫以及当地的几位朋友留在原地。

哥萨克卫兵拿上我所有的信件,并得了一笔丰厚的赏金,因为他们做得实在太出色了。最后一次握手道别之后,他们骑上马,带一支小队消失在暮色中,他们将取道车尔臣和和阗前往喀什。此次分别充满了伤感和遗憾。我只觉得自己在这亚洲的中心地带无依无靠，再也没有随从相伴，除了口袋里的一点东西以外两手空空。于是在哥萨克卫兵走了之后，我一刻也没有停留。和当地的阿布达尔人道过别，我登上候在一边的独木舟，船上两个罗布人带着我顺流飞速直下。只要月亮还悬在空中，我们就能看清河岸。但是过了一会儿，月亮沉下去了，而河道又扩展成长满芦苇的沼泽地，周遭也变得漆黑一片。我真搞不清楚划船的罗布人是怎么认得路的。他们俩也不说话，只是向着目的地毫不犹豫地划啊划。星星在流动的水面上一闪一闪的。时间一点一点过去，独木舟也不停地向前驶去。我不时会打个盹，但却无法真正入睡。我在塔里木河上的最后一段航程实在是激动人心，叫我怎么睡得着呢？

等船驶到岸边，天依然是黑洞洞的。船夫说这儿就是会合的地点，我们上岸等候。过了一阵子，远处传来叫喊声，那是夏格杜尔骑马赶到了。我们生起火堆，煮上茶水，开始吃早饭。

破晓时分，图尔都带着骆驼也到了。他只招呼我们一声"主赐平安"，就头也不回地继续走下去。我们和船夫说声再见，便骑上马跟随图尔都而去。

太阳升起来了，阳光、热度和七彩颜色一并洒满整个荒原，带着融金色边缘的紫色薄云漂浮在地平线上。西藏高原最外围的山脉与沙漠相连，看上去好似一道衬在光影之中的轮廓分明的布景。成百万只牛虻苏醒过来，像子弹一样从我们身边飕飕地飞过，它们肚子里充满了偷吸来的鲜血，衬在阳光之下，仿佛闪光熠熠的红宝石一般。

在丹格里克，我们安置好第一个营地。这时我们已经高出湖面有六百五十英尺，四处不见人烟，但是却找到一处泉水，还有一片草地，可供马匹和骆驼享用。

第三十八章 在藏东历险

破晓前几个小时,我们就开始着手准备,因为前面还有穿越贫瘠荒原的漫漫长路。等牲口都喝足了水,我们把铜制容器里也盛满供自己和狗儿饮用的水。地面很硬,满地都是碎石子和粗糙沙砾。北边的湖泊看上去像是一条暗色的缎带,其他一切则是黄灰色。山脉显得更加轮廓分明,突出的岩石、山谷的入口以及凹陷的罅隙也都看得清清楚楚。

经过七个小时的艰苦跋涉,我们走过一堆石头地标。

托可达说:"现在我们已经走了一半路程了。"

玛西卡和尤达西又热又干,显得萎靡不振,我们中途停下好几次给它们喂水喝。但是狗儿还是落在队伍后面,我们有一次停下等了半天,可就是不见它们的影子。它们是回到湖泊那边去了吗?夏格杜尔带上一罐子水骑马跑回去找,再回来时马鞍上只载着尤达西。玛西卡当时也喝了水,但随即断了气,像是中了风的样子。尤达西给包在一张毛毯里,绑在骆驼背上,它现在一副完全无助的样子。两只小狗待在另一头骆驼背上的篮子里,那骆驼走路一摇一摆,把小狗也晃得前颠后倒。

我们终于来到一个山谷入口,谷底有一条涓涓小溪,于是在这里休息了一阵子。我们的头一桩事便是放下三只狗儿。它们连腿都站不直了,但一听到潺潺的流水声,就冲过去大喝特喝,又活过来了。它们喝一阵水,咳上一会儿,清清喉咙,继而喝个不停,最后干脆滚倒在溪水里,调皮地打起滚来。想到漂亮的玛西卡没能支撑到这里,我不禁感到伤心。往山谷上方又走一点,遇见一丛茂盛高大的柽柳树。我们就在塔特里克泉（Tatlik-bulak）边扎营，此时的海拔高度是六千三百英尺（一千九百二十米）。

后面的几天里，我们翻越头两座山脉——乌斯登山（Astin-tagh）和阿卡多山（Akato-tagh）。在阿卡多山的垭口上，我们看见南边的第三座山脉祁漫山（Chimen-tagh）。在此山和我们现在所处的位置之间有一道长长的宽阔山谷，里面有一面小湖，我们就在湖岸边安下营地。

走到底穆尔里克（Temirlik）泉井时，已到海拔九千七百英尺（二千九百五十六米）的高度，我们正在向荒凉的西藏高原上更高的高度挺进。我们在泉边待了一天，让牲口休息休息，这时一支商队运来我们从罗布泊西南边的小镇若羌（Charkhlik）订购的玉米。

孟达里克的总部也赶来几位信差，捎话说总部一切正常。其中一位信差曾由伊斯兰招募过来当随从，因为他比谁都更了解这个地区。此人叫艾尔达特，是阿富汗人的后裔，会说波斯话，长着鹰钩鼻，短短的胡子，双眼充满忧郁之色。他本以捕猎牦牛为业，一年到头都独自住在大山里，吃的是野牦牛肉，喝的是雪水。他所有的财物不过是每天穿在身上的衣服、一件毛皮长袍、一把长枪和一些弹药而已。一到夏天，他的兄弟们便赶着驴子上山来取他捕获的野牦牛皮，之后转运至克里雅的市集上去兜售。

艾尔达特总是独来独往，头昂得高高的，有一种君王的气势。
我问他："如果打猎打不着东西可怎么办？"
"就饿肚子呗，等再找到一头牦牛就好了。"
"冬天那么冷，夜里你在哪里睡觉呢？"
"峡谷和山洞里。"
"难道不怕有野狼？"
"不怕，我有枪、拨火棒、打火石和火种，到了晚上我就生火。"

"碰上厉害的暴风雪，不会给雪埋了吗？"

"会的，但是我总有办法出来。"

"你老是一个人，难道不会闷得难受吗？"

"不会。除了我父亲和几位兄弟以外，也没有什么人好挂念的。而且他们每年夏天都会上山来待几天。"

艾尔达特身上有股迷人的神秘气息，就像是童话故事里乔装隐居的王子。所有的问题他都回答得干净利索，但是你不问他，他也就不吭声。谁也没有见过他面带微笑抑或哈哈大笑，甚至主动与其他人交谈，仿佛是在逃避心中的巨大悲痛，而且在与野狼和暴风雪抗争搏斗时，要以孤独、危险、艰难和冒险来锻炼自己。然而他终究是个凡人，有时也很渴望跟其他人待上一阵子。因此，我问他是否愿意随我进入西藏荒野，结果他一口答应！他负责打猎，并把穿越山区的秘密小道指给我看。

7月13日，我们所有人再次在孟达里克的泉水与树丛间集合，建立此行路上第二个大型总部，作为将来探险旅程的起点。

7月18日，我们首次出发踏上征程。我打算为藏东尚未有人勘探过的部分高原地区绘制地形图。我们带上足够食物，至少能让八个人吃上两个半月。切尔东成了我的贴身随从兼伙夫。图尔都带领七头骆驼，摩拉则照看十一匹马和一头骡马。路上只要发现有湖泊，能干的罗布人库曲克就成了我的船夫。原来在克里雅当金矿工人的尼亚斯负责看管十六只绵羊。艾尔达特为我们指路和打猎，而托可达帮忙喂养马匹。狗儿尤达西、马尔奇克和一只硕大的蒙古狗——它原来是东边某些游牧人营地里的狗，后遭遗弃——也跟我们一起上路。

翻越过两座垭口后，我们第一次扎下营地，此地海拔已达一万三千英尺（三千九百六十二米）的高度。野牦牛、野雁、土拨鼠和松鸡都是紧挨着我们营地的邻居。刚刚将炎炎盛夏抛在身后，现在就进入了冬季，气温降至零下5摄氏度。7月22日我们在一场暴风雪中拔营出发，在肆虐了一整夜的大雪和风暴中骑行跋涉。

天亮时我给营地里突然出现的一阵大骚动惊醒了。切尔东报告说尼亚斯和十二只绵羊都不见了，只有拴着的四只绵羊还在。大伙儿急忙分头搜寻，切尔东还骑马去找。大约十点钟，尼亚斯只带着一只绵羊回来了，悲痛万分的样子。原来他发现其他所有的绵羊都被野狼咬死了，横七竖八地倒在血泊里，只有一头绵羊幸免于难。昨晚尼亚斯盖着毛毡睡觉。半夜时分，他给啪啪的脚步声和绵羊的咩咩叫声惊醒，纵身跳起，只见有三头野狼顶风上来偷袭羊群。绵羊傻傻地一哄而逃，往野地里乱跑。尼亚斯拔腿就去追，却忘了把其他人叫醒。野狼半路截住羊群，撕咬个粉碎，只有一头绵羊逃脱了。狡猾的野狼利用暴风雪作掩护，狗儿因为大风咆哮狂吼，声音太大，居然没听出半点动静。

野狼很可能在我们走了之后又回到屠羊的地方。如今我们比以往更依赖艾尔达特的长枪了。还没走多远，我们就看见那只走失的绵羊，惊慌失措、发了疯似的从一个积雪覆盖的小山上跑下来。我们刚才还为失去那么多惨遭屠杀的绵羊而伤心，此时见到这只绵羊，心里更多的是开心。

而后的几天里，我们长途跋涉，艰难地翻越几座雪山，淘金工人和牦牛猎人把这些大山叫作祁漫山、阿喇山（Ara-tagh）和卡尔塔阿根山（Kalta-alaghan）。其中在卡尔塔阿根山我们越过一个海拔高达一万五千七百英尺（四千七百八十五米）的垭口。在垭口之上，我们望见南边有几座终年不化的雪峰，各自属于四个不同的山系，再往远处接近地平线的地方就是"更远的山脉"，也是前几年让我费尽千辛万苦才得以征服的那座山脉。

从卡尔塔阿根山的南坡下山，来到一处地势宽阔的山谷，我们就沿着山谷向西走。现在所处的区域仍是不少俄国旅行家以及邦伐洛特和利特戴尔曾经探索过的地方。我们保持在山谷的中线行进。这里到处都是土拨鼠，在洞口嘶嘶叫着，等狗儿冲上前去，它们一下子就缩回洞穴里去。

　　山谷里有一群野驴在吃草，约有三十四头，切尔东和艾尔达特骑在马上追了过去，野驴一哄而散，只有一头母驴和它不到四天大的小驴待在原地。最后母驴也逃开了，于是艾尔达特把那小驴捞上马鞍带回来。后来我们又逮到一只小驴，便把它们都用毛毯裹上，让一头骆驼驮在背上。我们想先拿面糊喂它们，等它们长到可以自己吃草为止。小驴子还真的把面糊都舔光了。但是我看出它们有憔悴的迹象，便让手下人把它们放归原来抓捕它们的那个大草原，这样母驴也可以把小驴再找回去。这时托可达跟我说，只要人类的手碰过小驴，母驴就会厌恶之极。如果此话不假，这些小驴就只有沦为野狼的口中餐了。因此我们决定把小驴杀了吃，而且发现小驴肉确实细嫩可口。

　　南边的山脉将这道大山谷包围起来，同时沿着整个山麓很清晰地划出一片浮沙地带，里面的沙丘一座座都高耸无比。山谷中有一种叫"依拉"的马蝇很常见，这种马蝇有个恶习，总喜欢钻进正吃草的牲口的鼻子里。我们的马匹给这些讨厌鬼吓得不轻，动不动就打喷嚏、甩甩头，或者躺倒在地扭动翻滚，也不管身上是不是驮着行装、有没有人骑。野牦牛、野驴和羚羊白天就跑到沙丘上去，得以安然度日，到了晚上才回到山谷里吃草。离太阳西沉还有好一会儿，这时我们注意到有三十头壮实的野牦牛，它们在沙地上游荡，正准备返回山谷里。一看见我们的队伍，它们顿时在一座高高沙丘顶上停住。这些黝黑的牦牛排成一条长队，嗅着鼻子，头抬得很高，衬着黄灰色的沙地，再加上终年不化的雪原作为背景，呈现出一幅精彩得让人惊叹的画面。

　　我们离普哲瓦尔斯基所发现的小湖巴什坎湖（Bash-kum-kol，意指上沙湖）越来越近。那里有十四头牦牛在吃草。切尔东偷偷摸到牛群里的一头老公牛边上，可是那牦牛不会轻易给吓倒，它直盯着猎人看，甚至还超前逼近了几步，结果还是切尔东掉头落荒而逃，看得大家忍俊不禁。为了保住自己的名声，切尔东转而去追一头幼狼，并将其捕捉回营地。我们拿一根缰绳系在幼狼的脖子上，困了它一晚上。托可达相信一点，如果幼狼有什么三长两短，那母狼肯定会向我们最后那只绵羊发起报复。但是幼狼精得很，夜里自己把缰绳咬断，等到早上一看，已经不见了。手下人都希望那幼狼长大之后，脖子上的绳子会把它勒死；不过我倒是觉得母狼一定知道怎么把孩子从缰绳里挣脱出来。

接着又是一段漫长而艰苦的征程，我们向着阿克山的高峰攀登。在群山组成的巨大迷宫里跋涉穿行。一会儿下起雨来，一会儿又是冰雹砸向漫山遍野，有时温暖的阳光照耀大地，毛茸茸的大黄蜂在空中嗡嗡叫，像是在演奏管风琴曲子。走在山谷里，有时会惊吓到一大群羚羊。这些动物灵活而优雅，闪亮的羊角在阳光下像刺刀一般闪烁着光泽，很难想象还会有比这更为惊艳的画面了。

艾尔达特所了解的地区到此为止，于是图尔都骑马登上阿克山的高峰，寻找哪里有山口可通行，尤达西也跟了过去。谁知那狗儿瞅见了一头羚羊，便跑过一条小径穷追不舍。结果图尔都回来的时候却不见尤达西的影子。我们继续往前走，心想那狗儿一定能找到路赶上我们。这时下起一场暴雨，我们立即停下，但是还没来得及把帐篷支起来，身上已然淋得湿透。尤达西仍然不见踪影，它已经和我们的队伍相隔了一个垭口的距离，而且还下着倾盆大雨。图尔都骑马去找，最终带着狗儿回来了。尤达西异常兴奋，原来它走丢了自己留下的足迹，却在旁侧一个我们从未去过的山谷里找到我们的队伍。

由此我们从一个高达一万七千英尺（五千一百八十二米）的垭口翻过阿克山，随后下山来到一处细长的大山谷；四年前我在这里发现了二十二座湖泊。此时向南的前方有一片处女地，而我们即将要走历史上只有两位探险家走过的路线。能进入这块崭新的未知地域，我心里自然有些知足；这里除了野牦牛、野驴和羚羊踩踏出的小径以外，别无选择。艾尔达特射倒了两只羚羊，于是我们可以吃上好几天的肉，无需再牺牲最后所剩下的三只绵羊。

那天的夜色依然是壮美宏伟。天上几片镶有亮边的薄云从月亮上飘过，巨型冰河由南边延伸而下，上面的积雪闪烁着美丽的银色光辉，但我仍觉得周遭充满了大气的荒凉与寂寥之情。

队伍里的牲口走累了。在这样的海拔高度，牧草少得可怜。夏天正是骆驼脱毛的季节，这时候却吹着强劲的西风，形成大块的浓云，结果每天不是下雪、下冰雹就是下雨，把骆驼冻得不行。不过因了这样严酷的气候，骆驼身上反倒开始长出冬天才有的长毛。

由北向南穿越西藏高原，正如我们所走的路线，必须要越过所有东西走向的平行山脉。每过一个垭口，便能望见南边层出不穷的连绵山脉，以及群山之间雄伟宽阔且没有尽头的山谷。这时面前又出现一道山脊，看上去平坦光滑。我骑马走在前头，光秃秃的山地浸得透湿，跟玉米糊一样软嗒嗒的。我下马领着坐骑走，马儿每迈出一步，就在烂泥里陷进一英尺深。骆驼摇摇晃晃地慢慢跟在后面，一脚踩下去就是一个深坑，随即坑又给水填满。这样危险的烂泥地我们实在走不下去，虽然好不容易已经爬到一万七千二百英尺（五千二百四十二米）的高度，却只是徒然，还得掉头返回。回到一处长有零星牧草的山谷，我们让牲口好好休息了两天。晚上我们给骆驼盖上毛毯，免得它在大雪大风天里冻坏了身子。切尔东的马不幸死了，弄得这位哥萨克好汉伤心透顶。先前他已经教会了马儿所有的口令——它会躺倒，主人一叫就跑过来，而且切尔东双手撑在马鞍上倒立的时候，它也能以优美的姿态小心地迈开步子走。

8月22日，我们试图从另一道垭口翻越那段让人头疼的烂泥地。地面还是跟前两天一样湿滑难测，踩在骆驼和马匹的脚下，只听得哗哒哗哒和稀沥沥的声音。大伙儿都是徒步走路，每个人的心都蹦蹦乱跳，像是要爆炸了一样，最后总算登上一万六千八百英尺（五千一百二十一米）的顶峰。

不料此处潜伏着一头野狼。在我们登上峰顶的同时，冰雹也随着隆隆的雷鸣声从天而降，大地都在颤抖。那声声巨响听起来就像是战舰在发射一颗颗炮弹，又像是一大帮子巨人在玩击柱游戏。我们所在的位置也太高了，有一部分浓云简直就是在脚下的山谷里。我们恰好是在风暴的最中心，在这枪林弹雨般的冰雹中，什么也辨识不清，也不知道该往哪个方向走才能逃出这个可怕的山脊。现在也别无选择，只有在湿地里扎下帐篷，并把骆驼聚在一起围成个半圈，再把毛毯盖在它们身上。到处都是水花四溅，所有的东西都是湿漉漉的，帐篷啊、毛毯啊以及行装无不在滴水。有头骆驼在爬山路上倒地不起，于是其他骆驼就分得鞍袋里的干草，大吃特吃了一顿。

第二天天气好转，在这个丑陋的山脊南麓的山谷里，我们找到一片在含沙土地上长出的牧草，就原地休息了两天。我们所有的衣服和毯子都铺展在沙子上晾晾干。

又一座山脊抛在身后，接着是连绵的山脉扩展成一片广阔的高原，脚下的路也非常适合旅行。南边很远的地方出现一面咸水湖，我们就在湖的西北岸边扎营。有天深夜，手下人听见远处传来奇怪的声音。大家有种不安的感觉，因为这声音听起来像是有人在呼喊。艾尔达特则以为是野狼的叫声，他之前射伤了一头羚羊，但是让它逃走了，后来他发现受伤的羚羊给野狼吃得只剩下一堆骨头。我们需要吃点肉，不过目前米饭和面包还很够吃的。

8月22日，我和库曲克划船穿越湖面，来到湖泊南岸上的一个土坡，旅队将在晚上到这里与我们会合，并生上一大堆篝火作为指引。天气好得很。湖水很浅，而且底下有一层坚硬的盐层，库曲克只要拿船桨撑着湖底，就可以把船推行几个小时。再往前行，我们发现湖水最深的地方，也只有七英尺半。这个所谓的湖泊其实只不过是一个积在浅凹盆地里的极其浅薄的水滩而已。天气晴好无风，如安息日一般的寂静笼罩在湖面之上。在日光的照耀下，湖水色彩缤纷。紧挨着船的地方，湖水是淡绿色的；再往远去，又变成海蓝色。天空、湖面、云朵、大山以及万事万物都飘然立于浅淡的流光溢彩之中。天气也很暖和，之前在大山里沾湿的身子现在都干透了。湖水相当咸，只要是碰上水的地方都成了白色。怎么看这里都像是死海，只不过我们所处的位置是海拔一万五千六百英尺（四千七百五十五米）的高度。开始的几个小时里，我们在船上还能看见旅队走在湖的左岸，不过后来，距离太远便看不见了。

白天过去，暮色降临，而我们还行驶在湖面上。看不到火光，也不见骆驼和马匹的踪影。我们上了岸，爬上一个土坡四下里张望。只见这里有一个野驴的头骨，那里又有一些熊走过的足迹。我们高声喊叫，却没有回应。旅队肯定是出什么事了，不然的话，总会有一两个人骑马带上食物、厚暖衣服和床具赶来接应我们的。

趁天还没有完全黑下来，我们找了些能烧火的东西，也就是牦牛和野驴的粪便什么的。晚上九点钟，我们生起一堆火，坐着闲聊了有一个小时，随后倒身睡觉。库曲克用船帆把我裹起来，救生筏权当枕头用，有一半可折叠的船身像一口大钟一样覆盖在我身上。我就这样睡着，仿佛躺在棺材里的一具尸体。库曲克徒手将沙子堆在我身体周围，好挡挡风，这又让我想起掘墓人往墓穴里填土的样子。最后库曲克自己蜷缩在船的另一半底下。一场大雨浇下来，打得紧绷的帆布船底啪啪响，十分吵人。但是很快我就在这个坟墓里睡着了，直到太阳已经高高跃升地平线之上，我才复活。

东边吹来清新的微风，这对我们来说真是再妙不过，因为我们正要沿着南岸向西行，去看看我们的人到底怎样了。我们把船身的两半再合成一体，竖起桅杆，升上船帆，在这咸水湖的水浪上惬意地行驶了三个小时。船颠簸得厉害，结果库曲克晕船了。最后终于看见了帐篷。切尔东和艾尔达特蹚进浅水里，把船直接拉上岸去。我们都很饿，只想着吃一顿早饭。艾尔达特早先捕获一头野驴，这下我们又有肉吃了。

原来旅队是给一条河挡住了去路，那河有一百九十英尺宽、十英尺深，直接注入这片咸水湖。我们来到河岸边，拿一根绳索横穿两岸，一共传了十四次才把行装都运过岸去。马匹也能游过河，可是骆驼就麻烦了。我们只好用船把骆驼拽过河去，它们就像死了一样趴在水里，直到脚下踩到坚实的地面才自己走起来。

等折腾完，我们继续向南行，走了几天，又来到一面咸水湖跟前，其水源来自南边两座美丽的淡水湖。这片地域实在是太有魅力了。我主动折上一个星期，让骆驼和马匹在湖岸边悠然吃草。我自己则利用这段时间在湖上的不同方向测量湖水的深度，绘制出湖岸的走势，并在垂直高耸的悬崖下捕鱼吃。我和库曲克多次顶着风暴在这里的荒野中历险，不过终归有惊无险。

9月12日，我骑马向南走了十七英里，所到之处总能看到野牦牛、野驴、羚羊、野兔、田鼠、土拨鼠、野雁、野狼和狐狸等动物，有些山坡上居然密密麻麻的都是牦牛。

等我们再次回到营地里来，发现已经有足够吃上两个星期的肉了，因为艾尔达特捕获了一头小牦牛和四只羚羊。然而我们离开孟达里克总部已有一个半月之久，随行所带的食物只够吃上两个半月了，还得拿一部分面粉来喂旅队里的牲口，现在我们就主要以动物肉为食了。到目前为止一切都还好，但是我们还要从一条偏西的路线返回总部，因为那边也是未有人勘探过的地方。先前定的计划并不包括进一步深入西藏高原，我的原意是在这年冬天结束之前，再次探访罗布沙漠里的古城。

第三十九章　在死亡阴影中撤退

我让图尔都带领旅队沿一片巨大的冰川北麓向西行进，而我带上切尔东和艾尔达特从南坡绕行，我们带的食物足够三个人吃上一星期的。

紧靠在我们第二个营地的一个山坡上，有一只牦牛在吃草。艾尔达特像只猫似的轻手轻脚地穿过峡谷和洼地，一直走到距牦牛不到三十步远的地方。我拿望远镜跟着看他怎样打猎。只见艾尔达特不动声色，把长枪架在一支有缺口的树棍上，接着就是一声枪响。那牦牛浑身一抖，迈了几步，便停住倒在地上，接着又爬起来，前后晃了几晃，再次倒地，便一直俯卧在那里不动了。这是一枪致命。艾尔达特手持长枪，趴在地上一动不动。我和切尔东拿着刀子走上前去。等我们认定牦牛确实死了，便一起剥下牛皮，割下牦牛身上最好的肉，包括牛舌、牛肾和牛心，这些通常都是留给我吃。

第二天早上，艾尔达特回到死牦牛那里又取了一些肉。我们现在海拔是一万六千八百七十英尺（五千一百四十二米）。西风吹得很猛。往西边望去，能看见一个高高的垭口，那正是我们要翻越的地方，以便和图尔都带领的旅队会合。艾尔达特突然不见了，切尔东去找他，结果发现他倒在猎物的边上，身子很不舒服。切尔东扶着他回到营地。这个年轻的猎人头痛得厉害，鼻子也在流血。我和切尔东把行李装上马背，再用艾尔达特的毛皮衣将他裹好，帮他坐上马鞍。

马匹踩得土壤深陷下去，一步步艰难地向着那座高达一万七千八百英尺（五千四百二十五米）的垭口攀爬。艾尔达特已经病得神智不清。他在马鞍上前后摇晃得太厉害，我们只好用绳子把他绑在马鞍上。

我们走了一天之后，正好撞上前来寻找我们的图尔都和库曲克，他们把我们领到营地去。之后再一起往西行的时候，我们就在一头骆驼背上专门给艾尔达特用包袋和毛毯安了一张床。平常艾尔达特都是沉默寡言，这会儿却躺在骆驼背上哼唱起波斯歌谣来。有一阵子，一头如煤炭一般黑的老牦牛一直走在我们前面，其腹部两侧拖挂着长长的穗毛，看上去就像是披着一身丧服的竞技赛马。

我们往西北方向走了几天。天气糟糕得很，每天又是刮风又是下雪。雪下得有一英尺深，把土拨鼠的窝洞埋在底下，让人觉察不到。马匹经常一脚踩到这些洞穴里，结果一下子绊倒在地。在我们扎营的地方，牲口想在雪地里找几根草吃，却也是徒劳。

艾尔达特的病越来越重，双脚都开始发黑。我给他的脚按摩了几个小时，以促进血液循环，又拿热水给他泡脚，这样也可以缓解一下症状。为了照顾他，我们本应该停下不走，可是我们的食物补给已经到了危险的边缘，而艾尔达特是猎人，本来都指着他给我们捕猎新鲜的肉吃呢。切尔东的枪法也很了得，不过他带的弹夹太少。他射出的最后一枪总算击倒一头年轻的牦牛，我们才又有了够吃一段时间的肉。

有天晚上，艾尔达特让我们把他夹两头骆驼之间，睡在露天里，因为他觉得骆驼的体温也许会对他有所疗效。我们答应了他的请求，摩拉和尼亚斯两人负责在一边照看他。

9月17日的早上，我给营地里的一阵尖叫和嘈杂声惊醒，赶紧跑出去，恰好看见一头熊在帐篷之间左嗅嗅右闻闻，结果被狗儿追得一溜烟跑掉了。

两天之后，我们又回到东边曾经费了好大力气才翻越过去的那座令人生厌的泥泞山脊。一头骆驼深深地陷进泥地里，翻身倒地，我们只好把它驮载的行装卸下来。要不是我们把它的腿一条一条从泥里挖出来，再拿毛毯铺在它的身下，这骆驼真要死在那里了。我们借助帐篷柱子和绳子之力，终于让它重新站立起来。它看上去就像是个泥塑的模型，得拿刀子才能把它身上黑灰色的厚泥巴刮下来。

已经有两个月没见到人烟了，此时离底穆尔里克仍有二百四十英里远的距离，旅队受命在那里等候我们的到来。大伙儿都盼着能早日抵达目的地，赶紧离开这片危机四伏、凶多吉少的高原。

在一处扎营的地方，艾尔达特病得太重，结果我们在原地滞留了一天。切尔东拿艾尔达特的长枪射杀了一头牦牛，又在营地附近捕猎到一头羚羊。队里的回教徒尝试用新的疗法给艾尔达特治病，他们剥下羚羊的皮，给艾尔达特脱去衣服，再将尚有余温的羚羊皮紧紧裹在他身上。

一只土拨鼠正退回洞里，被狗儿尤达西截住了，另有一个人把这个小家伙逮住，拴在了帐篷之间的一根杆子上。我们试着驯服它，希望借此能多一个不错的新玩伴。但是这个土拨鼠很难驯服，如果拿木棍或帐篷柱子伸到它面前，它就用尖利的前牙咬下几大块下来。只要一扎下营地，它就开始挖掘新洞穴想逃跑；只是洞穴还没有挖到一英尺深，我们又拔营前往下一个营地了。

到了晚上，艾尔达特变得更为虚弱。他呼吸很急促，脉搏简直感觉不到，体温也降到很低。次日早上准备出发的时候，我们尽可能让他舒舒服服地躺在骆驼背上。就在骆驼刚要立起身来的那一刻，艾尔达特晒得黝黑的脸上掠过一道怪异的灰白之色，同时他睁开了眼睛。他就这样死了。我们围在他的尸体跟前，沉默肃然。艾尔达特像位君王一样笔挺而骄傲地躺在那里，睁开的眼睛直盯着西藏的天空。

尽管大家的意思是赶紧把艾尔达特掩埋入土，可我下不了决心,他的尸体尚有余温。旅队的部分人马已经上路开始这一天的行程,驮载艾尔达特的骆驼也站起来跟在后面走。这一段路走得人伤心而阴郁。听不到人唱歌,也没有人说话,只有大铜铃当当响着,仿佛举行告别葬礼时敲响的教堂丧钟。两只乌鸦在我们头上盘旋。牦牛、野驴和羚羊注视着我们,比往常更靠近我们。它们似乎也知道了,荒原之上的好猎手已与世长辞。

我们在一面咸水湖附近的一道小山谷里停下,支起帐篷来;这片湖水的四岸都还不曾有欧洲人涉足过。我们挖好墓穴,把艾尔达特的尸体放下去,用他的外套垫着,再拿他的毛皮毯盖上,接着填上墓穴,西藏厚实的土壤压在他的胸膛之上。他的脸朝向麦加的方向。一根杆子插在坟头上,杆子顶端还系着他最后射杀的那头牦牛的尾巴。最后还有一块小墓牌钉在杆子上,牌子上写有他的姓名和去世的日期,并加上一句话,表明他是为我的探险事业而牺牲的。

9月24日这天,每个人都想赶紧离开这个笼罩在死亡阴影下的山谷,越早越好。等骆驼驮上行装,一切收拾停当,我们又来到艾尔达特的墓边,队里的回教徒跪下来祈祷。随后我们便出发了。爬上附近的一个山脊,我在马鞍上转头回望。只见牦牛尾巴在风中摇曳。艾尔达特在气势宏大的宁静与孤寂中长眠于地下。我掉转马头,那坟头随即从我的视线中消失了。

没有草!也不见野生动物!有一匹马倒地不起,其他几匹也累得不成样子。骆驼半闭着眼睛走路,好像患上了昏睡病。我们剩下的玉米只够吃上两天的,并且还得把一部分白米让给牲口吃。我们在海拔一万六千八百英尺的高度扎营。夜里我刚熄灭蜡烛,帐篷门口的布盖猛地给吹开了,又一场暴风雪裹挟着飞旋的雪云直冲进帐篷里来。

先前我们曾从很远的东边越过这道连绵的山脉,现在又再次翻越。其中有一座山脉恰好耸立在我们要经过的路线上。我们缓缓爬上高度超过一万七千英尺的垭口。但是山北坡相当陡峭。站在山脊顶上看,仿佛硬实的地面已经到了尽头,脚下和眼前皆是深不可测的空间。暴风雪正在山谷中肆虐,大雪沿着山脉的侧边乱飞狂舞,就好像是在巫婆施法术的大锅里一样。马匹臀部着地,一路滑下去,而骆驼就得小心地牵着走过雪地。

在下一个营地,我们宰杀了最后一头绵羊,那就像是屠杀同行的旅伴似的。我们往北行进。尤达西追上一头小羚羊,并将它咬死,这样我们又有肉可吃了。我们继续向着另一个垭口前进。途中有两匹马死掉了,另有两匹在我们即将登上山顶时断了气。其中有一匹小灰马是我骑过沙漠一直到车尔臣、穿越罗布沙漠、乃至去往六十泉和古城遗址的坐骑。到了次日早上,又有一匹马死在帐篷之间。

我们再一次回到熟悉的地带。10月8日,气温降至零下18摄氏度。我们的食物补给已减少到六块面包和一些白米。穿过一条由花岗石团团围住的山谷,里面有一些淘金的人遗落的工具。一路上都是徒步行走。第二天晚上死了一头骆驼,它一直坚持到了最后,总是那么骄傲又逆来顺受,如今它已经放弃了找到牧草的所有希望,别无选择,只有去死。它背上驮鞍里的草给尚有一口气的骆驼分食干净。

山谷中的高度在下降。我们越来越靠近海拔较低地域,最后在海拔一万三千三百英尺(四千零五十四米)的高度搭起帐篷。我在一块岩石的表面上发现一些岩石画,表现的是弓箭手追捕羚羊的场景。这里也有一座蒙古人用石头堆建成的欧玻。切尔东用艾尔达特的长枪射中一头野驴,我们再次得以拯救。但是在这处营地发生了一件最为绝妙的事,原来摩拉正在照看牲口吃草时,瞅见两个从东突厥斯坦来的骑马猎人,便上前去打招呼,将他们引到我的帐篷里来。我们已经有整整八十四天都没有见到生人了,这一次巧遇不禁让大家欢欣鼓舞。我开门见山,直接买了他们骑的两匹马和一小袋面粉，随后委托其中一个猎人骑马赶到底穆尔里克，替我传命给伊斯兰，让他赶紧带上食物和十五匹马前来接应我们。我给了他两只空罐头作为信物。这位叫托格达信的猎人很有可能骑着我已经付钱买下的这匹马一走了之。不过我信任他，而他也确实守信，完成了我托付给他的事。

我们向东又走了两天，到10月14日，我们信心满满地再次拔营出发，因为这一天就要和伊斯兰带领的援兵会合了。我们走了一整天。天色变得灰暗，可是我们仍在走个不停。

突然有人喊了一声："前面有火！"

我们加快了速度，每个人都饿坏了，但是火光不见了。我们又喊又叫，还拿左轮手枪开了几枪，却没有一点回应。夜晚寒气逼人，我们停下歇了半个小时，生起一堆火。随后继续向东走，一个小时接着一个小时过去，我们就在这片底穆尔里克和我们总部所在的大山谷里穿行。

火光又一次出现。我们继续走了一会儿，但是眼见火光最后再次消逝不见，我们已经是筋疲力尽。牲口也快累死了，瘦得只有皮包骨头。我们方才看见的兴许只是鬼火而已。水罐里还剩有一点茶水，我就着这点水吃了一块煮野驴肉，权当是晚餐。

这里牧草和燃料都很充足，于是我们在原地多待了一天。又在附近发现一口水井。昨天见到的火显然是不愿与我们碰面的猎人点燃的。或许托格达信终究还是背信弃义了。

那天稍晚的时候，切尔东到我的帐篷里来，说他应该是看见有一队人马从西边朝我们走近。我拿上望远镜跑出去。我在这个中了魔法的山谷里看到的难道是野驴，抑或是巫婆在狂舞？不管到底是什么，闪忽不定的空气使得我眼中看到的是一大群起伏波动的东西，漂浮在地面之上。不过那东西变得越来越大，离我们也越来越近，我都能看见他们扬起的阵阵灰尘。他们真的是一队人马！转眼间伊斯兰就骑到我的帐篷跟前，向我汇报说总部那边一切都好。他带来十五匹马,随即一顿丰盛的晚餐摆在我们面前,而我们真是饿得太久太久了。昨天夜里我们的营火熄灭之后,他们与我们擦肩而过,一直向西而去,直到发现我们骆驼的足迹才改变路线赶过来。

艾尔达特的兄弟卡德尔也在伊斯兰带来的队伍里。他跟我们说,有天晚上他梦见走在荒野地里,与我们的旅队相遇,队里唯独不见艾尔达特。等到从梦中醒来,他就知道艾尔达特已经死了。这个梦他跟伊斯兰及其他人都说过。我们算了一下日期,他做梦的那天恰好是艾尔达特去世的日子。他拿了自己兄弟的长枪和应付给他的酬劳,以及一笔相当于艾尔达特的衣物和他所射杀的牦牛皮的钱。

两天后我们到达底穆尔里克,这时队伍里原来的十二匹马只余下两匹,七头骆驼里面也只有四头活下来。而艾尔达特同样与世长辞。

经过休整,我在一个山洞里把胶片板冲洗出来。之后,我们于11月11日这天出发,走上为期一个月的历险路程,目的地是大咸水湖阿雅克库木湖(Ayag-kum-kol)。我的随从有切尔东、伊斯兰、图尔都、托可达、猎人荷戴和托格达信,还有十三匹马、四头骡子和两只狗儿。

不为人所知的新地域在我笔下绘制成图。我们经由新山口穿越这片亘古不变的山脉。有一次切尔东和托格达信一起去捕猎野绵羊。他们一眼看见有那么一群野绵羊,于是将马匹拴好,在断崖绝壁上追赶绵羊,结果却让它们跑掉了。突然托格达信像一张毯子一样瘫倒在地,说心里面和头都疼得很。于是他们就在荒野中待了一整夜,第二天早晨才返回营地,人都散了架。从那时起,托格达信就一病不起。等回到位于底穆尔里克的总部后,我把他送到诺羌就医。最后他失去了双脚,其实我所能赔偿给他的银币远远不能弥补他的损失。但是即便双脚残疾,托格达信却总是乐天知足、心存感激。

为测量湖水深度，我和托可达在宽阔的阿雅克库木湖上数次长距离地航行。我们发现最深的地方有七十九英尺。之后我们选了不同的路线返回底穆尔里克山谷中的总部。

在我们离开总部的时候，有一支从焉耆附近地区来的大型蒙古朝圣旅队来到底穆尔里克，并在此地待了几天。这支队伍里有七十三位喇嘛和两个尼姑，以及一百二十头骆驼、四十匹马，还有准备敬献给拉萨的达赖喇嘛的七匹精良骏马。这些人和会说蒙古语的夏格杜尔聊了很长时间，对我们的总部表现出极大的兴趣。他们说身上还有一百二十块银锭（约合五千五百美元），也是要献给达赖喇嘛。这笔钱和英国宗教改革前每户每年缴纳给教廷的一便士税金相仿，虔诚的教徒必须捐赠给喇嘛教地位最高的达赖喇嘛，以获得亲见达赖真容的机会，并得到他圣手的祝福。这些朝圣者的干粮包括肉干、烤麦粉和茶叶。他们即将翻越高耸的山脉，穿过唐古拉山，一直走到那曲河，然后在河边舍弃骆驼，转而雇马匹继续前往拉萨。他们告诉夏格杜尔，那曲的总督要求每个朝圣者都得出示护照，并对朝圣者执行最为严厉的管制，为的是防止欧洲人乔装成朝圣者混入拉萨。这支朝圣的旅队给我们造成巨大的妨害。我制定的计划还从未向哪个手下人吐露，那就是在下一年乔装成朝圣者潜入圣城拉萨。这些朝圣者必然在我们之前到达，并会在拉萨报告对我们的见闻，而通往那曲的道路自然会比以往更加严格把守。有一阵子我还想到带上一支轻装马队，经由更靠西的一条路线赶在那些朝圣者的前面到达拉萨。不过在拉萨和沙漠古城这两个选项之间，我还是选择了后者。两位耶稣教会的教士古鲁博（Grueber）和多维尔（D'Orville）曾于1661年访问拉萨；在18世纪，方济各教会（Capuchin）在拉萨的传教站一直维系了几十年，其中最有名的教士兼编年史家当属裴纳（Orazio della Penna）和贝里嘉提（Cassiano Beligatti）两人。

1715年，耶稣会教士戴西德利（Ippolito Desideri）和弗瑞耶（Manuel Freyre）去过那里，而荷兰人普特（Van de Putte）于二十年后也来到此地。1847年，法国拉扎尔修会的两位修士约柯（Huc）和加贝（Gabet）造访拉萨，并将游历见闻记录成文。另外不时还有印度的学者和俄国的布里亚特人（Buriats）带着仪器和照相机被派往这里。因此，如今我们对于拉萨有着相当多的了解。

但是自从诺亚走出方舟以来，还没有一个欧洲人曾涉足过那座沙漠古城，是我在1900年3月才第一次发现古城中的塔楼和房屋。如此说来，乔装潜入拉萨的危险之旅未免过于奇思妄想，有太多明知不可为而为之的意思。但如果对沙漠古城进行系统的勘测研究，对考古界倒很可能具有不可估量的价值。于是我要把这个冬天用来探究沙漠深处的谜团，而拉萨之旅则顺延至明年夏天。在后面的一个章节里，我会详述那些蒙古的朝圣者是如何成功地瓦解了我的种种计划。

第四十章　无水穿越戈壁沙漠

按照我的命令，切尔东、伊斯兰、图尔都以及另外几个手下将我们的总部迁至小镇诺羌，在那里等候次年春天到达的我。

我身边的随从有哥萨克兵夏格杜尔、回教徒法朱拉、托可达、摩拉、库曲克、荷戴、阿默德以及另外一个也叫托可达的猎人——此人会说中国话，我们都叫他李罗爷，以便和前一位托可达区分开来。我们旅队里有十一头骆驼、十一匹马，还有尤达西、马兰基和马尔奇克三只狗儿。所有的牲口都充分地休息过，处于极佳的状态。我的计划是在呈平行走向的乌斯登山与安南坝山（Anambaruinula，东边的山群）之间穿行二百四十英里，然后向北穿过戈壁沙漠，再向西去往六十泉，最后往西南方向到达古城，并取道罗布泊返回诺羌。

我们于 12 月 12 日出发。刚开始的几天走得不太顺，在阿卡多山狭窄的山谷里得踏着柔软的板岩泥土一点一点向前推进。以前还没有人来过这里，我们希望沿这条峡谷能到达翻越大山的一座垭口，而这个山谷连当地人都一无所知。山脉的侧边呈垂直状，有几百码高。谷底跟火绒一般干燥，而且贫瘠得寸草不生。美妙的铜铃声在黄色的通道上回荡。多处地方曾出现过塌方，不过滚落下来的石头并没有阻止我们前进。然而我们时刻面临着被新发生的塌方活埋的危险。山谷越走越狭窄，走到最后行李包的两侧都会刮擦在山墙上，骆驼不得不拼力挤过去，踩得尘土飞扬。我赶紧跑到前头去探测路况，结果发现山谷下陷了二英尺，到最后窄到只有一条垂直的缝隙，连小猫都不可能挤过去。

别无他法，只好转身走回头路。一路上还祈祷着别发生塌方才好，不然的话我们都得像一窝老鼠一样困陷在其中了。

经过一番彻底勘察，我们终于成功攀过这座山脉，之后便在易行的路上向着东方和东北方前进。

在新年的除夕夜，也是这个世纪的最后一个晚上，天气寒冷清澈，月亮像一盏弧光灯，在空中散发着光辉。我读了几段文章，在瑞典每个除夕夜的晚上大家都会去教堂听牧师朗诵这些文字。我一个人在帐篷里静静等候新纪元的到来。这里除了骆驼的铜铃声以外再没有其他声音，钟声、管风琴的乐声自然也不会听到，只有接连不断的风暴在山中呼啸。

1901年1月1日，我们在安南坝山谷里扎营，我决定围绕这整座山群走一圈，算下来大约有一百八十六英里长。有一次我们惊动了十二只有魅力的野绵羊，它们正在攀爬一处几乎完全垂直的山壁陡坡，动作却如猴子一般灵活。野绵羊久久注视着我们，就在这当儿，夏格杜尔偷偷摸到它们所处位置的下方。只听一声枪响，一头气势高贵的公羊从两百英尺高的绝壁上滚落下来，扭曲的羊角一下子撞在地上，当场毙命。

一周之后，我们来到布伦艮湖（Bulungir-gol），四周大草原上都是一些蒙古族萨当部落的帐篷村，我一一拜访。返回安南坝湖的路是从山群的北边走，途中还得穿过一直延伸到戈壁沙漠的深邃山谷。这里有数不清的泉水和冰原，牧草也长得很好，我们就在一些老柳树底下扎营休息。天气寒冷，不过即便气温降到零下33摄氏度也不打紧，因为燃料十分充足。松鸡的数量实在是多，我的饭桌上也得以增加不少可口的花样。我们跟两个蒙古老人问路，他们又卖给我们骆驼和马匹吃的谷粮。最后我们终于到达安南坝湖畔，在原来安营扎寨的地方再次扎下营地。

我派托可达和李罗爷返回诺羌的总部，将六匹已经疲惫的马和我到目前为止收集的标本一起带回去，同时把我的一封信捎给伊斯兰,让他派一队人马带上补给前往罗布泊北岸,建立一个补给基地,并从3月13日起,每天早晚都点燃篝火指引方向,因为我们大约在那个时候从古城穿越沙漠返回总部。

余下的人带上六大袋冰块,开始向北深入荒凉的戈壁沙漠。我们走过一片片高耸的沙丘,穿越遭受风雨侵蚀的小型花岗岩山脉,经过泥土沙漠和大草原,最后走上一条十分古老的道路,只有靠两边历经岁月考验的石头堆,才能分辨出这是一条路。野骆驼、羚羊和野狼不时会出现。总算来到一处洼地,我们开始挖井。井底涌出来的水量颇大,骆驼和马匹也都解了渴。

我们携带的白米还够人和马匹吃上十天,于是向北穿行一片未知的沙漠地带。这时经常有大量的野骆驼足迹出现。沙漠有如湖水一般平整。过了一会儿,地势开始隆起;我们爬过几座屡遭风沙洗礼的小山脊。这里一滴水也见不到,就是再往地底下挖,也是徒劳。于是我们转向西南和南方行进,借助罗盘寻找六十泉的方位。

接下来的一个星期,我们跋涉了很长一段路程。去年给带我们去六十泉的朋友艾布督尔曾经提到过有三个咸水泉,就在六十泉东边的位置。现在骆驼已经有十天没有喝上水了,只是在一条狭缝里吃了几口雪而已。2月17日,我们的处境到了紧要关头,找到艾布督尔所说的那三个咸水泉成了当务之急。这一天和之后的一整天,我们四处寻水而不得。此时地形也变得对我们不利。我们走到的这片泥土沙漠被强风吹蚀成一道道沟壑,都有二十英尺深、三十五英尺宽,夹在长长的垂直泥土山脊之间。这些沟壑呈南北走向,使得我们要越过沟壑,必须先沿着边上走过无止尽的路。那天晚上扎营之后,由于没有一根烧火的木柴,只得牺牲掉一支帐篷柱子。

2月19日,骆驼已经有十二天没喝过水。再找不到水源,它们真得要渴死了。我走在前面打头阵,我的坐骑像只狗一样跟在我后面，尤达西也在我身边。前方出现一座低矮的山脊，我不得不往西南方向迂回。走到一块干燥的沙地上，在其底部发现有野骆驼刚走过的足印，大约有三十头。右手边出现一条小峡谷。骆驼的足迹呈扇形发散开去。这里一定有水井。我往山谷里走去，不久就看到一块直径四十英尺、厚三英尺的冰块，这样骆驼终于得救了。等它们来到山谷里，我们把冰块敲成小块喂给牲口。骆驼大嚼特嚼冰块，就跟吃糖似的。

在后面的几天里，我们又发现另外两口泉水，周围都是芦苇地。第二口泉水旁有十八头野骆驼在吃草。夏格杜尔偷偷贴上前去，但是他开枪的时候距离太远，野骆驼跟一阵风似的跑得无影无踪。

按照计划，我们应在2月24日到达六十泉，现在还有二十八公里长的路程，那座小绿洲的位置应该在西南边六十度。所以次日早晨我向手下人保证，今天天黑之前，我们一定能在六十泉的柽柳树和芦苇丛里搭起帐篷。

这时刮起了强劲的东北风，正好让我们顺风而行。然而荒原上掀起一片铺天盖地的尘雾，要是我们不小心与绿洲擦肩而过，那该如何是好？我向着沙漠中的某个地方前进，可是迷人眼的尘雾阻挡了我的视线。

我已经走过了二十八英里，心里开始担心绿洲会不会给我抛在了身后。不过且慢，那是什么？就在我的前方，似乎有个草黄色的东西一闪一亮，那是芦苇丛。这时我看见那边还有十四头野骆驼。我停下脚步，而夏格杜尔再次轻手轻脚地摸上前去。这回他成功地放倒一头年轻的母骆驼，我们走到跟前时它仍挺直地站在那里；同时还击中一头老一些的公骆驼。接下来的几天里，我们把公骆驼的骨架做成了标本，至今仍存放在斯德哥尔摩高中的动物博物馆里。

根据我原先的估算，我们与六十泉之间的距离是二十八公里；

不过后来证明实际距离是三十一公里。这个计算误差——大约每一千四百五十公里误差三公里，即0.2%的误差率——并不算很大。

我们经过这次艰辛的长途跋涉，决定让自己彻底地放松休息。随后我留下一名手下、所有的马匹和几头疲累的骆驼在这片草地上继续休整，而其余的人则带上全部行装和九袋冰块跟着我往南方行进。

3月3日，我们在一座高达二十九英尺的土塔楼底下扎营。我们把冰块存放在一处土坡的阴影下面，并派一名手下带领所有的骆驼回到六十泉。这些骆驼预计六天之后就能满载冰块再次回来与我们会合。我们保证在之后的第六天燃起火堆给他们指路。

现在我们完全与世隔绝。我感觉自己俨然是一位坐守国都统管天下的君王。这世上再没有人知道还有这么一个地方存在。不过我得好好利用这段时间。首先从天文的角度给这个地方定位，随后我把营地附近的十九栋屋舍画成图纸。我拿出一笔诱人的奖金，谁第一个找到任何有字迹的东西，谁就可以把钱拿走。可是大伙儿只找到一些毛毯碎片、几块红布、褐色的人头发、靴子底、家养牲口骨架的残余、几条绳子、一只耳环、中国钱币、陶制器皿的碎片以及其他零零碎碎的小东西。

几乎所有的屋舍都是用木头盖成的，墙壁则是由成捆的柳条或泥巴糊上的柳枝构成。有三处地方的门框仍然挺得很直。有一扇门实际上就是敞开着，遥想一千五百多年前这座古城里的最后一位居民将门推开，此后就没有变样。

夏格杜尔成功地找到去年奥迪克回头去取铲子时意外发现的那个地方，我们在那里发现一座佛教寺庙的遗址。当年这座寺庙一定是个颇有魅力的景观。一开始这个镇子是建在老罗布泊湖畔，后来因为库鲁克河改变河道，从那时起便往南转移。很显然这个寺庙立于一座园林之中，园林的南边就是宽广的湖域。那时随处可见房舍、塔楼、墙壁、花园、道路、商队和行人。如今这里只是死亡与寂静的所在。

我们在这里挖出了一尊三英尺半高的佛祖立像的外框、刻有佛祖打坐的水平壁饰、颇有艺术水准的雕着佛祖立像的垂直木头柱子以及木刻莲花和其他花饰，所有这些东西都保存得十分完好。最后还是夏格杜尔发现了一块刻有文字的小木板，从而赢得了赏金。我又拿出一笔差不多的钱，作为下一次重大发现的奖赏。于是只要这片荒芜之地还有一点点光线，手下人就四下里搜寻个不停。

日子一天天过去。我们在天亮之前就已经开始忙碌，挨家挨户地挖掘。到最后只剩下一座屋舍，是用晒干的泥土建成，样子像是马厩，有三个饲料槽敞在外面。摩拉在饲料槽的最右边发现一张纸片，上面写有中国的象形文字，于是也得了那笔赏金。这张纸埋在两英尺深的沙土里。我们又往下挖了挖，把沙土从指间过滤掉。结果一张又一张纸片重现人世，一共有三十六张，每一张都写有文字。此外我们还发现一百二十一根刻有铭文的小木杖。除了这些古老的文件以外，我们还找到一些破布、鱼骨头、少量的麦粒和米粒，还有一小块有万字饰样的地毯，其颜色依然鲜艳。据我所知，这很可能是世界上最古老的地毯。所有找到的东西放在一块儿，看起来就像是个垃圾堆。然而我有一种预感，那些纸页里包含的东西会对世界历史的研究小有贡献。在另外两个饲料槽里却一无所获。

3月9日到了，这是我们待在这里的最后一天。我完成了房舍的图纸绘制和测量工作，还仔细勘察了一座泥土塔楼，发现仍很坚实。最后我们发现了两支至今中国人仍在使用的那种毛笔、一个二百一十三英尺高的完好无损的陶土罐子、一个体积小一点的罐子以及大量硬币和各式各样的小玩意。时至今日，这里的房屋依然屹立不倒，最大功臣要属那坚挺的柱子，经测量，最高的一根柱子有十四点一英尺。

暮色降临时,那两名手下带着所有的骆驼和装满十只袋子及六个山羊皮袋的冰块,从六十泉回到这里来。夕阳西沉,我们在这古城里的工作也就此告一段落。

第四十一章　沉睡的楼兰古城

如果要是把楼兰城和我有幸在其遗址中发掘出的种种都描述一番，恐怕得写上整整一本书才行。然而这里我只能花上几页书的篇幅来说说这座古老的沙漠之城。

回到家中以后，我把所有的手稿和古物都交给住在德国威斯巴登的辛姆莱先生（Karl Himly），后来他根据这些东西发表了第一份报告，说明这座古城的名字为楼兰，在公元三世纪盛极一时。辛姆莱先生过世之后，这些遗物转交给莱比锡的康拉迪教授（A. Conrady），他翻译了所有的文件，并在最近出版的一本长篇巨著里进行专项研究。

这些文件里最古老的一份是史书《战国策》里的残页，年代为东汉（公元25—220年）。中国在公元105年发明造纸术。而这份手稿应写于公元150至200年间，因此是现存最古老的纸张，也是最古老的手稿，比欧洲目前所珍藏最久远的手稿至少还早了七百年。

所有其他写在纸张和刻在木杖上的文字都可以上溯至公元270年。其中有很多都有日期，因此我们可以把时间精确到天。这些文字也显示出中国古代官文和书信的书写风格，涉及行政、商业、报告、产品、农业、军事组织、政治和历史事件以及战争等内容，清晰地描绘出一千六百五十年前楼兰城里的生活百态。

写在纸张上的信件折叠起来，存放在两块木板之间，最后用细绳系紧，并标注有如"马利封缄"形式的字样。

军队、粮局和邮局发送的书信、报告、告示和收据都写在木杖上。这样的木杖也用作官府权威的象征。而两支毛笔的发现证明中国早在公元二世纪就已经使用这样的工具写字了。

下面我摘抄康拉迪教授的两段译文,以便能让各位读者稍微了解一千六百五十年前的古人书写的是什么内容。

一封私人信件是这样写的:"朝子曰:朝及他人皆远行,吾弟妹及儿女在家中,不得相见,故有衣粮不足之苦。今家人已派人去南州天奇王黑处求谷粮五十斛,以解吃食之虞。望能与黑通融,使其按时交付。大人气节高尚、体恤仁慈,敬仰之情无须多言。朝子敬上。"

有一段是收到坏消息后的回复:"子成复:银氏本无患疾,突遭不幸,实属意外。惊闻噩耗,深感痛惜。然深痛难平,能奈何之?"

有一节文字表明确有罗布泊存在,并有河流注入其中。"史顺等候……大涿湖水深而逆流弱,盖月末抵楼兰。"

一张官府货仓发出的有关粮草运送的收据以这段话收尾:"太史二年(即公元 266 年)十月十一日,沈川等人已将货运交林罗。"

一根木杖上刻的字这样写道:"兵部。太史四年(即公元 268 年)六月派出士兵于考昌营地死亡名单。"

我们在楼兰挖掘出的那一堆小东西里面有许多硬币,由此可以填补魏晋朝代钱币制度方面的空白。有一枚硬币上印有铸造年份,是公元 7 年,另一枚则是公元 14 年,那时候基督耶稣尚在人世。

另外还有猎箭、战箭和"可以点火发射"的火箭;和渔网一起使用的铅锤和石锤;贝壳、耳坠和项链;一枚刻有信使之神赫耳墨斯像的古玉;产自叙利亚或罗马的玻璃;铜制汤勺、镊子和发簪;一条铁链子;勺子和其他木制品;几条做衣服用的各色丝绸;一张床罩;一条羊毛地毯;麻布和鞋子等等东西。

这些文件和物品本身表明楼兰官府有自己的货仓，城中有客栈、医院、邮局、寺庙、私人房舍以及穷人住的草屋，这些草屋就跟现在罗布地区的那些芦苇草棚一样，迟早会消失殆尽。从外地运来的物品，尤其是当地人使用的中国丝绸，显示出当时人口众多。在质量较好的房屋里，硬实的地面上铺有芦苇草垫，上面再铺上珍贵的编织地毯。院子里放着大陶罐，里面盛有家用饮水。碗和盘碟上饰有印度和波斯风格交融的狮子头像。另有叙利亚生产的玻璃，当时叙利亚是离楼兰距离最近且懂得如何制造玻璃的国家。

楼兰的知识阶层创造出闻名的文学著作。根据康拉迪的研究，蛮人、中国人和其他国家融汇的文化在楼兰盛极一时。这个古城是边境线上的一座城堡，是设在通往亚洲内陆古道之上的一扇大门或说是一道屏障，而这里所说的古道，主要就是连接东方的中国和西方的波斯、印度、叙利亚和罗马的著名的"丝绸之路"。无论远近，四方的旅客都会经过楼兰。农民用牲口和货车把农产品运到那里，而官府在此采购货物，支付钱币。士兵在那里领到以谷粮形式支付的军饷，并到市集上去购买制作冬衣的毛毡。有时楼兰城人满为患，客栈全部客满。

这些文件里也间接提到不少其他的内容，包括逃税者以及对他们的惩罚；信差；姓马的总督察由骑兵护卫出行巡视；有敌意的游牧部落；插着官府的旗帜用壮硕的藏驴运送丝绸的商队；装甲骑兵、长毛轻骑兵、弓箭手、战车、攻城和防御的器械；军事辎重车；各式各样的武器；军队的最高通令；将军、将军参谋、战车督察、军队补给督察、军医及其他官员。鉴于楼兰的军事意义和所处的地理位置，此地有重兵把守。另外文件里也提到文职官员、地区长官、市长、秘书、农业督察、邮政主管及其四位副手、货仓的各级管理人员及总督察等等。所有这些涉及到了行政执法、刑法、税收、家居权、征兵、护照、以谷粮交换丝绸（虽然已有常规的货币制度）以及其他事宜。

康拉迪教授指出，楼兰城的社会机构和行政单位划分之细致、办事效率之高，到了非同寻常的程度，这说明此地的文明演化在公元三世纪以前已经有了好几百年——不，应该是数千年。

从楼兰发掘出的文字里也能清楚地看出这个小城里里外外有不少悬而未决的问题。文件里讲述了严重的叛乱、各种征战和战斗。中国的管理体制摇摇欲坠。楼兰城周围的气氛愈发紧张。在一封书信中提到战争日益临近。再加上中国朝廷内部党派倾轧，国力衰微，最终分崩瓦解，屈服于蛮人，受外来征服者的统治达数百年之久。

楼兰于公元四世纪初沦灭，也象征中国跌落低谷。正如康拉迪教授所说，这一片小小的遗址仿佛一座纪念碑，记录着全球进口产业所遭受的巨大灾难。我所发现的这些书信的作者也以自己的方式，为丰富那些历史事件的记录做出了贡献。

尽管战争的阴云笼罩在楼兰城的上空，这些写书信的人却并未有丝毫退缩。每个人都尽到了自己的职责。城墙外战鼓擂响，塔楼上火光冲天，这些官员仍坚守岗位，镇定自若地写完手中的报告，仿佛根本就没有异常的事情发生。他们给朋友发出新年的问候和表示悼念的信件，绝不让逼临城下的战事打扰到自己。我们阅读这些信件的时候，敬仰之情油然而生，感叹中国人尽职守责的品行之无瑕、勇气之可嘉，同时也理解了这个出色的民族何以能将亚洲掌控于手心。

我这么说并非空穴来风或出自神话故事，这是赤裸裸的事实，是在沙土之下静静地躺了一千六百五十年的信件出土后再次传达出信息。书写这些信件的人曾经在这世上活过，他们的烦恼、悲伤和欢乐随着这些书信重现人间。

和庞贝古城（Pompeii）一样，楼兰城里也能找到逼真呈现现实生活的东西，比如孩童稚气的手笔写出的简单乘法运算："2×8

=16，9×9=81"之类。

康拉迪声称，在世界历史弱肉强食、风云变幻的黑暗背景下，楼兰出土的文字却显示出一幅田园风格的画面。

在提到我发现的头两座沙漠古城时，我就已经说明，我并不是什么考古学家。因此，我很庆幸能把自己的发现托付给像康拉迪教授这样的专家。他对古城遗物的解读充分证明了发现楼兰的重大意义。这一点由后来的事实得以证明。在我于1900年初次发现楼兰、1901年第二次探访之后，又多次有人前去勘察，比如美国地理学家亨廷顿（Ellsworth Huntington）于1905年、史坦因爵士于1906年、日本的橘博士（Tachibana）于1910年、以及史坦因博士再次于1914年和1915年的考察。其中史坦因博士通过三次探访，大大推进了我的发现。正是因为得益于我绘制的地图，旅行家才有可能在沙漠中心顺利找到古城遗址。史坦因博士在他的巨著《西域考古记》（第一册第362页）中这样写道：

"我同样感谢赫定博士绘制的出色地图。尽管和我们的路线有误差，实地没有指示标记，但是他的地图让我直抵古城遗址，连一天都没有浪费。之后我们对这片地区一直到车尔臣西南边的山脉用平板仪测量，再经过天文观测和三角测量的验证，发现赫定博士对遗址所在地的地理定位与我们测量的结果只在经度上相差一公里半，而天文观测下的纬度数据则完全一致。"有位评论家在1912年第39期《地理杂志》中称此为"地理科学的真正胜利"。

读者应该不难理解，我为什么认为前往拉萨不如对我的梦中之城——楼兰进行彻底勘察来得重要。直到今天，我仍爱幻想楼兰古城远在公元267年左右盛极一时的诱人魅力，那时候哥特人（Goths）进攻雅典，却被历史学家戴克西帕斯（Dexippos）打退，罗马皇帝瓦莱里安（Valerian）沦为波斯大帝沙普尔（Sapor）的阶下囚。我还能回想起心中的那份惊异，因为瑞典最古老的刻有北欧古文字的石头，没有一块能比我在楼兰发现的脆弱木杖和碎纸片历史更久远。马可波罗在 1274 年完成著名的穿越亚洲之旅时,这座沉睡的古城早已默默无闻地在沙漠之中静躺了一千年,为人世所遗忘。而在这位威尼斯人结束伟大旅程之后,古城又沉睡了六百五十年,城中的幽灵才得以重见天日,其古老的文件和书信才为过往的历史和神秘的人类命运投注一道崭新的光芒。

第四十二章　重返西藏高原

3月10日早上,我把队伍分成两组。一组由我带领夏格杜尔、库曲克、荷戴、郭台和四头骆驼,其中一头驮运行李和够吃上八天的食物,其他骆驼则驮上冰块和芦苇。法朱拉带领余下的牲口和物品——骆驼、马匹、所有的重行李和在楼兰挖掘出的东西,向西南方穿过沙漠,到达喀喇珂珊湖的沼泽地,并在阿布达尔村与我们会合。

我打算带上水准尺和望远镜去勘测沙漠,以便精确地绘制出北方洼地的地形图。我带了三名手下徒步前进,一路进行测算。郭台领着四头骆驼跟在后面,傍晚时分扎营的时候正好能赶上我们。然而等我们结束了一天的工作,他还是不见人影。夏格杜尔返回去找他。到了晚上,郭台受我们的火堆指引,才到达营地。原来他迷了路,错误地朝着法朱拉生火的方向一直跑到西边去了。第二天早上刮起一阵凛冽的沙尘暴,夏格杜尔又不见了。不过大约中午的时候,他奇迹般地回来了。

在后面的几天里,尽管常常有风暴侵扰,增加困难,但是我的水平测量工作仍继续进行。大风吹出一道道沟壑,但整个沙漠基本还是很平坦。到了3月15日,我们跋涉九英里,高度下降了一英尺。这时离喀喇珂珊湖已经很近,但是托克达本应从3月13日起就在湖泊北岸一直点燃的篝火却怎么也找不见。17日,我们安然抵达湖畔扎营。在走过的八十一公里半的距离里,地势下降了二点二七二米,也就是五十英里的范围内下降七英尺半。在这片沙漠的北边地区,我有确凿的证据证明这里曾经有一片湖泊。

湖泊原地仍有满满的芦苇秆和贝壳。当时楼兰城就位于这个湖泊的北岸。古代的中国地图和李希霍芬男爵根据这些地图推导出的结论是正确的。

我们的下一个任务是和托可达率领的补给队联系上。我们现有的食物即将告罄。库曲克试着钓鱼，可是运气不佳。还是夏格杜尔救了我们大家，他每天都能打几只野鸭。一等我们扎下营地，我就派荷戴沿着湖岸往西南方向去寻找托可达的队伍。晚上开始刮起激烈的风暴，而且一刮就刮了三夜两天。这段时间我们一直原地等待，到了20日，还是向西南方进发了。

我们还没有走出多远，就被一大块淹没了荒芜沙漠的水域挡住了，只得绕着这个新近形成的湖水走。有两次我们都看见了荷戴的脚印。在一条狭长的水流旁，他还径直游了过去。

3月23日，我派夏格杜尔再去寻找。过了一阵子，我们远远地瞅见了他。他示意让我们过去，我们走到那边，他手指着西南边喊道："骑士，骑士！"顺着他手指的方向，两人策马奔来，扬起阵阵尘云。

我们停下等候。让我惊喜不已的是，来人正是我忠实的哥萨克护卫兵切诺夫，他去年与锡尔金一起奉塔什干总督之命返回喀什协助平息亚洲边界上的骚乱。他在这里现身，已经说明了一切。我的四位哥萨克护卫是沙皇下令派来的，总督也无权召回其中任何一位，所以我当时写信呈给沙皇表示抗议。哥萨克护卫兵返回喀什的时候把我的信一道带走。沙皇一收到我的书信，就给佩德罗夫斯基总领事发电报，让他立即将哥萨克兵锡尔金和切诺夫遣回我的营地。切诺夫跟我说，那个星期六的晚上接到命令，让他们去亚洲内陆寻找我的去向，心中不禁大喜。他们本来还请求过了星期六的晚上再出发，可是总领事说沙皇下的命令不得拖延。于是他们准备好马匹，拿上我的信件、照相机、胶片板和二十七只银锭就动身了。等他们最终赶到诺羌的时候，托可达也已经在那里了。伊斯兰于是组织了一支补给队伍,由切诺夫和托可达率领,往喀喇珂珊湖的北岸来寻找我带领的人马。

他们带了一支大型旅队,满载食物补给,沿着湖岸行进,一直走到这片新形成的水域跟前才停下来。他们在水边搭起草棚,建立了补给基地。一座有绵羊和家禽、独木舟和渔网的像模像样的农场出现在湖岸上,给原本孤寂的所在平添不少生气。每天晚上他们都在一个山坡上燃起大火堆,但是空中满是雾霭,我们根本看不见火光。有一天荷戴突然出现在他们面前,他已经有五天没有吃过东西,饿得半死不活。他们立即让他带路来找我们。

现在他们终于找到我们了。能与切诺夫重逢,对我来说是天大的喜事。他们的行李袋里装的全是好东西,甚至还有好几叠我的家信。我们正在中国,然而读了从斯德哥尔摩来的家信,才听说已经在中国闹腾了一年的义和团事件。

我们一起前往阿布达尔村,路上看到法朱拉所带领队伍的足印,还发现一匹死马,显然是他们粮食用尽,只好吃马肉。从阿布达尔到我们在诺羌的新总部只需要走三天的路程。

现在到了开始工作的准备阶段。我们租了一间住着很舒服的商旅客栈,客栈还带有花园,我的毛毡帐篷就支在桑树和李树底下。一头家养的鹿在花园里四处走动,那是总督詹大罗(Jan Daloy)送给我的礼物,一排排马匹和骡子站在马厩的饲料槽边。我新买了二十一头骆驼,和原来已有的十八匹加在一起。不过新买的骆驼里有三头是小骆驼,最小的一个才只有几天大,连站都站不稳当。结果它成了大家的最爱。后来在它死在西藏之前,它的两个小伙伴也早已离世。

我们采购粮食储存起来,能保证十个月的吃食,包括米、面粉和烤面粉。装粮食的袋子都安置在轻巧的驮梯上,这样很容易就能装载在骆驼的驮鞍上。此外还购置了充足的毛皮,以及给骆驼御寒的毡垫。

我冲洗出许多照片，又写了一些书信。最长的一封信是写给我的父母，足足写了有二百六十页纸。我也分别给瑞典国王、俄国沙皇、诺登舍尔（他在去世前几天收到我的信）、印度总督寇松勋爵。我收集的所有标本都装在箱子里——有从楼兰发现的古物、动物骨架、矿石、植物等等。光这些标本就把八头骆驼装得满满当当的。我让伊斯兰和法朱拉带上这些东西去喀什。他们在5月5日出发，那时的村子笼罩在咆哮的沙尘暴之中。

几天之后，整支旅队在切诺夫和图尔都的率领之下启程。他们带了二十五个人手，准备取道阿布达尔村，在那里再买上五十只绵羊，随后走上去往阿雅克库木湖西岸的一条最舒服好走的路。迄今为止，这是我组织的最大的一支旅队，看着队伍在叮叮当当响的铃声中从诺羌缓缓出发，真是蔚为壮观。队伍里的牲口只有五分之一活着走到拉达克（Ladak），而等我们最终返回喀什的时候，一个牲口都不在了。

我们跟跑运输的博卡拉人多弗雷雇了七十头骡子，跟随图尔都带领的队伍，用来驮载给旅队牲口吃的玉米，两个月后便离队返回，那时大部分玉米都给吃完了。多弗雷和另外十个人抄近路前往山区。

这些事情让我在休整期间忙个不停。不断还有客人来访，很多是来兜售牲口和粮食补给的。有个小不点的绅士经常来毛毡帐篷里看我，那就是詹大罗六岁大的儿子，这孩子可爱讨喜有礼貌，举止也很得体，完全是中国的礼仪教育出来的。他常带蜜饯给我吃，还给我的坐骑捎来苜蓿草。可是有一天晚上，我得知那孩子竟然死于天花，心里一阵痛惜。他的父亲正在出差，伤心地往家里赶，没想到在他到家的前一天，孩子就离世了。

我们的大型旅队已经动身上路，只有锡尔金、李罗爷和摩拉三人留下和我在一起，马匹也只有十二匹还在院子里。八只狗跟随旅队出发，不过尤达西留下陪我。前些天还热闹喧嚣的大院子，如今却一片沉寂。

刚到诺羌，我就派给夏格杜尔和切尔东这两位蒙古裔的哥萨克骑兵一件重要的使命，让他们骑马去焉耆购置一整套装备，包括衣服、毛皮、帽子、靴子、行李箱、炊具、水罐等，所有东西都必须是正宗的蒙古货，并且得够四个人用的量。我打算乔装混进拉萨，这些物件是为此次旅程而准备的。此外他们俩还要雇一位会说藏语的喇嘛，好给我们做翻译。我盼着他们在一个月之内返回。

他们任务完成得很棒，超乎我的想象。夏格杜尔回来的时候腰包里还剩一半的钱，因为不需要那么多。5月14日，他们带着整套蒙古装备回来了，同时还带回一位老家在乌兰巴托的薛瑞伯喇嘛，他有二十岁，身穿红色喇嘛服，腰系一条黄带子，头戴一顶中式帽子。我们一见如故，立即开始教授蒙古语的课程，只是我学了就忘。这个喇嘛把拉萨的种种精妙之处描述给夏格杜尔听，他曾经在拉萨上过学，现在很渴望故地重游。

夏格杜尔也把我们的朋友奥迪克带了回来，奥迪克请求让他和我一同去西藏。切尔东也很快加入到我们的大型旅队里来。

5月17日，我们准备出发。前天有一个十人组成的蒙古朝圣队从塔尔巴嘎台山（Tarbagatai）来到诺羌。他们要前往拉萨，一听说我们也即将进入西藏高原，不免心生狐疑。和去年的那些朝圣徒一样，他们也注定要给我们带来妨害。如今我和锡尔金、夏格杜尔、摩拉、李罗爷和向导薛瑞伯喇嘛，以及十二匹马、十头驮着玉米的骡子，开始踏上征程，而那些朝圣徒就在旁边，眼睛直直地看着我们。

我们骑行穿过诺羌山谷——这条路我还没有走过——将东突厥斯坦的炎炎盛夏抛在了身后，在爬过一道很难走的垭口之后，很快就再次走上了西藏高原，这里迎接我们的是胆小的野驴、霜冻和飞雪。在一处山谷中我们遇见十八位牧人，便跟他们买了十二头绵羊。在这里我们新雇了几位向导。

有一天趁大家休息,我向薛瑞伯喇嘛透露了准备去往拉萨的计划。他听了煞是诧异,说哪个喇嘛胆敢带欧洲人去拉萨,是要砍头的。要是夏格杜尔在焉耆的时候就跟他说清楚,他肯定不会随我们一起走的。我对他说,是我警告夏格杜尔不得将我的计划走露半点风声,必须要严格保密。就这个问题我们商量来讨论去,谈了一整天,说到最后,薛瑞伯喇嘛同意跟我们走到阿雅克库木湖。到了那边,如果他愿意,完全可以掉头返回焉耆。我让他到了那座大咸水湖后再告诉我他何去何从。不管怎么样,他完全可以自由行事。

6月1日,我们抵达阿雅克库木湖的左岸,在这里休整了几天,等候大部队到来。他们的路线比我们绕远,至今还没有任何消息。6月4日,薛瑞伯喇嘛模模糊糊看见有一支大型旅队,分成六个小队,在东北边的大山脚下。他看得不错。那道深色的线条渐渐变得粗大起来,起先有两个哥萨克骑兵前来报告一切正常,接着驴队缓缓来到营地,骆驼的铜铃声也从远处传来。之后,博卡拉人多弗雷带着驮有玉米的骡马队来到跟前。一头野驴进了骡马队,不过及时发现自己站错了队,便如飞箭一般一头奔进沙漠深处。押后的马匹和五十头绵羊也跟了上来。有只系有铃铛的公阉羊叫凡卡,从库车买来,是唯一一只第二年随我进入喀什的绵羊。其他绵羊都跟在凡卡的后面,而它确实展现出绵羊中间少有的权威与自信。

我们的营地一片繁华,尤其到了晚上,岸上燃起熊熊大火。我让多余的人手返回家乡,因为吃饭的嘴巴越少,粮食就能维持越长时间。留下来的这部分人已经足以给营地生活带来多彩的花样。回教徒占多数,其间还夹杂有布里亚和正东教的哥萨克骑兵,以及一位穿大红袍的喇嘛。牲口里面三头年轻的骆驼和凡卡最受瞩目。那头家养的鹿死掉了,我们留下它的骨架。早在诺羌购买的一头漂亮的大骆驼曾随我们于1896年沿克里雅河旅行。现在它是队里级别最高的一名老兵，我尤其偏爱。

一旦全部集结起来向南方进发，长长的旅队看上去就像是一支小型的入侵部队。每个人都有自己负责的活儿，而哥萨克骑兵则维持着秩序。每一处营地的安置都按照已经定好的计划来执行，如同当年希腊史学家色诺芬出征时安排的那样。骆驼的负重摆放成齐整的长列，旁边就是图尔都及其手下的帐篷。近旁还有用作厨房的帐篷，切尔东正在里面为我准备吃的。锡尔金、夏格杜尔和薛瑞伯喇嘛同睡在一顶小毛毡帐篷。薛瑞伯喇嘛是位神学家，他没有其他任务，只管做我的老师。不过只要是有需要，除了分内之事，他总是会多出一份力。切诺夫和切尔东住在紧靠在我边上的一顶小帐篷里，在营地一侧的最顶头，尤达西和尤巴斯就在门口看守。薛瑞伯喇嘛终于在阿雅克库木湖畔下定决心，宣布愿意陪我闯天涯，一直走到世界的尽头。

我们再次靠近阿克山，又经过那段湿滑的泥泞路，让牲口大耗体力。有两头骆驼筋疲力尽，还有一头骆驼干脆在草地上赖在后面不走。如果这头骆驼能一直活下去的话，博卡拉人多弗雷还想在赶驴子回头时把它也带走。不过前景并不光明，有一天九头驴子瘫倒在地，还有一天连死了十三头驴子。

有天晚上，我们在一处山谷口上扎营，这里覆有厚厚的一层冰。等安排好营地，切诺夫指着冰层的方向说道："有只熊朝我们营地过来了。"

我们赶紧把所有的狗儿都拴好。这位熊先生缓缓爬过冰面，看上去又老又疲惫。它停下歇了几回，接着走向冰层边缘，直奔着死神而去。哥萨克卫兵严阵以待。只听三声枪响，那熊仓皇而逃，迅捷地跑过帐篷，上了一道山坡。又是两声枪响，大熊应声滚落到山坡底下。我们把熊的骨架也保留下来。它的牙齿里有多个大蛀洞，一定常常牙痛得厉害。它的胃里面还有一只土拨鼠，是刚刚被它连皮带肉吞进肚子里的。

第二天路况非常糟糕。我们不断派人到前面去勘察情况。一路的牧草少得可怜。我们遭受冰雹和大雪的侵袭,还要忍受从西边吹来横扫高原的风暴。有一头骆驼本来很让人省心,就是有个坏习惯,不愿意爬陡坡,我们都叫它"最恨垭口"。就算大家合力推它上山,它也还是纹丝不动。因为它,整个旅队的进程受到拖累,最后我们只好把它扔在后面不管。

这时我让博卡拉人多弗雷带上现存的驴子回家。我们给他相当多的粮草,以减轻我们自己牲口的负担。

我们到达一处荒芜山谷,这条山谷通往阿卡山海拔高度超过一万七千英尺的垭口,这时骆驼队里面有五匹已经掉队。在攀爬垭口的时候,一阵极为猛烈的暴风雨劈头盖脸地浇在我们身上。起先是打得地面啪啪响的冰雹,接着就是遮人眼目、漫天飞舞的大雪。除了前面走得最近的骆驼以外,我什么也看不见。不断会听到有人叫喊:"有骆驼累倒了!"我们隐隐约约地看见赶骆驼的人和倒下的骆驼落在队伍后面,在飞舞的大雪中犹如幽灵。

我和薛瑞伯喇嘛骑马来到垭口之顶。负载沉重行李的大队人马随后才缓缓赶上来。我们一直等着队伍全部越过垭口,但是三十四头骆驼里面只有三十头爬到顶端。其余的不是体力不支而死,就是被杀了。

因为不断有骆驼伤亡,剩下牲口的负重再次变得沉重起来。它们能吃多少玉米,我们就给它们多少,两头年轻的骆驼吃的还是白面包。队员里面也总是有人生病,我给他们开些奎宁吃,立刻药到病除。药箱在每个营地都是必须要用到的东西。在西藏高原旅行真是不容易,这里可没有野花遍地的小径可走。

6月26日,我们在一片湖水边扎营,去年也曾在此地安营休息。当时营火里烧焦的木头还留在这里。湖面的冰层尚未融化,中午的气温已到20摄氏度,夏日的微风轻拂过湖面。

我们爬上一万七千五百英尺（五千三百三十四米）高的一座垭口，这片地区都是遭受风沙侵蚀的砖红色砂岩。等爬到山顶的时候，所有的人都要累死了，直接扑倒在地。一切事物都是红色的——山脉、山丘和山谷——还有穿红袍的薛瑞伯喇嘛，与红色的背景很和谐。在一个池塘边，尤达西追上一头母羚羊和它的幼崽，结果母羚羊咬死了羊崽。我让锡尔金开枪射击那头母羚羊，以便结束它的悲痛，不过它还是逃走了。如果不是为了吃肉，我不会让手下捕猎动物。哥萨克骑兵只余下一百四十二只弹夹，因此得省着点用。到了晚上，高原之上起了浓雾，一轮满月将黄色的光辉洒在暗黑的云朵上。

我们穿越一道山谷，其东边的远方，就是艾尔达特长眠的地方。接着翻过一个很高的垭口，之后的几天里我们都在开阔平缓的地域里行进。每天晚上我都会去锡尔金的帐篷检查气象测量的读数，同时还要试试薛瑞伯喇嘛和夏格杜尔为我量身定做的蒙古服装。薛瑞伯喇嘛画了一幅拉萨城的地图，指给我看各座寺庙的位置。我们旅队不同分队的领队也来这个帐篷听候次日行程的安排。队里的牲口已经累得不行，一天最多也走不了十二英里。

那头经历过克里雅河之旅的老骆驼也精疲力竭，眼中流有泪水，这是将死的征兆。我给它拍了最后一张照片，它的四条腿不断颤抖，并向这即将夺去它性命的土地投下意味深长又漠然的一瞥。

7月8日，只有二十七头骆驼坚持走到营地。我从中挑出十一头最虚弱的骆驼和六匹马，由切诺夫和五名回教徒带领，缓慢又小心地走在队伍的后面。我则带上余下的队伍继续南行。此处长有大量茂盛的野韭菜，牲口都吃得心满意足，尤其是骆驼。雨季已经到来。倾盆大雨一直下个不停，牲口身上、行李和帐篷都湿得水直滴，东西都变得更重了，与此同时，地面也变得和沼泽地一样软烂。在一处营地，水源是咸的，夏格杜尔拿上水罐去找水，却遭到一头野狼的袭击。他情急之下将水罐砸向野狼，心里七上八下的，跑回营地来取长枪。结果野狼却逃跑了。

在一道宽广的谷地，我们惊吓到一头身材健硕的老牦牛。狗儿群起攻之，那牦牛将尾巴高高竖在空中，犄角抵在地上，反击向它挑衅的狗儿，左扑一下，右挡一招。我命令哥萨克兵不得向牦牛射击，可是图尔都抬手一枪就宣告了它的死亡。他需要找肉给大家吃，而剩下的六只绵羊还得省着点用。

又有一次，尤达西惊动了一只野兔，它一下子躲进洞里去，可是洞并不深，夏格杜尔一伸手就把这可怜的小家伙从洞里拽了出来。

我喊道："拦住尤达西，把野兔放了。"野兔如飞箭一般逃窜而去，但是还没窜出一百码远，就有一只秃鹫俯冲下来。我们赶紧奔上前想施以援手，只是为时已晚，野兔的双眼已经被秃鹰摘掉，躺在地上搐动。

7月16日，我们扎营的地点紧靠一条小溪，一头黄灰色的野狼大胆来犯，结果赔上了自己的性命。还有一只熊蹚过小溪来，拍得水花四溅，哥萨克骑兵上前紧追不舍。一个小时后他们才回来。那只熊还是逃了，不过他们误打误撞，闯进一个西藏人的营地。那边有三个牦牛猎人，还有马匹和长枪。哥萨克兵回来接薛瑞伯喇嘛，因为只有他才会说藏语。我派薛瑞伯和夏格杜尔赶过去，可是那些藏人已弃营而去。关于我们来到西藏高原的传言从此口口相传，一直传到三百三十英里以外的拉萨去。游牧人和猎人都知道，谁去向官府报告有欧洲人临近，谁就可以获得一笔赏金。我们完全放弃去追那三个猎人的想法，即便追上也于事无补，而且牲口也累得虚脱了。薛瑞伯喇嘛察觉出旁人很可能已经发现我们的意图，不禁烦躁起来。

第二天，我们把一头累垮的骆驼留在一片牧草肥美的野地里。我在一根帐篷柱子上绑了一只空罐头，并写了一封令条，如果手下来到这里没有看见骆驼，就得四处搜寻。可是切诺夫和押后的卫兵走到这里时绕路了，结果无论是骆驼还是罐头，都没有见到。这样一来，那头被遗弃的骆驼后来命运究竟怎样，我们也不得而知。

7月20日，我们翻过一座积雪覆盖的广袤山脉。一条冰川边缘有三百头牦牛在游荡，四处也有零星的牦牛。在山谷的另一边，有七头牦牛，狗儿见了狂吠不止。牦牛一哄而散，只有一头留下不走，于是狗儿合力上前攻击。那牦牛却镇定自若，把身子埋进山谷中的溪流，溪水哗哗地从它身上流过，狗儿给流水阻隔，只得在岸上干吠。

我们打算扎营的地方有一只松鸡一动不动地躺在那里，地上的草很稀少。一名哥萨克骑兵向松鸡射击。松鸡惊跳起来，随即倒地死去，而它护在翼下保暖的三只小鸡毫发无伤，跑来跑去寻找妈妈。摧毁这样的幸福简直就是谋杀。这件事让我心痛了很久。我宁愿放弃享用松鸡大餐，只要能把母鸡的性命再送回这破碎的家庭就好。我只有尽力宽慰自己，我自己并不是猎人。

倾盆大雨、沼泽地还有流沙，真是可恶之极！我们再一次跋涉一座泥泞的山脉。两头累坏的骆驼走在后面，其中一头最终赶到我们的营地，而另一头在山顶深深陷在烂泥里面，怎么拉怎么拽也出不来。有几个手下晚上就陪在它身边过了一夜，指望地面结冰变硬，兴许可以救它出来。但是夜里那骆驼陷得越来越深，等到了次日早上，它已经咽气了。流沙是在西藏北部最难攻克的困难。不过我的骆驼径直陷进泥潭里去而不得脱身，也只有这么一次。这趟穿越藏北的旅程非常辛苦，是名副其实的痛苦之旅。

7月24日，我们在路上望见远处的山谷里有片像样的牧草地，许多天来都没有见过这么好的。我们转向去那边扎营。后面的一段时间里，这是我最后一次和旅队在一起。

第四十三章　乔装朝圣客探访拉萨

新总部在海拔一万六千八百英尺的高度，我们将其命名为"44号营地"，从这里我们即将开始前往拉萨的狂野旅程。本来为了牲口着想，我打算休整一个星期，但是锡尔金在附近发现有人牵马刚走过的足印，于是我决定立即拔营出发。难道已经有人在监视我们？同时我决定只让薛瑞伯喇嘛和夏格杜尔两人与我同行。这对切尔东来说有些难以接受，因为他也是信奉喇嘛教的；然而总部需要有尽可能完备的防御能力，以防西藏人动用武力找上门来。

我们装扮成三个奔赴拉萨的布里亚朝圣客。队伍得尽量轻便而机动灵活，所以只带了五头骡马和四匹马，为了这次旅程全部换上了新蹄铁。食物补给包括白米、面粉、烤面粉、肉干和中国茶砖。我穿的蒙古式长袍像牛血一般鲜红，里面有暗藏的口袋，用来放无液晴雨表、罗盘、怀表、笔记簿以及一本画有路线草图的书。左靴子里有一个放温度计的袋子。同时我还带了刮胡子的用具、一盏灯笼、几支蜡烛、火柴、一把斧子、蒙古锅盆和十个银锭。这些东西大半都装在两只蒙古皮箱里面。我头戴一顶有耳罩的无边帽，脖子上挂了一条共有一百零八颗珠子的念珠串，上面系有一个装着佛祖像的铜盒，腰间悬垂一把匕首、一双筷子及一根拨火棒等东西。此外还有蒙古人手工做的毛皮和毛毯，不过没有床。那顶最小的帐篷用来给我们挡风遮雨。

出发前的最后一个晚上，我把手下召集起来，任命锡尔金为总部的指挥官，负责保管银锭箱子的钥匙。如果我们三人在两个半月之内没有回来,他就带领整支旅队返回诺羌和喀什。此时有二十只乌鸦在我们帐篷上空盘旋。夜幕降临,我们上床睡觉去了。

7月27日太阳初升的时候,夏格杜尔把我叫醒,我永远也忘不了那一天。向拉萨进军!不管我们成功与否,这都将是一次非同寻常的经历。如果真的成功了,我们就能亲眼见到这座圣城;而远在1847年,也就是五十四年前,约珂和加贝两位法国修士曾造访拉萨,自那时以来,还不曾有欧洲人造访圣城。假如以失败告终,我们就只能任凭西藏人处置,成为他们的阶下囚,而且要被关押多久也遥不可知。不过,夏格杜尔叫醒我的时候,我仍是一跃而起,只盼着赶紧踏上这激动人心的冒险之旅。于是不到一刻钟的工夫,我就从头到脚变成地道的蒙古人模样。

在出发前最后一刻,我决定让奥迪克陪我们走上一两天的路程,晚上为我们在营地把守牲口,这样在通宵守夜之前,我们可以好好睡个觉。我骑自己的那匹白马,夏格杜尔骑的是他的黄马,薛瑞伯喇嘛的坐骑是一头体型最小的骡马,而奥迪克则在其他的马匹里选了一匹骑。狗儿马兰奇和尤巴斯也跟我们一起走。尤巴斯曾给一头野猪咬伤过,却是我们所有的狗里面最壮大、也最狂野的。

等到一切准备停当,我们也都骑上马,这时我问薛瑞伯喇嘛,他是否愿意待在总部不走。

"不,绝不!"这就是他的回答。

我们几个向大家道别。留在总部的人都觉得此次一别,再也不会见到我们了。锡尔金转过身去哭了起来。这时的气氛有些肃然,但是我笃信上天会保佑我们,依然心静如水。

我们快速沿山谷而下,谷中溪流的岸边最近曾有猎人扎过营,一头牦牛的骨架还留在那里,也曾有一只熊在此找过食吃。我们向东南方向骑行,最后在一处地势开阔的泉水旁扎营。牲口也放开自由吃草,由奥迪克在一旁照看。月光照亮了寂静的荒原,我们看得心旷神怡，不过还是很早就进了狭小的帐篷睡觉。

第二天，我们在相当平坦的大地上骑行了二十四英里，一直走到两面小湖边：一个是咸水湖，另一个则是淡水湖。帐篷就搭在两座湖水之间的一条狭长的土地上。这一晚过得十分宜人。我坐在帐篷外的营火前，让夏格杜尔和薛瑞伯喇嘛为我乔装打扮。夏格杜尔剃光了我的头发，连胡子也一起剃了，剃到最后，我的头简直就像弹珠一样光溜溜的；薛瑞伯则把油脂、煤灰和褐色颜料混在一起，再抹在我身上。我拿起擦得光亮的怀表壳当镜子照，一看见镜子里的自己，不禁吓了一大跳。我们几个情绪高涨，高声谈笑，跟上学的孩子似的。

我们在营火边吃过东西喝过茶，就早早休息了。牲口还在两百步开外的湖岸边吃草，奥迪克在一旁看守。夜里扬起一阵风暴。到了午夜时分，奥迪克探进我的帐篷里来，说道："有人来了。"

我们操起两把长枪和一把左轮手枪冲了出去。风暴还在呼啸肆虐。暗色的飞云间洒下一点苍白的月光。在西南边的一个小山头上，只见两个骑士策马急行，正在驱赶前面两匹没有套上缰绳的马。夏格杜尔朝他们开了几枪，但是他们消失在夜色之中。

这可如何是好呢？我们清点了一下牲口，发现只有七头。我的白马和夏格杜尔的黄马都不见了。从地上的足迹看，显然是其中一个盗贼将最外侧的马匹偷到手，吓得其他马匹跑到岸边去，守候在那里的两个骑马的藏人同伙将偷来的马匹收服。先前他们就像野狼一样埋伏在附近，而且夜里刮起的风暴也帮了他们的忙。居然还有这样偷偷摸摸、乘人之危的行径，我感到怒火中烧，第一反应就是没日没夜追赶这些盗贼。可是我们能舍弃营地和余下的牲口不管不顾吗？或许我们已经给一大帮抢匪团团包围也说不定呢。我们燃起营火，点上烟斗，坐下来聊天，一直聊到天亮。宁静的气氛从此不复存在。我们的手按在匕首上不放开。太阳升起时，我们发现奥迪克伤心地哭了。他即将独自返回总部去。我

321

从笔记簿上撕下一页纸，给锡尔金写了封便条，让他务必加强防范。

后来我们才得知，奥迪克回到总部的时候几乎半死不活。他就像只猫似的在低地和河床上小心潜行，一看到任何阴影，都以为是有强盗埋伏，甚至把两头温顺的野驴都错当成来者不善的骑士。到最后他好不容易回到营地，还差点让总部的守卫开枪击中。其他人听说我们出发才两天，就遭到抢匪的袭击，心里更为恐惧，深信我们是再也不会活着回来了。

我们继续向东南方向前进，而即将要孤身一人的奥迪克在帮我们装载好行李后就消失了。在一处平原，我们碰见一大群牦牛，它们是家养的吗？不然，因为它们闻风而逃。我们在开阔的地势上搭起帐篷，我去找了些牦牛干粪来生火。从这一刻起，我们绝不再说一句俄语，只能说蒙古话。夏格杜尔受命扮演我们领队的角色，我充当他的随从，有西藏人在场的时候，他对我的态度得像使唤仆人一样。

我一直睡到晚上八点才醒过来。夏格杜尔和薛瑞伯喇嘛随即把七头牲口都赶到帐篷边上。他们两人一脸正色，因为刚才看见三个西藏骑士正在远处守望。我们立即把牲口给拴在帐篷的下风处，帐篷的入口也敞开着，狗儿尤巴斯拴在牲口的外侧，马兰奇则系在帐篷的上风口。夜里我们三人分别守夜。我是头一个，从九点守到十二点；夏格杜尔是第二个，从十二点到凌晨三点；薛瑞伯喇嘛值最后一班，直到早上六点。

这样我的两个同伴倒身睡觉，而我站在帐篷外守夜。我从尤巴斯这边走到马兰奇那边，一会儿和狗儿嬉耍一番，一会儿拍拍疲惫的马匹和骡子。九点半钟，一场狂烈的风暴从天而降，煤炭一般的黑云压在头顶，雷电交加，瓢泼大雨哗啦啦地浇下来。我缩在帐篷入口处躲雨。暴雨打得帐篷帆布啪啪直响，毛毛细雨都透过帆布渗到帐篷里来。我点上烟斗和灯笼里的蜡烛，拿出笔记簿。不过每过十分钟我就在两只狗儿之间来回巡视一遍。大雨一直哗哗下个不停，雨声听得单调而沉闷。那顶中式帽子像胶水一样黏在我光秃秃的头上。

我听见远处传来一声哀号，急忙冲了出去。不过心里转念一想："噢，那不过是尤巴斯对暴雨表示愤怒呢。"眼皮越来越沉重，轰隆隆一声霹雷将我惊醒。狗儿还在狂叫，我再次走出去，脚在泥地里踩得呱唧呱唧响。守夜的时光似乎永远没有尽头。我值的这一班难道就不会结束了吗？可是午夜的钟声终究还是敲响了。我正要去叫醒夏格杜尔，这时两只狗儿突然开始气势汹汹地狂吠起来。薛瑞伯喇嘛醒过来，跳起来冲了出去。我们三人都拿上武器，悄无声息地摸到下风处。能听到马蹄的哒哒声，附近一定是有骑士，我们急忙朝着他们的方向跑过去。但是他们随即消失了，之后仍是一片平静。大雨敲打在地面上。我全身衣服已经湿透，就这样躺下来睡觉。有那么一阵子，我还听见夏格杜尔在湿地里走路的啪啪声，但很快就睡熟了。

天亮时分我们拔营出发，翻越过一道山脊，走上一条路面已经给踩平的山径，一路发现不少前人扎营的旧址，但是不见有人的踪影，最后再次在两座小湖泊之间的狭长地带停下休息。一等安置好营地，我们其中两人便倒头大睡。跟前一晚一样，我们把牲口都拴好，而我先开始守夜。无情的大雨下了一整夜。有一头骡子挣脱了缰绳，往草地一路小跑而去，我跟在后面追。这头骡子至少还让我保持清醒的状态。我试了几次都没有逮住骡子，最后才一把抓住缰绳，将它拴得结结实实。

7月31日，我们在倾盆大雨之中上路。人和牲口都湿透了，雨水也流成了河。道路越走越宽广，毫无疑问，这是通往拉萨的路。我们跟随一支大型牦牛旅队的足迹，穿过五座小山口，这支牦牛旅队在大路一侧扎营。薛瑞伯喇嘛便走上前去。原来这些旅人是从青海塔尔寺来的唐古特人，正要前往拉萨。他们向薛瑞伯询问我们的身份以及此行的目的。与此同时，我们的狗儿和他们的狗开始打起架来。我对那些跟尤巴斯扭打成一团的狗深表同情。

再往前走了一段，我们在一处峡谷里扎营，旁边紧挨着一个西藏人的帐篷，里面住有一个年轻男人和两个女人。一家之主很快返回家中来。我们邀请他来我们的帐篷，他送给我们一大把牦牛干粪和一只装满牛奶的木头罐子。他的名字叫赞伯，这个地方叫贡吉玛。赞伯身上脏兮兮的，看上去一团黑，头上没戴帽子，留着长长的头发，也没有穿长裤，却一屁股坐在帐篷外潮湿的地上。他吸着薛瑞伯喇嘛递上的鼻烟，打了有一百个喷嚏，就问我们，这鼻烟里是不是一直掺有胡椒粉？他觉得我们三个都很不错，家住得那么老远，却一路赶往拉萨去朝圣。这时我们离拉萨还有八天路程的距离。

突然夏格杜尔冲我大吼一声，让我把牲口都赶回营地来。我立即遵命照办。夕阳西下，月亮也露出一张小脸。但是到了夜里，天又下起大雨来。有那些游牧人在一旁，我感到十分安全。

第二天早上，赞伯和家里的女人给我们送来绵羊油、酸奶和鲜奶、奶酪粉、鲜奶油和一只绵羊。他一分钱也不愿意收，不过我们还是赠给他们一块蓝色的中国丝绸，他家女人见了，差点乐疯。赞伯徒手将那只绵羊勒死，拿一条布缠在绵羊的鼻子上，将大拇指和食指插进羊的鼻孔，接下来他才把绵羊宰杀了。我们让他把羊皮自己留下。就这样，我们告别了这家友善的游牧人，翻身跃上马鞍，继续上路。

就在此时，天又开始下雨了。雨水从天喷注而下，骑行在雨中就像是在密密麻麻的玻璃中间穿行。透过雨天的雾气，隐隐约约看见前方有一大块水域。起初我们还以为是一面湖水，可是等走到水岸边，才发现这是一条气势恢弘的大河，黄灰色而混沌的滔滔河水向着西南方奔腾而去，发出空隆隆又凶险的咆哮之声。我一下子意识到，这就是雅鲁藏布江（Sachu-tsangpo），邦伐洛特和美国外交官罗克希尔（William Woodville Rockhill）曾经渡过此河。河岸对面完全看不清楚。我们沿着这条通往拉萨的路走，结果来到河的右岸。可是能渡过河去的浅水滩在哪里呢？说时迟，那时快，只见薛瑞伯喇嘛领着驮运行李的骡马径直走进河水之中。我和夏格杜尔便紧随其后。

河流的中央有一块沙岸，大约在水下一英尺深，我们在这里停留了一分钟，左右两岸均看不见。河水滚滚，流量相当大。因为长时间下雨的缘故，河水的水位急速上升。如果我们在沙岸上停留时间过长，就会陷入进退两路都给大水隔断的困境。薛瑞伯喇嘛依然向前走。情形开始有些不妙，因为河水都淹到了小骡马尾巴根部。这时一头驮运行李的骡马滑倒了，绑在它身上的两只蒙古箱子起到了软木垫的作用，将它浮在水面上。水流很急，飞快地把骡马往下游冲。我心里想这下它可完蛋了。只有骡马的头和行李箱的边角还露在水面之上，不过骡马使劲地游啊游，游了一会儿竟踩在河底站起来了。那骡马自己在很远的那头站稳了身子，跌跌撞撞地爬上了河左岸。

薛瑞伯喇嘛独自骑马过河。河水越来越深。我们俩扯高嗓门冲他死喊，可是他依旧大胆无畏地继续向前。大雨浇打在河面上，四下里全都是水。我最后一个骑马渡河，已经落在了后面。看见他们两个以及驮运行李的牲口在水面上起起伏伏，同时我也瞥见了河左岸。最终他们安全上岸。我用脚跟催马快行，但是我们渡河的地方恰好是在浅水滩的下方一点，已经越来越深。河水灌进了我的靴子，我开始感到头晕目眩。刹那间河水涨到我的膝盖和马鞍之上。我松开腰带，扯下皮外套。薛瑞伯喇嘛和夏格杜尔又喊又叫，冲我指指点点，可是我置身于水流的怒吼之中，根本听不见他们说些什么。这时水已经涨到我的腰部，我骑的马只有头和脖子还在水面以上，其他什么也看不见了。我准备翻身从马鞍上跳下，把马儿放开，但是就在这个档儿，马儿开始游起水来。

我不自觉地一把抓紧马儿的鬃毛。水流将马儿一路冲走，差点没把它呛死。但是马儿随即触到了河底，站稳了脚跟，一下子蹬上岸去。我在亚洲渡过那么多河流，从来没有哪一次这么凶险。到最后我们没有一个人淹死，这真是天大的奇迹。夏格杜尔和薛瑞伯其实都不会游泳。

我们这支小旅队走在瓢泼大雨之中，看上去可悲又可笑。一直在前面领路的薛瑞伯喇嘛依然往前行，仿佛刚才那条大河根本就不曾存在。我脱下靴子，倒出积水，将其倒挂在马鞍的后面。雨下得很大，所有的东西都淋得湿透了。两只行李箱里都流出水柱来。

最后我们令人敬仰的喇嘛总算在一块野地停下，那里有不少牦牛粪。我们把牦牛粪外面最湿的一层刮掉，费了很大劲才终于点燃。等火堆烧起来，虽然雨水打在火焰上嘶嘶直响，但我还是一点一点脱了身上的蒙古衣服，把水拧干。这时候倘若哪个西藏人碰巧从这里路过，一看到我白皙的身体，准会诧异得目瞪口呆。

夜幕降临，雨还下得稀里哗啦，漆黑的夜色中冒出各种奇异的声音。我听见有脚步声、马蹄声、说话声、叫喊声和步枪射击的声音。半夜十二点整，我把夏格杜尔叫醒，自己溜进帐篷里，也不顾身上衣服还是湿的，倒头就睡。我真是太累了，简直累得就盼着给人逮住，这样才好彻底地休息一回。

8月2日，天没有下雨，我们进入有人聚居的地区。我们从两顶游牧人的帐篷旁骑过，里面有绵羊也有牦牛，后来又经过一支规模达到三百头牦牛的旅队，他们驮运砖茶去往著名的札什伦布寺。驾驭牦牛的人紧挨着大路边生起火堆；我们打边上经过时，他们上前来问了我们许多问题。有一位老人手指着我说道："白人。"这个地区叫作安多默珠（Amdo-mochu）。

我们继续向前，来到一处有泉水的野地里，趁着夕阳的余晖把衣服铺展在地面上晾晒。不料一会儿就下起冰雹和暴雨，我们赶紧把东西都收拾进帐篷。说来也怪，那隆隆雷声听起来却像是铃声大作，不由得让人想起教堂的钟声。

　　第二天早晨，我舒舒服服地睡足了觉。九点钟，我给两位同伴唤醒，他们让我不妨去看一眼那支运砖茶的旅队。那情景确实有趣得紧。所有的人都是徒步行走，肩上扛着步枪。不论是人还是牦牛，都是黑糊糊的，看上去好似强盗的模样。他们一路走，一路吹着口哨、大呼小叫、还唱起歌谣。

　　我们在原地停留了一整天，把东西都晾晾干。我在靴子里填进温暖而干燥的沙子，以便将里面的湿气吸走。牲口在一旁吃草，我们三人则轮流睡觉。夜色清朗，月儿高挂空中，漫天的星辰一闪一亮。

　　8月4日那天，我们踏上去往拉萨的主路。途中我们不断经过游牧人的帐篷和牧群，常常遇到大型的旅队，同时也会经过神圣的玛尼石堆。夜里停下休息的时候，有个年轻的西藏人还跑来看我们。

　　8月5日，我们骑行了二十英里半的路程，从黑湖（Tso-nek）边匆匆走过，那里帐篷密集、牲口成群。最后我们来到一片搭有十二顶帐篷的平原，在这里建立了第53号营地。自离开总部那天到此地，我们已经走过了一百六十二英里。

第四十四章　沦为藏人的阶下囚

黄昏时分，三个西藏人朝我们的帐篷走来，薛瑞伯喇嘛和夏格杜尔出了帐篷迎上前去。他们谈了很长时间，等我的两位同伴回来的时候，四周已经漆黑一片。其中有个藏人很颐指气使地告诉他们，三天前有个打北边来的牦牛猎人通报说他看见一支极为庞大的旅队正开往拉萨。

这个藏人问道："你们跟他们有什么关系吗？要说实话，别忘了你可是个喇嘛。"

薛瑞伯喇嘛听了双腿一抖，把所见所闻和盘托出，不过并没有提到我的存在。然而夏格杜尔跟我担保，说那个颐指气使的藏人曾经好几次说到"瑞典白人"的字眼。从底穆尔里克或诺羌来的朝圣客很可能在问话中弄清了我的国籍身份，虽然他们对瑞典其实一无所知，对于中国、英属印度和俄国最多也就是一点模糊的概念而已。夏格杜尔觉得是薛瑞伯喇嘛背叛了我们，不过我并不认同他的想法，而且即便他当时说的没错，现在也只是过眼云烟，我完全能原谅。那个西藏人最后说了一句："你们在这里待到明天。"

我们长时间呆坐不动，思忖着自己未来的命运。整个夜里，我们帐篷不远处的几处守望篝火都不曾熄灭。

天刚蒙蒙亮，另外三个西藏人来到我们的帐篷。我总是戴着蓝色的蒙古眼镜。这些进来的人要求看看我的眼睛，结果发现我的眼珠跟他们一样，都是深黑色，不禁大为惊奇。他们还要看一下我们的武器，我们也欣然答应。经过这一番检查，他们才朝自己的马匹那边退回去。

过了一会儿，一位头发花白的老喇嘛和另外三个人找上门来。老喇嘛问了一些关于我们总部的问题，并通知我们，已经有信差前去向那曲总督康巴邦博（Kamba Bombo）汇报，在总督的指示到来之前，得因禁我们于此。

接下来会发生什么，我们一无所知。五十三名骑士聚集在几百码以外的一个帐篷营地，他们身穿红色、黑色和灰色长袍，头上戴着白色高帽或缠上红色布带，每人持有标枪、长矛、剑和毛瑟枪等武器，上面还系有彩色饰带。他们翻身下马，在大雨中围在营火边商议事情，末了又跃上马鞍。他们中间有七个人骑马沿着通往那曲的大路向东而去，另有两个人则顺着去拉萨的主路向南骑行。其余的骑士策马直奔我们的帐篷而来，同时发出打仗进攻时的那种啸叫声，手里的剑和毛瑟枪还高举过头，挥舞不停。薛瑞伯喇嘛觉得我们时日无多，大限已至。我们在帐篷前面站好位置，手指就扣在扳机上。这些西藏骑士如雪山崩塌一般冲将过来。马蹄打在湿地上，溅起片片水花。转眼他们就逼到跟前，离我们最近的马匹踩踏出的水花都溅到了我们身上，这时他们忽地分开成两队，划了一个大弧线又别回原来的起点。

他们将这番军事演习重复了两遍，之后下马向一个目标射击。显然他们是想借此来激起我们心中的敬畏。最后他们终于向西北方向骑行而去，我拿不准他们会不会胆大到去攻击我们总部。

这一天一直有客来访。他们给我们带来一点小礼物，比如油脂、鲜奶或酸奶什么的，而且谁也不愿意接受我们支付的钱。在一场大雨中，帐篷里来了四位客人，大家只好跟沙丁鱼罐头似的挤坐在一起。但是过了一阵子，雨水汇流成细水柱，漏进帐篷里来，我便请他们出去在帐篷周围挖了一道水沟。到了晚上，我们数了数，周围燃有三十七个守望篝火，在雨中忽闪忽现。

第二天又有未曾见过的人来打探。其中一位给我们抱来一堆牦牛粪和一只风箱，并对我们说，拉萨离这里有五天的路程，不过骑马快行的信差只需一天就能到。我们现在所在的地区叫作雅洛克（Yallok）。七头驮运行李的牲口已经给人牵走，大约是防止我们逃跑。无论哪个方向都能看见有骑士，他们或单独、或成队地骑来骑去，有时候周围还会挤满全副武装的骑士。看样子他们是把人力都动员起来了。面对这样强大的军力，我们却只有区区三人而已。这次伟大的冒险之旅中，我们完全沦为阶下囚。

8月8日早上，有五个人送来一只绵羊。已经有消息传来，说总督大人康巴邦博正亲自赶来见我们。薛瑞伯喇嘛害怕总督会认出他来。以前曾经有这么一个喇嘛，因为玩忽职守而受到惩罚，须得以俯伏的姿势走完从乌兰巴托到拉萨的整个路程，也就是说，他必须要用自己身体的长度来丈量两地之间的道路。他花了六年的时间才走完全程。薛瑞伯喇嘛确信他也会受到类似的惩罚。

我们不得走出帐篷五十步远，否则就会有间谍走上前来监视我们，班努尔苏这个人似乎是担任间谍首领的职务，他所在的帐篷和我们挨得很近。他来我们这儿一坐就坐上几个小时，连吃饭都和我们一起。

这天下午，我们和七个西藏人围坐在露天的营火旁，突然有一队骑士从东边径直朝着我们飞奔而来。来的人是康巴邦博的通译官，他说的蒙古话比我还差一点，不过除此以外，倒是个很体面的家伙。他详细地盘问我们，对我们的总部尤其感兴趣。很显然，他们还以为是有成千上万个俄国哥萨克骑兵前来侵犯。通译官告诉我们，达赖喇嘛本人每天都会收到关于我们情况的通报。我严厉地向他质问，他们是不是吃了豹子胆，怎敢拘留从俄国沙皇统治下布里亚省来的抱有善意的朝圣客。"你们的臣民晚上来偷我们的马匹，我们对你们没有造成任何伤害，你们却把我们当作强盗来看待。"那通译官一副若有所思的样子，可还是回答说，任何没有合法护照的人都禁止行走去往拉萨的道路。

到了9号的早上，僵持的局面开始有了缓解。整个平原上挤满了骑士和牲口，不远的地方又新出现一座帐篷村。如此兴师动众，不过是因为我们三个可怜的朝圣客！有一顶大帐篷是白色的，饰有蓝色缎带。除了首领以外，没人有资格住这样的帐篷。

在一队人马的陪同下，通译官来到我们的帐篷，宣告说康巴邦博总督已经驾临，此时正等我去赴宴。一切都已安排妥当。我们每人都收到一份"哈达"，那是一长条白色的薄纱布，象征热烈欢迎的意思。同时还送来一些食物，包括一头绵羊。

我态度生硬地回道："凡是知书达理的人在邀请客人赴宴之前，首先须得亲自登门拜访。如果康巴邦博有求于我们，那么让他先到这里来。我们对他没有什么好隐瞒的。我们想要知道的，无非是通往拉萨的路让不让我们通行。如果不让，后果由康巴邦博他自己负责。"

通译官一筹莫展。整整两个小时，他就坐在这里苦苦哀求我们前去赴宴。

他恳求道："你们若是不去，我就要给开除走人了。"

即便他已经上了马鞍，嘴里还是一直劝说个不停。到最后他骑马离开了。

又过去两个小时，突然一队有六十七名骑士的人马从新建成的帐篷村里冲出来。那真是一副精美的画面，只见他们个个身着深蓝色和暗红色服装，宝剑插在镶有白银、珊瑚和土耳其玉的剑鞘之中，宝盒里装有佛祖圣像，一圈念珠和叮当作响的银饰都甩在身子一侧。康巴邦博骑着一匹奶白色的母骡马，跑在队伍中央。他这人个头很小、脸色苍白，大约有四十岁上下，眨巴着一双鬼气的眼睛；里面穿着黄色丝绸礼袍，外面套一件红色长袍，袖子是鼬鼠皮的，脚踩一双绿丝绒靴子，头戴一顶蓝色中式帽子。

康巴邦博在我的帐篷前下了马。他的仆从在地上铺开一张地毯，摆放了几个坐垫在上面。他和另一位叫南索喇嘛的高官一起安坐下来。

我邀请两位绅士进入我的帐篷，每人都有一袋面粉权当凳子坐。

康巴邦博为人礼貌而友善，我们先前曾试图欺骗他，受邀赴宴却无礼地回绝，对此他并不介意。他又重新盘问了我们一回，总督的书记把我所有的回答都一一记录下来。对于我要继续上路前往拉萨、之后返回总部的要求，康巴邦博拿手在脖子上做了一个鲜明的手势予以回答。

"不行，你不能再往拉萨迈出一步。你一意孤行，只会让你们和我的人头同时落地。我只是尽自己的职责。每天我都从达赖喇嘛那里得到最高指令。"

康巴邦博立场坚定，毫无回旋的余地。自始至终他一刻也没有让自己脾气失控，立即就恢复庄重而愉悦的神态。当我们说到那两匹给人偷走的马，他大笑道："你从我这里可以带两匹马走。等回到总部，会有人一直护送你们到我所管辖省地的边界，你们也会有食物、绵羊以及一切所需要的东西。你只管开口要就行。但是绝对不能往南边再走出一步！"

在那个时候，欧洲人根本不可能去拉萨旅行。普哲瓦尔斯基、邦伐洛特、杜垂尔迪罕、罗克希尔及利特戴尔等人都曾遇到这样无法冲破的阻力。两年后，寇仁勋爵派遣麾下的英印联军进攻拉萨，最后以武力打开了从南边通往圣城的大路，导致四千个西藏人被杀害，这就是所谓的战争。其实西藏人别无所求，只希望与世无争、和平度日。康巴邦博手下的藏人识破我的身份之后，也同样采用强硬专横的手段将我们困住，但是并不会施以暴力，他们无须将双手沾满鲜血就可以有效地实现自己的意愿。非但如此，他们还特别周到细致地招待我。对我来说，这趟旅程尽力能走多远就走多远，除非碰上完全不可能攻克的阻挠，否则绝不屈服妥协，能做到这一点，已经心满意足了。一席话谈完，康巴邦博便骑马返回他的帐篷去。我对他说,明天我们就出发折回总部,这完全是我自己的意图。

次日一早,我翻身上马,独自一人骑向康巴邦博的帐篷,看得夏格杜尔和薛瑞伯喇嘛大为惊愕。不过我还没有骑到一半远,二十名骑士就上前将我团团围住,让我下马。等了一阵子,康巴邦博带着护卫来了。地毯铺好,坐垫摆上,我们就在双方阵营中间的地带安坐下来聊天。我跟他打趣,问他如果就我和他两个人骑马去拉萨,会发生什么情况?他爽声大笑,摇了摇头,说他如能随我一同旅行,真是荣幸之至,不过前提是要得到达赖喇嘛的允许。

"好啊,就让我们派一名信差去向达赖喇嘛请示。再等上一两天我也愿意。"

他很坚决地回答说:"不行。如果真要这样去问,我就立马给撤职了。"

康巴邦博眯起眼睛,指着我说道:"萨希布(Sahib,印度人对欧洲人的尊称)!"

我就问他,如果我是从印度来的英国人,那怎么会从北边来,而且还有俄国和布里亚哥萨克骑兵护卫呢?同时又尽力给他解释瑞典国所在何处。

很快有人牵来两匹马,作为我们被盗的补偿。不过这两匹马长得瘦弱,我说我不想要。于是又牵来两匹绝好的骏马,我这才表示很满意。

末了,我问康巴邦博,我们只有三个人,不,此时我更是独身一人,而他为什么要有六十七名手下前呼后拥。难道他害怕我不成?

"不,不是这个意思,是我从达赖喇嘛那里得到指令,我们须以我国最高规格来招待你。"

我们再次上马,康巴邦博及其随从陪我来到我的帐篷前。在这里他们检查了我们的武器,并把即将护送我们出境的人介绍给我们。一共有两位官员——索朗和安那,外加一名军士、十四名士兵以及负责看管藏人行装的六名随从。他们自己带了十头绵羊。康巴邦博也送给我们六只绵羊,此外还有油脂、面粉和鲜奶。我向他道声珍重,便就此离别,这时我们已经成为最要好的朋友①。

我们这个队伍看上去就像是在押送囚犯。队伍的两侧以及前后都是西藏人。在扎营的时候,他们立即在我们的帐篷边上搭起两顶帐篷,整夜都有人看守。我们一晚上都呼呼大睡,根本不用理会我们的牲口。狗儿尤巴斯在藏人心中激起无上的敬畏,只得时时用绳子拴好。护送人员里面有两个喇嘛,不断地摇着转经筒,嘴里同时念着"嗡嘛呢叭弥吽"。

白天的行程分为两个阶段,中间空出一点时间喝茶。西藏人用剑在地上割出三大块泥土,在火堆上拼起一个三角形的支架,用来烧锅煮东西。他们做的午饭有煮羊肉、糌粑加热茶。队里的骑士看着很帅气,头上缠有一圈圈细辫子,并披着头巾模样的红色饰带。他们的右胳膊和肩膀光在外面,皮外套可以半垂在背后。所有的马匹都戴有铃铛环,一路叮当作响,整个山谷都因此变得活泼有生气。

此时雅鲁藏布江的水位已经下降很多,等我们骑马渡过河,负责护送的藏人便与我们道别,而我们再一次变为三人小队。有

---

① 路透社记者坎德勒(Edmund Candler)曾随英印联军攻打拉萨,他在《揭开拉萨的面纱》一书中有这样的记述:1904年5月初,一支小型英国军队受到约有一千名藏人的袭击,而藏人的指挥官就是三年前在那曲附近阻止我前进的那位康巴邦博总督。经过十分钟的激烈枪战,西藏人退兵,共死亡一百四十人,而英军损失五人。很可能我的朋友康巴邦博也在这次战斗中战死。我们与他相见的那一回,他只是为国家尽职责而已。1901那年,我并没有迁怒于他。在1904年的那场战斗之后,我更为敬仰他,并将他珍藏在记忆中。

一次狗儿马兰奇站在路边的一个小山丘上高声吠叫。我骑上山坡，却见一只熊在挖掘一个土拨鼠的洞穴。它挖得太过投入，根本就没有注意到我，等我靠它非常近了，它才离开洞穴，悄悄逃走。狗儿紧追不舍，那只熊又转过身来，把好位置。双方蹦过来跳过去，对峙了很长时间，直到斗累了才罢休。

8月20日，余下的行程只有几英里的路。这时我们听见峡谷中有步枪射击的声音，随即看到两位骑士——锡尔金和图尔都——出来给旅队打猎找食吃。他俩一见到我们，不禁喜极而泣。

随后我们一起骑回营地，这里一切都很平静。切诺夫先前已经率领押后的卫兵到达营地，只损失了两头骆驼和两匹马。对我而言，这就像是回归文明世界。我用旅队的水桶洗了一个热水澡。我已经有二十五天没有洗澡了，洗澡水前后换了好几次才算洗干净。梳洗过后，光着身子躺在自己洁净干燥的床上休息，那真是再惬意不过，同时几个手下弹奏起三弦琴、长笛、庙钟，再加上我的音乐盒和两只临时充数的鼓，为我献上一场临时音乐会。我们最终没有到达拉萨，但是在这次伟大旅程中所体会到的迷人魔力，却是以前从未经历过的。

第四十五章　遭到武装军队拦截

目前的计划是越过西藏，想办法到达印度，于是我决定，带领旅队向南方推进，一旦碰上无法逾越的障碍，就转向西边前往拉达克山脉，一路经过喀什米尔和喜马拉雅山，最后到达恒河河畔较为温暖的地区。

这是一次艰苦的长途跋涉。我们必须翻过几座海拔很高的垭口，还得通过几道从前没走过的、险象环生的流沙地带。有几匹马已经死了。一名来自克里雅的手下卡尔培特生病了，只能骑在马上。这个地域可以打到相当丰富的猎物，哥萨克兵一出马，我们就有肉吃。有一回他们射中一头野山羊和一只羚羊，并把动物尸体以逃逸的姿势冰冻成块，看上去栩栩如生。又有一次，七只狗儿紧追一只可怜的野兔。最后尤巴斯逮住了野兔，可是它立即上前把兔子吃了个干净。

其实我们或迟或早都会给人拦住，这一点似乎是显而易见。西藏人已经警觉起来，在北边沿线加强了守卫。我们在路上走了一个星期，走到9月1日的时候，再次遇见一些游牧人。在一个垭口的顶部，我们向南远望平原，似乎有马匹星星点点，另有数千头绵羊在吃草。夏格杜尔和喇嘛骑马去一个帐篷那边想买点鲜奶和油脂，可是里面的居民声称官府禁止他们向我们售卖任何东西。夏格杜尔大发脾气，那些西藏人给吓坏了，把我们要的东西都卖给了我们。夏格杜尔又把三个西藏人带到营地来，我们就用热茶和面包招待他们。等最后放他们离去，他们急急忙忙上了马鞍，赶紧骑回家去，就好像后面有恶鬼在追赶似的。

9月3日，六名武装骑士出现在旅队的左侧，右边也有七名骑士，都距离我们很远，每个人头戴一顶高高的白帽子。这里有许多帐篷，我们探头往其中一些帐篷里看，只见里面的女子把头发扎成小辫子，背上披着红色缎带，上面饰有珊瑚、土耳其玉和银币。

我们再次来到雅鲁藏布江跟前，这一回比前一次渡河的地点要往下游低出很多，此处的河水全部汇进一条非常深的水道。西藏人坐在河岸上，等着看一出免费的表演。等看到我们把船拼凑起来放入水中，他们眼都直了。一位当地首领带上部下壮起胆子来到我们营地，说：

"我们奉命阻止你们继续向南行。"

"没问题，阻止我们吧。"

"我们已经派人去拉萨通报。如果你们往拉萨的方向行进，我们都会掉脑袋。"

"那你们是活该。"

"所有的游牧人都禁止向你们售卖任何东西。"

"我们需要什么就拿什么。我们有武器。"

我带上奥迪克坐船向下游航行了两天时间，一直来到雅鲁藏布江汇入大咸水湖色林错湖（Selling-tso）的地方。西藏人沿着河岸一路跟随我们，偶尔还发出狂野的叫喊声。我们在河口附近与旅队会合，并就地扎营。我们的哥萨克骑兵逼迫一些当地人卖给我们四只绵羊。

我们沿着湖岸继续前行，到了9月7日，有六十三名骑士紧随我们队伍的后面。之后的几天里，我们绕着湖泊的西岸迂回前进，此时离另一个淡水湖的北岸也很近了。藏人的人数不断增多，貌似周围的部落再次被动员起来。每天他们的首领都来央求我们掉转方向前往拉达克山，或者待在原地等候从拉萨下达的指令。但是我们不容自己分心。我只想把这两座湖泊绘制成图，对当前的形势看得很平淡。

这个名叫纳聪措（Naktsong-tso）的淡水湖景色极其美丽，岸边有陡峭的岩石，加上湖湾和小岛，以及如水晶般清澈的蓝色湖水。

卡尔培特的病情逐渐恶化，这可怜的人儿只能倚在骆驼背上。走上一会儿我们就短暂停歇一下，照顾照顾他。有一次我们在湖东岸靠近一个帐篷村的地方停下，这时他要一杯水喝。等到下一次停下的时候，他已经咽气了。当夜他的尸体被摆放在一顶帐篷里，回教徒为他守夜祈祷。在挖好的墓穴前，洛斯毛拉讲述死者的生前与忠诚，其他人则反复为死者念祷文。一支刻有铭文的黑色十字架竖在这个山头上。他的帐篷、衣物和靴子都付之一炬。葬礼进行的过程中，西藏人一直在稍远的地方看着我们。等葬礼结束，他们不禁表达出诧异之情，惊讶于我们为一个死人竟要费那么大的周折。他们这么说："还不如把尸体扔给野狼吃来得省事。"

我们又恢复以往每日的生活，过了今天也不知道明天会发生什么。我们还是往南行进，西藏人也聚集得越来越多，而今有新的一批人出现在我们前头，他们聚在一些黑色帐篷和两顶蓝白相间的帐篷里。一队骑士将我们围住，让我们停下，因为我们所在纳聪省份的两位总督已赶到这里，他们已经收到来自拉萨政府的重要指示。我下令在离他们帐篷约一百五十步远的地方扎营。我们在最大的帐篷里铺上一张产自和阗的地毯，用来会客。

过了一小会儿，两位总督骑马前来，他们都穿着精美的红色长袍，头戴中式按钮帽。我走出帐篷迎接他们。他们翻身下马，礼貌而友好地向我致以问候，随后走进帐篷。两人中较为显赫一位叫赫拉耶次仁（Hlaje Tsering），年事已高，未留胡须，拖着一条长辫子；另一位则是雍度克次仁（Yunduk Tsering）。我们开始一场为时三个小时的谈判。赫拉耶次仁说道：

"你先前只带了两名随从沿大路往东去拉萨,但是那曲总督康巴邦博将你拦下并护送出境。现在你又来到纳聪,但不能在这条路上前进一步了。"

我答道:"你们拦不住我。"

"拦得住,我们有百万大军。"

"你这话是什么意思?要动用武力,我也可以。"

"不是你们人头落地,就是我们掉脑袋。如果真让你过去,我们都会给砍头的。我们不妨先打一仗看看。"

"你们大可不必担心我和我手下的人头,你们休想动我们一根汗毛。我们背后有更高势力的支持,武器的威力也相当了得。我们会继续往南方走的。"

他们两个激动起来,暴怒道:"你要是有眼睛,明天就好好看看我们怎么阻挡你的队伍。"

我按捺不住,反唇相讥道:"你们要是有眼睛,明天我们向南走的时候可要看仔细了。不过你们要把毛瑟枪都准备好,因为到时候你们耳朵边上会烫得厉害。你们还来不及上子弹,我们就会把你们一个个撂倒,把你们的鼻子都打飞。"

他们的口气又转为劝说:"别这么说,谁也没有说要杀人。如果你原路返回,你们还会有向导、食物和牲口,你需要什么就有什么。"

"赫拉耶次仁你听着,你真以为我会昏了脑子,掉头回到北方的荒原上去吗?我已经在那边损失了一半的牲口。不管去哪儿,我都再也不会去那边!"

他说道:"行,我们不会向你们开火,但一样能让你们走不成。"

"你们想干什么?"

"你们的每一个骑士和骆驼都各由我们的二十名士兵牵制住。我们会一直拉着你们的牲口,直到它们倒地死去为止。我们有从拉萨来的特别指令。"

"你把指令拿给我看。"我说道。不过我心里打一开始就明白，我们是不可能继续前进的。

他们回道："很乐意。"说完便掏出一张纸来。上面写有日期："铁牛年6月21日。"内容大约是报告我们这支大型蒙古朝圣客旅队的情况，最后以这样一段话收尾：

"尽快将此文件送至那姆罗（Namru）及纳聪两地，以便让全民知晓，自那曲至我（达赖喇嘛）的领地，须禁止欧洲人向南方旅行。将此文件分发至各地首领。严守纳聪边界，务必监控每一寸国土。欧洲人完全没有入境探询之必要。他们在你们两位管辖的省份里并无相关事务。即便欧洲人声称此行甚有必要，你们也要向其明示，不得再向南行进。如若他们仍一意孤行，你们的人头将不保。须令其掉转方向，原路返回。"

这时他们跟可怜的薛瑞伯喇嘛说了些很难听的话，因为他"竟然给我们带路"。但是薛瑞伯喇嘛却火冒三丈，质问他们有什么权力斥责一个身为中国子民的喇嘛。结果你一言我一语争吵得极为激烈，于是我把那只大音乐盒放在争执双方的中间，两位西藏人顿时大感不解，很长一段时间都没有再出声。

晚上我去拜访总督的大帐篷，在那里喝了茶。帐篷里铺有地毯和坐垫，摆着几张矮桌子，还有一方供着圣像的室内神坛，上面放着油灯和一些供品。我们相谈甚欢，一直聊到半夜。

我和库曲克乘船在纳聪错湖上尽情游历了两天。这个湖泊呈圆环形，陡峭的石壁耸立在湖面上，其景色之优美，让人感觉仿佛置身童话世界。我们将船划进虽狭窄却风景如画的湖湾，金色的老鹰在这里的悬崖石壁间直冲上天。游牧人在湖边的野地里看护牲口，一见我们神不知鬼不觉地从水上靠近过来，不禁吓了一跳。他们从来都没有见过船是什么样子，急忙将牲口从湖边赶走。在湖泊的西北岸，我们再次遇到自己的旅队，于是弃船上岸，骑马往楚克错湖（Chargut-tso）的东岸去，那又是一座美丽的湖泊，四周环绕大山和山丘，湖中还有小岛和峡湾。卡尔培特与世长辞时骑跨的那头骆驼在这次行程中死去，队里迷信的回教徒都觉得这事再正常不过。

营地甚是宏伟壮观。我们有五顶帐篷，西藏人则有二十五顶，而且兵力已经增加至五百多人。湖岸上挤得满满当当，都是骑兵、步兵、牦牛和绵羊，士兵那毛瑟枪上系着的红色饰带在风中舞动。藏人特意为我献上军事操练和狂野刺激的马术表演。阳光照耀在他们五彩缤纷的军服和锃亮的武器上，此时呈现出一幅精彩绝伦的画面。我们双方也互赠礼物以示情谊。赫拉耶次仁送给我两匹马，并准备好四十头牦牛，在去拉达克的漫长旅程中可随时供我使用。我给两位总督大人的礼物则是怀表、左轮手枪、匕首和其他一些东西，由此我们成了很好的朋友。

9月20日，我乘船出发，由郭台划桨。我们已经在湖上驶出很远的距离，这时突然从西边刮来一场强劲的风暴。水浪越拍越高，把轻巧的小船推向营地方向。在船冲上浪尖的时候，甚至能看见远处的帐篷，而随着浪头落下来时，湖岸也从视野里完全消失。我们快速向岸边靠近。水浪仍在咆哮怒吼。转眼之间我们就会冲上岸去，船也要给浪头打成碎片。西藏人在岸上黑压压地聚集成群，等着亲眼看我们是怎么船毁人亡的。但是哥萨克骑兵已经做好了准备。他们褪去衣服，跃入水中，这时郭台也跳进水里，只见几支强壮的臂膀拉着船以及船上的我，从白沫翻腾的水浪里一直拉上干燥的陆地。那些西藏人直看得瞠目结舌。

晚上又是风平浪静，我点上灯笼驶进湖中，成功地测量了湖水的深度。等我们结束返航，从湖中看去，岸上的营地仿佛是一座灯火通明的城市。月光洒在营地上。一顶顶帐篷里回荡着欢声笑语以及美妙的弦乐声。

第二天，我和库曲克又一次上湖游历。我们的旅队和西藏人即将拔营去往湖泊的尽头。湖水一直向西面延伸过去,而湖泊中央突起一座岩石岛屿,我们便往这个小岛驶去。我们的旅队及其藏人随从沿湖北岸缓缓向西移动,形成一道长长的黑色线条。

起风了,而且风力逐渐增大。我们把船桨收上来。经过一番拼命努力,我们总算在小岛东岸边的背风处上了岸,随后把船拉上陆地,便开始探索这岛上的世界。

我问库曲克:"怎么样,船已经系好了吧?"

他一脸诧异之色,答道:"应该是吧。"

"要是船自己漂走了可怎么办?我们带的食物可以吃上三天。但是三天之后呢?如果船里进水,自然会沉,而其他人也没有办法接应我们。湖里的水我们想喝多少就喝多少,可以没有步枪,就没法打猎水鸟。"

库曲克建议道:"我想到时候不妨试着抓鱼吃。"

"可以,不过还要再过三个月,湖水才会结成冰。"

"这里烧火的燃料很多,很显然冬天牦牛也在这里吃草。"

"我们得搭建一间石头棚子,再耐心等待秋天到来。"

"另外还可以在峭壁顶上生一堆火发出信号,这样我们的人万一要找我们,就会看到这堆火。"

"得了,库曲克,别瞎扯了。咱们最好回去看看船还在不在。"

船还在那儿。

我们向岛屿西岸走去。风暴在高耸的峭壁之间掀起巨浪,拍打在岩石上激起阵阵水花。我们走到船边上的营地,生起火堆,煮上茶水,开始吃晚饭。饭后我们就合身躺下,只听得风暴在悬崖峭壁间发出声声咆哮。暮色降临,随即转入沉沉黑夜,月亮也升了起来。

"等夜里风暴减退的时候,我们再划船向西边去吧。"

然而风暴肆虐了一个晚上,我们也沉入了梦乡。次日艳阳高照,可是风暴还是跟先前一样闹腾不息。我们在小岛上四处漫步,收集一些燃料。我在西岸边连坐了几个小时,听着水浪声,心中恍然出神。在峭壁之顶,我和夕阳道声晚安,随后再次坐在营火边等待。

夜里风暴突然退去。我们把船推下水,往西边驶去,因为我已经确信那边有另外一座岩石小岛。夜色黑沉,于是我们点上灯笼。船在起伏的波浪上向前漂行。最后我们终于抵达那个小岛,拖船上岸,倒身就寝。

第二天早上又吹起大风,因此我们也耽搁下来。之后天气好转,我们才下水航行。可是还没划出多远,新一轮风暴滚滚而来,逼得我们只好退回岸上。到了下午,风势渐渐消停,我们便再次尝试下水。我们面前还有一大片开阔的水域,铅锤直沉至水下一百五十七英尺深,这是湖水最深的所在了。太阳躲进淡淡的云层中,在西南边的一座山脊上,天空都转成了阴黑色。我们俩一人一只船桨不断划着,刚发作的那场风暴还是赶上了我们。我们就像古代专门划船的奴隶那样顶着强风拼命划啊划。水浪越扬越高,船里也进了很多水。西南方出现一道道绝壁山墙,我们希望能去那边的背风处避避风头,这时船里已经进了一半的水。

"库曲克,准备好你的救生圈,我的已经有了。"

我们给浪花打得湿透。附近出现一块陆地。眼看着船就要沉了,我们绷起全身的肌肉,赶在最后一秒上了岸。我们已经累得半死不活,一下子就跌倒在岸上。我的双手都起了大大的水泡。我们生起一小堆火,煮了一点晚饭,吃完就沉沉睡去。

次日早上,我们把最后一块面包吃完,继而划船经过最西头的那面湖水,不过在那边根本不见我们人的人影,于是继续穿过一条非常短小的水道,由此来到另外一座湖泊,即阿丹错湖(Addan-tso)。我们在这晶莹清澈的湖水上还没划出多远,又一场风暴呼啸而至,简直把我们一下子推回岸上。船里淹满了水,我们也在水浪中翻进湖里。我们俩完全湿透,只得在岸上脱去衣服,让衣服在风里吹干。我刚要动身去附近的一个游牧人帐篷,这时库曲克大喊一声:"那是切尔东和奥迪克骑马来了!"

没过几分钟,他们俩就来到我们面前。他们先前骑马沿着楚克错和阿丹错的湖岸一路寻找我们,结果找不到一点蛛丝马迹,心里害怕我们会不会是淹死在湖里了。在找我们的过程中,他们还碰上几支西藏人的巡逻队以及八顶放哨守望的帐篷,都在把守去往拉萨的主路。后来我才知道,那两位总督认为其中有诈,害怕我预先在湖岸边备好马匹,弃船上岸后直接上马奔往拉萨,以此逃过他们的监控。

在我们离开期间,又有一头骆驼死去,而护送我们的西藏士兵里面也死了一个。回营的路上,我们路过那个西藏人尸体,被弃野外,只见尸体已经被猛禽啄得面目全非。

赫拉耶次仁和雍度克次仁见我安然回营,不禁大喜,置办酒席为我洗尘。

第二天早上我们分道扬镳。一队兵力奉命护送我向西去,而两位总督则返回自己省份的首府。我看着他们率领浩浩荡荡的大队人马离我而去,压根也不会想到,我后来在亚洲游历时,有一阵子赫拉耶次仁竟对我的探险旅程产生极为显著的影响。

第四十六章 经西藏去印度

9月25日，我们开始穿越整个西藏内地的旅程，为期三个月。第一支护送我们的队伍有二十二个人，由亚姆度统率。同时还有充足数量的牦牛供我们使用。我们一路前行，不断有新人和新牲口来补充。护送队伍的任务是防止我们向南往"圣典之地"里走得太远。虽说如此，我还是有几次违犯这项限令，主要的原因在于我想避开印度学者楠辛（Nain Sing）、英国探险家鲍尔（Bower）和利特戴尔等人已经走过的路线，希望我的旅程能为该地区的地图资料增添一些新的内容。

现在我们有大量牦牛可以自由支配，所以行装设备大半是这些牦牛来驮运，尽管如此，我们没有一天不会损失骆驼、骡子或马匹。生病的牲口都编成一队，由驾驶骆驼多年的托可达负责，我们余下的马也不多了，也让他骑上一匹。托可达这人整天总是乐呵呵的，从不抱怨什么。他一般是最后一个到达营地。但是有一次他骑的马自己来到我们帐篷前，却不见他的人影。我派两个人带一头骡子去找他。结果他们找到托可达的时候，却见他在路边的一个洞穴里呼呼大睡。照他自己的说法，是他在路上困得不行，竟从马背上摔下来，就躺在原地一直睡到现在。他给人抬回营地来，随即在医疗帐篷里沉睡过去。这一睡他就没有再醒过来。我们在次日早上将他掩埋入土，并在条件许可的情况下，尽量按照回教的仪式为他举行简单的葬礼。

我们在10月20日来到喇廓尔措（Lakor-tso），这是一个已经干涸的咸水湖。此地离拉达克仍有四百八十英里。要不是有西藏人帮忙，我们怎么也不可能走这么远。原来的四十五头骡子和马匹，只有十一头存活下来，三十九头骆驼也只余下二十匹。寒冬季节临近，气温早已经迅速降至零下19摄氏度。食物倒还是随处可得。我们从游牧人那里购得绵羊，哥萨克骑兵追逐叼猎。我们沿着波仓藏布江走了几天，罗布人在江里下网捕鱼。在佩芦泽错湖（Perutse-tso）边，我们遇见自进入西藏以来第一片树丛。这里牧草丰美，我们停下来盘桓了四天，并燃起熊熊的营火。

在西藏罗多克省（Rudok）的边界线上，一位行事莽撞又盛气凌人的首领上前来，要求查看拉萨签发给我们的护照。

我说："我们没有护照。我们有西藏人一路护送，这就足够了吧。"

"不行，没有护照，你们休想往西边再走一步，也别想在我管辖的省区旅行。你们给我在这里等着，等我派信差去拉萨回来再说。"

我问他："要多久能有回信？"

"两个半月。"

我仰天大笑："妙极了。这对我来说真是再合适不过。我们就回到佩芦泽错去，那边牧草、燃料什么都有，正好建立一个供应基地。等到明年春天，你从拉萨收到那条丝绸绳子，就知道我是怎么度过这一个冬天的。你好自为之，等你人头落地的时候，可别怪我。"

他一听此言，立即变得甚为客气，将他的手下从边界线上撤开，放我们进入罗多克。我们离拉萨的距离越来越远，护送的西藏人也愈发胆大起来。有一次，我们理应更换人手，可是来替换的人马迟迟不见踪影，旧的这批人又准备返回故里，丢下我们不闻不问，也不管我们有没有向导和牦牛。我们便取走他们的牦牛，装上行李，继续前行，这批旧人觉得保险起见，还是跟了过来。

11月20日，前面仍有二百四十英里的路要走。温度计的读数降至零下 28 摄氏度。有一头骆驼老兵死掉了，它曾经跟随我们穿越大沙漠，并两次去往楼兰古城。每一天我都得和一位曾帮助我征服亚洲内陆广阔土地的老朋友离别。有一匹康巴邦博送给我的马走在赞噶夏河（Tsangarshar）上时，掉进河面的一个冰洞里去了。我们费了极大的劲把它救上来，放在火边烘干身体，再用毛毯一层层裹起来。到了第二天早上，这匹马还是死在了营火的余烬旁。又有一天，四匹马倒地身亡。到目前为止，只剩下一匹马了，就是我还在骑的这匹。

我们经过寺庙村诺和，来到美丽的昂波措（Tso-ngombo）淡水湖（意指"蓝湖"）。此湖狭长没有尽头，夹在高耸陡峭的山壁之间，叮零当啷的铜铃在这里激起悦耳的回声。昂波措湖有四片湖面，由很短的水道接通相连。第四面湖水尚未完全结冰，湖北岸的陡峭山壁径直插入湖水中。面前这道天然屏障之凶险，和我们一路所遭遇到的西藏统治者有得一拼。

这时已是 12 月 3 日。湖面绝大部分都已结成薄冰，但是我们要经过的地方仍有一汪深水。空气清冷又宁静。到了夜里，薄冰延伸至整个湖面，一直到高山脚下。第二天下午，冰层有五厘米厚。我决定用毛毡垫子铺在骆驼鞍梯和帐篷柱子上面，做成一种雪橇或筏子样的工具，将骆驼一匹一匹地从薄冰层上拖过去。

我们先是拿这样一个雪橇做试验。加起来大约和一头骆驼一般重的几个人上了雪橇，由两个人拉着绕过湖中突起的陆地，显得轻而易举。但是冰层还是太薄，在重压之下变得起伏不平，只见雪橇上的人一个接一个地跳了下来。每当一个英雄沦落为懦夫，大家便一阵哄笑。冰面亮闪闪的，如玻璃一样透明。我们能看见深水里游鱼的脊背，仿佛置身于水族馆一般。过了一个晚上，冰层又变厚了两厘米。这时就可以将所有的负重沿着岬角运走。最后冰层厚达九厘米，骆驼也可以直接从湖面上给拉过去。

从昂波措湖的西头延伸出一条短小的水流，一直流往一座高山上的咸水湖班公措。这个咸水湖四周有高大的石壁环绕，看上去就像是一道宽广的河谷。每一处延伸进湖面的半岛上所展现出的景致简直难以用言语来形容，那绝对是地球上最宏伟壮丽的风景。山脉的脊线和顶峰上覆盖着终年不化的积雪，往西北方向绵延而去，越远越模糊，直至消逝在远方。

我们走到班公措的北岸，这里山脉沿线的地面通常是非常平整的。但有时候我们又不得不翻越低矮却陡峭的山脊，高山脚下有时还会有大块的圆石堆成的石堆。湖水很深，含盐量也很高，所以湖面并没有结冰。但我们若要将最后几头骆驼运过湖面，真是难上加难。

我已经派出两位信使去往拉达克的首府列城（Leh）通报我们即将到来。12月12日那天，在西藏和拉达克的交界处，我们很高兴地遇到一队援军。这支队伍的首领是两位拉达克人安纳尔和古朗，他们给我们带来十二匹马、三十头牦牛以及大量的面粉、米、玉米、水果、腌菜和绵羊。这支西藏护送人员领了赏钱收兵回家，而一个新的纪元在我们面前开始。

那天晚上，我们营地里一派欢乐的景象，只有尤达西闷闷不乐。晚上它还和以往一样在帐篷里睡在我的脚边。可是第二天早上，它抖抖身子，把鼻子杵在地里，随即沿着班公措湖畔拼命向东跑去。它是跑回西藏去了。它先前和游牧人的母狗私通，这一去就再也没有回来。自我离开欧什那天起，尤达西就一直是和我同住一个帐篷的室友。

在班公措湖的西边，我们翻过一道低矮的山脊，山脊顶部可以眺望到印度河流域。这两年半以来，我们经过的土地上还没有一条流向大海的河流。

12月17日，我离开旅队，自己策马飞速赶往列城，以便能把祝贺圣诞节的电报发回家。这个小镇子里有成堆的信件在等着我。我已经有十一个月没有家里来的消息了。寇仁勋爵还给我送来一份极为恳切的邀请函,邀我去加尔各答与他相会。

这个圣诞节我和友善的摩拉维亚传教士瑞巴贺、海塔西、修威博士和贝丝小姐等人一起度过。再见到圣诞蜡烛在基督教的传教室里闪烁的样子,似乎有些奇怪的感觉。

锡尔金和我手下的九名回教徒取道喀喇昆仑山口返回家中。其他人则留在列城,等候我归来。我派了一个人跟我同去印度,即夏格杜尔。从列城到斯利那加(Srinagar)有二百四十二英里的路程,我们花了十一天才骑到那儿。我们俩于1902年1月1日出发,徒步翻越危险的、冰雪覆盖的佐吉拉垭口。我们从这个喀什米尔的首府乘坐小型双轮马车又走了三天,最后来到拉瓦平第(Ravalpindi)。

印度之旅实在神奇,只是篇幅有限不能细说。在拉合尔(Lahore),我让一位英国裁缝给我量身定做了一些衣服,随后前往加尔各答,一路经过德里、阿格拉、勒克瑙、贝拿勒斯等地。这些城市每一座都能让人魂牵梦绕一辈子。在市政厅和伯勒格布尔(Barrakpore),寇仁勋爵夫妇十分热情地款待我。没有几个学者能比寇仁勋爵更了解亚洲,他的夫人是极美丽、极迷人的一位美国女子。同时卡塞尔爵士(Sir Ernest Cassel)也在他们家里做了几天客。

我那出色的哥萨克护卫夏格杜尔跟梦游似的在城中四处游荡,简直不敢相信这美妙的景色是他亲眼所见。这里和东西伯利亚宁静的森林是多么不同!然而他不小心患上了伤寒热,我找人经过特殊的安排将他送回喀什米尔养病。

我自己则去德坎高原上海德拉巴(Hyderabad)附近的伯拉鲁姆(Belarum)拜访麦席威尼上尉,随后又成为孟买总督诺斯寇特爵士(Lord Northcote)的座上客。我还骑在大象背上从哲坡尔去参观安伯(Amber)城的遗址,并在格布尔特拉土邦主的府上逗留了几天,最后才又返回斯利那加。夏格杜尔的身体恢复了一些,已经能与我一同返回列城。在这个季节，宗吉拉山口的积雪太深，在山脚下另辟出一条冬天走的道路，直穿过深邃狭窄的山谷。悬在头顶的高山上几乎每天都会发生雪崩滑落进峡谷，使得这条路凶险异常。日出之前走的那段路最为危险。我们的行装得动用六十三个人搬运。前后花了四天时间，我们才跋涉过这个垭口及其所在的地区。我们先是步行，再骑牦牛，再往后骑马前行。

3月25日，我们来到列城，这时夏格杜尔的病情再度恶化，被送入教会医院治疗，我得等他脱离危险了才能离开。那九匹幸存下来的骆驼在休养了三个半月之后已经长得肥滚滚的。它们都卖给了一个从东突厥斯坦来的商人。4月5日，我带上余下的旅队成员离开印度，再度穿越西藏。为什么不从孟买坐汽船回国呢？因为我不能任由我手下的哥萨克骑兵和回教徒在异乡漂泊。我对他们难道不是负有责任吗？唯有夏格杜尔留在了列城，因为他需要静养两个月。我给了他一笔充足的旅费和相关的通行证明。我去向他道别并表示谢意，祈求上帝保佑他，这时他忍不住转过身去哭了起来。很久以后，我获悉他已经取道奥什安然回到家中。

5月13日这天，我在喀什与老朋友佩德罗夫斯基、麦卡尼和亨德里克斯神父相见。公羊凡卡一直陪伴我们来到此地，它对我们有如狗儿一般忠诚，它和所有忠心的回教徒成员留在喀什。我把狗儿马兰奇和马尔奇克留在了奥什。再后来，我和老好人切诺夫道别，他即将返回韦尔诺耶（Vernoye）。在里海边上的彼得罗夫斯克（Petrovsk），我又和切尔东及薛瑞伯喇嘛分别。他们正要前往伏尔加河口的阿斯特拉罕。切尔东的最终目的地是外贝尔加湖地区的赤塔，而薛瑞伯喇嘛则打算和卡尔梅克人（Kalmucks）一起在一座喇嘛庙里定居下来。这一连串的离别让我大为神伤。

最后，我仍是独自一人旅行，穿过俄国境内直达圣彼得堡，在彼得夏宫拜见沙皇。他听我对哥萨克骑兵大加赞赏，甚是高兴，给这些骑兵颁以圣安娜勋章，并每人奖赏两百五十卢布。沙皇同时下令给西伯利亚所有的军事哨所颁发皇家勋章，大力宣传那四位哥萨克骑兵在这次漫长而危险的旅程中是如何为自己以及国家争得荣誉的。后来四位哥萨克骑兵也收到瑞典国王奥斯卡授予的金质奖章。

6月27日是我一生中最快乐的一天：我在这天返回了家乡！

第四十七章　对抗四国政府

我在斯德哥尔摩的家中待了三年。大半时间都用来撰写最近一次旅行的科学报告,名为"中亚旅行之科学成果",共有六卷文稿,另附两册地图集。

在写书的过程中,我的脑海里总是浮现出大胆疯狂的计划,想再次踏上征程,去征服亚洲尚未探明的地域,耳边总能听见沙漠狂风诱惑我的呼喊:"回家来啊!"但是这一回尤其吸引我的还是西藏。这片土地是地球上海拔最高、幅员最广的高原,其北边、中部以及南方在地图上仍是白纸一般的空白地带。其中最为重要的当属雅鲁藏布江上游以北的地区。已经有两支探险队曾经穿越过这条位于喜马拉雅山以北、并与其平行的巨大河谷——即1865年的印度学者楠辛以及1904年英国人赖德(Ryder)、罗林(Rawling)、伍德(Wood)和贝利(Bailey)等人带领的探险队。但是他们及其他的队伍都没有穿越雅鲁藏布江以北的空白地带。几乎可以肯定的是,在这片地域里有着庞大的山系,为数不多的几个曾经探索过藏西和藏东的旅行家发现沿路必须要征服数个高耸上天的垭口。同样毫无疑问的是,在东西两侧之间的广阔地区也矗立着巍峨的山峰。在赖德走的路线上,有几处高峰还用三角标记出来。然而从未有人去过那里,英国皇家地理学会会长马克汉爵士对雅鲁藏布江以北山脉的论述完全正确:"就我们所知,至今还没有人穿越过从腾格里湖到玛丽亚姆垭口之间的大段地带……我相信,在亚洲没有什么能比探索这片山脉更具有地理上的重要意义了。"

我这次新征程的主要目的首先在于向那片未知地域挺进，而一旦到达那里，就要探寻印度河的发源地。根据皇家地理学会于1906年在《地理杂志》上发布的最新西藏地图，雅鲁藏布江以北的空白地带上只印了一个词："未勘察"。我的雄心壮志就是由我来把这个词从西藏地图上抹去，将其替换为高原山脉、湖泊和河流的正确名称，并尽可能地从多个方向反复穿越这片空白区域。

我手里有一张很强的王牌，那就是印度总督寇仁勋爵对我的旅行计划抱有极大的兴趣。他在1905年6月从西姆拉（Simla）给我回复的一封信里这样写道：

"我非常开心，因为在你结束此生有声有色的旅行之前，愿意采纳我的建议，准备再次规划在中亚的漫长征程。如今我人尚在印度，如能为你提供我力所能及的帮助，实乃荣幸之至。唯一的遗憾是远在你的伟大探险结束之前，我就得离开印度。我打算于1906年4月离开。现在再说你的计划。估计你要到明年春天才会来印度，那时我还有可能与你相逢，我会安排当地一位出色的探测员随你同行；与此同时，我再找一个有天文观察和气象记录经历的人供你调遣……在你抵达印度时，西藏政府的态度究竟如何，我不好说。但是如果他们能一如既往地表示出善意，我们自然会尽力为你取得必要的许可并提供保护。我向你保证，能让你的计划继续进行，就是我最大的安慰。"

目前的情形确实有一帆风顺的感觉。打开印度大门的钥匙在英国人的手里掌控了一百五十年，可喜马拉雅山以北的大片未知土地却一直是个沉寂的谜团，英国人还未曾染指。如今印度总督一番好意，允诺提供种种帮助，以便我的旅行计划能顺利实现；出行所需的必要经费也由两位慷慨大度的贵人赞助，他们是尊贵的奥斯卡国王和诺贝尔。此次行程我所携带的仪器比以往更加齐备，唯一的忧虑是我将再次与我挚爱的家人分别。

1905年10月16日，我与父母和家人一一道别，计划先穿过欧洲大陆来到伊斯坦布尔，再横渡黑海至巴统，随后取道高加索和里海抵达德黑兰。但是在巴统及其他几个地方发生的革命骚乱正闹得不可开交，通往提弗力斯路上的铁路桥被炸断，于是我只得临时改变路线，选择经由小亚细亚海岸线上的特拉布宗（Trebizond）的那条路。到特拉布宗后，我乘坐马车，由波斯大帝哈米德派遣来的六名骑士护送，一路经过埃尔祖鲁姆（Erzerum）和巴亚齐德（Bayazid），最后到达波斯边界。之后我自己继续前行，经由大不里士（Tabriz）和加兹温，最后来到德黑兰。

波斯的新国王穆沙法艾丁热情地接待了我，将一切事情安排妥当，帮助我在他伟大的国度里开始漫长的旅程。我买了十六头好骆驼，雇用了一些随从，还购置了帐篷、行李箱和食物补给等。1906年1月1日，我骑在骆驼背上出发，连续旅行了四个半月。在那段时间里，我两度横穿危险的卡维尔盐漠，在瘟疫蔓延的西斯坦待了一个星期，随后骑上速度较快的单峰骆驼继续横穿整个俾路支（Baluchistan），直至努什基（Nushki），接着乘上印度火车。本书篇幅有限，就不再赘述此行中的种种趣事了。我必须加紧赶往神秘的西藏。

我冒着酷暑（5月底的气温近42摄氏度），穿过印度平原。在海拔七千英尺（二千一百三十四米）的西姆拉，有着一片高贵的喜马拉雅松森林，让我呼吸到大山里的清新空气。杨赫斯本爵士到火车站迎接我。我也受到过明托勋爵夫妇的热诚招待，并在其总督府中作客。一片热情友好的气氛将我包围，每个人都愿意为我此行助一臂之力。三名当地的助手已经在台拉登（Dehara Dun）等候我，印度陆军总司令基奇纳（Kitchener）勋爵也派了二十名全副武装的廓尔克兵给我。从我房间的窗户可以看到喜马拉雅山脊上永恒的雪原，山那一边就是西藏，但是只在我入住的第一天能看到，之后厚密不可透的云帘垂降下来，将北方的那片神秘乐土裹挟其中。

伦敦组建了新一届政府,首相为班纳曼(Henry Bannerman)爵士,寇仁勋爵也卸去了在印度的职位。明托勋爵继任为印度总督,尽其所能来完成寇仁勋爵对我做出的一番承诺。然而另一位握有实权的人物,即驻印度的国务大臣摩尔利(John Morley)却将我的去路堵得死死的。印度外交大臣丹恩(Louis Dane)爵士将摩尔利的指令传达给我:伦敦政府拒绝我跨越印度边界进入西藏的请求!先前派遣给我的观测员、助手、武装扈从及其他种种允诺一概撤回。我一路经历了革命暴乱、沙漠和瘟疫,都没有将我难倒。可是就在进入未知地域的门槛前,我却遭遇比喜马拉雅山更难逾越的阻挠。

我给英国首相发了电报,遭到回绝。明托勋爵给摩尔利发电报求情,同样被拒绝。佩西(Percy)勋爵在国会上向摩尔利提出质询,也只得到这样的回答:"帝国政府已决意将西藏与印度隔离开来。"他引用吉卜林(Kipling)的诗句道:

"我的大门由我开/我的大门由我闭/我家规矩由我定/白雪夫人说如是。"

上帝啊,那个时候我真是恨死摩尔利了!他只要一句话,这扇大门就会为我打开;现在,他却将这扇门在我面前砰然关上。英国人简直比西藏人还要糟糕。但是他们这么做,反而更激起了我的野心。我心里想:"我倒要看看是谁在西藏更游刃有余,是你们还是我。"几年之后,斯普林莱斯爵士(Cecil Spring-Rice)在一份致辞中对我说道:"我们把大门向你关上,你却从窗户爬了出去。"那个时候我还没有明白,我对摩尔利勋爵其实应该道声谢谢,但直到后来我才有机会在一个公开场合向他表明谢意。

所有这些谈判和徒劳的努力都要费时间,但是这个时间耗得值。我交上一位终生不渝的挚友,他就是印度总督的私人秘书邓洛普史密斯(James Dunlop-Smith)上校。我和他之间的通信足可以集成一册厚书。我在明托勋爵迷人的家中度过了难忘的两个星期。他跟我讲述他的生活。他的曾祖父在一百年前也曾担任印度总督的职位。那时远赴印度的旅程相当艰苦，曾祖父就将家人留在国内。等到他的任期截止，乘船回国，却在离他家族位于苏格兰的明托城堡仅有一站远的时候，不幸中风去世。在他驻印度任职期间，他和妻子常有书信往来，其中一封信上曾祖母写有这样的字眼："可怜的傻瓜啊。"明托勋爵年轻时曾在攻打阿富汗的军事远征中担任军官。1881年，他与罗伯茨勋爵同游圣海伦娜（St. Helena）。有天他们和约翰森总督一起在去往朗伍德的路上散步，这时有两位老妇人迎面走过来。总督就跟两位勋爵耳语道："仔细看看边上的女士。"等老妇人走了过去，勋爵就说道："从侧面看她活脱脱是拿破仑啊。"总督回道："说得不错，她就是拿破仑的女儿。"

明托仕途得意，平步青云，后来成了驻加拿大的总督，当时正值罗斯福任美国总统。明托经常说起罗斯福，讲他朴素的生活习惯。这两个人的差别之大，恰如白天与黑夜。相比较而言，罗斯福总统更为强悍有力，而明托的优雅高贵气质则远在常人之上。在寇仁卸任之后，明托即被任命为印度总督，管辖的人口超过了三亿两千万。

基奇纳勋爵也同样是位让人难以忘怀的老熟人。英国政府对我毫不让步的态度让他十分愤慨。他和明托总督举办的盛宴和晚会与欧美各国相比，从来都是门庭若市、盛况空前。基奇纳勋爵的豪宅大门上挂着他在苏丹恩图曼从伊斯兰教徒领袖和托钵僧手中夺来的旗帜，另外还有从南非德兰士瓦和奥兰治自由邦抢获的战利品。他的房间里有很多装饰品，比如亚历山大大帝和恺撒的半身像，戈登将军的多幅画像，更不用说康熙和乾隆年间制造的一套套精美瓷器。他的参谋总长汤森（Townshend）也是我的朋友。1916年他率军征战美索不达米亚，在古特城被攻陷后沦为土耳其人的阶下囚，当时我恰在巴格达与他见过一面。这些故事我还能说上一箩筐，可是眼下的大事是去西藏。

虽经多方努力，结果仍是枉然，于是我决定从一条摩尔利无权管辖的路前往西藏，即取道印度北边的中国领土。我和西姆拉的朋友道过珍重，便出发去斯利那加。对官方的说法是，我将去往东突厥斯坦。喀什米尔的土邦主热情地接待了我，而他的一位心腹副官达雅亲自帮我组建旅队。我们从本杰土邦主那里购买了四十头骡子、现代化枪支弹药、帐篷、马鞍、工具和食物等。两位印度刹帝利武士——干帕和毕孔，以及两位家住印度西北部的阿富汗人——巴斯和海鲁拉，一起担任旅队的护卫。一个叫亚历山大的欧亚混血儿做我的秘书，而来自马德拉斯的天主教徒曼纽尔是我的伙夫。我带上九千金卢比和两万两千银卢比。那些银卢比上印有维多利亚女皇的肖像。西藏人不用印有国王肖像的卢比。硬币上的女皇头戴皇冠，脖子上饰有珍珠项链，看上去仿佛佛祖的模样，而国王的肖像无非就是他的头部，并没有戴皇冠。

我还有一艘从伦敦带来的折叠船，以及一只非常漂亮的银铝箱子，里面装有几百粒各色药片，这是伦敦维尔康制药公司给我的礼物。这艘船和这只药箱即将在西藏起到至关重要的作用。

我刚刚抵达斯利那加，就收到皮尔斯（Pears）上校的一封信："印度政府建议喀什米尔与西藏之间的边界对你关闭。如果你持有中国护照，可去东突厥斯坦，否则请打消念头。"又多了一桩烦心事！我当然没有通往东突厥斯坦的中国护照，因为我原本准备从印度进入西藏。我发电报给驻伦敦的瑞典大使兰格尔（Wrangel）伯爵，请他去和中国使节交涉，以获取进入东突厥斯坦的护照。最后护照得到批准，并立即发给了我。我一到列城，就拿到了这份护照。英国官员看过护照之后，随即发电报给印度政府说明情况。现在的局面是这样：我如今人在列城，手里有通往东突厥斯坦的护照，可以走经由喀喇昆仑山口的那条路。但是我可不打算去什么东突厥斯坦，所以这份护照实际上可有可无。只要一走出英印当局管辖的范围，我就计划偏离去往喀喇昆仑山口的商队路线，转而向东进入西藏内陆。我的小算盘最终还是给英国政府预料到：在我离开列城一个多星期以后，英印联合政府就得到从西姆拉发来的通知，说印度总督接到伦敦方面的命令，如果我执意往西藏方向去，有必要的话须采用武力阻拦我前进。这个信息之所以没有及时传达至列城，是由于我的一位朋友工作"疏忽"造成的。他将这份电报在手里扣了好几天，直到我安全穿过边界才发过来。如今这位友人已经去世，我以感激之情铭记他的名字。不过联合政府对此做出回复："他已在山间消失多时，若要寻找，亦如大海捞针。"对我而言，完全可以把通往东突厥斯坦的中国护照付之一炬，不过幸亏我没有这么做。

下面提两句我去列城的旅程。

我于7月16日从斯利那加出发。第一处营地设在甘德宝（Ganderbal），夜里就着营火的火光看过来，旁人也许还以为我们是在开一场东方人的大会，因为旅队里的人都来自马德拉斯、拉合尔、喀布尔、拉齐普坦那、本杰和喀什米尔等地。在斯里那加城里的一条街上，我们捡到三只可怜兮兮的小狗。我们给狗儿取了很简单的名字："小白"、"小棕"和"曼纽尔之友"。我们分成几队走过索纳玛格（Sonamarg）地区，经过宗吉山口去往卡基尔（Kargil）。其中一支由从喀什米尔雇来的马匹组成，排成一条长队。等到抵达目的地，我已经看出手下人的能力如何。那两个阿富汗人总是爱惹麻烦，而从本杰和喀什米尔来的几个人是一群乌合之众，完全没有一点纪律性可言。我将队伍全部解散，整个东方大会的成员只留下罗伯特、曼纽尔和两位印度刹帝利武士。

我对旅行计划做出巨大的改变，着手购买七十七匹马并雇用新的人手。重新组队之后，我们的旅队高高兴兴地走进喇嘛玉如寺（Lamayooroo），那里的僧人奏起音乐跳起驱魔舞，以此欢迎我们的到来。

在列城，英国和德国的传教士以及当地人全都热情的接待我们。即将开始的西藏行还需要一些设备，我们须得在这里购置齐整。杨赫斯本很早就建议我一定要把艾沙（Mohammed Isa）加进我的人手。此人陪同过许多有名的欧洲探险家进入亚洲内陆旅行。他曾经和凯瑞、道格里西、杜垂尔迪罕及葛瑞纳等人一同探险，也曾和杨赫斯本去过拉萨和赖德，到过噶托克（Gartok）。他会说土耳其语、印度斯坦语和藏语，长得人高马大。只要有他在场，其他人都要打哆嗦。他严格遵守纪律，但也可以与人谈笑风生。

艾沙来到我面前，道一声："您好，大人！"

"你好！你想不想加入进来领导一支旅队呢？这一路可不好走。"

"当然想，但是要去哪里呢？"

"现在还不能说。"

"但是我得知道旅队需要多少粮食。"

"给人和牲口准备足够三个月的食物。需要买多少匹马就去买多少，另外再雇几个有经验的人。"

艾沙立即忙活起来。他从颇有权势的当地土邦主家族获得了宝贵的帮助，尤其是土邦主的儿子谷兰帮助最大。一共雇用了二十五个人手——九名回教徒、十六名喇嘛教徒。艾沙本人是回教徒，但他的兄弟次仁则是喇嘛教徒。旅队里还有两位印度教徒、一个罗马天主教徒和两个基督新教教徒（即罗伯特和我）。等到整支队伍在我的院子里排好队，驻拉达克的联合专员帕特森（Patterson）上尉向他们训话。薪水是每月十五卢比，提前支付半年的钱，旅程结束后，如果一路上的工作令人满意，每人再多赏五十卢比。六十二岁的古发儒年事最高，三十三年前曾在福赛斯（Forsyth）的手下做事，去过喀什，并得以面见大人物阿古柏贝克。他把儿子和寿衣一同带上路——万一自己死在路上，也能保证按照仪式将自己体面地埋葬。另一位苏卡我曾于1890年在杨赫斯本的帐篷里见过。至于其他的队员我会在讲述旅行故事时再一一介绍。

我那位勇敢强悍的领队还买了五十八匹马——其中三十三匹拉达克马、十七匹东突厥斯坦马、四匹喀什米尔马以及四匹桑斯卡马。每匹马都编了号，旅途中若有伤亡，都必须列单记录。这些马匹最后都葬身于西藏。于是我们旅队在出发之时总共包括三十六头骡子、五十八匹马、三十匹借来的马和十头牦牛。

等到食物补给购置完毕，帐篷、马鞍以及其他所有物品准备停当，索南次仁奉命率领主要人马向穆格立（Muglib）进发。

第四十八章　水上风暴行

离开列城前不久,我拜访了斯托克大君(Rajah of Stogh),他是一个有远见卓识的友善的中年人。要不是1841年被喀什米尔征服,他现在就是拉达克的国王。前几任国王的坚固城堡矗立在小城之中,从远处就可望见。8月14日,当我们向印度河行进的时候,城堡的高大外墙慢慢不见了,消失在悬崖峭壁之后。我们不久就离开了这条滚滚奔涌的大河。我在心里默默祈祷,希望将来有一天能在印度河的源头安营扎寨,因为那里至今还没有欧洲人踏足过。

我们的营地看上去很有气势。营地里聚集了很多人、马匹和骡子,简直就是一个流动的社区。我伤心地看着我们那些身体健硕、正当壮年的牲口,现在它们还悠闲地站在那里,翻出袋子里的谷物大口咀嚼。我难过是因为我知道不用过多久,这些牲口就会因为疲惫一头接一头地死掉。每天晚上都要宰杀一只绵羊。我的随从围坐在篝火旁吃饭。等所有人和牲口都睡去之后,四周一片寂静,只听见守夜人哼唱的歌声。

我们的长队慢慢爬上高达一万七千六百英尺的昌喇山口(Chang-la),这是我第三次穿越这个山口。山的另一边是我熟知的小村落德鲁古布和谭克西。离开谭克西的六个月来,我们都没有见过一棵树。我们在这里给手下人搭了一顶藏式大帐篷,又仔细检查了所有的驮鞍,确保不会擦伤牲口。晚上我们大办宴会,有人演奏音乐,还有舞女助兴。

过了班公措,来到波卜仁(Pobrang)最后一个有人聚居的地方，我们在那里买了三十只绵羊、十只山羊和两只狗。我们的营地共生了九堆火。在我们的组织计划下，索南承担照顾骡子的责任，古法儒照顾马匹，艾沙的兄弟泽仁则是负责照顾我的帐篷，兼任厨房那队人的头头。船由借来的一只牦牛运载。我们带上所需的补给，谷物和玉米可以维持六十八天，面粉八十天，大米可以吃四五个月。第一场大雪惹得小狗义愤填膺，它们冲着雪片吠叫扑打。印度人也同样感到惊诧，因为他们从来没有见过下雪。

乌尔西米克山口（Marsimik-la）的雪有一尺深，整个旅队看上去像是令人目眩的白雪中一条蜿蜒的黑色长丝带。到达山脊（一万八千三百英尺）之前，第一匹马就累死了。到处是积雪覆盖，我们又下降到巍峨山脉之间的山谷中。在羌臣摩河（Changchenmo）河谷中的营地令人感觉愉悦，灌木给我们提供了充足的燃料。现在不受人限制确实不错，但是在西姆拉我曾以人格保证，绝不会穿过这个山谷向东去只有五天路程的拉那克山口（Lanek-la），这是去藏西的绝佳路线。如果我当时对那拉克山口绝口不提，这样的话，牲口就不用跟着受苦，我也可以节省很多时间和金钱。在这种情况下，我被迫迂回绕远路穿过西藏北部，硬着头皮走进藏北害人的天气以及大片无人区。

在羌臣摩河谷，我们跟短暂的夏天道声再见，便爬上海拔高的地带，面对严冬的考验。我们在昌隆亚玛山口脚下的山谷里扎营。由于这个山谷没有名字，我们就叫它"第1号"营地。在这次旅行结束之前，预计一共扎下五百号营地。艾沙在山谷的入口立了个石人，给日后从列城赶来的信使指引我们的去向，但是这个我们期盼许久的信使从未找到过我们。

千转百回，我们沿锯齿状的路径盘旋上山，每一匹马都要几个人来推才上得了陡坡。警告和催促的叫喊声回荡在群山之间。我骑马超过旅队，先一步赶到一万八千九百五十英尺高的山口的鞍部。我又向上骑了几百英尺，以便找到一个地方，将景色尽收眼底。

这番折腾颇有回报，因为我看到了世界上最为壮观的景色。我置身于地球上最高的山脉所形成的波澜起伏的大海之中。高耸的喜马拉雅山雪峰在南方和西南方闪耀着令人眩目的白色，巨大雪帽下的冰川表面像绿玻璃一样闪亮。天空极其晴朗，只是偶尔有白云飘过。喀喇昆仑的主山脊正在我们脚下，向着西北和东南方向延伸。这里向南方流去的水流都汇入印度河，然后流进温暖的大海。我又骑上马，向北行进，把整个印度的世界甩在身后。未来的两年零一个月，我都会生活在西藏，那些当权者再怎样禁阻我也在所不惜。

我们正在野蛮荒芜的西藏高地眺望，这里没有入海口。我们穿过了一片没有牧草的地域。旅队走过柔软潮湿的土地，留下的足迹就像一条大路。东南方向，蓝黑色云彩像铅一样沉，穹顶下的喀喇昆仑山脊依旧可见。云朵一次次给闪电的火红闪光照亮，雷声跟着在山中咆哮。天上开始下雪，我们很快就给包裹在打着转的厚厚的雪花中。我骑马跟在骡子后面，只能看见靠得最近的几头牲口，大部分都看不清，走在最前面的牲畜简直一点都看不见。风刮得猛，大雪横扫大地。那天晚上，我们的营地静悄悄、冷凄凄的。结果夜里死了一头骡子。

我们在这里看见了第一群羚羊。天气晴好，我们穿过阿克赛钦平原寻找水源。行进了十八英里，我们在含有化石的砂岩山脚下找到了一处好牧场。艾沙在砂岩的顶部立了一个石堆。我们在这里挖掘找水。此处成了第8号营地。我根本没有想到，日后我还要再次回到这里来扎营。

我们向东去阿克赛钦湖，把营地扎在湖边。我们所在的地方，至今只有为数不多的几个白人造访过，而美国人克罗斯比（Crosby）是其中的一位。东边的地区平坦开阔，是一片纵向的山谷，山谷北边则是巨大的昆仑山系，穹顶型的山顶白雪皑皑。地面多沙，牧场也差强人意。然而一天当中，接连死了三匹马。一只野狼趴在一边等着大吃一顿。就和沙漠旅行一样，所有驮鞍里都塞满干草，一有牲口死去，其驮鞍里的干草也一点一点分给其他牲口吃掉。

翻过一座小山脊，向东看到了一面大湖，1896年魏尔比上尉（Captain Wellby）发现了这座湖泊，并把它命名为"莱登湖"。第15号营地建在湖的西岸。我调整了一下商队，开除了两名印度刹帝利武士，按艾沙的话，开除他们不是没有原因，因为他们的作用还比不上小狗。这些印度人受不了寒冷的气候和含氧量极低的空气。我们倒是可以从这个遥远的地方把他们送回家，因为我们租用的拉达克人的三十匹马中有四匹死掉了，他们请求返回，正好顺路带上印度人。我还让他们转送一沓厚厚的信件，其中最重要的一封信是给邓洛普史密斯上校的。所有从瑞典来的信件都送到了总督府，我要求由一位可靠的信使把我的信件送往当惹雍错南岸，我预计在11月底到达那个湖。我能不能按时到那儿还说不好，因为无法确定自己是否能走得那么远。我们离那个湖泊还有五百一十英里。我在印度的朋友都很清楚，我将不顾任何禁令，一定要从北方到达西藏南部。下面很快就会说到这些信件的下落。

然而在第15号营地，我们的随从人员大大减少，马匹中死了七匹。剩下的马匹享用了足够的玉米和谷物，以此来减轻负担。我们的休息地点是这样安排的：艾沙、泽仁和我的厨房在一顶大帐篷里，里面还堆了二十二个箱子；在我们围成圈的一袋袋粮食的另一边，拉达克人有他们自己黑色的藏式帐篷；罗伯特住在一顶小帐篷里，而我住另一顶小帐篷。

我们的下一个营地在莱登湖的北岸。艾沙将会和整个旅队在9月21日行至东岸，然后在夜间燃起烽火。我让雷辛当船手，乘船渡湖径直向南边去。这是一个可爱平静的日子，湖面就像一面镜子。一条巨大的山脉矗立在南岸，红得如火焰一般，山顶终年有冰雪。我测量湖的深度，量线只有二百一十三英尺长，铅垂在湖中心触不到湖底，这个湖泊是我在西藏测过的最深的一座。

桨手说道："这湖没底。这里危险，我们掉头回去吧。"

"继续划，很快就到岸了。"

湖天同色，红黄色的山脉倒映在湖面，四周风景如画。我们在湖上游历大半天时间之后才登陆。三点半后，我们再次离岸，向东划向与旅队汇合的地点。

我们和湖岸保持相当远的距离。湖面仍平静如一面镜子。雷辛却一脸担心的表情，突然说道："西边有暴风雨，还很厉害！"

我正坐在舵柄边上，转过身一看，只见黄色的尘云从西边的山口迅速翻滚而来。尘云越来越浓密、越来越黑，向上升至天顶。尘云纠缠在一起，继而形成气势汹汹的云层。这些乌云远在西边，追逐而来，此时湖面仍平静如镜。

我大声喊道："把桅杆和帆竖起来。如果天气变坏，我们就上岸。"

船帆刚刚撑好，就听见风暴在耳边咆哮。随即清澈的湖面像一面镜子一样给击碎了。一阵风猛吹，帆跟着鼓了起来。湖面卷起层层巨浪，我们的小船就像湖上的一只野鸭，给吹得直跑。船头的湖水就像烧开了一样翻腾起来，成百万的气泡在船尾翻滚。

"前面有沙地！"

雷辛大喊道："很浅！"

"如果在那里搁浅，船会被撕裂。这只是个帆布船！"

我把全身的重量都压在舵柄上。我们在咆哮的激浪中翻滚，差一点就触到了沙岬。如果真的撞了上去，船就会像石头一样下沉，因为船的龙骨是锌做的。不过幸好我们还有两个救生圈。

风暴越刮越猛，桅杆绷得像弓箭一样紧。帆脚索都切入我的手里，但是谁要想拉紧它，那真是妄想。

"前面又有一处岬地！"

"我们试试看能不能停在下风处的岸上！"

这时我们才看到，岬角另一边的湖面无边无际，往东边根本看不到岸。太阳西沉，像个火球似的在陆地和水面上洒下灿烂的光芒。所有大山都像红宝石一样熠熠生辉。我们加速划过血红色的湖面，船帆甚至也闪耀着紫色的光芒。太阳落山，不久山脉最高峰上的光辉也消失了，四周景物依然是一片暗淡之色。

我们现在离第二个岬角非常接近。

我本打算让船往下风向划，可是还没意识到自己在哪儿，船就已经过了岬角。我们只得听任风浪摆布，一路急速漂流。如果现在就结束这次扬帆旅行，也会感到遗憾。月亮升上天空，在我们航行路线上出现另一个岬角。我们迅速来到岬角的末端。我准备好转舵停靠在下风处，但是简直不可能，因为这场暴风雨实在太强悍了。我们快速越过海角。这时已为时过晚，船又给抛到一片广阔的水面上。

西边天色转暗。暮色降临在东边的山脉，继而笼罩在湖面上。波涛汹涌的湖面在月光下泛出粉笔似的白光，好似高山上的雪地。雷辛心里害怕得厉害，蜷缩在桅杆跟前。我们不顾生死，发了疯一样行驶在越来越高的大浪上。每次都能看见三个波峰，第一波把船高高托起，第二波快速掠过船身，第三波则在船后滚滚而来。本来夜间驾驶帆布船就已经够危险了，现在还要顶着这狂风巨浪，可想而知了。

月亮落下，黑夜守候在我们身边。星星闪耀，气温逐渐降低。只有一层帆布将我们和泛着泡沫的白浪分隔开来，而波浪之下则是不知底的深渊。

时间过得漫长。湖面迟早要恢复平静的。如果陡峭的岩壁一直垂降至湖东岸，我们就会船毁人亡。我对雷辛大喊，让他一看见拍打在岸边的巨浪就告诉我，但他听不见我说的话，恐惧得已经给吓瘫掉了。

这时我突然听到前方传来一种低沉的哗哗声，那是拍岸的浪花。我冲雷辛又喊又叫，但是他动也不动。黑暗中白色的泡沫丝带依稀可见。我们的船刚被浪头冲向岸边，紧接着又给吸进湖里，被另一个大浪吞没，抛向空中又砸成碎片。我用左手抓住桅杆保持平衡，右手则抓住雷辛的领子，把他丢下船去，这招很管用，大浪如响雷一般滚滚而来，一下子将船冲向岸边，水浪简直淹满了半条船，这时我也跳进水里。然后我们两人合力把船拉上了岸。

我们把船里的水倒空，再收拾湿透的行李。身上的湿衣服已经结成了冰，像木头一样硬。我们把船身靠在船桨上，好给自己遮挡一下风雨。铅线缠绕的木头舵轮和架子已经裂成小块，无法修复。于是我们拿这个生起火来。好在我藏在胸前口袋里的火柴还是干的。我脱下衣服，先解冻，再拧干，至少要把内衣烘干。气温是零下16摄氏度，我的脚几乎冻僵了，我让雷辛替我搓搓。这一晚上我们还活得过去吗？

木头细条都烧完了，我正准备牺牲掉船上的一块座板，这时雷辛喊道："北方有光。"

果然不假，真的有光！光线出现了，很微弱，又消失了；之后又再次出现，而且越来越大，我们都能听见是马蹄声。只见三位骑士策马朝我们奔来，原来就是艾沙、洛布桑和阿杜儿他们三个。我和雷辛跳起身来，在夜色中骑马回营地，那里为我们准备好的茶壶已在火上煮得嘟嘟作响。

两天后，我们越过另一个山脊，进入又一个没有出水口的盆地。盆地中心是一面闪烁着翠蓝色光芒的咸水湖，东突厥斯坦人都叫它雅西尔湖。在这片水域，我们又一次冒险航行，而且还是靠着信号篝火才回到安全地带。我带上罗伯特与雷辛两人出航。这回备足了衣服。我们先是朝东北方向划行，而后在北岸停下吃午饭，再向南前往先前约定好的会合地点。

我们将船推下水，用船竿把船撑出离湖岸一射之遥，因为这面湖水比较浅,与其他的湖泊不一样。我们观察到西南方有黄色的暴风雨迹象,便讨论了一下何去何从。要不晚上就待在湖北岸,等风暴刮过去再说?我们刚刚把船头掉转向陆地,就看见两只灰黄色的大野狼守在湖水边上等我们靠岸。它们一步也不往后退。雷辛认为这两头野狼只是前哨,后面还埋伏着整个狼群。我们随身没有带枪。现在的问题是"哪一个更糟,是狼群还是暴风雨"?我们正在讨论着当前的情形,突然风暴发作起来,让船帆吃满了风,还差点翻了船。

"那好吧,我们走!趁天还没黑,赶紧上岸。"

船头又一次切进嘶嘶作响的大浪之中。橘红色的太阳落下山去,随着月亮慢慢升起,蛇形的山脉变成了银色。我们顺风而行,两名同伴也尽力划桨,以避开大浪。但是他们不时在舷缘上失手,最后我们的脚都泡在四处泼溅的水汪里。然而并没有发生任何灾难。湖泊南边出现了两大堆烽火。黑暗降临,一只桨突然触到了水底,原来我们已经划到一个小岬角的下风处。我们上了岸,在一块潮湿的盐地上度过了可怜的一晚。但我们还有茶喝,因为出发前带了两罐淡水和一些食物。黎明时分,雷辛收集燃料准备生火,之后不久艾沙就带着马匹过来了。

索南曾经在狄西上尉(1896—1899 年)和罗林上尉(1903 年)探险队里做过事,现在还能给我们指出当年英国人是在哪里扎营。狄西上尉在自己的牲口死后,就在一个地方埋了几个箱子。我们把箱子挖出来,并没有找到什么有价值的东西。我只拿了几本小说和旅行书籍。我很渴望把这些探险家走过的路线甩在身后,自己去藏北的三角未知领域开辟出新路,这些地区在英国出版的地图上诱人地写着"尚未勘探"的字样。

我们在路上又走了两天,便来到淡水湖普尔错的西岸。这是一个令人愉快的营地。猎人唐德普射杀了一只野牦牛,给我们提供了好几天的肉食。我分得牛肾和髓骨吃,真是少而精的美味。

夜晚降临后，手下人围坐在营火边享用晚餐，而我则在帐篷里埋头工作。突然天气起了变化，一阵狂躁的暴风雨从东边袭来，好似打过来一记重拳。两顶帐篷给吹翻了，尚有余火的木块被风吹上天，像是放烟火一样。波浪重重地拍打在岸上，溅起的浪花像大雨一样淋浇在营帐上。

第二天的天气却很好。我们按两条线路渡湖，测量湖水的深度，随后在湖南岸扎营。旅队经过一天的休整，往东岸行进。我们又在湖上花了一天时间，前往新营地时也没有遇到暴风雨。这里离西岸废弃的营地不是很远，不久竟然看见一团火和烟云从那里升起。大家都大为惊诧，弄不懂怎么回事。他们八小时前才离开旧营地，火在那时就已经熄灭了。难道那里已经有西藏人准备赶上我们并要干扰我们的探险？或者是从列城那里来的信使？不可能，这无法令人信服。我的手下坚信，鬼魂习惯走在沙滩上。他们说那是湖里的精怪点燃的鬼火。我则猜测那堆火其实是一堆丢弃的干燥牦牛粪，在风中遇上火源而点燃。

旅队变小了。营地里死了一匹马，第二天我骑马又路过三匹奄奄一息的马，都由人牵着走。我们的食物补给也相应缩减。原来堆成墙给拉达克人挡风的谷物现在也大大减少了。晚上我们的三匹马在一个小湖的边上跑走了，我派洛布桑去找它们。找了三天，他带回了两匹马。第三匹马的足迹揭示了一段悲伤而戏剧化的故事。那匹马被狼群追赶，为了逃命，一直奔到湖水之中。狼群掉头返回，那匹马却没有回来。很明显，马儿一直往前走，希望靠着游水来救自己，但它肯定因为疲惫不堪而溺水身亡，因为在湖对岸也没有发现它的蹄印。

旅队的后面也一直有狼群和大乌鸦追跟着。一旦有马匹死去，野狼就立马出现；而大乌鸦则是半驯养的，我们都认得出它们中的几只。

10月6号，温度降至零下25摄氏度。晚上有些骡子钻进我的帐篷里来，到了早上，有一头骡子就死在帐篷的门口。

直到现在为止，我们的路线一直是朝着东北方向。现在转向东南方，穿过尚未有欧洲人涉足的那片三角地带。这里离当惹雍措还有三百九十六英里。旅队里的喇嘛教徒每晚都吟诵祈祷，祝愿我们顺利到达扎什伦布寺，而且如果我们成功，他们会把一个月的薪水都捐给神圣的班禅喇嘛。两天之后，我们损失了二十九匹马和六头骡子，只剩下二十九匹马和三十头骡子。那十八只绵羊还在。就在同一天，唐德普射杀了两只健硕的公羊。他对我们来说真是非常重要。每当我们的肉食吃完，他就能射到一只牦牛、一只野羊或是一只羚羊。有一天，他在我们旅队前面走，惊吓到一群在河谷吃草的牦牛，其中一只牦牛跳了起来，他一枪打中，只见那只牦牛一头滚下山坡来，倒在他的脚边死掉了。

第四十九章 与死神一同穿越藏北

冬季已经来临。所有人都穿上绵羊皮外套,又把晒过的绵羊皮拿来制作短袄和鞋袜。我躺在一大张白山羊皮上,方方正正的,柔滑如丝绸,睡一半羊皮,并用另一半当被子盖在身上。次仁夜里又用毛皮和毛毯将我身子两侧掖紧。我还穿一件软皮短袄,每天晚上都像是睡在洞穴里一样。只要我醒着没睡,洛布桑就一直用点燃的牛粪将我的火盆烧热。连小狗儿都有毛毡做成的睡衣。我们为小棕狗量身订制了这样一件衣服,它穿上后四处慢慢走上一会儿,拼命想从衣服里挣脱出来。尤其是看到小白也学小棕的样儿,撕咬自己的外套,我们更是笑得直捂肚子。这时小棕就蹲下身来,用责怪的眼神看着我们这些拿它取笑的人。

唐德普盖尔森是我们的大厨师,也是个讲故事的好手。为我做饭的次仁同样有讲不完的故事,不过只讲给一小群有档次的人听。他最逗人的还是唱歌的时候,那歌声听起来就像是猪给门卡住时发出的惨叫。

10月17日这天,气温为零下28摄氏度。我现在只有二十七匹马、二十七头骡子和二十七个随从;两天之后,又有两匹马和一只绵羊被冻死。我们已经有五十九天没有见到人烟了。我们的恐惧和担心一天天在增加。在遇到游牧人之前,我们还能保有足够的活牲口吗?抑或它们一个个死去,逼得我们抛弃行李,最后只能徒步向前寻找人迹?

沿路的地形构成层层阻碍,我们简直陷在迷宫似的大山和山谷中而不得脱身。在第44号营地,我们又赶上一场狂烈的暴风雪,吹得我们都不知该往哪个方向行进了。去前方侦察地形的人回来建议走东边的一个垭口,于是艾沙第二天就踩着一英尺深的积雪前往那边。等我到达那个垭口(海拔一万八千四百英尺,约五千六百零八米),发现主山脊就在垭口东南方向很近的地方;但是艾沙已经下山去往东北方的一处积雪覆盖而荒凉的山谷,并且在山谷较低的位置扎下营来。那里根本不见燃料和牧草的踪影,我们只好用空箱子生火取暖。厚重的云层压在白皑皑的山脉上,大雪也再次飘起来。就在我们营地上方,有一道不到四十英尺高的小山脊,一名手下将其指给我看。山头上站着两头健硕的野牦牛,直勾勾地盯着我们。它们和我们一样感到惊奇,只不过它们高高站在飞旋的大雪中,那景象更加让人难忘。

夜里马匹互相咀嚼对方的尾巴和马鞍。当晚就死了两匹马。下一处营地仍是一样凄凉。艾沙去勘察地形,回来报告说前方有一片开阔的土地,只要走三个小时就可以到。在黄昏时分,艾沙一时兴起,领着大伙儿继续前往那片平坦的草原。我和罗伯特、次仁和雷辛走在后面。其他人分三队离开,牧羊人赶着羊群押后。他们仿佛幽灵一般消逝在夜色之中。天气冷得厉害,但是并不打紧,因为我们心头都充满了美好的期盼,相信次日早上就会峰回路转。

有两头可怜的骡子跟着我们走。其中一头在半夜时分死了;到了早上,另一头也奄奄一息,我们便拿刀子将它解脱。骡子闪闪发亮的眼睛瞪着太阳,像钻石一样晶亮。鲜红的血液流在白雪上,看得人毛骨悚然。

我们跟着前面人留下的足印走,不久就遇上唐德普索南,他告诉我们旅队走夜路时迷了路,几支分队也彼此失去了联系,并且又死掉四头骡子。我们让他做向导继续前行。路边躺着一头死骡子,背上驮的两袋米也散落在一旁。远处出现艾沙的身影,他正带两个人出来勘察路线。最后我们总算来到那片平原,这里的水草果然很好。我们下了马,已经冻得半死,赶紧生起火堆暖暖身子。其他各支分队也逐渐聚拢在弥漫着悲伤气氛的第 47 号营地。索南次仁首先带着存活下来的骡子回来，一谈到旅队的损失，不禁流下泪来。那天晚上共有七头骡子和两匹马失去了性命。牧羊人完全和大家走岔了路，径直将绵羊赶进一道峡谷，自己安顿在羊群中间休息取暖。山里的野狼竟然没有闻风赶来，这真是个奇迹。

我们将整支队伍的情况大约摸了下底。总共剩下三十二驮行李、二十一匹马和二十头骡子，其中四头骡子已经毫无用处。旅队里只有我和罗伯特两人继续骑马。我决定将余下七坨白米里的五坨全部喂牲口，现在什么事都得靠它们才行。唐德普索南打到三只羚羊，才稍稍拨开大家心头的愁云，添了些生气。就在手下赶去将羚羊大卸八块、准备肉食的当口，其中一只羚羊的死尸早已经给野狼一抢而空。

10 月 24 日又有两头骡子和一匹马在旅途中倒地身亡。随着日子一天天过去，我们的处境愈发严峻，营火边全是一片死寂。我们在一面小湖边扎营，在湖岸上还发现干枯的野草和一口露天的泉水。晚上十点钟，一群向南方迁移的野雁朝我们飞过来。整个景致都沐浴在皎洁的月光之下，天气也非常平和。从野雁呱呱的叫声里，我们推测它们是想落在泉水边休息。可是雁群的领袖察觉出泉水已经给人类霸占，便向部队发出一声新的口令，于是雁群在一片吱吱喳喳声中再度飞上天，继续朝南飞往下一处泉水。不用说，这些雁群数千年来就一直按照这条线路飞越西藏高原，在春秋两季或从印度出发，或飞往印度。

从离开列城起我就一直骑着那匹斑点马，现在也走累了，于是我又骑上一头白色拉达克小马，它也是我的朋友。我一碰到马鞍，这匹小马就又咬又踢，但是我只要一骑上去，它的步伐就变得自信而稳健。在两处地方我们都看见牦牛猎人常用来煮食的石头三脚架。经过六十五天与世隔绝的日子之后，我们总算要接近尘世的生活了。队里每个人都睁大眼睛寻找藏人的黑色帐篷。其实越晚和西藏游牧人接触上,那么拉萨那边就越晚得到我们来临的消息,然而我们实在是想找到人,因为剩下的马匹和骡子已经撑不了多久了。饮水稀缺,有时候我们不得不把锅底冻成的冰化掉,好给牲口饮用。

我们冒着风暴和刺骨的寒冷,只跋涉了一小段路程,便扎下第51号营地。我整个人累得连马鞍都坐不住,中途停下两次,用牛粪生火。一等帐篷搭好,我急忙爬进去躺倒在床上。我得了极严重的疟疾,头一阵阵痛得厉害,而且体温烧至41.5度。罗伯特把宝贵的维尔康药箱拿来给我,这个药业公司也同样赠送药品给史坦利、艾明巴夏(Emin Pasha)、杰克逊(Jackson)、斯科特(Scott)等人。罗伯特和次仁将我的外衣脱了,彻夜守在我身边。我病得神智不清,仿佛自己已经远离西藏。我就这样给病魔折磨了八十四个小时。罗伯特就大声读书给我听。一场风暴来袭,前后肆虐了六天整。灰尘吹进我的帐篷里来,晚上点燃的蜡烛也吹得一闪一闪的。野狼的胆子相当大,唐德普索南开枪射中了一只野狼。有一只乌鸦老是来啄马匹的鬃毛,也给一枪打死。旅队里很多人都患上疾病。五十八匹马里面而今只有十六匹还有口气。

11月3日,我全身给裹得严严实实的,可以继续上路了。途中频繁看见以前牧人扎营的痕迹,以及煮饭用的石头炉子。两天后,我们发现有人挖掘金矿的痕迹,并且有一条路径,显然是人踩踏而成。一群野牦牛在一个狭窄的山谷里吃草。唐德普索南在前面领路。除了一头壮如年轻大象的老公牦牛以外,其他牦牛都一溜烟地往峡谷里逃去。那公牛低下犄角朝着猎人唐德普这边冲过来,逼得唐德普都来不及退到台地上的安全区域。结果他很准地射出两枪,一下子将牦牛撂倒。我给这头漂亮的牦牛拍了几张照片。

11月7日,我们经历了一次不同寻常的旅程。我有许多事情要忙,比如收集矿石标本、绘制路线地图、画些素描或拍些照片,所以总是和罗伯特骑马走在队伍最后面,旁边还有雷辛徒步跟随。我下马的时候常常是由雷辛来牵马。我们正在沿着一条湖岸骑行,右手边则是一面陡峭的山壁。前方出现两群野绵羊。路边四处都是探矿人堆起的指路石堆。我们来到一片平原,正在那里吃草的五十头牦牛闻风而逃。又有约二十头的一群藏羚羊出现在眼前,一见我们靠近,它们便如烟云般消失得无影无踪。很快我们就看见了第56号营地,大约在前方半英里的地方,不消几分钟即可到达。燃烧的营火上方已有黑烟腾起。另有一头黑色大牦牛在离营地不足两百步远的地方吃草。艾沙走出帐篷,朝那牦牛开了一枪。那牦牛受了枪伤,一时大怒,等瞅见我们几个,以为这就是它的敌人,便径直朝我们这三人小队冲过来。雷辛吓得惨叫一声,朝着营地帐篷跑过去逃命,可是他中途改变主意又跑回来。我们的马匹受到惊吓,也开始狂奔而逃。雷辛一把抓住了罗伯特坐骑的尾巴。那牦牛已经冲到跟前了,气得口翻白沫。只见它血红色的眼珠滚来滚去,蓝紫色的舌头吐在外面,鼻孔里喷出的气息像一阵阵蒸汽,身后扬起漫天的灰尘。牦牛低着头猛冲过来,当时我骑马走在最右边,它的犄角自然最先顶进我的坐骑身上。我想象着自己连马带人一起给挑到空中,随后再被碾成肉泥,恍惚中我似乎已经听到身上肋骨折断的嘎哒声。现在那牦牛离我们已是不到五十英尺的距离。我赶紧将自己的短袄扔向一边,想转移牦牛的注意力,可是它根本视而不见。我松开腰带,想趁牦牛奔到跟前,把羊皮外套丢在它头上蒙住它的眼睛,感觉自己就像是在斗牛场中的斗牛士。牦牛再冲过来一小步,我就要和死神相拥。我还没来得及把外套脱下,只听得一声犀利的惨叫。原来是雷辛跑着跑着摔了一跤,现在整个人倒在地上。那牦牛因此分了神,掉头奔向雷辛。它低着犄角奔到跟前,但不知道是牦牛以为雷辛已经死去,还是觉得他毫无伤害力——因为雷辛连动都没动一下——只是拿犄角戳了戳雷辛,便心满意足地扬长而去,继续它在平原上的狂野生活。

我立即掉头翻身下马,急忙跑向雷辛,以为他一定是死了。雷辛躺着不动,身上衣服也给撕烂了,全是灰尘。我问他感觉怎样,他用一只手做了一个滑稽可笑的动作,好像是说:"别管我,我早就死掉了。"不久有人从营地赶来帮忙。可怜的雷辛看上去简直难受极了。他的一条腿上给划出一条长长的口子,所幸并无大碍,之后他就骑马赶路。但是这桩意外还是让他变得有点怪怪的,过了好久他才恢复常态。

在下一处营地,有一群野狼把我们的马匹追着跑回原路,于是我们不得不循着先前的足迹折回北边去,这样就浪费了一天的时间。11月10日,我们在一个湖泊边看见足迹,那是一个人牵着家养牦牛刚刚走过的足印,而唐德普索南在外出打猎时,碰见一顶孤零零的帐篷,里面住着一个妇人和三个小孩。两天之后,我们又损失三匹马,只剩下十三匹,这时我们伟大的猎人带了两个骑马的西藏人来到营地。这两位是我们旅行八十一天来第一次见到的生人。

两位藏人大约分别是五十岁和四十岁的样子。年长的那位叫作庞策克,年轻一点的叫次仁达瓦。他们平日既放牧牲口,也打猎野牦牛,并称自己为羌巴(意指"北方人")。整个藏北地区都叫"羌塘",即北部高原的意思。他们称呼我为"大首领"。他们身上很脏,头发又长又乱,戴的帽子可以保护自己的脸和下巴,穿的是暖和的绵羊皮外套和毛毡靴子,同时配有原始的剑、拨火棒和步枪,只是少了一样东西——长裤!

他们愿不愿意把他们的牦牛和绵羊卖给我们一点呢?愿意,十分乐意!他们明天早上再过来。可是他们的话我们并不全信,于是当晚就把他们押在艾沙的帐篷里。到了早上,几名手下陪同他们返回藏人的营地,很快就又折返回来,带来五头健壮的牦牛,每一头牦牛都可驮上已经累坏的两匹马所驮载的行李;另外还带回来四头绵羊和八头山羊。我们付给两位藏人一大笔钱，因为他们确实是救了我们的性命。

他们又把对这个地区所知道的一切都告诉我们，并谈及他们自己游牧四方的故事。他们平日的伙食是又老又硬的肉干、奶油、酸奶和茶砖。他们会躲在泉水旁的矮小石头墙里，等候猎物到来。次仁达瓦发誓说，当年他最得意的时候曾射杀过三百头野牦牛。他们用野驴皮做成靴子和皮带。他们和自己的女人放牧家养的牦牛、绵羊和山羊。这里的生活就这样年复一年单调乏味地过去，但无论是爬上高得让人目眩的山峰，还是忍受刺骨的寒冷、风暴和暴风雪，他们都活得健康而积极。他们竖起向山神致敬的石堆，敬畏所有藏身于湖泊、河流和高山中的奇异神灵。等到他们最后去世，便由家人背到山里去，任由野狼和秃鹫吞噬。

11月14日，我们继续前行，庞策克和次仁达瓦就担当我们的向导。他们告诉我沿途的地理名称，而艾沙负责询问庞策克，我则用相同的问题去问次仁达瓦，将他们的说法一一验证。他们说淘金矿的人一年忙活上两三个月，之后带上大包的盐回家换谷物吃。每天晚上，他俩都要把我付给他们的闪亮的银卢比清点一遍，再把玩一番。他们骑的小马匹特逗人。我和次仁达瓦回到营地的时候，庞策克早已经把他的马放出去吃草。可是我们刚一到营地，那小马就嘚嘚地跑过来迎接它的伙伴，高兴得嘶鸣起来，随即它们两个伸出鼻子互相摩擦，以示问候。西藏马对我们旅队的马匹有着浓厚的兴趣，似乎搞不明白这些憔悴可怜的动物究竟是不是它们的同类。看着这两匹小马大嚼特嚼切成长条的肉干，吃得还有滋有味，真是感觉有意思极了。这个地方水草稀少，游牧人不得不训练他们的马匹成为食肉动物。

有一天唐德普索南射倒两头野牦牛。我们把牦牛肉尽可能地带上路，带不了的留给庞策克和次仁达瓦，可是说不准又给野狼抢先吃了。

接着我们翻过察孔拉垭口（Chakchom-la），其海拔高度（一万七千九百五十英尺，约五千四百七十一米）和墨西哥的波波卡特佩特火山一样高，通常都是淘金者从这里走过。我们的营地搭在大山以南，这时新交不久的两位藏人朋友请求我让他们回家去，因为他们还从没往南边走过这么远。我准许他们回去，并付给他们丰厚的赏钱，看他们的样子，好像做梦也没梦见过像我们这么好心的人。

又过一天，我们从另一座垭口眺望到六顶帐篷，周围还有吃草的牲口。我们在当察措湖（Dungtsa-tso）畔扎营。那些帐篷里住有四十个人，牲口有一千头绵羊、六十头牦牛和四十匹马。一位瘸腿的老人洛布桑（Lobsang Tsering）卖给我们三头看起来很不错的牦牛，每头要价二十三卢比，老人的一位伙伴也以同样的价格卖给我们两头牦牛。这样我们一共有了十头牦牛，足以让其他的牲口好好放松一下。洛布桑老人身穿红色羊皮外套，头戴红色头巾，看上去真是英俊非凡。他说这片地域的金矿和盐矿，是拉萨来的人开采的。他自己和所有其他游牧民都是来自西南边的改则（Gertse）。他们似乎非常愿意帮助我们，可是彼此之间又相互提防。不过有一点很明显，即他们尚未从拉萨那边接到任何特别的指令。

11月22日，我们带着十四头骡子、十二匹马和十头牦牛，来到一条加高的大路跟前。之所以有这条路，是因为淘金者带着牦牛从这里经过，另外运盐商队赶着绵羊也打这里走。每天都要刮一场风暴，很是折磨人。我们把自己裹成北极探险家的样子，在飞旋的尘云中骑行。我们的皮肤开始龟裂，尤其是指甲周围都出现慢性的疮口。夜里狂风一直轰隆隆地怒吼，就好像一长列火车开进有顶遮盖的火车站，又像是重型炮队在圆石子路上全速冲过去。

第二天死了四头骡子。夜里的气温降至零下33℃。我们再次在六顶帐篷组成的村落附近扎营，那村子外面还围有一堵石头墙。

村子里的人隶属于西藏纳聪省（Naktsang），接受拉萨政府的指令。艾沙试图跟村里人谈谈，跟他们买几头牦牛和绵羊，可是几个像是当官的人走进帐篷，禁止村民卖给我们任何东西。他知道我们旅队里藏有一个欧洲人，并建议我们立刻原路返回。

我心里想："麻烦从这里开始了。此刻他们会派一个速度快的信差去往拉萨，随后又是来人监视我们，最后动员当地所有骑马的民兵。"

离这不远的地方，我们遇见一队从那曲来的朝圣客，共有三十五人，赶着六百只绵羊和一百头牦牛，他们已经去过圣山冈仁波齐峰，只是旅行速度非常缓慢，这来回一趟就花了两年时间。在下一处营地，我们发现有两个间谍在远处守望。当天夜里一头骡子死了，立即就给五头野狼吃掉了一半，就算我骑马走到跟前，那些野狼也根本不会逃开。

队里的牲口已经体力不支，我们还是能走多快就走多快。有天晚上，我们正在乱石丛中扎营，两个骑士来到我们帐篷前。他们长长的辫子一圈圈绕在头上，外套上用红色和绿色的缎带装饰，剑鞘上镶有次等宝石，靴子则由多种颜色的毛毡制成。他们自称是那支那曲朝圣客旅队的，而下面所说的话听上去才更靠谱些："你就是那个五年前带两名随从前往那曲的那个欧洲人，你有一个随从名叫薛瑞伯喇嘛。"

"你说的不错。"

"你的旅队里面有骆驼和俄国人，整个省的人都对你议论纷纷呢。"

我心想："真是好极了。现在当地的总督很快就会知道我正在去拉萨的路上，下一步就要来阻拦我们了。"

我问他们："你们还有牦牛卖吗？"

"有。我们明天一早再过来，但是别让人知道是我们卖给你的。"

"好吧，你们来吧，我们不跟任何人说。"

第二天日出之前他们就来了，同时带来牦牛、奶油、砖茶和不丹出产的烟草。

我说："如果你们愿意跟我们一起走，我每天给你们三个卢比。"

他们回道："不必了，谢谢！已经有人传话到南边来要阻拦你们，逼迫你们往西边去，就跟上回一样。"

说完他们就走了。我们呢，现在已经有了十八头牦牛，经由一道垭口继续向南行。在垭口的另一边，发现整片土地都覆盖着积雪。穿越一片平原的时候，我带着罗伯特和哈吉骑马远远落在旅队后面。突然哈吉指着身后的垭口喊了一声："有三个人骑马过来了！"

我心里想："这下麻烦真的来了。"那三个骑士径直朝我们奔来。一个长得虎背熊腰的人拿腔作势地要求我们将来历身份报上前来。我们反过来问他们是何方人士。他们盘问了一阵子，又转向已经扎好营地的旅队，跟艾沙严格审问了一番，这才上马西去。

12月4日，我们骑马经过一条狭长地带，那里有数百只野驴在吃草。等到雅鲁藏布江这条早年旅行就已经熟知的大河边上，所处的海拔高度只有一万五千六百英尺（四千七百五十五米），对我们来说简直低得出奇，但实际上这个高度比美国雷尼尔山的顶峰还要高。我们抓紧时间和当地人建立友好的关系，这样他们才愿意卖给我们食物。这个时候也很关键，因为我们自己的白米、面粉和烤面粉等补给已然告罄。我每天仍然能吃上一小块白面包，可是我的手下就只能以肉和茶充饥。

此时我们尚未丧失行动自由。这条路恰是我在1901年经过的那条，而就在雅鲁藏布江以南也正是地图上空白地带开始的地方，那就是我此行的主要目标。然而一片阴云再一次笼罩在我们头上。第二天，有六个人骑马来到我们营地。其中地位最高的那位称作

"戈瓦",即地方首领。他说道:

"我从北边得知你的消息。现在我要把所有事情弄清楚。上一次你是带着骆驼经过此地。我现在正要派信差去向纳聪总督请示,否则的话他会割了我的喉咙。你必须待在这里等候回音。"

"要多久会有回音?"

"二十天。"

"不用了,谢谢!我没有时间等,明天我们就上路。"

那位老人心好又客气。他陪同我们沿河往下游走,把自己的帐篷搭在我们帐篷边上,看我们寻求游牧人的帮助,他也不反对。当地游牧人跟我说,所有纳聪省的人都知道我此次行程的情况。

12月13日这天,我们从一处垭口望见寻觅已久的当惹雍措湖(Dangra-yum-tso)。我早就派信差前往该湖的南岸等候,而我们现在已经迟了半个月之久。无论如何,我还是决定首先去一趟稍稍往东边一点的昂孜措湖。

营地附近有一处通往一条峡谷,此处极为狭窄,有时候我们甚至能同时摸到两边的山壁。我和两名手下去那里走了一圈。洛步桑随后带牦牛来接我们。他在预定时间迎接我们,却一脸丧气的样子,告诉我们说已经有十二个武装骑士来阻拦我们了。

在这未知的地域,我们才前进了几天的路程,而如今道路又像以往那样给拦住了。我们在寒冷冬天受的那些罪、所有死去的那些牲口——一切的一切都归于徒劳。我情绪抑郁,骑马回到自己的帐篷。次仁拿着炙热的火盆走进来,我跟他说:"现在你可知道我说的没错吧,我早就说过,会有人来阻拦我们。"

他诧异道:"阻拦!谁也没有来阻拦我们啊。"

"洛布桑不是说有十二个骑士来了吗。"

"他误会了,纯粹是谣言。"

"那就好!我们就把最瘦的绵羊宰了,今天晚上一起大吃一顿!"

第五十章 穿越"未勘探"的空白地带

那天晚上,又有三个西藏人骑马来到我们营地。他们人挺和善,告诉我们有一队从那曲来的强盗跑到北边来,并说一开始还以为我们就是强盗呢。现在他们很高兴能遇见我们这些不错的人。其中有个藏人在五年前曾经见过我一面,还记得那时我是由西藏人一路护送。他们并不介意卖给我们几头牦牛,此外还给我们找来一位向导。

我们买了三头绝好的牦牛,这样最后所剩的十匹马和两头骡子现在都不用驮载东西了。我们一进入纳聪省,迎面就遇见一大队骑士,他们还赶着好大一群牦牛。我的第一个念头是:"他们要在边界线上就把我们拦下。"但是并非如此,他们没有丝毫敌意,只是从雅鲁藏布江来的游牧人,刚从南方购买货物回来。几天之后,我们碰见几顶帐篷,里面住的藏人却很无礼地冲着艾沙喊道:"回去吧,你们没有权力在这里旅行。"艾沙一听此言,立马停下,上前让其中最蛮横无礼的一个尝了一顿马鞭的滋味。如此一来,那些藏人转而变得如羊羔一般温顺。

12月24日的早上,有人唱起一首忧伤的歌谣,将我吵醒。原来一个流浪汉带着他的老女人坐在我的帐篷外面乞讨,一边唱着歌,一边晃着有魔力的神棍。一个小男孩成了我们的向导,带着我们翻过一道垭口。一名手下牵着我的斑点马越过山顶。我从马儿身边经过,不禁拍了拍这个忠心耿耿的伙伴,希望它的体力还能支撑到下一处营地。那马儿重重地叹口气,眼睛直直地看着我骑马远去。然而它终究没能走到营地。

圣诞节前一天我们跋涉了很长的路程，等我们下降到一个圆形的山谷，黄昏的阴影早已经偷偷爬上山麓。只见那山谷里藏有一面叫唐博措（Dumbok-tso）的湖泊，湖中央一座岩石小岛，上面覆了一层厚冰，闪着白光。我们在湖岸不远的地方生起圣诞节的篝火。罗伯特一直留着大约四十支快烧完的蜡烛，我们就把这些蜡烛立在一只箱子上排成几行，全部点上。我把手下人都召集过来，让他们安坐在紧闭的帐篷面前。突然间我们把帐篷口的帆布掀开，给他们一个惊喜，原来里面还有这么一个烛光通明的妙物，于是大家取出长笛，操起锅盆，开始载歌载舞，嬉笑打闹。附近的游牧民兴许还以为这番折腾笃定是巫师装神弄鬼的一套把戏。而那个年轻的小向导则相信我们一个个都疯掉了，请求让他回到家里的帐篷去。后来喇嘛教徒还唱了一首赞美札什伦布寺的歌谣。等到狂欢的吵闹声渐渐消停，我读了几段圣经里和圣诞节相配的文字，那些文字也是瑞典的教堂和其他所有基督教堂每逢平安夜所必读的。

第97号营地安置在昂孜措湖的北岸，这个大而浅的咸水湖是由印度学者楠辛所发现的。在这个地方我们的路线与他当年所走的路相交叉。湖边的水草很好，我想让牲口和手下都好好地休息一下，但是其中身体最强壮的人还是要跟我一起忙活。我们准备去测量昂孜措的湖水深度，虽然如今湖水已经结了厚厚一层冰。花时间在这里停留当然有风险，我们更应该努力向这块禁地的深处挺进，但是牲口总要休息，这面湖泊也得测量一下并绘制成图才行。

我们做了一个雪橇，我盘起腿坐在上面，并用羊皮外套将身子裹得紧紧的。洛布桑和哈吉负责拉雪橇，另外七个人则携带食物和一顶小帐篷跟在后面。每隔一段距离，我们便捣穿冰层，将铅锤从洞口沉入水底。我们的第一个营地设在湖南岸。第二次行程是往西北方向去，结果碰上一条宽达五英尺的裂隙，费了半天劲才渡过这片宽广的水域。12月31日，我们在湖西岸扎下第100号营地。这里有个牧羊人在放牧五百头绵羊。他一看见我们，便飞也似的跑掉了，任凭那些绵羊自生自灭。

1907年1月1日，我们沿对角线向南偏东南方向穿越湖泊。一阵强风将墨绿色冰层上的盐粉一路吹起。我们望见南岸那边有帐篷、家养牦牛和野驴。这时刮起一场严重的风暴。从拉达克来的下属们围坐在露天的营火旁。尘土漫天飞舞、月色苍茫，这恰恰构成一幅美妙的画面。

1月2日，我们穿过湖面，迎面顶着强风向西南方向前进。我坐在雪橇上沿一个冰洞口测量水深，这时忽然一阵大风吹来，雪橇跟冰艇似的在冰面上滑行。要不是撞上一条裂缝使得我从雪橇上翻下来，我很可能就以狂野的速度一路横穿过整个湖面。回到营地，我们将雪橇拴牢。我们在一个畜栏里找到一点羊粪，就拿来烧火，可是前后花了一个小时才把羊粪解冻。我们脸上沾满了盐粉，白得跟磨坊工人似的，让人哭笑不得。

之后我们向东北边走，大风一路刮个不停。我们从游牧人那里买了些食物。狗儿小白跟着我们，一路给我做伴。1月4日，我们看见远处的冰面上出现一个黑点。来者是伊斯兰，他带着罗伯特的信找我们已经找了整整两天了。信上说已经来了一支武装骑士部队，设法阻止我们前进，而且那些人坚持要和我对话。

这么看来，西藏人确实还是打算把我们拦下，正如1901年的情形一样。现在我已经来到这片地域的最南端，而圣典之土的大门仍然无情地在我面前砰然关闭，理由不过是：

   我的大门由我开/我的大门由我闭/我家规矩由我定/白雪夫人说如是。

第二天，我们沿着另外一条路线继续测量湖水深度，终于测得整个湖泊水位最深的所在,那里也只有三十三英尺深。这时又来了一位信使,带来的消息是:"总督本人预计四天后抵达,已有人将我们严加看守。"这一回来的是不是还是从前的赫拉耶次仁?而上一次我为什么不按照原先计划去往当惹雍措,从而避开纳聪地区呢?

1月6日,我们沿最后一条路线测量水深,还在忙活的时候,艾沙却跑来了。他告诉我,有二十五个西藏人在我们营地里搭起帐篷,同时有信差骑马来回跑个不停,也没有人听说哪个信差是给我送信的。我本来安排11月25日在当惹雍措双方会面,如今却已经是1月6日了。既然如此,那么邓洛普史密斯上校为什么要同意我的要求,替我把信送至西藏呢?其实那时候他知道英国政府是想尽办法要阻挠我的旅程,而我最终还是凭着中国护照去了东突厥斯坦。

1月7日,有人带马匹来接应我们,我们从东北边的湖岸骑马走过一小段路程,径直来到第107号营地。我坐进艾沙的帐篷,接见当地的西藏首领。他们向我深深一鞠躬,把舌头都伸出来。其中有个人在当年赫拉耶次仁拦截我的时候也曾在场。

"赫拉耶次仁现在还是纳聪的总督吗?"

"是的,他知道是你回来了。他已经把你的情况通报给拉萨。他四天后就到这里,请你务必在此等候。"

11日的晚上,一支队伍骑马赶到,就地搭起蓝白色相间的帐篷。第二天总督带着一名年轻的喇嘛前来拜访。他头戴一顶中国帽子,上面插着两根狐狸尾巴,还钉有一颗白色玻璃纽扣,身穿一件宽袖丝绸袍子,领口是水獭皮做成,戴有耳环,脚上一双丝绒靴子。他热情地向我打招呼,最后我们两人简直拥抱在一起。但是他下起命令来却丝毫没有回旋的余地:

"赫定大人,你绝对不能从纳聪走,必须回到北边去。虽说我们也是老朋友了,但我不想在你这边出什么新麻烦。"

我回道:"赫拉耶大人,我刚开始这趟旅程的时候,有一百三十头牲口驮载着行李,现在就只剩下八匹马和一头骡子。你怎么能叫我这个样子回到凶多吉少的羌塘去呢?"

"你想去哪儿都可以,就是不能从我的省区里走。"

"达赖喇嘛已经逃走了,现在的政权已经和我上次来西藏时不同。再说班禅喇嘛还在等着见我。"

"我只执行拉萨政府的命令。"

"马上从印度有信件发给我,是经由班禅喇嘛转给我的。"

"你说的我无法验证。你若不往北边去,我也不会离开此地。"

"我不收到从印度发来的信,就不会走人。"

现在我才明白,当时就应该先去当惹雍措,因为那里在纳聪省区之外,而我眼下所能做的,只有回到雅鲁藏布江,再从那里去往当惹雍措。

赫拉耶次仁一回到他自己的帐篷,就派人给我送来白米、奶油和其他食物,当作见面礼;而我回赠给他两样物品和两把喀什米尔刀。接着我又去他那顶装饰得很漂亮的大帐篷回访,继续和他交涉。他并不反对我派两名信使去江孜找奥康纳(O'Connor)上尉。鲁布和唐德普盖尔森两人随即受命准备次日傍晚出发。但是信差的事并没有下文,因为第二天总督再次来访,而且这一回他已经改变了主意。他的一番话着实让我惊奇万分:

"我和心腹商量过了,我们认为只有一件事是你可以做的,就是动身向南去往拉布仁地区。我请你明天就重新上路。"

出什么事情了?他这番话是什么意思?是不是他从拉萨接到什么指令?我简直不能相信自己的耳朵,但仍然面不改色,相当冷静地说道:

"好的,我就往南边去,只要你给我再配几头能驮行李的牲口就行。"

"你可以跟游牧民买。你要走的路是从昂孜措东边过去。"

照礼节我们又再次回拜赫拉耶，之后仔细收拾好行李。赫拉耶次仁对我们收拾行李的过程甚是感兴趣，并让我们把余下不用的空箱子留给他。最后他得了许多皮箱子以及一点其他的零碎东西。这些也是他应得的，因为他毕竟敢开这圣典之土让我通行。

1月14日是个值得纪念的日子。当太阳转到子午线附近的时候，发生了日食，太阳表面约有十分之九都给遮盖住。整整三个小时，我一直用经纬仪观察日食的前后过程，同时记录下当时的气温及风向等数据。天空极为晴朗，慢慢地变成半明半黑的样子，四周笼罩在一片寂静中。西藏人都躲在帐篷里。拉达克人则念叨着经文。吃草的绵羊从牧场回家来。乌鸦纷纷落下来，显得怏怏的没有精神，就好像夜晚已经临近。

一等日食全部结束，我便去找赫拉耶次仁。

我说："你看到了吧，你封堵我去当惹雍措的路，弄得湖泊的神灵都发怒了。"

可是他高傲地一笑，回答说："那不过是天狗在天上乱跑，有时候就会把太阳挡住。"

我们正坐着说话，突然帐篷门外冲进来一个人，原来是洛布桑，急得心都跳到了嗓子眼。

他大声喊道："信来了！"

我不慌不忙、镇定自若地问他："是谁送来的？"

"是一个从日喀则来的人。"

"这是怎么回事？"赫拉耶次仁问道。

我说："噢，那不过是班禅喇嘛把信给我送到这里来了。"

赫拉耶次仁派了一名心腹出去验证我的话是否属实。那心腹盘问了一番信使，得到的回答是班禅喇嘛的兄弟康古须克（Kung Gushuk）命他无论如何也要找到我。后来他从游牧人那里问到了我的下落。

这时轮到赫拉耶次仁大吃一惊，他睁大眼睛，张着嘴巴，就这么愣在那里，最后他才说了一句：

"这么着我也没什么好说的了，原来班禅喇嘛他老人家真是在等着你去。这条路随便你走。后天我也回香沙宗去了。"

我回答说："我不是跟你说了嘛，班禅喇嘛会给我送信过来。"

我随即告辞，赶紧回到自己帐篷里来，接见安谷尔布（Ngur-bu）这位了不得的信差。这个宝贵的信袋从加尔各答送往江孜，呈给班禅喇嘛，再由其转送至当惹雍措。只是这个信袋和我们一样，沿途被耽搁了。

真是一大堆信件！有从家里来的好消息、报纸和书籍！我和外面世界的联系再一次恢复了，我如饥似渴地阅读信件和报纸。拉达克人晚上安排了舞蹈和音乐表演，我也出去和他们热闹了一会儿，并用贾嘎泰土耳其语说了一番话，感谢他们在过去的冬天里踏实而忠诚的表现，现在他们就可以领到薪水，而且很快能亲眼见到札什伦布寺和全西藏最高贵的人。

帐篷里气温低至零下25度，帐篷外还有野狼长嚎，我却躺着读信一直读到半夜。15日全天我仍是继续阅读。到了16日，老好人赫拉耶次仁离开此地。我们再次互赠礼物，他上了马，十分惋惜地互道珍重，随后他便带着护卫越过最近的山坡，不见了踪影。

这是我的一次伟大胜利。我即将穿过这片广阔空白地带的东部地区，那里还从未有欧洲人或印度学者涉足过，仿佛所有挡在我前进路上的障碍都一扫而空。

我们向离得最近的游牧人购买了三匹新马，沿着湖的东南岸继续前行。那边有一头野驴的尸体，已经被野狼撕咬干净。气温降至零下近35度。

我们下一个营地设在一处山谷中，从营地可以望见马札尔措湖（Marchar-tso）的美妙风景。小白和一只从波卜仁来的黑狗不见了，应该还在那头死野驴的地方。我派两个人回去找它们，但是两只狗儿就这么一去不复返。两天之后，两只流浪狗加入到我们队列里来。有一只狗又老又瘸，毛发乱蓬蓬的，手下人拿石子扔它，想赶它走，可是它一直跟着我们走到下一处营地，之后又随我们走了几百英里，这样它可成了大伙儿的最爱。它严格把守帐篷营地，大家都叫它"瘸子"。

我们骑马穿过迷宫一般蜿蜒曲折的山谷，沿路尽是结冰的水道和暗黑的山脊，这些从来都没有在地图上记录过，而自诺亚离开方舟以来更是没有一个白人来过此地。当地的游牧民把主山脊称作帕布拉（Pabla）。我们冒着风暴天气，在漫天飞舞的大雪之中向山脊挺进。每过一个垭口，我们都发现上面垒有石堆，插着一束束祈福的杆子，杆子上系着写有神圣六字真言的幡旗，给风吹得呼啦啦响。

赛拉（Sela）垭口海拔有一万八千零六十英尺（五千五百零五米）高，是一路上最高、也最为重要的一个山口，因其特殊的地理位置而成为分隔西藏内陆和印度洋的分水岭。流经山脉南麓的所有河流都汇入雅鲁藏布江的上游。

我们下了山口，遇见三个人，他们有七匹马，很像是偷来的，因为他们一见到我们，随即改道绕了一大圈。一天后我们又碰见七个全副武装的人，问我们路上有没有见过盗马贼。一听说我们确实见过，他们立即策马奔上山口去。

我们另外雇用了二十五头牦牛，以便能加快速度前进。这里的地形对我们非常不利，看得出必定要一连翻越好几座位于帕布拉山脉之上的垭口，其高度几乎都和赛拉垭口一般高。在这些垭口以西有多条美曲河支流，已经冰冻，而美曲河又是拉嘎藏布江的支流，同样汇入雅鲁藏布江的上游。西白垭口是二级山口中的第一座。这条路是极为重要的交通要道，一路上经常遇见牦牛旅队、骑士、游牧人、猎人、朝圣客和乞丐，同时到处可见祈福的石堆和嘛呢墙。我们来到一个大型宗教中心跟前，这里的游牧民都很友善，因为在前面先行的安谷尔布已经为我们建立了好的名声。

在翻越彻桑（Chesang-la）垭口之后，我将从羌塘一直走到现在，已经疲惫不堪的牦牛留给唐德普索南和扎西看管，让他们跟在我们后面慢慢走。要是能早点知道后来的情况，我就会把整个旅队都留在后面，而只带上三四名手下往日喀则挺进。但是当时我们不曾有丝毫担心，遇到任何事情都以泰然处之。

在这里每迈出一步都会有新发现，每一个地名都让我们对所在的地球有新的认识。直到1907年1月，地球表面上的这片地域仿佛月球的另一面一样，世人仍一无所知。比起这片地形复杂的高原地带，人类对月球可见的那一面要熟悉得太多了。

一条陡峭的大路通向高达一万七千八百英尺的塔（Ta-la）垭口。次仁和玻鲁两人双双拜倒在垭口上的石堆和三角旗跟前，额头抵在地面上，敬拜山神。山口东南边的景色十分壮丽，连绵的山脉呈现出各种不同的色彩和深浅程度，宛如熊掌一般延展至雅鲁藏布江的河谷中去。而在垭口的另一面，也即气势恢弘的雅鲁藏布江河谷以南，显现出喜马拉雅山脉的座座山脊和顶峰，其间漂浮着朵朵白色卷云，而山上的白雪在淡蓝色的天空下煞是刺眼。我们最终能否成功地跋山涉水、一路穿越这片未知的地域并抵达伟大的圣河呢？

2月5日，我们经过一座村庄。有四十个西藏人从芦苇帐篷里出来招呼我们。他们把舌头尽力伸出嘴巴来，左手拿着帽子，右手则在脑袋上挠。所有这些不同的动作都是一气呵成。

第二天，我们来到海拔一万四千五百六十英尺（四千四百三十八米）高的拉洛克（La-rok）垭口，上面同样有石堆。这样算来，从离开塔垭口之后已经下降了三千三百英尺。远方的河流看上去像一条细长的缎带，这时我们离喜马拉雅山也更近了。但是地球最高峰珠穆朗玛峰仍是深藏不露，原来是云层将其层层包裹。

第五十一章 圣河上的朝圣之旅

我们从拉洛克垭口沿一条陡峭的大路骑行至亦雄，河谷变得宽广起来。我们此时所处的高度不足一万二千九百五十英尺（三千九百四十七米）。四周的房屋都是白色，屋顶上插着幡旗。塔西吉木北寺和吐格丹寺在向我召唤。这里有一条架高的大路，通往日喀则、札什伦布寺和拉萨。数百名西藏人围在我们帐篷边上，向我们兜售绵羊、油脂、奶油、鲜奶、萝卜、干草、青稞和青稞酒。了不起的安谷尔布在此处再度现身，带来康古须克爵爷表示欢迎的问候。

我们要不要休息一天呢？不行，我们可以到日喀则再补充体力，现在还是继续向前！

于是我们又上路了，经过一座座村落和一片片青稞地。这条大路上车水马龙，大批朝圣客赶往札什伦布寺参加新年大法会。这条路沿雅鲁藏布江的北岸而建，河水清澈见底，无声无息地在河床中流淌。这是圣河，我们喝了一点河水。在朗玛村，我们见到自离开列城以来的第一片树林，便停下休息，用真正的木头烧起营火。

2月8日，我们沿着狭窄而风景优美的路在高山重叠的江北岸穿行。江面上满是浮冰，相互撞击。塔那克村坐落在一处碎石高地上，在这里可以同时欣赏到河谷上游和下游的壮丽景色。

我们最后一天去了著名的喇嘛寺。我命令艾沙带领旅队一直沿大路走，而我和罗伯特、洛布桑则从雅鲁藏布江的水路走。我们雇了一艘船，样子简陋滑稽，只有树木极稀少的地方才会做出这样的船来。这里只有园林里面种有几棵树,在这样的海拔高度,是不会有什么天然树林的。

船呈长方形,用四张牦牛皮缝在一起,再蒙在用轻树枝做成的船架上,看上去像是鸭掌。如果船夫将乘客从塔纳克(Tanak)送至日喀则河谷的入口处,回程的时候就把船扛在背上走回塔纳克。江水流速很快,为每秒四五英尺,很难划船逆流而上。

古发儒带着马匹在大路和江流交错的地方等候我们。之所以乘船在雅鲁藏布江上旅行,其实是我有意下的一步棋。如此一来,我就可以低调经过此地,逃过间谍的监视。一旦拉萨方面在最后一刻发出指令要来阻拦我,派来的士兵最多也只能扣下艾沙和旅队。若想在江上寻觅我的踪影,那真是竹篮打水一场空了。

我们上了船。两岸的景色由远而近,尽收眼底,我把河道流向、江岸及周围的大山一并画成地图。这就是雅鲁藏布江,或者如西藏人那样直呼其为"大江"。我揉揉眼睛,简直不敢相信自己已经跨越了这片禁地。江水清澈呈淡绿色。我们的船似乎静止不动,而两岸却以极快的速度从我们身边飞过。从船的一侧往下看,能看见江底的圆石和沙岸在我身下急速展开。右边朝南的方向,喜马拉雅山最边上的山脉巍然耸立。北边则现出我们刚刚从赛拉垭口那边越过的一个无名山脉,我称其为外喜马拉雅山,因为这座山脉在喜马拉雅山的另一边,超出了喜马拉雅山系。每时每刻眼前都展现出不同风貌的景致。由于江道有些急弯,船会朝着各个方向行进。有时候太阳光刚好直射在我们脸上,过了一会儿,太阳又转到我们背后去了。有时船沿着北面山脉的脚下迂回,有时又绕到南山脚下。野雁在江岸上排成长长的灰色队伍看着我们。我们从边上经过时,野雁尖叫起来,但并没有慌乱。这里没有人捕杀野雁,所以它们不怕人。

纵然江上景色壮美,我的目光却无法从朝圣客乘坐的船只上移开,他们的船排成长队从上游一路漂下来。我们的船一会儿超过他们，一会儿又和它们齐头并进。偶尔我们还会把船划向岸边，好让船队先过。他们的船常常是两艘或三艘一组，用绳子系在一起。船上的人有农民、村民和游牧民，都携妻带子去往札什伦布寺庆祝即将到来的新年大法会。他们穿着节日的盛装，无不是大红大绿或者深蓝的颜色。女人头戴高拱帽，上面饰有珊瑚和土耳其玉，看起来像是一顶光环；发辫上扎着五颜六色的长缎带，一直垂到脚后跟。也经常见到没戴帽子、身着红色僧衣的喇嘛。船上的这些人似乎都很合得来。他们说说闲话、抽袋烟、喝口茶，再吃点东西。系有幡旗的木棍竖在船缘上，以平息河神，确保朝圣客旅途愉快。江流上下全是一队队船只，仿佛散落江上的五彩缤纷的小岛。不过这世界屋脊上孔雀绿色的绝美江景，并没有因此被夺去风头。

有时候能看见江岸上有一座石堆，上面立着一根系满幡旗的杆子，这就意味着此处可以乘船渡河，用牦牛皮制成的轻船可用来在两岸间运送旅客和他们的牲口。牦牛活着的时候驮着游牧人翻山越岭；死了之后，又载着人类在圣河上来往。

陡峭的黑色花岗岩山脉紧贴在船边，径直落入江中。我们的船飞过一个又一个峭壁。江南岸峭壁脚下有一条小路，几个人正扛着船往上游走。从背后看过去，这些人就像是奇形怪状的巨型甲虫。我观察渔夫如何在江上撒网捕鱼。他们捕获的鱼都卖给中国的贩子。我们让他们把原本准备次日运到日喀则市集上去卖的鱼留一些给我们。

我问我们的好船长："还要走多远才能到？"

"噢，还远着呢！在最远的那头后面就是去日喀则的大路。"

我不禁天马行空地乱想起来。眼前不见间谍，也没有士兵。当年我在塔里木河上航行了九百英里，这次却只能借助江水走一天。不过——我脑海中突然冒出来一个念头——可不可以沿着河谷顺流而下，一直到达吉曲河与雅鲁藏布江交汇的地方，再上岸买三匹马骑到拉萨去？

不行！我在1901年曾渴望乔装潜入圣城拉萨，如今却完全没有了兴致。那未知事物所散发出的独特魅力已然消逝。三年前，杨赫斯本和麦克唐纳将军率数千名英国正规军去过那里。当时随军同往的还有赖德、罗林、贝利、伍德和著名报纸的记者，其中尤其值得一提的是博学的喇嘛教行家瓦德尔（Waddell）上校。

江右岸上出现一些村落。刚刚到达的船队停泊在村前，干草、牛粪和农产品成堆地摆在岸上，即将由商队的牲口运送至日喀则。在熙熙攘攘的西藏人中，古发儒带着四匹马儿在翘首等候。

送我们的船夫收了船费，另外又多得了一点赏钱。我们骑上马，进入年楚河谷往日喀则方向走去。夕阳西下，把我们的影子越拉越长。我们没有向导，但到底要走哪条路，很容易分辨。朝圣客和旅队就是很好的路标。一路上藏人对我们多有关注，但是没有人采取行动干涉。天色一暗，我就高兴，因为这时就没有人会注意我们了。一座白色很高的佛塔立在我们右手边，再往前走一点，日喀则宗矗立在一座孤立的山头上，这个雄伟的城堡是该城的行政中心。我们若就此进城，会不会给人拦住并扣留呢？不然。此时透过夜色，依稀能看见城堡两侧的白色房屋。我们已经走在日喀则城的街道上了。

有个人走到我跟前来。啊，原来是自己人南杰！他领着我们来到四周高墙的一座大门前，门内就是康古须克的庭院。艾沙和其他手下人都在这里迎接我们。其中有几个西藏人，是康古须克的仆人。他们把我带到院里的一幢房子中，里面已经打扫干净、准备停当，供我居住。不过我还是宁愿睡在庭院中的帐篷里。手下人已经把通风的居所搭建好，帐篷前燃烧着营火。我在自己的帐篷边上坐下来，问自个儿到底是醒着还是在做梦呢。

那天晚上夜深时，班禅喇嘛手下的一位俗家官员来我的帐篷，询问了一些问题，并做了笔记。之后我吃过晚饭，在日喀则城中倒头大睡。

  第二天早上，我四处检视了一下我们不同凡响的营地。我们到达此地时，还有从列城一路跋涉过来的六匹马和一头骡子。现在有一匹马死在了马厩里，给人拖走了。这匹马悲惨的命运让我神伤。半年以来，它忍受了穿越羌塘时的千难万险，最后却在终点颓然倒下。它翻越过海拔近一万九千英尺的多个垭口，如今却在一万二千七百英尺的高度死在填满饲料的马槽前。最后幸存下来的六头牲口得到我们最精心的照料。我们用干草铺成床，这样它们想休息的时候身子底下比较松软。它们有充足的青稞和苜蓿草吃，水也足够，还有人不时带它们出去溜溜，以免腿脚僵硬。我的那匹拉达克小白马，它曾驮着我闯过多少次风暴。我走进马厩抚摸它，可它却冲我又咬又踢。

第五十二章　与班禅喇嘛共度新年大法会

我刚在营地转过一圈,就有一个体型圆胖、乐呵呵的中国人找上门来。他是统管驻守此地的一百四十名士兵的长官。我请他进到帐篷里来,给他上茶点烟。他姓马,总是弄不清我怎么来的。他说我肯定是从天而降,因为他连一点声息都没听见。

他说道:"要是我早知道你要来日喀则,肯定会派兵将你拦下。因为此城和拉萨一样,是不让欧洲人进入的。"

我哈哈大笑,和马长官开起玩笑,问他既然我已经安然无恙地来到日喀则,下一步该怎么办呢?

2月11日清晨,洛布桑次仁喇嘛和一个中国人段宣来访。他们同样对我的到来一无所知,还以为我是从地里钻出来的。他们也盘问了一番,做了记录。

我说:"我知道藏历新年大法会从今天开始。我很想去看看。"

"这对欧洲人是不可能的事。"

"我也希望能拜见班禅仁波切(班禅喇嘛)。"

"凡人里面只有极少数的几个能亲见其面。"

我突然想到把自己的中国护照拿出来给段宣看。他仔细地看,越看兴趣越浓,双眼也睁得越来越圆,看到最后他说:

"有这个护照很好啊!你为什么一开始不拿出来给我们看呢?"

"因为这是用于去往东突厥斯坦的,但现在我已经来到西藏了。"

"这没有关系,这份护照非常重要。"

他们起身离去。很快我就收到了班禅喇嘛表示欢迎的信物，一条淡蓝色的哈达，赠人以示崇敬、祝福和欢迎。此外，我还得到郑重的邀请，让我前往札什伦布寺参加新年大法会。我真要感激印度政府，是他们坚持让我获取中国护照的。若没有这份护照，我很可能永远也不会被允许接近札什伦布寺。直到今天，我仍搞不明白我是怎样一路来到日喀则而没有引起官方注意的。其中部分的原因可能是在1903年和1904年英国军队征伐拉萨之后，西藏人对欧洲人的武器有所敬畏；也可能是西藏那么多的地方首领都忙于赶往札什伦布寺参加新年大法会，我带着旅队经过他们管辖的区域时，他们人都不在；另外一个原因也许是我在最后一天走水路行进，天黑以后才进城，由此得以逃脱。同时我也很幸运，赶在新年大法会正式开始的前两天到达此地，这样我就有机会亲眼目睹喇嘛教每年一度最盛大的庆典，而这场庆典是在喇嘛教的整个势力范围内最重要的札什伦布寺举行，因为达赖喇嘛远在乌兰巴托。

藏历新年大法会是为纪念佛祖战胜六家旁门左道以及真教对非信徒的胜利而举行的。这是全西藏人的盛大节日，他们庆祝春天和光明回归并最终战胜寒冷和黑暗。种子又一次萌芽，牧草也冒出来供给游牧人的牲口享用。庆典一直持续十五天。朝圣客无论远近都涌到札什伦布寺来，这里的任何角落都能听见喃喃念叨的六字神圣真言："唵嘛呢叭弥吽"。

侍臣察则堪（Tsaktserkan）带来班禅喇嘛的另一则口信表示欢迎，同时通知我，在我逗留日喀则的期间，他和洛布桑次仁喇嘛受命陪我四处走走。

我穿上最好的衣服，艾沙也套上他那件喜气洋洋的红色长袍，再缠上绣有金丝线的头巾。罗伯特、次仁和另外两位喇嘛教徒获准与我同行。我们骑马走了大约十二分钟，才来到札什伦布寺。朝圣客从四面八方涌过来。路边全是小摊子，给远道而来的客人提供蜜饯和其他吃食。

我们在寺庙的大门前下了马,将马匹撇在一边,然后走上一条很陡的街道。路面由大块的暗色石板铺成,经过几百年以来无数朝圣客的踩踏,变得光滑闪亮。街道的两边是僧人屋舍,屋舍之上矗立着白色的"梵蒂冈",即班禅喇嘛的私人住所,其窗框为深色,屋顶上还有黑红条纹装饰成的壁檐,另有几个小阳台。有人带着我们穿过迷宫一般的黑屋子和走廊,登上近乎垂直的滑溜溜的木头台阶,经过有日光透进来的回廊和大厅,看见一群群红衣僧人在光线映衬下的侧影。最后我们被引到一道回廊,回廊的最边上放着一把椅子,是给我坐的。

从我的位置恰好能把即将在庭院中举行的大法会一览无遗。庭院四面都有开放式的回廊,有数层廊柱。回廊的顶部设有阳台,在我们的下一层就有这么一个阳台,里面坐着朝圣客,聊着天,吃着糖果。他们都是从拉达克、不丹、锡金、尼泊尔和蒙古来的外地人,在这里济济一堂。当地官员身着华丽多样的服装,单独围成一群。在另一个阳台上则是官员的女眷,同样穿着节日盛装。每一个角落,甚至连寺庙的房顶上都挤满了人。最下面是用石板铺成的庭院,中间竖着一根高高的木杆,上面挂有五彩缤纷的缎带。庭院里有石头台阶通往"红廊",另有几道用牦牛毛编织成的厚重的黑色帘子垂在"红廊"的口上。

两个僧人出现在最高的一处屋顶上,抬起法螺吹了起来,吹完后就去喝茶。"红廊"里面传来优美的和声,声音高低起伏。班禅喇嘛所在的回廊还在"红廊"的上方,外面挂着一大块镶有金穗的黄色丝绸垂帘。全西藏地位最崇高的喇嘛就透过那回廊上的一小块方口观看大法会。

一声声洪亮的号声宣告班禅喇嘛已经离开拉卜楞。等候的众人纷纷低声耳语。庆典仪式的队列来了,走在最前面的是手持圣徽的执事僧人。随后班禅喇嘛走了过来,在场的所有人都起身向其深深鞠躬。他身着黄色丝绸长袍,头上厚重的牛毛帽子好似罗马人的头盔。班禅喇嘛盘腿坐在软垫上,他的母亲、兄弟以及几位高僧分坐其左右。他们动作缓慢,显出庄重的气势。

几名僧人在我面前摆上一张桌子,上面堆满了蜜饯、柑橘和茶水。他们告诉我,我是班禅喇嘛的贵客。我看见班禅的目光投向了我,便站起身来鞠躬致意,而他则向我客气地点点头。

这时庆典仪式正式开始。两名头戴面具的喇嘛跳着舞步从"红廊"的石阶上下来,在庭院里神秘地转着圈子。另有十一个喇嘛手里各拿着一面折叠起来的旗帜,紧随其后,接着把旗子展开,升上长杆,以此向班禅喇嘛致敬。那些旗帜五颜六色,而每面旗子下又分别挂着三条不同颜色的彩带。

这个怪异的仪式不断加入新的内容。又来了一群白衣喇嘛,其中有些喇嘛摇晃着金香炉,香炉里冒出蓝灰色的烟雾;另一些喇嘛则用挽具等装备装扮起来。随后由六名号手演奏起宗教音乐,那铜号有十英尺长,号口就架在新晋僧人的肩上。号声庄重嘹亮,响彻整个庭院,同时配有长笛声、铙钹的敲击声、铃声以及竖直排放的四十面鼓的低沉鼓声。乐人头戴黄色冠帽,坐在庭院的一侧。

一位喇嘛从红廊里出来,走到台阶上,手里捧着满满一盆山羊血。只见他转着圈子跳起一种神秘的舞蹈,将羊血泼洒在台阶上。这是不是从前喇嘛教时代一直流传至今的迷信色彩浓厚的牺牲仪式?

十二名戴面具的喇嘛扮成魔鬼、恶龙和不知名怪兽的模样一起步入庭院,开始绕着圈子跳起驱魔舞来。音乐不停地演奏着,节奏越来越快,喇嘛的舞步也随之加速。他们身上镶有金线的五彩丝绸法衣在飞转之下,纷纷如伞状绽开。法衣的领子是方形的,中间留有洞口让头伸出来,在舞动的时候,这些方领也朝水平方向飞扬起来。他们手里还拿着飞舞的缎带和旗帜。音乐声愈发变得狂野，舞姿也更加热烈。这一番舞蹈看下来，让人头晕目眩，朝圣信徒的热情也跟着调动起来。他们把白米和青稞投向跳舞的喇嘛，寺庙里的鸽子见状也一片欢腾。

庭院里燃起一堆火，旁边摆着一张大纸，纸上写着过去的一年里众人希望清除干净的所有恶运。一位喇嘛拿着一只碗走上前来，碗里盛有易燃的火药。他口中念诵一段难懂的咒语，双臂比划出神秘的动作。那张纸向火焰上伸过去。那位喇嘛将碗里的火药全部倒进火中，顿时火焰腾空窜起，把前一年里折磨人的厄运统统吞噬。众人不禁欢呼雀跃。仪式的最后一项是六十名喇嘛的集体舞蹈。

之后班禅喇嘛立起身，和他先前进场时一样缓慢而庄重地退去。在场的朝圣客也如风中飘洒的谷糠一散而空。

等我回到住地，一支骡马队满载着白米、面粉、青稞、干果、新鲜水果以及其他食品走进我的花园。这些全都是班禅喇嘛送来的见面礼，对我们来说相当宝贵，因为这些食物补给足够我和我的手下及牲口吃上一个月的。最后，察则堪来向我宣布班禅喇嘛将于次日早上接见我。

第二天一早，我在翻译艾沙及两位高级喇嘛的陪同下，走过拉卜楞宫中一重重房屋、走道和楼梯。寺中的一位高僧迎接我，他长得肥胖矮小，头跟弹子球一般光溜。他的屋子装饰得富丽堂皇，佛坛、书架、桌子和凳子都有一层亮漆。金银佛龛里分别供有金质或银质的佛像，佛像前的油碗中点着永不熄灭的灯火。他送给我一尊佛像，我则赠给他一把插在银鞘里的匕首。

等了一个小时之后，有消息传来，说我现在可以前往"梵蒂冈"的最高区域。走廊和大厅里站着一群群口中念念有词的喇嘛。我们来到跟前，只有艾沙一人能陪我一同进去。走进屋子一看，这里比前面那位胖僧的房屋更宽大却更朴素一些。这屋子有一半是露天的，另一半高出一个台阶，有屋顶。屋子右边有间小凹室，班禅喇嘛就盘腿坐在里面安在墙边的一张长凳上。他正透过一扇方形小窗户向外观望，窗外可以看到日喀则城和山谷的景色。他的面前摆着一张桌子，上面有一只茶杯、一副望远镜和几张印刷文件。他全身是普通喇嘛的装扮，唯一的区别在于衬在里面的那件镶金线的黄衣服，两只胳膊则是光着的。

班禅喇嘛面带浓厚的善意和亲和力，向我伸出双手，拉着我在他身边的那张欧式椅子上坐下来。这时我可以近距离地细细端详他。若是按照欧洲人的标准来看，班禅喇嘛算不上英俊帅气，可是我根本想不到这一层，因为他的眼睛和微笑、谦逊不做作的神态以及柔和、低沉而近乎腼腆的声音已将我完全俘获。他说对我的招待有失周到，还请我谅解，我则连忙请他不必多虑，说我能亲身来到札什伦布寺并受邀成为他的座上客，已经非常开心了。

随后我们交谈了整整三个小时，如果详述我们谈话的内容，未免乏味，无非是说及我的旅行欧洲各国、中国、日本、印度及明托勋爵、基奇纳将军和许许多多其他的话题。他对我说，一年前他曾去拜访过明托勋爵，还去朝拜了佛祖释迦牟尼生前的几处圣地。两名侍从喇嘛笔直地站在屋子露天的那一边。班禅喇嘛有两次挥手示意他们退下。这时候他一般是想说些或问些不愿让仆从听见的事情。比如，他要求我不要让中国人知道我受邀来此作客，也不必张扬他曾允许我进入札什伦布寺一探其中奥秘。他还说我有充分的自由，无论何时何地都可以随意走动，拍拍照片、画画素描、做做记录也无妨。他是我的朋友，并会亲自下令让手下带我在札什伦布寺中走走看看。

班禅喇嘛在六岁那年就来到札什伦布寺，此后的十九年里他一直占据着这份要职。在西藏，人们称他为班禅仁波切（即尊师），而称达赖喇嘛为嘉波仁波切（即尊王）。这两个名号本身就显示出他们两人之间的区别，一位是精神领袖，另一位是世俗王者。达赖手里掌控更多的行政权力，他几乎统辖整个西藏，只有羌省是在札什伦布寺拉卜楞，亦即班禅喇嘛的管辖之下。但是世人公认班禅喇嘛更神圣，在圣籍经文方面也更为精通。达赖喇嘛于1903年英军来犯时逃出西藏，我在西藏逗留期间他仍流亡在外，于是班禅喇嘛自然成为西藏最具实力的领袖。这也是为什么英国人会邀请班禅喇嘛访问印度——想借此赢得他的好感与信任。班禅出访印度时，对大英帝国的强盛与繁荣也留下不可磨灭的印象。

班禅喇嘛身为幼年达赖的老师，指导其熟悉藏传佛教及圣籍的内容。同样地，达赖喇嘛也负责照管小班禅。班禅喇嘛是阿弥陀佛的化身，同时也是宗教改革家宗喀巴的转世活佛。达赖喇嘛则是观世音菩萨的化身，代表释迦牟尼佛，是当世所有生灵和佛教寺庙的庇护主，是西藏的守护圣人。

西藏人普遍相信灵魂转世。如果班禅喇嘛逝世，他的灵魂，亦即阿弥陀佛的灵魂便开始在世间游荡，最后附身于就在班禅圣人逝世那一刻出生的一个小男婴身上。

那时整个喇嘛教的世界都开始四处查询哪里有这样同一时刻出生的男婴。查询的结果要全部汇总，可能得花上几年时间。符合条件的男婴的父母要详细说明，在家中男婴出生时有无发生任何奇观异象。约有数百个调查结果呈送给达赖喇嘛，并将一一核实。其中理由最充分合理的几个给挑选出来，再次加以验证。最后余下少数几个情况属实的男婴里面肯定有一个就是灵魂转世的新班禅喇嘛。这些男婴的名字写在纸条上，放入有碗盖的金碗中，由一位地位崇高的喇嘛随机挑出一张纸来，纸上所写的就是那位将来荣登阿弥陀佛祖宝座的继任人的名字。

我们的会谈终于结束了，我让艾沙取出维尔康药业公司的那只铝制药箱。我们早已把药箱擦得跟银子一般锃亮，又用丝绸黄布包裹起来。班禅喇嘛看了很满意。后来我费了好大的劲，跟两位懂医学的喇嘛解释如何针对不同的病症用药。所有的说明都得用藏文一一写下来。药箱里面更为珍贵的药品我们也留了充足的分量给自己使用。

最后,班禅喇嘛依旧面带和善的笑容与我道别。其实不论是他自己还是我都明白他并不是什么神,而是一个尊贵而温和的人。他的目光一直跟随着我,直到房门在我身后关上。

此后,整个日喀则都在谈论班禅喇嘛如何给予一个外来陌生人如此这般非同寻常的荣耀。朝圣客们返回家乡后也常跟人说起此事。后来的事实证明,这些谈论对我十分有利,有时候比护照还更宝贵。一路上游牧民看到我不止一次惊叹:"哎呀,原来你就是班禅喇嘛的那个朋友!"每逢此时,我都在心中祝福那位善良的大喇嘛。

第五十三章 游历札什伦布寺和日喀则

札什伦布寺是一个"贡巴",意为独居之所或寺庙。这座寺院仿佛一座城池,又好似一个大迷宫,至少有一百栋独立的房舍。房子用石头砌成,外墙刷成白色,屋顶一线则漆有红黑色相间的彩条。每座房屋由狭窄的巷道和台阶分隔开来。其中地势最高的那个建筑就是拉卜楞,正面十分漂亮,背衬粗犷的山脉。拉卜楞的前方和下面都有一排五座中国式宝塔,那是安葬逝去的班禅喇嘛的陵墓。札什伦布寺建于1445年。第一任大喇嘛的灵塔矗立在举行大法会的庭院之上。塔的内部光线黯淡,但能看见貌似金字塔一般的金银佛塔,以及已经逝世的班禅喇嘛的石棺。死者以坐姿埋在盐中,因为喇嘛必须以坐姿圆寂,和佛祖一个模样。

我们走到三世班禅喇嘛最后的安息之地。三世班禅的名字是班禅洛布桑,自1737年至1779年,他是阿弥陀佛祖的化身。当年他和印度总督哈斯丁斯(Warren Hastings)举行双边协商,惹得中国的康熙皇帝生疑,把他请到北京去,最后在那里去世。在三世班禅喇嘛陵墓入口处的上方悬有一块牌匾,上面用亮丽的颜色描绘出他的名字。

五世班禅喇嘛的陵墓为朝圣客集资所建,现在对外开放。游牧民依次从陵墓前经过,在一排神像前的木地板上俯伏拜倒。石棺前的供桌上还陈列着一碗碗供品,并燃有细长的蜡烛。

一位乐呵呵的老人负责看守宗喀巴寺院。寺院正殿中呈放着一尊这位宗教改革家的塑像。塑像面带微笑、色彩艳丽,仿佛从莲花瓣上浮现出来——这正显示出他神圣的出身。宗喀巴早年创建了喇嘛教格鲁派,亦称"有德行的派别"或"黄帽派"。这个派系势力庞大,西藏所有重要的寺庙和高级喇嘛都属于这一派。宗喀巴还在拉萨附近修建了甘丹寺、哲蚌寺和色拉寺等大型寺庙,并将禁欲戒律引入教义。他葬在甘丹寺,遗体放在一口悬在空中的石棺里。寺中僧人在圣像前吟唱经文,击鼓摇铃。这时来了两位喇嘛,为我送上热茶并转达班禅喇嘛的问候,希望我保重身体。

如果把我在札什伦布寺里游历的经历一一道来,未免占去太多的篇幅。此时回想起那段迷人的时光,惊喜之情仍记忆犹新。一天,班禅喇嘛端坐在仪式厅中聆听僧人辩论教义,有时他也会参与其中辩论几句。在此之后便摆上桌子用餐。给班禅喇嘛上茶用的是金质茶壶,其他人则是用银茶壶。随后他下楼梯走回红廊去,身边有两位僧人搀扶,另有一位僧人在其头顶高举一把黄色遮阳伞。

经过僧人的寝室,我们探身去看他们简朴的住所。接着我们下楼走到红廊底下的厨房,那里有六只硕大无比的锅,煮的茶水可供三千八百名僧人饮用。一听见洪亮的法螺声,便到了喝茶时间。我在寺中四处游荡,偶尔会看见班禅喇嘛被前呼后拥地来往于一些宗教仪式。有一次我们走进里面有个方形水池的藏经大殿,这里藏有一百零八册经文。年轻的喇嘛坐在桌边的长凳上,接受堪布喇嘛的教诲。跟堪布喇嘛同一级别的人在寺中共有四位。那些年轻的僧人有节奏地吟诵经文,一把一把的白米不时洒在他们身上。只要捐几个卢比,他们就会额外诵唱一段经文以保佑施主灵魂安宁——我自然没有让自己错失这个机会,便买了一段诵经。

2月16日,班禅喇嘛让我去拉卜楞为他拍照。他刚给一队来朝圣的尼姑祈福完毕。我们再一次畅谈了近三个小时,这回主要是谈地理问题。我们道别的时候,他送给我一堆西藏产的物品、镶金丝的中国布料、至今仍挂在我家中的红色壁毯、铜制和银质的碗和茶杯以及一尊用黄色丝绸包裹好的镀金阿弥陀佛圣像。"这尊像可保佑你长命百岁",这最后一件礼物班禅喇嘛祝愿我此生活得长久一些。

就这样我每天在札什伦布寺中闲步徜徉,画些素描、拍些照片。所有的喇嘛都很友好且彬彬有礼。寺中每个角落和屋檐下都挂着铃铛。这些铃铛的铃舌上系着秃鹫的羽毛,当风吹过寺庙,即可听见悦耳的钟铃声。

新年的大法会并不只限于宗教仪式,因为朝圣客也是人,也要享受娱乐生活。有一天,众人纷拥至日喀则城外的一块空地上,那里七十名服饰艳丽的骑士策马全速在跑道上狂奔,同时举弓搭箭,射向极小的目标。比赛过后,我邀请所有参赛的骑士来我的庭园里喝茶。一天晚上,我的朋友老马在他的衙门里放起炮仗,庆祝中国的春节,还有薄纸糊成的大龙和大马模样的灯笼,在人群中穿行。

日喀则的房屋都漆成白色,只在房顶有红黑色的彩边。屋顶平整,有护墙遮挡。和寺庙的屋顶一样,老百姓的屋顶也用由布包捆的树枝装扮起来,据说可以驱魔。院子里养着一头硕大的红眼看家狗,拴在一根铁链子上,跟野狼一样凶蛮。康古须克爵爷的房子是我们见过的最好看的一座。房屋里有地毯、长榻、书架、佛堂和桌子。爵爷的夫人很漂亮,我有幸为她画了一幅肖像。

我若是不在札什伦布寺,就忙于给远近各地颇具特色的人画像。各色人等都赶到我们园林里来——有前来化缘的尼姑和修士、跳舞的男孩以及间谍。有一天,一位天葬师登门拜访。天葬师这类人一般遭人鄙夷,都住在札什伦布寺西南方向不远的贡帕萨帕村。若是一位喇嘛垂死,众僧为他念诵祷文。等到逝世,即为逝者念诵祷文。遗体会在房中存放三天,三天后由两个僧人将其抬送至贡帕萨帕村。他们把遗体身上的衣服剥去,自己瓜分,随后匆忙离去,遗体则留给天葬师处置。天葬师拿绳子的一头绕在尸体的脖子上，另一头系在一根柱子上，接着将尸体拉直、剥皮。聚拢在周围的秃鹫正等着这个时刻，只几分钟的工夫，尸体仅剩下一个骨头架子。这些骨头都用臼磨成粉，再把骨粉和脑髓搅混在一起。天葬师将这混在一块儿的东西捏成团，一个个扔给秃鹫吃。很多寺院都养圣狗用来葬尸，以取代秃鹫。俗世教徒死后也以同样的方式安葬。来的这位天葬师把西藏的这些习俗讲述给我听，艾沙在一旁惊得脸色发白，要求先行离开去休息了。

我在日喀则住了四十七天。起初人们对我的热情和好客之意渐渐褪去，我频繁参观札什伦布寺，已经惹得许多喇嘛厌烦，而中国人对我也失去了好感。日喀则最能闲聊的中心是一片广场，那里有西藏商人摆摊子，也有戴红头饰的女子坐在地上兜售东西，中国人、拉达克人和尼泊尔人各在自己的摊位上做生意。这里有很多人谈论我。乔装打扮的间谍会跑到我的园林里来，一待一整天。这天是2月14日，一位喇嘛和一位官员从拉萨赶来见我。他们告诉我，一队巡回侦察的间谍早已在当惹雍措和纳聪措附近找到我的动向达二十四天，最后一路顺藤摸瓜，在我们到达日喀则后的三十六个小时也来到此地。这么说来，我们当时差一点儿就可能计划失败。另有一队人也已从拉萨派来拦截我。

这两位从拉萨来的绅士就坐在我的帐篷里。他们说根据西藏和大英帝国签订的协议，西藏一共只有三座边界线上的城镇是对外来的"大人"有条件开放的，即江孜、亚东和嘎托。我回答道："首先，我本人从来没有签订那份协议。其次，托你们疏忽的福，我现在已经在日喀则了。最后，我还是班禅喇嘛的朋友，所以容不得他人侵犯。"

他们俩碰了一鼻子灰，起身离开了。但他们仍是频繁登门，了解我们的最新动向，好向拉萨方面汇报，或者他们就派间谍来监视我们。我们自己也一直反闻他们。

之后我就没有再收到班禅喇嘛的消息。基于政治方面的原因，他只有小心从事。到了最后,我在此地只剩下一位朋友,那就是江孜的欧康纳上尉。他置身于这些政治上的钩心斗角之外,私下里想尽办法给我帮助。他把我的金子兑换成银子,给我送来一箱箱食物补给,替我寄收来往于印度的信件,并给我添置了一整套颇受欢迎的书籍。我们之间的联系主要是通过书信来维持,但是我永远也忘不了自己欠他的人情。

我急不可耐,只想尽早离去。然而我还是日复一日地待在原地,以便为下一步的行动创造最有利的条件。有一天,我收到高大人一封言简意赅的书信。高大人是中国政府派驻江孜的代表,他在信里直接抄录了英中条约里的几句条款,其中有一条这样写道:"任何外国势力的代表或代理人均不得获准进入西藏。"我这样回复他:"如果你想了解我和我的计划,最好与欧康纳上尉详谈,不必给我发来如此不敬的信件。"

高大人随后又送来一封信,说:"无论如何你都不得来江孜。"

我心想:"当然不去,我会小心在意,不去那里!"但是我在回信中写道:"大英帝国和西藏之间签订的任何条约都与我没有丝毫关系,我现在已经在西藏,我们下一步的安排都须以此为出发点。"高大人回道:"我已经接到本国政府的命令,只要你一来江孜,就立即将你送出边界。希望你好自为之,原路返回,本国政府将不胜感激。"

即便我真去了江孜,也会住在欧康纳的家里。而一个中国的官员居然威胁要逮捕英国办事处的客人!欧康纳在给我的一封信中对这个想法嗤之以鼻。

马官员情绪很低落。他没有把我在路上拦下来,结果被中国驻藏大臣连大人训斥了一番。拉萨当局提醒札什伦布寺的僧人,对我的态度须冷淡。此时此刻,拉萨、日喀则、札什伦布寺、江孜、北京、加尔各答和伦敦多地之间为此互相传送公文。在四国政府的追捕之下,我感到极大的压力。然而我还是笑到了最后。

3月5日，高大人建议我给中国朝廷驻拉萨的总督唐大人以及驻藏大臣连大人分别写信，请他们帮忙，允许我从江孜通行。这个态度的大转变其实是一种变通的策略。于是我写信给唐大人，说我并不愿意违反中国政府的意思，一意孤行要去江孜，所以只要能给我提供一些牦牛，我就立即往西北方向离去。而给连大人的信中写道："如果你真想将我摆脱掉，就应为我的回程提供便利条件。我绝不会去印度。我的仆从都是大山里的人，若去印度将是死路一条，而且他们是英国的子民，我对他们都负有责任。"

3月4日，我最后一次去札什伦布寺。寺里的僧人一板一眼地建议我不要再来了。过了3月12日，我们的住地陷入一片沉寂之中。马官员、察则堪以及所有其他的朋友都不见了踪影。眼下再没有人来看我们，我们完全被孤立了，所有与我们的交流都被严格禁止。我感觉自己就像是困在帐篷里的囚犯。只要我人还在西藏，英国人即视我为禁忌，只要我保持原地不动，也没有人会动我一根汗毛。但是我一旦开始走动，就会有一群武装护卫将我团团围住。我在这里逗留的时间越长，他们也越有可能顺从我的要求。就这样一个星期过去了，马官员、拉萨来的那两位绅士以及从日喀则宗来的几名官员一同来到我这里，希望知道我到底要从哪条路返回。我回答说："我会沿拉嘎藏布江走到其源头，然后穿过雅鲁藏布江以北的地域。"经过一番讨论，他们决定接受我的条件，并为我担保。

又经过多次协商，并且收到唐大人客气的回信以及连大人同样客气的文件之后，原来的那批人也松动了。他们经常来我的园林，把所需的东西都配备给我们。最后，他们还交给我一份新的西藏护照，同时让我指明沿途打算经过哪些地点。但是我倍加小心，没有把自己的真实意图透露给他们。

3月25日，我帐篷里的住户突然有了显著增加，狗儿小棕生下了四只黑色狗宝宝。我和狗妈妈争着抚爱这些小狗，而且一想到将来的旅途中又多了四个处得来的同伴，心里也乐开了花。第二天，我和马官员道别，给了他三匹身体较弱的马，作为他为我受苦的补偿，也是对他没有阻拦我前进所表达的谢意。在此之后，当初离开列城时带着的一百三十头牲口里面，只余下两匹马和一头骡子了。我们在日喀则购买了几头骡子和马匹。但我们的行李主要还是由雇来的牦牛驮载。两个中国人和两个西藏人组成的护卫队即将一路陪同我们，他们分别来自拉卜楞和日喀则宗，并带着自己的人手、坐骑和驮载东西的牲口。

3月27日一大早，我派艾沙代我去向班禅喇嘛道别。班禅喇嘛回以诚挚的问候，并深表歉意，因为中国政府高层的阻挠，他不能为我提供细致的帮助。

我们动身离开的时候，从西面刮来一场猛烈的风暴。毫无疑问，此时班禅喇嘛正坐在那扇窗户前，举着望远镜向着我们这边眺望。雅鲁藏布江里卷起阵阵白浪，我们费了好半天工夫，才用牦牛皮船将马匹运过河去。

第五十四章　奇怪的寺庙

手下人很快就和四位护卫我们的人打成一片。我也尽全力让他们放松警戒心，经常送给他们香烟、一些小礼物和银币。

这么做的第一个好处就是他们不反对我前往塔定寺。该寺的圣殿最为迷人，里面灯光微弱，四十八根红柱子立在石板地上。塔定寺里的喇嘛很好客。这里的独特之处在于他们转经轮的方向与黄帽教相反，而且去寺庙和圣山朝拜时行走的方向也与黄帽教相反，呈逆时针方向。根据黄帽教的教义来看，这些都是完全不合规矩的。不管孰是孰非，从这座寺庙远眺雄伟的高山和山谷，可见一片壮美景色。

在1832年，约七十五年前，一个叫云顿萨尔丁的五岁游牧男孩来塔丁寺出家，教名为南冈喇嘛，随后级别一步步上升，最后升至最高的等级，这时众人称其为南冈仁波切。在我们抵达前的那晚，这位南冈仁波切与世长辞，遗体保存在屋中。我带上两个人去寺里。庭院里坐着一对老夫妇，正在劈柴为葬礼做准备。遗体即将在山谷中火化，火化后的骨灰会送往卡纳斯圣山的岗仁波切峰。我们走进回廊里的居室，里面端坐着四位僧人，在为逝者吟诵经文，一直要吟诵三天三夜。那位已经离世的老人安坐在床上，额上缠着一块布，头上戴一顶五颜六色的冠帽，身体微微前倾。他的面前有一张凳子，上面摆放着几尊佛像和两支点燃的蜡烛。

那四位僧人一见我们进来，顿时傻了眼。以前还从未听说过有人会对逝者如此不敬。不过他们什么也没说，口中仍是不间断地念诵经文。我在里面待了很长时间,对于死亡的尊严有了一种奇怪的新印象。七十五年来,南冈仁波切一直听着风中的钟铃声,在这圣山之中看着昼夜交替、冬去春来。就在这一刻,他的灵魂已经从肉体里得到解放,开始四处游荡。而在这个对于他的命运至关重要的时刻,却受到了我们这些不速之客的打扰。

甘丹寺里有十六名尼姑,大殿里黑暗孤清,竖有六根红色大柱子,看起来倒挺养眼,远比那些穷而脏的尼姑强。尼姑的穿着和喇嘛一样,头发也是短的。

最美丽的景致还是塔西吉木寺,该寺位于外喜马拉雅山的南麓,是座白色的建筑。班禅喇嘛每年来此寺院一次,所以中庭有一个宝座是专为他而设。圣殿里摆满了珍贵的佛像和金质饰品。藏经室里保存有一百零八卷《甘珠尔》及二百三十五卷大部头的《丹珠尔》,多得至少得五十头骡子才驮得动。寺里的大转经轮有十一英尺高,其圆周一圈比我双臂臂长还要长四倍。一个小一点的转经轮上端装有一根橛子,经轮每转一圈,便会敲响一只铃铛。两位僧人坐在底下不停息地转动经轮,年复一年,每天从日出转到深夜,一天下来要转上一万次。经轮上还贴满了数百万张写在薄纸片上的祈祷祝愿。僧人们念诵着经文,陷入一种恍惚的状态。他们闭着眼睛,高声吟诵,俯身倒地,对周围的所有谈论充耳不闻。

这座迷人的寺庙实在让我流连忘返,一天大半的时间就这样过去了。夕阳透过主殿的窗户洒进绚丽的红光,这是我在西藏见过的最亮堂的寺庙大殿。里面的柱子仍是漆成红色。落日的光辉将柱子染成宝石般的深红色。身穿红色僧袍的僧人端坐在红色长椅上,身后拉下暗黑的影子。金质佛像和莲花宝座上的莲叶也熠熠生辉。

我们继续上路,沿着雅鲁藏布江北岸向西来到查加村。村里有一座样子滑稽的铁索桥,横跨雅鲁藏布江通往彭错林寺,此桥年久失修模样萧索。此桥再往西一点，即是拉嘎藏布江汇入雅鲁藏布江的交汇处。雅鲁藏布江从南方流过来，途经河谷漆黑而深邃的谷口。我很想在这个地方测量一下两条河流的数据，但是旅队不能等，必须继续赶往拉嘎藏布江沿岸的唐玛村。到了村子，我们把船组装起来。我让一个西藏人做桨手划船，自己则上船漂行在这湍急的水流之上，一直驶向两河交汇之处，而旅队的部分人员已经带上马匹和食物先行上路。做桨手的西藏人是个划船的好手，头脑十分清醒。他驾着船在嘶嘶冒泡的江水上熟练地穿过狭窄的水道和吓人的陡壁。护卫我们的人不清楚我目的何在，也沿着河岸跟过来。有几个手下对划船兴趣甚浓，请求在雅鲁藏布江上坐船过把瘾，我欣然同意。我们在这个地方待了一整天，直到天黑才返回营地。中国马匹的悦耳铃铛声和拉达克人的优美歌声在狭窄的河谷里久久回荡。

我们往河谷上游骑行，来到林谷村，美曲河在这里汇入拉嘎藏布江。村里有一面极其平滑的垂直花岗岩山壁，上面雕刻着两尊庞大的佛像。我感到很诧异，因为护卫没有把我们引向拉嘎藏布江的上游，而是朝北穿过美曲河的河谷。美曲河从外喜马拉雅的主山脊上延伸出来，那儿正是我想要去的地方。一路上地势越来越高，几乎每天我们都得换一批新的牦牛来驮运行李。沿途不断经过嘛呢墙、石堆和幡旗。我们走的这条路线通往一座寺庙，是朝圣客常走的，因而路上人来人往，能遇见旅队、商人、农人、朝圣客、骑士和行乞化缘的人。他们见了我们，无不礼貌地吐出舌头向我们致意。

我们骑马在花岗岩石和板岩石之间穿行，走过无比美丽而粗犷的美曲河谷，最后来到那座位于通村的大寺庙，这寺庙看上去就是一个镇子，里面全是白色的房子。在这里，从日喀则随行至此的护卫由一批新的卫兵替换。走到锡尔冲村，我们已经上升至海拔一万三千七百英尺（四千一百七十六米）的高度。这里的村民中有一位二十岁的已婚妇人,名叫普汀,她的容貌异常俊美,身段儿也好,有好几位丈夫。在西藏,根本没有嫉妒这一说。这里一个女子通常有两个或三个丈夫,而且往往是嫁给一家兄弟几个,因此对婚姻的忠诚并不太看重。

美曲河在美丽的河谷中一路高歌,奔流不息。老鹰在山壁之间直冲云霄,野鸽子咕咕直叫,山鹬在碎石地里打洞,野鸭在河岸上呱呱地叫。我每到一座新的寺院,必定待上几个小时,列伦寺是其中规模最大的一座。要细说这些沿途所见的寺庙,足可以写成一本书。我们不时还路过一些美丽如画的桥梁。河谷紧缩成狭窄的通道,危险的桥路就架在地面之上约两百英尺的高处。铁桩和木桩埋在陡峭山壁上的缝隙中,上面松松散散地铺着一些片岩。桥面有几处地方只有一英尺宽,而脚下就是深渊。

我们在河谷的一处开阔地带扎营,这里有一座桥横跨美曲河。在美曲河以西高山之间的一个陡峭的小峡谷里,坐落着一个奇怪的林迦寺。该寺约有四十栋独立的房屋,和这片地域里所有其他的事物一样,在我来访之前,欧洲人根本就不知道还有这一座寺庙。我带上两名手下骑马来到寺前,一面暗黑的大石板斜坡上刻有六字真言。寺庙的主殿里弥漫着神秘的暗光,墙壁和柱子上饰有幡旗、鼓锣和长号,一道微弱的光线透过屋顶的一个开口,落在众神像上。僧人坐在长椅上吟唱起落有致的宗教歌曲。

在一个平台一般的岩脊上,矗立着沛苏寺。从屋子的窗户望出去,能看见寺院三面底下全是悬崖。从这个屋顶所看到的那种粗犷之美实在是难以形容。我沿着一道陡峭的阶梯拾级而上,走进圣像殿。左边有一扇窗,窗叶给风吹得嘎吱嘎吱响,光线从窗口透进来,照在一整排中等大小的佛像上。手下留在殿堂入口守候,我独自一人与众佛相处。时不时有老鼠从暗处跑出来,爬上神坛大吃特吃碗里的供品。窗子吹进来的风鼓动着左边的彩旗,众佛像的模样也随之变化。单是看见一尊尊蹲坐的佛像冲着前来打劫的老鼠狞笑,就足以让人毛骨悚然。

林迦寺太引人入胜,我在此盘桓了好几天。有一天,我们爬上寺院里称为修行洞穴的地方,就设在一面山壁之下。实际上这只是一间用大块石头搭建而成的石屋。这里没有窗口,入口也用石堆封闭起来。屋顶上能见到有一根小小的烟囱,贴近地面的墙上有一个小孔,食物就放在一块板上从这里推送进去。

在这一片漆黑的石洞里,一位喇嘛已经闭关修炼了整整三年,其间与外界的一切交流都完全切断!他在三年前来到林迦寺,没有人知道他的来历和名字。当时这个石洞无人占据,他便立下僧侣修行最为严厉的誓言,即把自己禁闭在石洞里,一辈子不出来。另一位隐居的僧人前不久刚刚去世,也关在石洞里达十二年之久。在他之前,更有一位僧人在黑洞里待了四十年!其实在通村也有这么一个差不多的洞穴,寺里的僧人跟我们说,曾经有位苦行僧很年轻的时候就进了黑漆漆的洞穴,在里面修炼了六十九年。这位苦行僧感觉到死期临近,忍不住想再见一回太阳,于是向外面发出信号,要僧人恢复他的自由。可是他已经年老眼瞎,最后还没来得及走到太阳地里,就像一块破布似的瘫倒在地死去了。当年他入洞穴时健在的那些喇嘛如今还在场的已找不到一人。

此时我们就站在林迦寺中这样一个洞穴外面。在里面隐居修炼的那位僧人冠有"喇嘛仁波切"(圣僧)的荣誉称号。据说他约有四十岁,在洞中昼夜冥思,梦想涅槃。这样苦修的回报是他的灵魂将会从轮回转世的痛苦中超脱出来,直接得到永恒的安息。

每天早上,一碗糌粑,有时再加一小块黄油,给洞里苦修的僧人从小孔里送进去。他喝的水从洞穴内部汩汩涌出的泉水取得。每天早晨,那只空碗从小孔里抽出来又加满食物。每过六天,他能得到一撮茶叶,而一个月里有两次能收到几根柴火,他可以用拨火棒将其点燃。假若每天给他送饭吃的那个喇嘛透过小孔跟他说话,他就会招来永生永世的诅咒。所以他总是保持沉默。倘若这位苦行修炼的僧人跟来送食的喇嘛说上一句话，那么他这么多年来独自冥思修行得来的成果将会付之一炬。如果来送食的僧人把洞里的碗拿出来，却发现碗里的食物未曾动过，就会明白隐居其中的苦行僧不是病了就是已经仙逝。接着他便把碗再度从小孔里推进去，垂头丧气地转身离去。第二天如果碗里的食物还是没有动，而且后面六天一直如此，那这个洞穴就会给砸开，因为大家估计这时苦行僧必定是死去了。众人将尸体搬出来，像对待圣人的尸体一样火葬销毁。

我问桑德普克的僧人："他能听见我们说话吗？"

他们回答说："不会，墙太厚了。"

我流连此地，舍不得离开。就在离我几英尺远的洞穴里，有着这么一位意志坚强的人，相形之下，其他人都变得微不足道。他早已正式宣布摒弃世俗的一切，在世人看来，他已然死去，只属于永恒。向着死亡冲杀的军人当然是英雄，但是战死沙场只有这么一次，而喇嘛仁波切肉体上的苦行生活却几十年如一日地坚持下去，活着的时候他就要忍受这些苦痛，直到死神降临，才得以解脱。他对于死亡有着无法抑制的渴望。

喇嘛仁波切深深地吸引着我。很久以后，我还会在深夜想起他。即便到了十八年后的今天，我仍然常常在心中疑问：他现在是否还在洞穴中活着？就算我有权力，也得到允许，我这辈子也不会让他恢复自由，将他引到阳光中来。在这样伟大的意志力和圣洁的人格面前，我只觉得自己是个渺小的罪人和懦夫。

在我的想像中，喇嘛仁波切就在我的面前，在其人生中第一次也是最后一次和林迦寺的众喇嘛一起，走在庄重的队列之中，沿着我们先前走过的那条大路一直走上河谷里去。队列里所有的人都静默无声。他感觉到太阳的温度，也望见山坡上明亮的野地。他看见自己和其他人的影子拖在地上。从此他再也不会看见影子的移动，因为他将要孤独地生活在密不透风的黑影里，直到死去的那一天。他最后一次仰望天空，眺望群峰及闪烁光芒的雪原。

他看到洞穴敞开的大门，便带上做床用的毛毡走了进去。众僧为他念经祈祷。洞门锁上了，门外又用大石块封上一堵墙，一直封到石洞的屋顶。他会不会正站在那里，最后瞥一眼那转瞬即逝的日光？当石墙上的最后一条缝隙都给填死，黑暗无情地笼罩了他。寺里的僧人兄弟完成了这项出于友爱的任务，便默不作声、神情庄重地走回林迦寺去了。

封闭在石墙里的苦修僧人听不见其他任何声音，只有自己念诵经文的话音声声入耳。黑夜十分漫长，不过他并不清楚太阳何时落下、夜晚又是何时开始。对他来说，永远都是无尽的黑夜。他躺身睡觉，等睡醒过来，却也不知道外面是否已经破晓。夏天快到尽头了，这一点他能清楚地感受到，因为气温逐渐下降，湿气也越来越重。冬天来了，他浑身冻得哆嗦。随后春天和夏天又接踵而至，慢慢上升的气温使他有了舒适的感觉。时光流逝，年复一年。他常常念诵经文，梦想着死后超脱一切苦难到达极乐境界。他对时间的掌控渐渐地放松下来，已经意识不到日日夜夜是怎样缓慢地更替，因为他总是端坐在毡垫上，沉迷在对涅槃的梦想之中。他很清楚，要想升入天国，要付出的代价就是控制自己的杂念。

他逐渐地变老，虽然自己并没有觉察到。对他而言，时间是静止的，而和永恒的涅槃相比，人的一生在他眼中只不过是刹那。没有人来看他，也许偶尔会有蜘蛛或蜈蚣从他手上爬过。他身上的衣服破烂褴褛，指甲长出来也没有修过，头发更是又长又乱。他没有注意到他的面色变得十分苍白，视力也逐渐退化，到最后他眼中已黯淡无光。他渴望得道升天。有一天外面终会传来敲门声，那是唯一能来洞穴看望他的朋友。那就是死神，来将他引出黑暗，去往涅槃的光明世界。

第五十五章　翻越外喜马拉雅新山口——艾沙的最后之旅

4月17日，我们来到勾弗村，这是一路上最后一个石屋村落。在这高原的荒野上，我们再一次看见久违的黑色帐篷、吃草的黑牦牛以及白色的绵羊。

左手边耸立着一座高山，山上有一个很奇怪的垂直山洞，洞口下方住着从尼泊尔化缘至此的两个喇嘛和两个尼姑，他们在此服侍两位隐居在更高处山洞里的苦修僧人。有一道天然螺旋上升的台阶，湿滑又危险，向上通到那个凹室一般的洞穴，里面有位叫贡桑的百岁苦行僧，全身心地投入冥思修行之中。要想靠近他，必须把挡在洞口的一块薄薄的石板挪开。但是外面的尼泊尔人央求我不要去打扰洞里的老僧，于是我只透过石板底下的一条狭缝往洞穴里面窥探一下就罢了，可是除了两个人影什么也看不见。我听见那位老僧喃喃地念着经文。冬天住在洞穴里想必非常寒冷，但是至少他还能看见太阳和星星，还有漫天飞舞的大雪，因为他所住石洞的洞口正面向河谷敞开着。然而他应该是从不跟世人说话的，甚至连旁边另一个洞穴里的一位修炼的邻居都毫不知情。

从此处走出不远，我们就来到海拔一万八千二百七十英尺（五千五百六十九米）高的昌喇波拉垭口，距离赛拉山口以西四十三英里，是外喜马拉雅山分水岭上最为重要的一个垭口。这确实是一个不同凡响的新发现。我们第二次翻越外喜马拉雅山以及雅鲁藏布江以北的大片地图上还标为空白的地域。一步步把这个空白地带填满，一直走到最西边，这正是我的梦想。

我们向着西北方行进。我拿不准护卫的意图究竟何在，他们只是领我们朝那个方向去，不过这条路线真是再合我的意不过。护卫里面有一个领头的曾经在通村做喇嘛，结果因为爱上了一个女子，最后给逐出寺院。

翻到垭口的另一边，我们再次进入那片没有通向印度洋出海口的地域，这里的水流全都汇入当惹雍措。我希望能一直深入到当惹雍措的湖岸那边去。路边有一座插有幡旗的石堆标，从这里我们第一次望见圣山塔戈岗日山（Targo-gangri），当年印度学者楠辛从北边也看见过这座圣山，但是还不曾有欧洲人亲眼见过。西藏人在此俯伏膜拜圣山。

又到了下一个更换护卫的地方，这回来了五个老人和一大帮充当守卫的藏人。他们本想将我们带回拉嘎藏布江去，不过我好说歹说，还是让他们继续往西北方向前进。他们带了十一顶帐篷和大约一百头牦牛。我常常探入他们的帐篷，给那些老人画些素描。

我们逐渐靠近圣山，目睹了其巨大的雪峰和五条垂下的冰川。西南偏西方向又有一座不知名的广袤山脉，山上终年积雪覆盖。我们在塔戈岗日山山脚下的塔戈藏布河畔扎下第 105 号营地，这条河最后流进当惹雍措，此地距离当惹雍措也就不到两天的路程。到目前为止，一切还都顺利。但就在这时，来了二十个带武器的藏人，原来是赫拉耶次仁派来阻止我们向圣湖行进。他们的领头人是伦度克次仁，我们在纳聪措就认识了，当时他是赫拉耶次仁的随从。他们声称无论如何我们也不能前往圣湖。不过离我们营地不远的地方，在河谷的右手边，有一块隆起的红色岩石，有人说站在顶上可以望见圣湖。我便跟他们说，只要让我爬上那个红色岩石看一看，我就保证不去湖边了。对此他们并不反对。然而在 4 月 28 日那天，我们正要出发离去，该地区（拉迦）的首领带着六十名骑士来到我们面前。那些骑士身着红色和五彩的服装，骑的马匹有白色、黑色和红棕色。他们把我们围了起来，互相争吵叫嚷，就是不让我从营地走出一步。我们谈判了整整一天，到最后他们终于让步了。我带着两个随从骑马来到湖边，望见北边的湖水如剑刃一般泛着蓝光。

由此我们转向东南方向，为的是第三次翻越外喜马拉雅山。在路上我们发现了绪如措，这面湖水中等大小，仍然处于冰冻状态。5月6日，我们再次穿过外喜马拉雅山，这一回是从安格丁垭口（一万八千五百英尺）翻过去的。这个垭口坐落于昌喇波拉山口以西四十二英里的地方。我再一次成功穿越了地图上大片空白地带中的一个部分。从垭口两边望去，景色都极为壮美。在我们身后的北边，仍然能看见塔戈岗日山，而往南边也能望见喜马拉雅山雪白的峰顶。

我们正在去往拉嘎藏布江的路上。一天晚上，有人报告说老古发儒生病了。他正躺在帐篷里，看上去奄奄一息的样子。他已经让儿子准备好寿衣。原来老人是胃疼得厉害，可是我让手下雍热敷给他治疗，他却让我回去躺下休息。艾沙见了笑得差点没喘过气，而其他人则乐得绕着病榻打打闹闹。最后我又给他开了一些鸦片，到了第二天早上，他又神气起来。

5月11日，我们冒着漫天飞雪来到拉嘎藏布江边。装在篮子里旅行的小狗见天上飘雪，十分惊奇，一路上追咬个不停。我们现在走的路线是当年探险家赖德及其同伴绘制成地图的那条路。不过在去往玛旁雍措的八十三天旅途中，除了两天半的路程以外，其他我都是经由崭新而未知的路线。

拉嘎塔桑的两位首领相当顽固刻板。他们给我出示从拉萨发来的指令，大概意思是我到达此地之后，必须走通往拉达克的商旅主路扎桑路，正如当年赖德走的路线一样。我写信给拉萨的唐大人和连大人，请他们允许我从扎日南木措、昂拉仁措及玛旁雍措这条路线去往印度。我委托唐德普索南和扎西两人承担起这个艰苦的任务，即徒步行走两百英里，把这封信送至日喀则的马官员手上，到那时再和我们会合。

我们并不着急赶路，因为不想赶过他俩太多路程，于是就在这个地方待了一个星期。到了5月15日，夜里的气温降到了零下26度。与西藏人所希望的恰好相反，我们一路爬上了珠穆琼高山群，山上一片荒野景色，冰冷彻骨。来到大山的另一边，我们在巴桑河谷的入口处休息了一天。从这里只需走上一天，便能到地区总督的住地萨嘎宗。这条路我并不想走，而想从更南边的一条路绕到恰克塔藏布江汇入雅鲁藏布江的地方。西藏人同意了我的请求，条件是艾沙须得带领旅队的大部分人马由主路赶往萨嘎宗。

在我们分道行走的前一个晚上，拉达克人围着营火跳起舞来，艾沙自己也弹起了吉他。5月27日的早上，旅队按照各自的方向分开出发，只有我和艾沙留了下来。我们都骑在马上，和往常一样，我给艾沙吩咐了一些事情，随后便互道再见。这位优秀的旅队首领看上去状态极佳，只见他策马快速赶上了其他人。这就是我最后一次给他下命令了。

我自己则赶上由罗伯特和次仁负责的小队人马。我们这一次出行收获颇丰，坐船测量了两条大河的流水量。经过四天的工作，最后在塔克布尔地区扎营。5月31日，我们要利用最后这一天前往萨嘎宗。但是这天一大早，一个态度野蛮、不讲道理的地区首领带了一帮打手来到我们营地。他上来就拿鞭子抽打护送我们的西藏人，命令他们带上我们雇来的马匹立即走人。我们几个则要在他的看管之下滞留三个月之久，而且还没有任何食物补给。我悄悄地派了一名手下赶往萨嘎宗，去给艾沙传信，让他给我们送五匹马来。随后我把那个首领叫到我的帐篷里来，他声称我在这里只能走扎桑这一条路，其他的路都不得行走。我警告他不要在我面前摆这个架子，只要我乐意，一句话就可以让拉萨的中国朋友取了他的脑袋。他一听勃然大怒，拔出长剑迎面就向我刺来。

我却坐在那里纹丝不动，不露一丝怯意。只见他刺出的剑戛然而止，随即掉头离去。晚上他带着手下和一些牦牛再次过来，说去萨嘎宗的路已对我们敞开。

6月1日上午，我的几名手下带来了五匹马，同时捎来艾沙的消息，说他那边的营地一切都好。我们拔营启程，前面还有很长的路。我和往常一样，一路走一路工作，比其他人落后了很多才到达营地。古发儒率众人前来欢迎我。

我问他们："艾沙在哪里？他不是一般都在营地的么？"

"他躺在帐篷里呢，已经生了一天的病。"

我知道他经常犯头疼的毛病，于是不慌不忙地回到我的帐篷去吃晚饭。天色已经黑了，洛布桑跑来说他跟艾沙说话，艾沙也没有回应。于是我急忙赶到他的帐篷，却见他的嘴巴扭曲变形，再看两眼的瞳孔，应该是中风了。我仔细询问其他人究竟怎么回事，他们这才告诉我中午的时候艾沙就瘫倒在地，一连几个小时都说不出话来。他的头旁边点着一盏油灯，他的兄弟次仁就坐在一旁抽泣。我叫艾沙的名字，他微微地动了动脑袋。我轻声跟罗伯特说，艾沙是活不到明天了，罗伯特听了吓得不轻。我们现在所能做的，只是在他的额头上敷一些冰块，另外在脚边放几个热水瓶。

然而所有这些都是徒然。他的死期到了。晚上九点钟，艾沙出现垂死前的挣扎。他的手脚变得冰凉，身体打着冷颤，嗓子里咕噜咕噜的呼吸声也越来越微弱，最后就停止了。可是过了一分钟，艾沙又呼了最后一口气，便去世了。

在死亡面前我感到了震撼。喇嘛教徒用自己的语言喃喃地默诵经文，回教徒则念叨着伟大的真主阿拉。古发儒把尸体的下巴绑紧，再拿一块白布盖在死人脸上。次仁大哭不止，敲打着自己的额头，哭得身子微微发颤。我试着让他的情绪平静下来，可是到最后我们只得把他抬回他的帐篷，等回到帐篷，他才总算睡着了。

回教徒把艾沙的帐篷摆成了灵堂，其中五个人为其守灵。午夜时分我来到灵堂。大个子艾沙笔挺地躺在那里，嘴角还带有一丝安详的微笑。他的面庞苍白无色，不过他经历了羌塘那么多场风暴，又在西藏暴晒了那么多阳光，终究还是透出些古铜色。

6月2日那天是星期天。尸体在清洗过后便用古发儒的寿衣和一张灰色毛毯包裹起来，安置在一个制作粗糙的尸架上，由八名回教徒抬到萨嘎宗当局给我们让出的一块墓地。我手下的喇嘛教徒还在墓地那边忙活。送葬的队列很简单。我紧跟在尸架的后面，随后是罗伯特和几名随从。次仁伤心过度，仍待在帐篷里。有些西藏人在边上看着我们。他们以前从未见过这样的送葬仪式，因为他们的习俗是直接将尸体扔给野兽猛禽。抬尸架的人齐唱一首送葬的挽歌。他们行走的速度相当慢，中间还停歇了两次——那尸架实在是很重。

尸体放进了墓穴里，脸朝着麦加的方向。尸体最后是安放在墓穴内壁的一个洞室里，以免给覆盖在上面的沙土压坏。等墓穴全部填实，我走上前去，向艾沙致谢，感谢他不渝的忠心。

之后我们便返回自己的帐篷，每个人都沉默不语，心情悲伤。我在一块石板上写下艾沙三十年来曾经跟随过的欧洲人的英文名字，也包括我自己，人生最后的这段时光他来到我的旅队，五十三岁时于1907年6月1日去世。写上这些字以及艾沙的阿拉伯文名字，再加上六字真言（以便让西藏人也认为此墓神圣），一起刻在他墓地的石碑上。墓地边上还放了一块小石板，这样从这里经过的回教徒可以跪倒为死者奉上一段经文。

6月3日，旅队里的回教徒和其他人都要求宰杀一只绵羊，举办宴席纪念旅队的这位领队。此时大家真正体会到这是我们遭受的巨大损失，我们都以悲痛的心情深深怀念着艾沙。

队里的每个人染上了浓浓的思乡之情。看到拉达克人满怀热情地坐在营火边为远在家中的老婆孩子做鞋子，真是让人感动。罗伯特也非常想念他的母亲、妻子和兄弟们。但是和他们所有人的思乡情相比，我对于前往雅鲁藏布江以北未知地域的渴望要来得更加强烈。要是我们得到允许能立即出发就好了，可是和西藏人谈判我的旅行路线就要花上整整一个星期。在谈了许多"如果这样"、"并且那样"等附加条件之后，他们终于批准了我的要求，可以从北边的路线前往尼玉库（Nyuku）。

古发儒受命接任已去世的领队的职位。我对手下人说，谁都得像往常服从艾沙那样服从古发儒的指挥，否则立即解雇。艾沙的遗物装在两个箱子里封起来，最后交给他的遗孀。我们在遗物里只找到十个卢比的钱币。这足以证明他生前管理旅队钱财时是多么诚实有信。

6月7日，我们动身离开。我骑马来到艾沙墓前，最后一次向他表示敬意。出发后不久，隆起的山头就挡住了我们的视线，看不见他的墓地，以后那里就只有无尽的孤寂了。

第五十六章　　发现雅鲁藏布江源头

我们走的这条路经过塔迦林寺。寺里的僧人态度蛮横，说假如我们胆敢进入他们的圣寺，就拿子弹来招待我们。我传话过去，让他大可不必担心，我们连札什伦布寺都看过了，再去他们那个徒有其表的寺庙又有何意。

尼玉库由一位为人正派的长者掌管，他二话不说，直接让我骑马攀上吉伦垭口，那是从外喜马拉雅山分出来的一道山脉上的垭口，海拔有一万七千四百英尺高。站在垭口之上，我们望见远方伦布岗日山上的几处高耸的雪峰，当年赖德从雅鲁藏布江河谷出发，就在那边绕过一个三角地带。我心里很想继续爬上那道主山脊，但先前已经跟尼玉库的首领保证，不会越过吉伦垭口，所以尽管心中万分痛惜，我只有再次作罢，没有去探索这片广袤的未知地域。

6月17日，我们在丹巴绒河谷扎营，突然听见大路上传来一阵马铃响。只见一名骑士策马奔到我的帐篷前，下了马，递给我一封信件。在信封的封印上有这么几个英文字，看得我不禁心跳加速："中国帝国使团，西藏"。这下我手里就拿着对我的判决书。我的手下全都聚拢在帐篷前，他们只盼着早日回到拉达克的家中，希望不要节外生枝，又要去什么地方旅行而耽搁了归程。这封信是唐大人发来的，信中的言辞礼貌客气，但是内容用一句话就可以概括："请直接返回拉达克，不得往北方或其他任何方向旅行！"我把这个消息告诉给手下人，他们默不作声地回到自己帐篷里去。此时返回家中似乎指日可待。这些顽固不化的朝廷高官反倒激起了我的怒火，决定使出一切计策来跟他们斗智斗勇。我们越往西走，身后所留下的未知地带就越广阔。不过不管怎样，我总要设法去那里瞧一瞧。

唐德普索南和扎西早先赶往日喀则，那天晚上也正好回到营地。他们一完成送信的任务，就急忙掉头返回。但是有一天晚上，他们在离日喀则不远的地方遭到抢匪的袭击，这些抢匪持枪作掩护，将他们洗劫一空，只留下身上穿的衣服。侥幸的是，这帮匪徒漏掉了我的手下缝在腰带背后的三十块银币。受了这场惊吓，他们两个后来一见到影子甚至石头都以为是抢匪。到了最后，他们终于赶上我们，浑身疲惫，但是心里乐开了花。我赏给他们一大笔辛苦费。关于艾沙去世的消息，他们在路上也已经有所耳闻。

四只小狗刚刚成为我在帐篷里的怡人伴侣，却染上一种怪病。不到一个星期，它们四个全都死了，结果帐篷里又是只有我和狗儿小棕两个。

来到寺庙村特拉多姆，我们再次走上扎桑主路。这个地区的首领从前曾经做过喇嘛，但是因为沾上风月之事，后来给黄帽教驱逐出门。他简直就是个大混蛋，但是有时候交上混蛋朋友却也有好处。我许诺给他一大笔银子，条件是他准许我稍稍进入到尼泊尔北部那边。他说"非常乐意"，甚至还让我雇用了他的几匹马。要是我当时多几个心眼并加倍小心，就会觉得他这样热心帮助我多少有些异常，从而加强警惕。首先，进入一个禁止欧洲人旅行的国度相当有风险，而且就算得到了允许，也只能持有有效护照按照一定的路线旅行；其次，我一旦进入尼泊尔，实际上就是离开了西藏的地界，而如果再想折回来，西藏人完全可以将我阻拦在边境线上。

虽然如此，我还是于6月20日出发，当天晚上在雅鲁藏布江南岸上的林色寺过夜。至于这座小寺庙里的景致，我只提一句，寺里的那条圣狗：这只狗平日吃的就是僧人的粪便，在僧人死后就吃他们的尸体。另外僧人喝水用的容器是人的头骨，跟象牙一样白亮。

两天之后，我们翻上海拔一万五千二百九十英尺（四千六百六十米）高的廓尔拉垭口，这里属于喜马拉雅山脉，是雅鲁藏布江和恒河这两条圣河之间的分水岭。从雅鲁藏布江畔到廓尔拉垭口之间几乎感觉不出有斜坡，两地的海拔高度仅相差三百一十五英尺。如此一来，有可能在这中间挖一道水渠，迫使雅鲁藏布江成为恒河的一条支流。照现在这个样子，两条大河一直流到胡格利三角洲才汇合。

廓尔拉垭口上视野开阔，景色优美。南边尼泊尔境内的山脊和山谷在阳光下熠熠生辉。北边则是外喜马拉雅山脉，同样沐浴在阳光之下。不过喜马拉雅山的雪峰仍是被云雾所遮蔽，海拔二万六千八百三十英尺高的道拉吉里峰（Dhaulagiri，约八千一百七十八米）一点儿也看不见。

我们一路辗转，下到尼泊尔境内。下坡路不好走，好不容易才走到喀利干达克河谷，这是圣河恒河的一条支流。天气逐渐变得暖和，比较容易出汗，也见到越来越多在西藏高原的气候下无法生存的植物。等走到垭口以下二千八百英尺的地方，我们在纳马希村附近的一座园林中扎营过夜。这个园林属于号称"南国之王"的罗嘉浦亲王，他管辖的这处边境地带附属于加德满都的土邦主。温和的风儿吹拂着茂盛的树梢，感觉就像置身于人间天堂。罗嘉浦的两名手下前来邀请我们前往他们主人在河谷那头的住地，但是我谢绝了，因为他很有可能会把我们当作囚犯扣下。第二天早上，我们上马折回廓尔拉垭口。可是我造访尼泊尔的消息已经传到了土邦主的耳朵里。时隔一年多之后，我的家人和朋友还在为我的性命捏一把汗的时候，瑞典的亲王在伦敦见了尼泊尔的土邦主。在那次见面中，土邦主谈及我访问他的辖地一事，并暗示当时要扣留我的说法根本是空穴来风。但是那个时候我早就离开尼泊尔，回到西藏去了。

特拉多姆的首领取回了他的马匹，并得到我许诺给他的丰厚回报。我们回到古发儒带领的旅队，继续沿着雅鲁藏布江南岸往西北偏西的方向前进，一路上经过的都是陌生的地域。在纳姆喇寺，我们渡过雅鲁藏布江，此处江宽二千九百英尺，貌似一面湖水。几天之后，我们来到达克桑村，顺便帮一位喇嘛过河。在这个地点，雅鲁藏布江水的流速达到每秒钟三千二百四十立方英尺。从西藏最东边康区来的五位姑娘来到我们营地。她们背着行囊，准备去圣山岗仁波齐朝拜，靠的只是手里的木杖，沿途从一个帐篷乞讨到另一个帐篷，以此果腹度日。

现在我很想解决的一个地理问题就要摆在我的面前。我一直希望成为第一个深入到雅鲁藏布江源头的白人，从而在地图上确定它的精确位置！1865年，颇具成就的印度学者楠辛曾经取道商旅主路从拉达克旅行至拉萨。他很清楚雅鲁藏布江起源于西南边的冰川，但是最终他没有去往那里。1904年，赖德率探险队也从相同的路线走过，只不过他走的路又在雅鲁藏布江源头以北三十英里的地方。为了解决这个问题，我首先得测量雅鲁藏布江上游各条支流的水流量。这些测量工作只能在晴朗的天气里完成，而且要尽可能在同一时间展开。我发现其中一条支流库比藏布江的水流量是所有其他支流流量总和的三倍半之多。最后得出的结论是沿着库比藏布江溯流而上，其源头自然也就是雅鲁藏布江的源头。

但是我首先让古发儒带领旅队沿主路赶往离圣湖东北岸不远的帐篷村托克钦。只有罗伯特、三个拉达克人和三个西藏人留下随我行动。这三个西藏人对当地非常熟悉。他们肤色黝黑，穿着绵羊皮外套，肩膀上还扛着大块头的毛瑟枪。我在日记里就把他们称作"三个火枪手"。

我们沿着库比藏布江向西南方走。西南偏南的方向耸立着一大群雄壮的高峰，貌似黑黑的，其实都覆盖着终年不化的积雪，尖尖的就像野狼的一口利牙，而巨大的冰川垂躺在山峰之间。我们越爬越高，不时能发现桦树或尼泊尔境内其他树的薄树皮，都是给喜马拉雅山上的大风吹落至此。那三名火枪手见我透过经纬仪观测，显得很紧张。他们问是不是我把雨云都驱散了，我却向他们保证，说我跟他们一样渴望老天能下一场雨，这对牧草和牲口都有好处。

我们越往高处走，库比冈日山上的那九座雪峰就越显得高耸雄伟。有一天深夜，南方的天空划出一道道蓝白色的闪电，漆黑的山峰衬着浅淡的背景，仿佛是从一张黑纸上剪出来的一样。号称"创造神之子"的圣山就此诞生！雅鲁藏布江就从这里起源，一路流经西藏南部的大半地域，穿过喜马拉雅山脉，灌溉阿萨姆的农田，其充沛的水量最终在胡格利三角洲与恒河水汇合。

6月13日，我们爬上一块年代久远的巨大冰碛石的最高点，在这里眼前展现出一片震撼人心的壮丽景色，只见雄伟的山脉上尽是黑色岩石、圆形峰顶以及山口，还有冰雪盆地和长长的冰川。我们脚下是一条冰川的下半部分，库比藏布江起源于朗嘎臣山群，其上游的众多细小支流就是从这条冰川获得水源。这里也正是雅鲁藏布江的源头，此处的海拔高度是一万五千九百五十英尺。

三个火枪手的任务完成了，我付给他们报酬，放他们回去。整个行程只花了三十五美元！以如此之低的成本，就能享有"发现地球上一条著名大江发源地"的荣耀，真是何乐而不为！那三位向导觉得就走了这么几天路，我竟然给他们这么多的银子，简直是疯了。说到这份荣耀，我很愿意与楠辛、赖德一同分享，他们曾在这个地区旅行，虽然最终没有到达真正的源头。

在后面的几天里，我们继续向西行，穿过分隔雅鲁藏布江和圣湖之间的分水岭塔木伦拉垭口。路的左手边是冈伦冈日山（即萨特莱杰河真正的源头所在），以及高耸的弧状山峰古尔拉曼达塔。我们沿着塔格藏布江走,这条江号称"大象之河",也叫朗钦藏布江(此江其实是萨特莱杰河的上游,也是注入圣湖的所有水流中最大的一条河水)。我们在江岸上停留了一会儿,因为这里有一口有神奇疗效的泉水,和法国卢尔德的泉水一样,这口泉能治愈疾病,并可驱除各种恶运,比如饥荒、旱灾和抢匪的侵袭。往西北方能望见西藏人心目中最为神圣的山脉冈仁波齐峰,也就是印度所称的凯拉斯山,其峰顶有印度教湿婆的乐园。圣湖玛旁雍措就在冈仁波齐峰山脚下,可惜我们只瞥见一个小角。

我们在托克钦与旅队重新会合。在这里我将旅队做了重大调整。古发儒率领十三名手下,带上我所有多余的行李和三百多页写给各位朋友的信件,直接返回拉达克。这些书信中最要紧的是写给邓洛普史密斯上校的。我预计一个半月之后赶到嘎托,于是让他帮我把寄给我的信、六千卢比、左轮手枪和食物补给等东西送到那里去。余下的十二名手下随我一起走,次仁成了他们的领队。6月26日,我们两队各自上路。古发儒带着十三头牦牛和小队人马返回家乡。大家分手道别时哭成一片。我们旅队这么一分头走,让西藏人以为我们就和上次一样,肯定在几天之后再次会合。

我带领其他人朝西南方向行进,并在玛旁雍措的湖岸边扎营,这里离色瓦龙寺不远。在这条朝圣主路上建有八座寺院,宛如镶嵌在一副圣镯上的宝石,而色瓦龙寺就是第一座。

430

第五十七章　圣湖玛旁雍措

西藏的玛旁雍措（亦或仁波齐措）、印度人所称作的玛那萨罗瓦湖是创造之神的灵魂，实乃神圣至极。湖岸四周耸立着一座座山脉，仿佛环绕的一道花环。北边凯拉斯山和南边古尔拉曼达塔山的雪原之下有金鹰的巢穴，它们从巢穴中飞上高空，俯视如绿宝石一般青绿的湖面。印度来的虔诚信徒在湖面上能看见湿婆从极乐园里降至人间，化成白天鹅的模样在湖上盘旋环飞。数千年来，古代有多少宗教圣歌都赞美过这座圣湖。印度史诗《往世书》里有一篇《玛那萨堪达》，其中这样写道：

> 任何人只要碰到圣湖玛那萨罗瓦的泥土，或是在湖中洗浴，就会升入梵天乐园；如果喝了湖水，就能升入湿婆的仙境，并可免除一百次轮回的苦难。即便是玛那萨罗瓦一带的野兽也能进入梵天乐园。圣湖宛如珍珠。没有一座山脉能和喜马拉雅山相提并论，因为喜马拉雅山中有凯拉斯山和玛那萨罗瓦湖。正如朝阳将晨露晒干，如能见到喜马拉雅山，人类的罪过皆可洗尽。

我在圣湖边上扎营，然而心中并没有一丝朝拜的意思。我只是想勘察一下这面湖水，研究其与萨特莱杰河之间的水文关系（这一直是个有争议的问题）。至今还未曾有人测量过湖水的深度，这也是我的一个目的。因此我要用实际行动来颂扬圣湖蓝绿色的波浪。在湖面之上，我们所在的海拔高度是一万五千二百英尺。

圣湖呈椭圆形，北面的湖水向外突出去，其直径大约有十五英里。

现在我们就要去湖面上探险。7月26日和27日，我们等候了两天，因为风力太强劲了。身边的西藏人都警告我们要小心，否则有可能给大风吹进湖水深处而船毁人亡。27日晚上，风力总算减弱了，于是我决定连夜划船横渡湖面。我用罗盘测量湖对岸（即西岸）的方位角，把行船路线设为西南方向59度。苏库尔和雷辛两人负责划桨。我们随船带上一根铅线、测速仪、灯笼以及够两天吃的食物。船下水的时候，只见营火冒出的黑烟直直地飘上星空。西藏人都说："他们永远也划不到湖对岸去，湖神会把他们拉进湖底的。"次仁也和西藏人一样担心。出发时是晚上九点钟。已经失去劲头的水浪拍打着湖岸，发出悦耳的声音。我们稳稳地划行了仅二十分钟，营火就消失在夜色里，不过远处水浪拍岸的声音仍然依稀入耳。除此之外，就只有船桨划动水面的声音以及桨手的歌声。

临近午夜时分。南边高山背后闪电连连，把整个天空照成蓝白色。一刹那间，夜空竟然像正午时候一样大亮，月亮在闪烁的湖面上投下银白色的光影。这时湖水的深度已经有二百一十英尺。两个桨手倍感敬畏，也不再唱歌了。

借着灯笼的光，我测出水深和其他仪器的读数，并记录在本子里。我们周围弥漫着童话一般的氛围。时间是深更半夜，地点是圣湖的中央，而且这面湖在千百万亚洲人心目中的神圣地位不亚于基督教徒心中的加利利湖！其实玛旁雍措成为圣湖的年代久远，比起提比利亚湖、迦百农圣地以及救世主的神圣地位更要早出数千年的时间。

夜里时光流逝缓慢，终于东边微微泛出黎明的光辉。新的一天从高山之上偷偷向我们窥探。轻如羽毛的云彩染上了玫瑰红色，而云彩倒映在湖面上的影子仿佛就是滑行在玫瑰花园之中。太阳的光芒照在古尔拉曼达塔山的峰顶，闪耀出紫色和金色的光辉。

古尔拉山的半山腰漂浮着一圈云朵，影子正落在大山的斜坡上。

太阳升上天空，好似一大颗钻石一样璀璨亮丽，给整个无可比拟的山光湖色平添不少生气和色彩。自古至今，有数百万的朝圣者在这里看着一个又一个清晨在圣湖之上如期而至，但是在我们之前还没有哪个凡人是在玛旁雍措的湖中央亲眼目睹这个壮观的景致。

野雁、海鸥和海燕厉声尖叫着飞过湖面。两个桨手已然昏昏欲睡，有时简直就倚在船桨上睡着了。上午的几个小时过去了，而我们仍是在这片景致的正中央。这时我也感到睡意袭来，便闭上眼睛，想象着空中传来竖琴的演奏声，还看见一群群红色的野驴在湖面上追逐。

"不行，这可不行！"

我用手把湖水浇在手下的身上，好让他们打起精神。在下一个测量水深的地方，我们发现此处是湖水最深之处，有二百六十八英尺深。我们就在这里吃了早饭，有野雁蛋、面包和鲜奶。湖水如井水一般甘甜。时间到了中午，现在可以看得出我们在向湖西岸靠近，因为已经能看见岸上的种种。在湖上划行了十八个小时之后，我们终于上岸了。

我们拾了一些柴火，煮茶、烤羊肉、抽烟斗、聊聊天，最后把船和帆转变成一顶帐篷，七点钟就早早睡下了。第二天，我们的船距离湖岸不远处向北驶去，路上经过建在高台地上的果苏寺，晚上在湖西岸过夜。离日出还早，西风却呼啦啦地刮起来。凌晨四点半，我们就下水航行，结果还没有驶出几百米的距离，湖中就掀起十足高的水浪。风正好从后面吹来，我们借势从湖上飞过，回到营地去。旅队里的人在湖岸上迎接我们，一个个既开心又惊奇。他们当时看着我们的船帆在远方变成一个小白点，自那以后就一直翘首等到现在。

8月1日，我们将营地移向南边，旅队沿湖东岸行走，而我则在湖上划行。南边耸立着冈伦山，正如我先前证实的那样，其山脚下就是萨特莱杰河的源头。在延勾寺，我们短暂拜访了一下寺里的一位尼姑和十位僧人。来到图古寺，我们将帐篷扎在寺墙外，有十三个僧人非常友好地招待我们。他们看到圣湖上还有一只船，大为诧异，简直无法解释我怎么能在湖上顺利航行而不出差错，看来这也是我与班禅喇嘛建立友谊的好处。在黑暗的湖神大殿里，挂有一幅湖神从水浪中升起的图画，圣山冈仁波齐峰的圆顶就矗立在湖神的头上。

1907年8月7日，这天是我一辈子里可以标上三颗星的日子。日出时分，一个喇嘛在图古寺院的屋顶上吹响法螺号。一群印度来的朝圣客在湖岸边沐浴，将湖水从头顶浇下来，正如婆罗门教徒在贝拿勒斯的码头朝拜神圣的恒河水一样。冈仁波齐峰则遮蔽在云层之中。

我和苏库尔、唐德普索南上了船，随身带上毛皮、食物、船帆和备用的船桨。不过这一回湖水极其平静，我们就没有把船桅竖起来。航行的方向是西北27度。划行了几个小时之后，果苏寺像一个小点一样消失在左舷边的远处。这时是下午一点钟。大风在西北边的湖岸上卷起黄色的尘云，风正是从那个方向吹来。山坡上悬着黑色的雨云，一场大雨随即浇在我们身上，继而变成冰雹，我真是从没见过冰雹下成这个阵势！落下的冰雹能有榛子大小，数亿个这样的榛子像炮弹一样砸在湖面上，激起水花四溅，整个湖面都沸腾得嘶嘶作响。我们只能看得见近处的水浪，周围全是一片黑暗，而船里面尽是白花花的冰雹。冰雹又转成倾盆大雨，疯狂地击打下来。我已经把毛皮拉上膝盖，可是衣褶里面还是积了汪汪的水。

四下里一时安静下来，但是转眼间又是一场风暴来袭，这一次是从东北方刮过来，只听得远处像是重炮队在发射怒吼。有那么一阵子，我们试图将船往西北方向航行，以抵达罗盘所设的登陆点，但是一浪高过一浪，泛着泡沫的浪尖从右舷打进船里来。船里的积水逐渐升高，随着船的摇晃而汩汩作响。我们只得顺着风势将船驶向西南方，这是一个危险的举措！不过还是成功了！就在这时，我终生难忘的一场旅程开始了！

飓风来了！我们三个人在小船壳里遭遇的大风大浪，简直不输于我家乡的巨大海浪。湖水泼在我身上、渗进我的皮革马甲，我没有注意到自己冻成什么样子。我们身陷孔雀石绿的水中，透过清澈如玻璃的浪尖，却能看见太阳在远远的南边闪耀着光芒。还没一会儿我们就给咆哮的浪头推向空中，只觉得船身抖动了一下，随即又一头扎进黑暗的湖水墓地之中。船里的水慢慢积满了。我们还能这么漂浮在水上一直撑到抵岸的那一刻吗？要是我们能把船帆升起来就好了，这样船就比较容易稳稳地在风中滑行。现在船帆连着右舷栏杆就要迎着风躺倒下去。我用尽全力压在舵杆上，唐德普也使出所有力气压住船桨。

我大声喊道："赶快划！赶快划！"

唐德普确实划得快，快得手中的船桨都砰然断裂了。我心想这下完了，注定是要翻船了。然而唐德普是个相当能干的家伙。他想都不想，翻身就把备用船桨拽了过来，安在桨架上，趁着还来得及转弯赶紧将船划开。船里积水越多，就越往下沉，这样水浪也就更容易倒进船里来。

苏库尔闷闷而肃然地喊了一声："真主啊！"

我们在湖上这么拼命折腾了一个小时又一刻钟，接着天就晴了。我们远远地能望见果苏寺，就在正前方。寺庙的身影迅速变得高大起来，僧人都站在寺院的阳台上看着我们。船到岸边给冲上了一个浪头，水浪随即退回湖里，我们的船也跟着远离湖岸。这时唐德普索南跃身跳出船外。这家伙难道疯了吗？湖水高出他的胸膛，不过他还是牢牢地抓住船身，将我们拖向岸前。船到了浅水处，我们也学他的样，跳进水里齐力把船拉上了岸。

经过这一番艰苦拼搏，我们几个都散了架，一句话也不说，一头栽倒在沙地上。过了一会儿，几个僧人和年轻的小僧人来到我们这边。

"需要帮忙吗？今天湖神生气了，刚才看你们在湖上给浪头打来打去，真够悬的。你们都过来吧，我们这里有暖和的房间。"

"不了，谢谢你们！我们就待在这里。不过最好能给我们一点燃料和食物。"

他们很快就拿了甜食、酸奶和糌粑过来。我们自己带的食物里面，只有茶还能喝。僧人用树枝和牛粪帮我们生了一堆火以示欢迎。我们就褪去衣服就着火堆烘干，之前在西藏湖泊航行遇险后经常这么做。

到了早上，洛布桑骑马带着新的补给赶来，旅队里的所有人都以为我们已经船毁人亡了。图古寺的僧人已经在湖神圣像前为我们上了香，祈求湖神饶我们一命。他们真是太好心了！愿上帝也因此保佑他们！

我在果苏寺里待了十二个小时。我坐在众神殿里的八根大柱子之间画画素描，又细细观察萨迦神秘之子的圣像，僧人用孔雀羽毛将盛在银碗里的盛水洒在圣像上面，同时嘴里一直念着"嗡啊吽"。这里的湖神殿同样笼罩在一片神秘的微光之中。

我走上寺院的斜屋顶，只见昨天还想尽办法要淹死我们的圣湖，现在却是如镜面一样平滑。空气中有一点雾蒙蒙的，让人看不清楚湖东岸那边究竟是高山还是天空。湖水和天空共呈一色。有东西在我眼前游动。经过前一天的湖上历险，整个寺院似乎就在我的脚下左右摇晃，我感觉自己给抛进了无尽的太空。可是圣湖就静静地躺在下面，无数的朝圣客不辞辛苦远道而来，从湖岸边走过，只求心灵上的安宁。玛旁雍措就是象征生命之轮的中心！我在这里简直可以待上几年时间，看着湖面从表层结冰，一直冻结至湖水深处；还有冬天的风暴裹挟飞舞的雪花从陆地和湖面上肆虐而过；以及即将到来的春天将冰层打破，随即一群群野雁如期而至，预示着温和的夏风就要吹来。我真想悠闲地坐在这里，看着每个崭新的一天，从清晨展开的羽翼边开始，欣赏每日每夜都展现在眼前的圣湖美景，变幻多端又让人神魂颠倒。

但是白天很快褪去了光辉，夜晚的色彩呈现出来。我站在一群喇嘛中间，一边顺着扶手往上爬，一边喊着：

"嗡啊吽！"

第五十八章　魔鬼之湖拉嘎湖

我们划船回图古寺的时候天气很好。僧人很友好地欢迎我们，让人感动。他们说圣湖湖底的金沙里长着一棵圣树，从湖面上冒出来。圣树的一千条枝干上分别悬挂在一个僧人的小房间，而湖神的城堡就圣树底下。从圣湖流出四条河：卡尔纳利河、雅鲁藏布江、印度河和萨特莱杰河。

我们沿着古尔拉山的山坡骑行，再次经过果苏寺，来到位于圣湖西北角上的吉屋寺。只有一位僧人住在寺里，那就是颇有同情心又郁郁寡欢的次仁唐德普喇嘛。他已经厌倦了孤寂的生活，要求随我去大山里旅行。可是在我们即将出发的时候，他又失去了勇气，结果证明他无法舍弃这隐居的寺庙。我在圣湖上划船穿行了几次，此外还骑马去庞第寺跑了一回，在庞第寺附近我和洛布桑侥幸逃过十二个强盗的侵袭。这些强盗更愿意抢劫西藏旅队的牲口和物资。在朗波南寺，我和寺中十二岁的住持一同饮茶。住持是个很吸引人的机警少年，对我的素描簿子极为感兴趣。我们骑马离开时，他站在自己屋子的窗口旁挥手向我们道别。迦怡普寺是圣湖边上第八座、也是最后一座寺庙。一位喇嘛独自住在寺里，当他敲起那口硕大的祈祷钟时，也没有人会听见。钟面上刻有六字真言，钟声一旦响起，声浪就从圣湖的水浪上传播开去。

我们再度来到吉屋寺，玛旁雍措圣湖有时候会由一条河床漫溢出去，向西流进附近的另一面湖，西藏人将其称作拉昂错，印度人则称之为拉嘎湖。这里的湖床通常是干涸的，因为东边的圣湖水面得高出六英尺才能漫溢过来。1846 年探险家亨利·斯特雷奇在这里的时候就发生过一回。后来在古兰给我的信中得知，1909年也同样漫过一次水。但现在湖床还是干的，对这个问题的彻底调查研究是我此行很重要的一个任务。不过关于这个话题得另写一本书才说得完。

我这样自由行事，惹得西藏人大为光火。离此地最近的巴噶地区首领想逮住我，从一个营地追到另一个营地，可是每一次他的手下纵马赶到我们的帐篷前，等着他们的无非是一句："他在湖上呢，有本事你就去抓他。"还没等他们赶到湖的另一边，我已经朝相反的方向坐船回来了。结果他们越追越糊涂，八成以为我只是一个虚构的传说。不管怎样，他们最后连我的面都没见上一回。

然而地区首领很快就给吉屋寺送去了最后通牒。要是我自己不主动出现在巴噶，他的手下就会夺去我所有的财物，用牦牛运到巴噶去。对此我的回答是："很好，随你便！"于是一支小部队真的带着十五头牦牛来了，我们很乐意地帮他们把行李装上牦牛。他们就这样得意地走了，我一半的手下人也跟了他们一起去。我则带领余下的另一半人去了拉嘎湖。根据西藏人的说法，拉嘎湖与玛旁雍措圣湖恰好相反，掌控在魔鬼手中。在前一年的冬天，有五个西藏人抄近路从结冰的湖面上走，结果冰层破裂，五个人全部淹死在湖中。拉嘎湖的形状像个沙漏，南半湖较之北半湖要更圆大一些。我们在湖东岸扎营，这里正是南北湖之间最狭窄的颈口。第二天早上，我们开始测量水深。尽管风很大，我还是平安无事地渡过湖面。但是大风继而转变成飓风，我们在湖西岸被困了整整一天一夜。次日早晨，我们顶着猛烈的狂风回到营地来。此后，似乎所有的事情都在跟我们作对，风暴整日整夜肆虐。于是我们只好把船收拾起来，用最后剩下的一头骡子运走，自己骑马绕着乱石嶙峋但美丽无比的湖岸游走。

有一天晚上，我们在拉嘎湖南岸一处陡峭的岬地扎营。湖中有一座叫拉齐多的岩石小岛。每年5月份，野雁在岛上平坦高地的沙石里产卵繁殖。拉萨政府雇了三个人专门保护这里的野雁不受狐狸和野狼的侵袭。这三个人一直待在岛上，只要湖面一结冰，可以安全走人，从湖冰上走上岸来。但是有一回，他们还没来得及离开岛屿，春天的一场风暴就将冰层完全打破。于是他们只好在拉齐多岛上待了八个月，每日就野雁蛋和野草为生。

我也想去野雁岛看一看。我让罗伯特和伊舍划船，以便从湖岸乘船下水。我们出发时刚过中午，预计晚上回来，准备打一只野雁当作我的晚餐。我们的营地有高耸的山壁遮挡，所以没注意到在刮大风，直到船驶离湖岸一段距离之后才发现。船借风势飞快地向小岛驶去，最后费了半天劲才在一处小水湾登陆。天气这样糟糕，休想再划船回去。我们便把船拉上岸来，将小岛细细勘察了一番。这个岛实在是小，徒步绕行一圈也只要二十五分钟。

野雁繁殖的地方空空如也，不过沙子里埋有数千只雁蛋，所以在大风平息、划船回营地之前，我们有足够的食物可以吃。我们敲碎了几个雁蛋，却发现蛋已经腐坏。我们又试了许多只雁蛋，最后总算找到八个保存在沙子底下可以吃的蛋。伊舍身上还带了一口袋的糌粑。在为野雁垒建的一座石头墙的避风处，我们生起火，把雁蛋烤熟，吃了晚饭。就像几年前在楚克错湖一样，我又想起如果船给大风吹走的话，情形就危险了。

我们就在沙地里睡觉。第二天清晨，东方还没有泛白，就返回了营地。拾的野雁蛋已经干掉了，可我还是吃得津津有味。这天早上从巴嘎来的一位首领又带来一份严厉的最后通牒。我们准备了丰盛的宴席招待他。我跟他开玩笑道："你放心，我会跟你走的。"接下来在席卷整个地域的风暴中，我们骑马绕湖一周，并且穿过萨特莱杰河以前从拉嘎湖流出来时所形成的旧河床，最后在一天深夜抵达巴嘎。

该地区的首领终于将我捕获在网中，甚是满意。不久返回拉达克的最后旅程就要开始，沿主路经过圣山冈仁波齐峰以南的哈雷布地区。我对首领回复说我会按照他们的要求返回拉达克，条件是他们允许我在哈雷布逗留三天。对此他们并不反对。

我在9月2日出发了，随行的有一位级别较高的喇嘛及其红衣僧人随从和一支配有各种装备的旅队。我们在哈雷布平原支起帐篷，这里可以望见地球上最神圣的山脉。

第五十九章　从圣山到印度河源头

到了第二天早上，我们已经准备好捉弄一下这些顽固的西藏人。我已经成功地在两座湖泊待了一个月，既在玛旁雍措测量了水深，又拜访了圣湖边上的八座寺庙。现在不论付出什么代价，我也想完成环绕圣山之旅，这是所有朝圣客的愿望，而且尚没有一个白人实现过。

9月3日一大早，我派次仁、南吉欧和伊舍三人带上三天的口粮前往从冈仁波齐峰延伸出来的河谷。等他们走了以后，我骑上马和洛布桑跟随他们的足迹而去。我的帐篷还留在哈雷布，这样地区首领还以为我当天晚上就会回来。

我们进入一道美丽而空幽的河谷，两边是绿紫色砂岩和砾岩所形成的垂直高耸的山壁，路上还遇见几队朝圣客。他们都是徒步赶路，互相也不说话，嘴里只是喃喃念着那句经久不衰的六字真言。我们在尼安底寺休息了几个小时，在寺里众神殿的佛坛上有两只象牙，据说是从印度飞过来的。从寺庙屋顶眺望圣山，景色确实壮美。山的形状像是一个四面体，立在四面垂直的底座上，其峰顶覆盖着终年不化的积雪和冰层，冰帽边缘融化的雪水泛着泡沫喷流而下，仿佛新娘的面纱。

再往河谷里走，两侧皆是花岗岩石。我们就像是在巨大的城堡、高墙和塔楼之间徜徉。在右手边河谷的开口处，不时能看见冈仁波齐峰的峰顶。不管从哪个角度看，圣山都是那么让人神魂颠倒。

头一晚上我们和其他朝圣客一起在狄日普寺的屋顶上过夜。

从朝圣客那里得知，印度河的源头距离此地只有三天的路程！我们要不要继续往那里去呢？不行！我们一定要先完成预定的计划，日后再说！

于是我们继续按朝圣客转山的路线前进。南边的圣山看上去像一座巨大的水晶石头。沿途经过一堆堆虔诚的朝圣徒堆砌而成的许愿石标，密密麻麻有如一座森林。石堆中间还躺着一位老者的尸体，他这辈子的朝圣之旅是永远地完成了。我们朝着一座垭口爬上去，道路十分险陡。一座山头上立着一块庞大的花岗岩石，岩石底下有一条狭窄地道，从松软的地表层穿过去。西藏人相信无罪之人可以从地道爬过去，而身负罪孽的人就会在地道里卡住。伊舍很勇敢，说让他来接受考验。他钻进黑漆漆的地洞口，用胳膊肘和脚用力往地道深处爬。他趴在地上稳住身子，脚指头乱蹬一气，弄得尘土飞扬，可就是爬不进去，他是卡在那里了。我们捧腹大笑。洛布桑笑得直吼，南吉欧撑不住只好倒身坐下，次仁也笑出眼泪来。我们听见伊舍这个已经揭下面具的罪人在地底下近乎窒息地喊救命，不过为了他的灵魂起见，我们还是让他在地洞里多卡了一会儿。最后我们拽住他的腿，把他拉了出来。他看上去就像个蔫蔫的泥人，比以往也更郁闷了。

朝圣者从西藏的四面八方聚拢到冈仁波齐峰，这里号称"神圣的冰山"抑或"冰宝石"的。这座圣山就是地球的最中心，其峰顶之上是湿婆的乐园。前来转山的人可以减少轮回转世的痛苦，离超脱的涅槃也更接近，而且他的牲口会长得膘壮，财富也会增长。我们遇到一位老者，他已经环绕圣山九次，并且还要再转上四次。他从清晨跋涉到晚上，再有两天就完成整个旅程。有些朝圣徒觉得走路转山还不够，干脆俯伏倒地，用手印标出倒地的位置，站起身，走到手印标记的地方，再次拜倒在地，一路如此循环不止。照这样的朝拜法，转过圣山一圈要花上二十天时间。

我们终于爬上卓玛拉垭口，这里海拔一万八千六百英尺（五千六百六十九米）。垭口上有一块巨大的石头，还有一根杆子，上面绑着幡旗和绳子。忠诚的信徒拔下一撮头发或敲下一颗牙齿，塞进石头缝里奉献给神灵。他们还从衣服上撕下布条，绑在绳子上，继而俯伏倒地绕石头一周，以此向冈仁波齐峰的山神表达崇敬之意。

从卓玛拉垭口开始，路变得很陡峭，前方通往总是冰冻的喀瓦喇措。四名喇嘛教徒徒步与我随行——因为只有异教徒才会骑马走圣山的路——我则骑马从祖图普寺去往塔臣布仁寺，即转山路上的第三座寺庙。到这里我们就像转经轮一样绕山走完一圈，每走一步都能听见那句六字真言"唵嘛呢叭弥吽"，尤其是开头和最末的"唵"和"吽"字煞是神秘，拖的音非常长。阿诺德曾写道：

    莲花上的露珠！升起来，伟大的太阳！
    撩起莲叶，将我融入水浪之中。
    唵嘛呢叭弥吽，日出东方！
    露珠滑落闪亮的大海汪洋！

回到哈雷布后，我去拜访和善的地区首领，直截了当地跟他说我打算前往印度河的源头。经过漫长的谈判，他终于同意了，条件是旅队的半数人马直奔嘎托克，到那边等我。

他说："你自己要为这次行程承担风险。我们的人会把你拦下查问，还会遭到强盗的抢掠。"

我带上五名手下、六头驮运行李的牲口、两条狗、两支步枪、一把左轮手枪以及几天的口粮。最开始到狄日普寺的这段路程我们很熟悉。到那边以后，我们便离开朝圣客走的大路，转而进入外喜马拉雅山脉毫无生气的连绵山谷。第二天晚上，我们听见呼啸的信号声，于是严加看管牲口。翻过策提喇臣垭口（一万七千九百英尺）后，我们又穿越外喜马拉雅山的主山脊，这回是第四次翻越了。我们在山北坡的印度河畔扎营，这里还有一些牧羊人，他们正赶着五百匹驮载青稞的绵羊前往改则。

牧羊人中有位老人愿意陪同我们去印度河的源头，西藏人称其为"辛吉卡巴"，或"狮口"。不过老人索要七卢比一天作为辛苦费。我们还雇了他的八头绵羊，买了一些他们的青稞，足够我们的马匹吃上一个星期的。这位老人名叫裴玛，其价值真如金子一般珍贵。他跟我们走了五天，最后和他分别的时候，我们付给他四十二美元作为报酬，这对他来说是一大笔钱，对我而言则是以很低的代价就发现了印度河的发源地。

我们和裴玛老人一起爬上缓缓升高的河谷。我们把印度河的支流都抛在身后，这条著名的大河逐渐变得窄小。我们在较为开阔的一处水边停留了一会儿，结果一气捕了三十七条鱼，总算给我日复一日单调的菜单变了一些花样。再往前走，经过一块陡峭的岩石，有一群野绵羊正在上面攀爬。这些腿脚灵活的动物专注地盯着我们旅队看，一点也没有注意到唐德普索南已经蹑手蹑脚地摸到岩石脚下。只听一声枪响，一头帅气的野绵羊跌落进河谷里。

9月10日的晚上，我的帐篷就安在辛吉卡巴了！一口泉水分四条溪流缓缓地从一块平坦的岩石底下流出来，随即又重新汇成一条水流。泉水旁有三座高高的石堆标和一道方形的嘛呢墙，上面刻着有象征意义的美丽图案，证明此处是块圣地。这里海拔高度是一万六千九百四十英尺。大约四十年前，一位印度学者曾经来过印度河的上游。他在距离源头三十英里的地方渡河，最终没有来到这个重要的所在地。根据我出发前一年出版的地图，印度河的源头仍然被认为是在冈仁波齐峰的北山坡上，即外喜马拉雅山脉的南山麓，而实际上其源头是位于这座庞大山系的北麓。

阿利安（Arrian）在其著作《印度志》（第六册第一章）中描

写亚历山大大帝的时候,提到这么一个有趣的插曲:

"亚历山大起先以为他发现了尼罗河的源头,因为他在印度河里看见的鳄鱼别处都没有,只在尼罗河里才见过。他认为尼罗河必定是在印度的什么地方起源,之后流经一片广阔的沙漠地带,久而久之便不再叫印度河这个名字。不过后来又流到人烟密集的地方时,该地的埃塞俄比亚人和埃及人将其称为尼罗河,最后注入地中海。所以他在写给母亲奥林比娅斯的信中说起印度这个国度,谈过其他事情之后,他便说自己发现了尼罗河的源头。然而在他对有关印度河的资料进一步研究的时候,他从当地人那里获知如下细节——西达佩斯河与亚塞西涅斯河交汇,而亚塞西涅斯河又流入印度河,因此这两条河的名字都让位于印度河。至于印度河则有两个出口,由此注入大洋。但是印度河与埃及国并无任何关系。于是亚历山大大帝把写给母亲的信中那段关于尼罗河的话给删去了。"

看着这条大河从喜马拉雅山的河谷中奔涌而出,亚历山大大帝就以为自己身在大河的源头。他脑海里竟然冒出这样不羁的念头,觉得自己发现的就是尼罗河的源头,这只能归咎于他对印度洋的一无所知。他相信印度是与非洲大陆相连的,还以为他看见的这条从喜马拉雅山奔腾流出的大河会蜿蜒南下,继而北上,最后注入地中海。但是他很快就意识到,这两个大陆是由一片海洋隔离的,而印度河的河水正是流入这个大洋里的。所以在把书信发给奥林比娅之前,大帝还有机会纠正自己的错误。他并没有发现尼罗河的源头,发现的只是印度河的发源地。不过这么说也同样是错误的,因为亚历山大对印度河数百英里长的上游地带并不了解。而要在两千两百多年后的今天,也就是1907年9月10日,印度河的真正源头才得以发现。

我非常开心,因为我是第一个深入到雅鲁藏布江和印度河源头的白人,这两条大河自古闻名,像螃蟹的双螯一般环绕地球上最高的山系——喜马拉雅山脉。

这里远在当地官府控制范围之外，我们便继续挺进，穿过地图上空白地带的西部地区，来到阳巴梅森。由此我们再选择西边的一条道路去往嘎托克，途中翻越高达一万九千英尺（五千七百九十一米）的卓克提垭口，这时我们已经五次翻越外喜马拉雅山脉了。不过卓克提垭口并不算是我的发现，早在1867年楠辛就从这里越过，后来1906年英国人卡尔弗特也曾走过。但是还没有任何白人或印度学者穿越过我发现的安格丁垭口和策提喇臣垭口之间的未知地域，该地长达三百英里，面积有四万五千平方英里。广为世人所知的仅仅是当年赖德探险队勘探的伦布冈日山脉那零星几座高峰而已。鉴于西藏人的粗暴态度，我被迫将这片地域抛在身后，尽管这其实是我此行的主要目标。

我非去那里不可。要是没有完成计划或者实现自己的目标就返回家乡，那对我来说简直不可想象。首先我必须守在嘎托克和噶尔库沙，等候邓洛普史密斯上校将资金和其他物品从印度给我送来。我试图说服西藏西部的两位总督，准许我径直前往那片未知地域，可是他们完全不讲道理。这意味着旅队会损失更多的马匹和骡子，要走上六个月而不是一个月，并且要在可以置人于死地的冬天走过羌塘。

鉴于一路上遭到这么多顽固的阻挠，我心里逐渐形成一个明确的计划。如今噶尔库沙是一个重要的贸易集散地，大批从拉萨和拉达克来的商人在这里搭起帐篷，摆开货摊。我四下里传播谣言，说我已经受够了西藏，打算从拉达克前往东突厥斯坦的和阗，继而到达北京。我的中国护照上指明的就是这条路线。我在印度的那些朋友也不会看透我的真实意图。我甚至还写信给驻印度的路透社记者，也是我的朋友巴克先生，说我即将动身去和阗。只有一位从列城来的商人拉祖尔知晓我的秘密，我委托他安排一支崭新的旅队。我购买了他在噶尔库沙所拥有的二十头骡子，此外他还给我找来十五匹骏马。我自己手下只有五名老兵，显然人手不够。于是他写信去列城，代我雇用了十一名新侍从，他们会在德鲁古布与我会合。最后他购置了食物、毛皮、衣物和帐篷等粗重的装备，并且借给我五千银卢比。基于拉祖尔为我提供的巨大帮助，后来获得了瑞典古斯塔夫国王颁发的金质奖章，印度政府也向他授以"巴哈杜尔可汗"的荣誉称号。

11月6日，从印度运来的物资、六千卢比以及给我的信件终于到达噶尔库沙。就在这个时候，我得知英国和俄国在同一年（1907年）签署了一项条约，其中有一段与我密切相关：

"若非事先立有约定，大英帝国和俄国应相互约束，在未来三年内不得允许任何科学探险队进入西藏，同时呼吁中国方面依此执行。"

如此一来，我本来已经有英国、印度、中国政府与我作对，现在俄国也搀和进来。我不由得暗暗嘲笑那些好心肠的外交官，他们在谈判桌上制定法律来对付我。但眼下的问题是怎么悄悄地从拉达克溜走，从那里我将踏上商旅主路前往喀喇昆仑山口，再像前一年那样，转向东边进入西藏。等我一走到有人烟的地区，就乔装旅行。

万事俱备，我们立即动身去谭克西和德鲁古布。我把所有原来的随从都打发走了，包括罗伯特在内，因为等我走到先前曾经去过的西藏地区，只要有人发现他们中的任何人与我在一起，那么我的整个计划就注定要以失败而告终。和往常一样，老朋友分别，心里格外难受。可是事情也只能如此。他们全都哭了，不过得了丰厚的报酬，也算有些慰藉。于是我再一次独自一人立在亚洲内陆，对抗联合起来阻挠我旅行计划的四国政府。

不过拉祖尔雇来的十一名手下一来到德鲁古布，我也就不再是孤零零一个人。他们中间有八人是回教徒，三人是喇嘛教徒。旅队的领队名叫科林姆，其他人分别是库德斯、古兰姆、苏恩、拉塞克、萨迪克、洛布桑、昆区克、嘉发尔、阿布杜拉和索南。他们都是拉达克人，只有洛布桑是西藏人。这些人中洛布桑最为突出，不过他们的能力都是一流。我发表演讲，欢迎他们到来，并希望他们好好干，顺利到达和阗。他们对我的真实计划全都一无所知，连科林姆也是如此。所以后来他没有带上足够的青稞给牲口吃，却也情有可原。我告诉他要带上够两个半月用的青稞。可是去和阗最多也只要走上一个月便可抵达，所以结果他只带了足够一个月吃的青稞。

我们有三顶帐篷。我的那顶非常小，地上只能放一张折叠床和两只箱子，别无余地。旅队共有二十一头骡子和十九匹马。我自己骑那匹白色拉达克小马，它已经跟着我走过前一次旅程。四头牲口驮运银子和罐装食物，两头驮厨具，还有帐篷、毛皮及手下人的物品由另外几头牲口驮载。只有我和科林姆两人骑马。所有其他的牲口则装载我们自己吃的白米、面粉和糌粑，以及给牲口吃的青稞。我们只有两只狗儿，一只小棕和一只新加入的大黄狗。除此以外，我们还买了二十五头绵羊。

这下所有的人马都是新的。狗儿小棕、从本杰来的那头白骡马以及我的小坐骑是硕果仅存的几个老兵。我心里明白，即将打响的这场战役要比上一场来得更加艰苦。上回我们是在8月出发，而现在已经是12月了。我们就这么径直走进冻得人麻木的寒冬，接受摧枯拉朽的狂风的拥抱。此时的气温早已降至零下23℃，以后还会逐渐降到连水银都结冰的超低温。

第六十章　藏北寒冬的苦日子

12月4日是我们出发的头一天，走到夏约克村的这一段是整个旅程中最难走的路。这条路线穿过一道狭窄的河谷。谷地大半都被河水占据，河面上半是冻结的冰层，半是湍急的涡流。手下人负责运行李，牲口背上则只有驮鞍。给我扛行李的约一百名脚夫唱着歌儿消失在河谷里。过了一会儿，我和一名同伴骑马跟上。整个路程只有六英里长，我们却花了八个小时才走完。我们得一次又一次地来回渡河。河岸边上有些地方结了一条条厚冰，非常显眼，可是到后面冰带突然不见，害得马匹从冰带边缘一下子滑进打着漩涡的河水之中。河水有四英尺深。我们必须夹紧膝盖，以免从马背上翻个跟头掉进河里。有几回我们赤脚从河右岸的岩石上走过，这样就不用涉水了。但是马还得从水里过。苏恩在一处地方试图骑马涉水，可是河水太深，马儿脚下一滑，他掉到了水里，只得游到冰带边上，跟跟跄跄好容易才站稳脚跟。在最后一道浅水滩，脚夫光着身子把行李运过去，他们手里拄着木棍，这样走过全是石头的河底时好稳住身子。我骑着一匹高头大马蹚过浅滩，双脚还是浸透了水。这些脚夫在河两岸来回运东西，却不会给冻死，真让我觉得惊奇。有一个脚夫卡在了河中央动弹不得，只好等同伴去救他。我们在河岸上生起火来，好让脚夫们暖暖身子。

在夏约克村，所有的驮鞍都就着营火烤干了。我们所在的位置是海拔一万二千四百英尺，下回要等上很久我们才能再次回到这么低的高度了。

我们在最后一夜办了个告别晚会，村里的姑娘围着熊熊的营火跳舞，一旁有人奏乐助兴。

12月6日，又一次死亡之旅开始了，这是我在西藏经历的一次极为艰苦的旅程。我们带上夏约克村的牧羊人塔布吉斯，让他给我们放几天羊。很快我们就发现他是位神射手，干脆把他留在旅队里。这样我们旅队共有十三人。

我们费力地在夏约克河谷里缓慢行进。路上遇见从莎车及和阗来的旅队。其中有一个人走到我面前，送给我两大把桃干。

他问我："你还记得我吗，大人？"

"当然了，你是穆拉啊。"

从1902年与我分别到现在，他都没有回过家！现在他请求再次跟我们上路，但是我们已经没有位置给他了。路边散落着几包丝绸，那是旅队里的牲口中途死去而遗弃下来的。我们向着北方前进。夏约克河谷里的路很糟糕，全是乱石头、冰雪和湍急的水流。气温已降到零下25度。大黄狗躺在地上发出声声尖叫，表示对低温的愤怒。除此之外，四下里一片寂静，只感觉到冬日的寒气从四面八方侵袭而来。突然间我听见新伙夫古兰姆的帐篷里传来奇怪的哀鸣声。原来是狗儿小棕又给我们生了四只小黑狗，和以前在日喀则的情形一样。四只小狗中有两只是母狗，直接被扔水里淹死了。我们对另外两只公狗倍加呵护，一路上昆区克都把它们贴身揣在毛皮里。这条贯穿东突厥斯坦、喀什米尔和印度的商旅之路无疑是世界上最难走的路。其他的不说，这也是海拔最高的一条路。我们在布莱克营地遇见的一支从莎车来的旅队死了二十四马。上路之后，才走了两个小时的路程，粗略一算，沿途已经看见六十三头牲口的遗骸了。

在第283号营地附近没有牧草。我检查了一下余下的青稞，结果发现仅够吃十天的！

我问老领队："我不是告诉你要带上两个半月的青稞吗？"

他犹疑地说道:"你是说了,不过只要再走两个星期,我们就能在去和阗的路上从赛图拉买到青稞了。"

我严厉地训斥了他。不过话说回来,这还是我的错,出发之前也没有检查一下补给的情况。现在再返回拉达克也休想了,因为如此一来,我的真实计划就要曝露天下。我坐在零下35度的寒气里熬了大半个晚上,仔细研究地图。这里距离去年秋天扎下的第8号营地有九十六英里,那边的牧草却是很好。从那里再走四百英里,可以到达彤措湖,我也想由彤措湖直接进入到湖泊以南的那片空白地带。在抵达彤措之前,我们就能遇上牧民,可以跟他们再买一些牲口。计划就这么定了,不管要经受多少个折磨人的昼夜,我也要一直向前进,绝不后退半步!

我们应尽早离开向北延伸的喀喇昆仑路线,转向东边和东南边的西藏内陆,而且越快越好。12月20日,我们路过一座横向的大山谷,禁不住走进山谷,想抄近路赶到东边去。往这个方向辛苦地走了一整天,结果发现这座山谷逐渐缩小成一道峡谷,最终只余下一条裂缝,就连小猫想从缝中挤过去也难。我们只好就地扎营。这里找不到一棵草给牲口吃。马匹就互相咬彼此的尾巴和缰绳。气温低至零下35度。第二天早上,我们原路返回。我骑马走在最后,库德斯徒步走在我的前面。我们经过艾沙的那匹日喀则白马的尸体,已经僵硬得如石头一般。

我们再次回到死马遍地的大路。山谷里弥漫着阴森恐怖的气息。一路不断见到动物的遗骸,有的被积雪覆盖了一半,狗儿冲着尸体狂吠。南面吹来一股强风,卷起的红色尘土像落在雪地上的一条条血丝。此处号称"红山洞",果然名副其实。

我们就在这里扎营休息,以便第二天早晨,也就是圣诞节前一天,能爬上比现在高出一千英尺的达普桑高地。在这里遭遇暴风雪的袭击,很可能置人于死地。所以手下人心情都很紧张。直到天色完全暗下来,看管绵羊的那两个人才带着余下的十二头羊从后面赶上来，而其他的羊都已经冻死了。我们没有燃料。大家围坐在几根烧着的木棍前，忧郁地唱着赞美真主的颂歌。一般来说他们都是唱节奏欢快的歌曲，但是听见这样深沉而严肃的曲调，我就知道他们觉得自己是陷入困境了。

圣诞前一天阳光明媚，我们爬上达普桑高地。我骑马走在前头，转向东边，离开了通往和阗的大路。手下人搞不懂我脑袋里究竟在想些什么。他们盼星星盼月亮，只盼着到和阗大吃特吃葡萄和内容丰富的肉锅，不料我却把他们带进这片积雪覆盖又寒冷的可怕荒地。

有些地方的积雪可以承受住马的重量，但还是经常坍塌下去，牲口好像海豚扎进水里一样，一下子掉进五六英尺深的雪洞里。眼前的一切都是白色的。旅队在白皑皑的雪地是唯一的一抹黑色。圣诞节这天扎下的营地里，早上九点的气温是零下27℃，到了晚上最低降至零下35℃。清澈皎洁的月光洒向这片死寂的营地。我读了圣经里圣诞节常读的那个段落，只听见外面的冷风把帐篷吹得劈里啪啦直响。有一件事很让我担心，万一暴风雪从高山上横扫过来，把雪地上显示路线的印迹都覆盖在底下，那可如何是好？第二天早上我们发现死了一匹马。

我们跟着羚羊踩踏出来的一条路径向东去。还是没有牧草！现在只剩下两袋子青稞。等青稞一吃完，就得给牲口吃白米和糌粑了，好在这些还有充足的分量。大家都发起愁来。我又一次听见唱给真主的诡异颂歌。科林姆每天晚上都要向真主祷告，祈求真主宽恕其他人。也许他们是对的，也许我把目标定得太高了！但是我们还是继续向前，即使徒步乞讨也在所不惜。

我们走在一座山谷里，这里的积雪比较少。我们左边的斜坡上有黄黄的东西在闪着光。原来是草！我们就地休整，牲口们驮着东西就跑到草地那边去了。苏恩心花怒放，跳起滑稽的舞蹈，看得大家兴致高昂。草地上有一头死掉的骡子。附近有野牦牛，

453

于是我们又有了燃料。二十二头野绵羊正在一处山岩斜坡上攀爬。

我把科林姆、古兰姆和库德斯喊到我的帐篷里，把我的旅行计划透露给他们。我跟他们说我想穿越的那片未知的广阔区域，还说西藏人监视着我的一举一动，等我们遇上第一批牧人，我很有必要乔装打扮。这样一来，科林姆就成为我们旅队的首领，而我则是他手下最微不足道的一个小仆人。他们听了面面相觑，诧异不已，不过嘴里还是念着阿门——应承，心里其实在想，要是没给这么一个疯子召进旅队该多好。

我们来到喀喇喀什河谷。和阗河有两条支流，这就是其中一条。我还记得十三年前的那次沙漠之旅，那时和阗河可是救了我的性命。在这里我们同样尝试抄近路进入西藏内陆，然而不必要地多走了两天很辛苦的路，人和牲口都累坏了，结果还得掉头重来。1908年这新的一年就以这样糟糕的旅程开始了。

我们还是得继续往东走，沿途翻过两座高耸的山口。一头野牦牛冲着我们跑过来，不过一会儿就意识到自己犯了大错，随即转身而逃，惹得狗儿在后面直追。过了第二座山口，积雪就不见了。我们在最后一个雪堆上装了两袋子雪。我们在一个开阔的山谷里扎营，因为这里找得到燃料。所有的牲口都被带到有野草的地方去，那边还有一口结冰的泉眼，可以给牲口提供点水喝。到了晚上，牲口们又跑出去寻找更好的牧草。它们跑得实在太远，第二天手下花了一天的时间才把它们赶回来。此时我独自坐在帐篷里，身旁有小棕和狗宝宝陪伴我。另一只小狗已经死了。一种怪异的孤寂紧紧揪着我的心。只要天上挂着太阳，一切都还可以忍受，因为此时高山和云彩的形状与色彩都清晰可见。但是日落之后，漫漫冬夜和刺骨的寒气就要到来。

1月8日，一匹马和一头骡子死了。第二天，我们只走了几英里路，就来到一口出水量大的泉眼边。从这个营地（第300号）能看见东边的羌塘，去年我曾经到过那里。又走了一天，我们在一处水草丰沛的地方停下，以前这里是第 8 号营地。艾沙墓前的石堆像一座灯塔似的高高立在山头之上。1 月 14 日，气温竟然降到零下 40℃！想要让身子保持温暖简直是不可能的事情。我的脚冻得实在厉害，每天晚上都要让古兰姆给我摩擦双脚。塔布吉斯在第 306 号营地附近射中了一头野绵羊和一头羚羊。队中余下的最后两只绵羊由此逃过一劫。

转向东南方以后，我们置身于茫茫群山之中，且常常受到风暴的连续打击。旅队里四分之一的牲口已经死去，而现在最后一头在本杰买的骡子也倒下了。每天我们几乎连六英里都走不到。青稞已然告罄，于是牲口吃起白米和饭团。这是个灾难的时刻，每天都要损失一匹马或一头骡子。

狄西和罗林曾经去过的阿尔巴措湖恰恰横在我们的路线上。洛布桑给我们带路。湖泊的中部非常狭窄。洛布桑径直走上透明如水晶的冰层。冰面上有一些裂缝，里面存有松软的积雪，牲口正好能踩进去。不然的话，猛烈的狂风就要把整个旅队给吹跑了。在更远一点的湖岸上，一股股泉水喷涌而出，迫使我们只能绕往山上。湖畔的一道内湾长有很好的牧草。我们把两匹马和一头骡子留在了那里。我们还能不能活到遇见游牧民的时候呢？

我们硬着头皮顶着一场风暴，登上有一万八千三百英尺高的山口。路上死了两匹马。这下科林姆也只有徒步前进了，因为我们需要他的坐骑。积雪足有一英尺厚。我和库德斯远远地落在其他人后面。我们俩发现索南和苏恩倒在雪堆中。他们感到心脏和阵阵头疼痛，无法走下去。我让他们好好休息一下，然后跟随我们的足迹赶上来。到了晚上，他们才拖着疲惫的身子来到营地。科林姆垂头丧气地走进我的帐篷，说如果十天之内再找不到游牧人帮忙，我们就都没戏了。我回答道：“是的，我很清楚。你去给其他人鼓鼓劲，照管好牲口，一切都会好起来的。”

1 月 13 日这天走得非常艰苦。遍地都是积雪，有两英尺厚，有的地方还厚达三英尺。两名手下手持木棍在前面做向导,领着我们这支垂死的旅队爬上一道山口。在这么高的海拔高度,厚厚的积雪连最棒的牲口都能放倒。天还在下雪,强风像匕首一般切过我们的皮肤。大家全部排成一队,沿着两位向导踩出的足印向前行。时不时有马匹或骡子摔倒,只得将它们再扶起来。一匹棕色的马跌倒在地,才过几分钟就死了。飞旋的雪花落在它的身上,像是盖上了一件精细的白色寿衣,而此时马余温尚在。我们前进的速度慢得让人绝望。我们都怀疑自己是不是还有力气登上这座杀人不眨眼的山口。我坐在马鞍上,手脚都冻得完全麻木了。尽管如此,我还是不敢对地图、罗盘和怀表有丝毫大意。我手握铅笔,就好像是握着一把榔头。这座山口和前面那座一样高。我们缓缓地下山,不久就陷在了一码深的积雪里。我们把积雪铲成堆,费力地搭起帐篷,这时疯狂而愤怒的风暴一阵紧似一阵,卷起细小干燥的积雪在我们周围飞舞。夜色随即降临。即便周围有牧草地,有积雪的覆盖,我们也不可能找得到。我们把牲口都拴好。风暴在周围咆哮,不过我依稀能听见手下人帐篷里传来肃然的颂歌声。第二天早上,又一头骡子死了。

  1月的最后一天,我们只走了三英里就走不动了。四头老牦牛正走在营地上方的斜坡上,结果都栽在雪堆里。我在这里把所有的行李都细细检查了一遍。不是绝对必需的东西全部堆成一堆,一把火烧了。我们把所有的行李箱都捣碎,以后当柴火用。箱子里的东西都用袋子装起来,这样牲口驮运起来更轻、也更方便些。

  鹅毛大雪下了一整夜。已经越过的几座山口肯定给大雪封住了。只要我们在其中一个山口上赶上这场大雪,就会给困得死死的。至少现在我们不用担心北边会有什么人追过来。至于东南边会有什么命运在等候,我们也只有暗自揣测了。我们继续沿着一座开阔的大山谷走。雪下得小了,天也变得晴朗。到了舍门措湖,我们就在湖西岸附近水草较好的地方扎营,并在这里休息了三天,因为大家实在是筋疲力尽了。风暴不停息地肆虐了两个星期。我像是个囚犯一样坐在帐篷里。狗儿小棕和我都盼着春天快些到来。可是呢，还要再等上四个月啊！在隆冬时节出生的狗宝宝还不知道温和的春风吹在身上是什么感觉。

2月4日，太阳升起来探了个头就不见了。一匹马和一头骡子死了，我们带着最后的十七头牲口沿着舍门揩的北岸前进。这里的景色很美丽，高山呈焰火色。湖岸边有一圈圈线条，显示出湖水逐渐干涸的过程。

每天我们都能看见游牧民和猎人的足迹。旅队里疲惫的牲口又死了两头。我还是骑那头拉达克小白马，不过它现在也累坏了。它走在平坦的地面上也还跌跌撞撞的。小白马突然倒地，我也跟着摔在硬实的西藏土地上。自此以后，我也不再骑这匹马了。

我们在一座开阔的峡谷中扎营。科林姆来到我的帐篷，声音严肃地向我报告，说看见北边有三个人。我取出望远镜走出帐篷。距离确实非常远。因为有幻景，这三个人看上去非常高大。我们观察了好长一段时间。最后他们走得近了，才看见原来只不过是三头吃草的野牦牛。

和去年一样，我心里左右矛盾。一方面，我希望跟游牧民购买一些牦牛和绵羊。另一方面，远离人烟的话，我们的处境也会更安全，因为只要一和游牧民打上交道，关于我们旅队的传言就会在西藏人的帐篷间传播开来，这样我们遇上阻力的风险会与日俱增。然而当下最迫切的问题是在我们的牲口全部倒下之前，赶紧找到当地的游牧民。

第六十一章　成了牧羊人

2月8日，我们又经历了特别的一天。在穿过一座开阔的大山谷时，我们看见一只藏羚羊在头顶之上一百英尺的高处。藏羚羊没有逃跑，我们注意到它有一只后脚卡在了陷阱里，可怜的藏羚羊挣扎着想脱身。狗儿冲上前去，不过两个手下把狗儿赶跑了。我们宰杀了藏羚羊，就在附近扎营。这个陷阱是用有弹性的藏羚羊肋骨做成一个漏斗，再牢牢绑在一圈硬实的植物枝条上。漏斗放在一个地洞的底部，完全隐藏在里面。西藏的猎人从远古的时候就知道，藏羚羊走到几百码长的小石堆前会停下脚步，然后紧挨着这排石堆一直走到头。不久这些石堆边上就踩出一条路来，而陷阱也就设在这条路上。

很显然，现在我们离藏民的黑帐篷不是很远了。我们还看见两个人刚刚走过的足印。可能已经有人在注意我们，这时我再乔装打扮为时已晚。我把手下叫到帐篷里来，让他们熟悉自己要扮演的角色。我们假扮成十三个拉达克人，侍奉一位富有的商人古兰姆拉祖尔。科林姆是旅队的领队，有十二名手下，我就是其中一个，名叫哈吉巴巴。古兰姆派我们来这个地区调查一下，看明年夏天是不是值得派一支大型商队前往西藏西部购置绵羊毛。我们正说着话，洛布桑过来报告说看见远处有两顶帐篷。

我让科林姆和另外两个人去那帐篷看看。三个小时后，他们带着鲜奶和一头绵羊回来了。那两顶帐篷里住着九个人，包括大人和小孩。他们有一百五十头绵羊，但是主要吃陷阱捕获的藏羚羊肉。科林姆把那头我们在陷阱里抓获的藏羚羊也一并换成钱付给他们。这个地方叫作瑞奥琼。六十四天以来,这是我们第一次见到自己以外的活人。

现在我们得准备好随时遇见更多的牧民,所以我穿戴上拉达克人的行头,这样从外表看来和我的手下都是一样的装束。只有一点,衣服过于整洁干净了。不过没过多久,营火的煤灰和吃饭时沾的油脂就把衣服搞脏了。

在第329号营地,我那匹小坐骑已经累得不成样子了。其他的牲口在稀疏的草地上吃草,而它却仍然站在我的帐篷边上,双眼和鼻孔下挂着冰柱子。我帮它把冰柱子去掉,又拿些饭团喂给它吃。

2月15日,我们旅队缓缓地爬上一座新的山口。我骑马打头阵,在山口(一万八千五百五十英尺)最上端我停下来等候。身后朝向西北方的景色甚是壮丽,仿佛是波涛汹涌的大海突然定格,浪尖又盖上令人炫目的雪原。板岩、斑岩和花岗岩呈现出各种色影。我一直等到九头驮运行李的牲口爬上来。另外四头给疲惫击垮了,手下人只好帮它们把部分行李扛上来。我们从这里下到一个满是乱石的山谷,里面的积雪相当深厚。我们将雪块在火上烤化了喂给牲口喝。天黑以后,落在后面的人带着一头骡子来了,而其他三头牲口——包括我的那匹拉达克小白马,都死在路上。自从我们一同离开列城到今天为止,已经过去了一年半的时间。这匹马儿在山口顶端这么一个特别的地方结束了生命,它的尸骨将会经历冬日风暴的洗礼以及夏天阳光的暴晒而后变成白花花的尸骨。它离去之后,我的生活莫名地空虚起来,大家都感到一丝凄凉。如果再翻越这样一座山口,恐怕整个旅队都要毁于一旦。

眼下旅队的行李对于剩下的十头牲口来说太沉重了。我所有的欧式衣服,除了一些内衣以外,一概扔到火里烧掉。我还舍弃了毛毡垫子、不需要的厨具以及我全部的洗漱用具,连刮胡刀也丢了,最后只留下一块肥皂。除了一盒奎宁以外,一箱子药品也扔了。所有可以放弃的书籍都付之一炬。我们就好像乘坐在热气球上，为了能飘浮在空中，把热气球上的重物都扔了出去。

在前往名叫兰琼措的小湖泊的路上，我们经过大片平原，有羚羊在跑动，显得生机勃勃。这是在一大块未知地域的边界上。我们很快将狄西和罗林当年走的那条路线抛在身后。湖面上结了厚厚的冰层。我们在上面敲开一个洞口，把一些金属物件，包括贵重的备用仪器都沉进湖水里。

经过第二天的行程，我们来到一座相当大的金矿，这个矿位于一条溪流之上，有石闸相隔。我们望见远处有牧民的帐篷，不过没有上前。塔布吉斯射到五只野兔，正派上大用场，因为我们的肉已经吃完了。在一座美丽而宽广的山谷中，我们至少看见一千头野驴，左一群右一群，再往前走，又有五大群。其中一群约有一百三十三头。要想描述它们优雅的举止简直比登天还难，只见它们围着我们的旅队绕成一圈，仿佛在嘲笑我们。恍惚间还以为是隐身的哥萨克骑兵在骑着这些野驴，同时叫喊着发出指令。这些野驴跑起来队列非常齐整，脚蹄踩出的声响整齐划一。

在第341号营地附近，我们发现一些牧民，便跟他们买了鲜奶、黄油和两只绵羊。从这里我们拔营前往两座处于洼地之中的小湖泊。离湖岸不远的地方，有两个牧羊人在放羊，还有一个人赶着六头牦牛。我们在这里扎营。此处的海拔高度只有一万五千二百英尺。洛布桑和塔布吉斯走到附近的一个帐篷边上，一位老人出来问道：

"你们想干什么？你们去哪里？"

他们回答说："去萨嘎宗。"

"你们说谎。你们给一个欧洲人做事，还不说实话！"

他们两个垂头丧气地转回来。科林姆的运气稍好，又买回来一只绵羊和一点鲜奶。

我们本打算第二天继续前行。但是已经肆虐了三十天的风暴转变成了飓风。想要出发简直不可能。空气里满是飞扬的尘土，我们连山谷的开口在何处、路上的高山在哪里都看不见，于是只有原地等待。附近的藏人来看我们。那位态度高傲的老人一听说我们愿意付给他三十八卢比，跟他换十二只绵羊，终于心软了。双方一手交钱一手交羊。我仍是躲在帐篷里不出来，外面狂风呼啸。天气很冷，我觉得自己真要冻得浑身麻木了。

之后我们继续上路。现在旅队里还有三匹马、六头骡子和十二只绵羊。绵羊也驮行李了，五只绵羊驮的东西加起来抵得上一头骡子的量。走到一处地方，一座山头向外突出，两只狗冲我们奔过来。我们没注意到那边立着两顶帐篷。住在里面的藏人卖给我们一些绵羊。这下我们的羊群共有十七只了，希望不久就可以不用再靠那些疲惫不堪的牲口来驮运行李了。

狂风一路上在我们后面刮个不停，在这样的鬼天气里骑马简直是受罪。大风把地面刮出一道道沟壑。大风咆哮，仿佛是高压水柱浇在着火的房子上，抑或火车隆隆地驶过，又像是重炮车队从石子路上开过。3月6日，大风裹挟着沙土和碎石猛烈轰击，我们在一座咸水湖畔穷尽力气想把帐篷搭起来。等帐篷总算搭成了样子，却因风力过猛差点爆掉。这时拉达克人已经没有力气再搭他们自己的帐篷了。我让几个人爬进我的帐篷里，其他人躺在帐篷外的避风处等候。这趟穿越西藏高原的旅程实在是不愉快！

第二天我骑马走在前头，库德斯和古兰姆两人跟着我。一条冰封的水道拦在我们面前，冰面跟玻璃一样透明。我们在一个小冰缝里生了一堆火，原地等待其他人赶上来。等我们越过这条冰带的时候，我们最好的一头骡子滑了一跤，把后腿给扭伤了，站都站不起来。我们想尽了办法去帮它，可是所有的努力都白费。它还是不能走路，最后只好把它杀了。第二天早上我们继续向南走，狗儿小棕和大黄待在死骡子那里，趁肉还温热，饱餐了一顿。

我再次和古兰姆、库德斯两人打头阵。四下里一片浓厚的雾霭，古兰姆走在最前头，如果看到前方有帐篷就警告我们。风暴还是跟往常一样呼啸。突然间，古兰姆伸手示意我们停下。透过雾霭，隐约能看见几百步远的一道峡谷右边，有一座石头房子、两间草屋和一堵墙。这时再掉头转回去为时已晚，不然的话我们早就退回去了。现在我们很可能和某个地区首领碰个正着，而他自然会阻止我们继续向南行进。我们从房子边上走过，没看见人也没见到狗，便偷偷躲进向外突出的悬崖底下的一条缝隙里，悬崖上还有两座佛塔和一堵嘛呢墙。

这时尘云散开了一会儿，我们看见山谷的另一边还有一顶黑色的大帐篷。我们的人终于都到齐了。他们损失了一匹马。当初旅队中的四十头牲口，如今只剩下两匹马和五头骡子。科林姆和昆区克走到那大帐篷去，里面住着一位懂医学的喇嘛。帐篷内部装饰得像是个小型寺庙殿堂。这位喇嘛也是当地牧民的精神导师。这个地方叫纳果荣。地区首领葛兹随时都可能回来。我们真运气，没在这里碰上他！我的手下很快就和首领的妹夫打得火热，他卖给我们五头绵羊、两头山羊、两驮大米、两驮青稞和一些烟草。

3月10日日出时分，又有两个西藏人带来绵羊要卖给我们。我们自然乐意买下。我乔装打扮停当，把脸涂成褐色，和塔布吉斯及另两个人走在前头，一起赶着驮运物品的三十一只绵羊。西藏人站在一边看着我们。他们应该不难看出，我压根没有放羊的天分。我这辈子还从没做过放羊倌。我跟手下人一样舞动着木棍，吹着口哨，嘴里发出奇怪的吆喝声。可是绵羊就是不听我的话，想往哪里跑就往哪里跑，我也跟着跑得上气不接下气。等我们终于走出那些帐篷的视线，我躺倒在一条缝隙里等待大部队，心里直开心，因为下面又可以骑马了。

我们穿过一条浮沙地带，往西南方向前进，强风吹在脸上。风中的沙粒不断和我身上的毛皮摩擦，毛皮都带上了电。我只要一碰到马匹的鬃毛，就会闪出电花。晚上我们在一个羊圈边上扎营。

　　狗儿小棕和大黄没有赶到纳果荣。自它们和那头死骡子待在一起之后，就没有人再见过它们。我希望它们还能找到旅队，就像从前那么多回一样。但是飓风很可能已经把我们的足迹与味道都吹没了。从此我们再也没有见到它们。夜里我独自躺在帐篷里，有多少次都幻想着帐篷布突然掀开，我一路上的伙伴——小棕爬进来，躺在自己的那个角落！然而每次都是大风把我骗了。我能想象心情糟糕的狗儿没日没夜地绝望奔跑，在我们曾经走过的山谷里搜寻我们的足迹，可总也找不到。我还能看见它爪子受伤了，坐在那里对月哀鸣。它这一辈子都是在我的旅队里度过，而今却把我们弄丢了。对小棕的思念在我心头萦绕了很久。我甚至觉着狗儿的魂灵无处不在——那只可怜、孤寂又遭人遗弃的狗儿在祈求帮助。可是小棕的命运之谜团——究竟是和大黄狗一起跟随了牧民，还是精疲力竭成了野狼的牺牲品——一直也没有解开。

　　3月15日，我们在彤措湖西岸搭营；此湖是楠辛在1873年发现的一个小湖泊。此处的高度只有一万四千八百英尺（四千五百一十一米）。我们现在处于那片未知地域的北边缘。如果我们能成功地深入南方，一直走到雅鲁藏布江，这样我们就可以穿越空白地带的中心。这时最重要的是如何聪明地出牌。

　　科林姆去了两顶帐篷，他和里面的两个人有如下对话：

　　他们问："你们有多少人？"

　　"我们是十三个人。"

　　"你们有几把步枪？"

　　"五把。"

　　"你来的时候，另外一个人骑马走在前头。你却自己走路。那个骑马的是欧洲人吧。"

　　"欧洲人冬天从来不出来旅行。我们是从拉达克来买羊毛的。"

　　"拉达克人从来不走这条路，起码冬天不会走。"

科林姆又问他们:"你们叫什么名字?"
"唐度普和胡伦度普。"
"你们有没有牦牛和绵羊可以卖?"
"你出什么价钱?"
"你想要多少?把牲口拉出来看看。"

第二天早上我们买了两头牦牛和六只绵羊。我们正在邦戈巴省的北部边界。该地区全称是邦戈巴昌玛,离总督喀尔玛的营地帐篷有六天的行程。

我们每天都要几次经过藏人的帐篷。每一次他们来到视线范围以内,我就得跑去赶羊。我开始有了感觉,放羊的技术变得熟练起来。有一次,塔布吉斯射杀了七只山鹑。有个西藏人注意到了,说只有欧洲人才吃山鹑。不过塔布吉斯跟他说,科林姆也好这一口。

现在我们走上一条众人常走的路。3月18日,我们在一座山脚下扎营。第二天早上,我们正准备出发,突然来了三个藏人。在帐篷的掩护下,我赶紧跑出来,以便和洛布桑及塔布吉斯一起把羊群赶上山口。路上我们遇见一个骑白马的西藏人,后面跟着一只毛发凌乱的大看门狗,身上还有两块白斑。旅队从后面赶上来,科林姆就花八十六卢比买了这匹马,用两卢比换了那只狗。这狗属于"塔卡尔"种,于是我们就叫它塔卡尔。它性情绝对野蛮,跟野狼一样凶残。西藏人帮我们拿绳子套在它脖子上,留下两根长长的绳头,分别由昆区克和萨迪克牵着,把狗夹在中间,防止它咬人。

在山口的那一边,我们下到一个峡谷中,这里有几处帐篷还有羊群和骑士,数量这么多,足以说明西藏人又开始动员了。我们在这里扎营。塔卡尔很可能觉得自己是卖给别人而被囚禁起来了。不过它一见到白马,似乎又开心起来。我们已经失去了小棕和大黄,现在需要一只看门狗。为了防止塔卡尔自己挣脱绳子,我们想了一个点子,在它脖子上绑一根竿子,这样它就不会把绳子咬断了。但是只要一有人靠近它,它就张开一口白牙、瞪着血红的眼睛跳蹿起来,只想冲着来人的喉咙咬下去。手下拿一张厚毛毯罩在狗身上,四个人赶紧上去压住,同时其他人用粗绳子在它脖子上绑紧竿子。接着将竿子埋在地里,塔卡尔总算给老老实实地系住了。等到都弄好了,大家四散逃开,塔卡尔还是不断朝人扑过去。我心想:"有它在家里看着肯定错不了。"

现在我们每天都会碰见牧民。在看不见帐篷的时候我就骑马,在马背上一望见有人或是帐篷,我就立即下马去赶羊。绵羊的数量逐渐增多,最后剩下的马匹和骡子所要驮的行李就越来越轻。绵羊还能当作饭碗里的美食。康山藏布江起源于夏康山脉,在非常艰难地渡过这条部分冰冻的江水之后,我们从牧民那里得知,再走上七天就可以到达一位拉萨商人宗本札什的帐篷营地,这附近地区的人冬天都习惯去他那里买砖茶。

后面的几天里我们又翻过两座难爬的山口。一路上我们经过藏人的帐篷和牧群,时不时还能看见山上的野绵羊和平原上的瞪羚羊。在一座陡峭的垭口,两头瘦弱的骡子没能爬过去,我们只好把它们放了,希望路过的牧民会照看它们。所到之处人们都在谈论宗本札什这位活在这大片未知地域内陆的神人。我特别盼着能见他一面。我能成功吗?每天早上我把脸和手都涂成褐色,而且从来不洗。我穿的毛皮满是泥土,头戴羊皮帽,脚蹬靴子,跟我手下的穿戴差不多。但让人厌烦的是,我得时时刻刻保持戒备,感觉跟做贼似的。古兰姆走在我们前面,如果他把胳膊一张开,我就得赶紧下马去赶羊了。科林姆随即骑上我的坐骑。等我一坐进自己的帐篷,简直就成了囚犯,而塔卡尔总是给拴在帐篷入口的地方。

这条新来的狗完全不和人亲近,没有人能靠近它。就算是我们的人从帐篷里面出去,它也要把嗓子吠哑了才罢休。它见到昆区克时尤为暴躁不安，当时就是昆区克去把它买下的。以前昆区克能接近的狗是小棕，现在他试着和塔卡尔玩耍，可是塔卡尔压根就没这个心情。

我们前进的路上一座又一座山脉，没有其他办法，我们只得一座一座地翻越过去。在一座山脉的南面山脚下，一口泉水奔涌而出，水量极大，形成一条清澈如水晶的溪流，在长满绿草的两岸间缓缓流淌。我们在这里捕了一百六十条鱼，吃起来真是美味。一个深水塘的水几乎纹丝不动，我们都能清楚地看见池底，就好像底下全是干的。狗宝宝这辈子只见过水晶般清澈的冰块，还以为那水面也能承受住它的重量，便一下子跳了进去。结果它一头栽到水底深处，弄得诧异、失望、又气恼。

有个牧羊人走过来。他告诉我们，不要一天时间，就能赶到宗本札什的帐篷了。我心想："好戏要上演了。"我们要是能顺利地从他身边走过，那真是天大的奇迹了。

第六十二章　再次成为西藏人的阶下囚

3月28日是极为关键的一天。我吹着口哨放着羊，而科林姆和另外两名手下经过旁人的指点，前去宗本札什的那顶大帐篷。与其跟贼似的夜间偷行，还不如直接去谈，这样才能占得先机。我们经过几个帐篷营地，有些人前来询问。在一处营地，阿布杜拉拿我们一匹垂死的黑马去换了两只绵羊和一只山羊。据说其中一顶大帐篷属于当地的首领。另一顶大帐篷里住着一位门冬寺的住持，这座寺庙除了西藏人以外，世界上没有其他人听说过。总督喀尔玛也在此处的某个地方。如此一来，我们四面都被地方高官包围了，随便走到哪里都有可能给人拦下，扣为囚犯。如今非常重要的一件事就是保持戒备。我们的样子如果看上去像一群乞丐，绝对对我们有好处。其实我们真的就是一帮衣衫褴褛的人，只有四匹马、三头骡子、两头牦牛和二十只绵羊而已。自然没有人会相信哪个欧洲人会和这么穷困潦倒的扈从一同旅行。

我们在宗本札什和门冬寺住持的两顶帐篷中间扎营，不过都隔了相当远的距离。科林姆很快就回来了。他买了白米、青稞、黄油和糌粑。我们把这些吃的全装在一匹他刚刚买的马上。宗本札什是一位很和气的老者，完全相信科林姆对他说的话，此外还警告我们要小心南边的抢匪。科林姆也承诺让宗本札什以便宜的价格买走我们的一匹马——恰恰是阿布杜拉已经卖掉的那匹马。接着这个表现相当出色的领队又去了地区首领的帐篷。结果有人告诉他，因为玩忽职守，首领已经被门冬寺的住持剥夺职务，一段时间内不得离开他的帐篷。我们都这么想:"太好了,又少了一个拦路虎。"

第二天早上,宗本札什亲自走到我们的帐篷边上来。我匆忙将手脸涂色,又将所有惹人生疑的东西都收拾在一个米袋子底下。这一回这位拉萨商人完全是另一副脾气,他简直火冒三丈。

"那匹说好给我的马呢?你们这群混蛋,居然跟我说谎!现在我要检查你们的帐篷和行李。把狗拴好!"

我们拴住狗,老人先进了科林姆的帐篷,他的帐篷跟往常一样,就搭在我的帐篷边上。等他来检查我的那顶帐篷时,已经气得跟激怒的蜜蜂一样要乱蜇人。不过就在这个时候古兰姆把塔卡尔放开了,等宗本札什一走到帐篷口上,塔卡尔就冲他扑了上去。他赶忙向后退去。

科林姆大吼一声:"库德斯,赶紧带上哈吉巴巴去把丢的那匹马找回来。"

库德斯赶忙来拉我,我们俩一起跑向最近的一座高山。

宗本札什问道:"那人是谁?"

科林姆眼都不眨一下,回答说:"那是哈吉巴巴,我的一个仆人。"

宗本札什说:"我就待在这里,等哈吉巴巴把跑掉的马找回来。"

不过科林姆还是以高明的外交技巧同这位不速之客斡旋。我们俩躲在一座山脊后,看见塔卡尔再次被拴起来,而宗本札什没精打采地走回住持的帐篷。那帐篷的位置恰好就在我和库德斯的必经之路上。我们俩盯着路面快速走过去,装作是在寻找马匹足迹的样子。等我们有惊无险地把住持的帐篷远远甩在身后,才放下心来。不久旅队也赶了上来,我继续做放羊的本行,因为下面我们还要经过二十顶帐篷,少不了会有爱打听的人出来看着我们。最终我们棋高一着,躲开了这个黄蜂窝,在山谷里的一块平地上扎营。

我终于松了一口气。附近了无人烟。跟往常一样，塔卡尔就拴在我的帐篷前面。我坐下来，把这一天的发生的种种都写进日记里，然后又就着眼前的景色画了一些素描。晚上天朗气清，如春天般柔和的风儿从平原上吹过。塔卡尔放下架子，和狗宝宝玩耍起来。突然间，这只大狗跑到我跟前来，直勾勾地看着我。我就问它："你想要什么？"它把头歪向一边，开始用前爪挠我的胳膊。我把它乱糟糟的头捧在手里，又拍拍它。这样我们就互相了解了。它开心得大叫起来，还冲我扑过来，仿佛是在说："来和我玩玩吧，别一个人闷坐在那儿。"我把它脖子上的绳结解开，那根一直压在它身上的竿子也给松开了。塔卡尔站着一动不动。我把它眼角上堆积的眼屎擦去。这下它高兴得无以复加，抖掉沾在身上的灰尘，又开始一个劲地往我身上扑，几乎把我给撞倒。它欢蹦乱跳，狂吠不止，似乎觉得我还它自由，是对它极大的信任，所以既自豪又高兴。它随即飞一般地在平原上奔远了。我想："这下它跑回以前的主人那里去了。"然而，不到一分钟，它又跑了回来，将狗宝宝一推，这一推就把那只小狗撞得在地上接连滚了好几圈。接着塔卡尔又如法炮制，把狗宝宝撞得头晕目眩。手下人看见塔卡尔这么快就被驯服了，而且和我一起玩耍就跟和狗宝宝在一起一样安然无事，一个个又惊又奇。

每天晚上我自愿关在帐篷里的时候，就和这个新朋友玩耍。对我来说，它填补了小棕的空缺。无论白天还是晚上，塔卡尔都能极好地保护我们。它对西藏人表现出强烈的仇恨，绝对不能容忍哪个西藏人靠近我们的帐篷。它一旦发起攻击，就像箭矢一般飞快。我不得不花费一笔银卢比，以赔偿被塔卡尔撕裂衣服及咬出血的友善游牧民。它还帮助我继续隐藏自己的身份，因为他从不让任何人靠近我的帐篷。如果害怕附近的西藏人来这里打探，我们只要把塔卡尔往帐篷帘子前面一拴，就可以保证我安然无忧。

后来我们第六次成功翻越外喜马拉雅山，也是多亏了塔卡尔的功劳，所以我现在一想起它，心里就暖洋洋的。

随后的几天里出人意料地风平浪静。我们进入淘金者前往西藏西部的那条大路，路上买了一匹马和一些绵羊，另外发现了楚尼特措湖。我们还遇见运盐的商队和牦牛商队。站在很轻松就爬上去的尼玛龙垭口，我们眺望南方外喜马拉雅山脉中一座极为重要的山脊。在一个光秃而狭窄的山谷中，一只角鸮栖在我们的帐篷上空，叫着"克莱维特"！洛布桑告诉我们，若有小偷和强盗前来，这只鸟可以为旅人发出警告。

现在是4月初，我们沿着迄今尚未探明的雅鲁藏布江向南行进。在江岸上安营生息的游牧民很多，其中一些告诉我们，这条江水最终汇入西北方距离此地几天路程的湖泊塔罗克措。在西南偏南的方向，耸立着两座壮美的雪峰，它们属于伦布冈日山脉。随后我们来到一座美丽的山谷，其形状有如圆形剧场，山上一半是积雪、一半是冰川，其中蕴藏着雅鲁藏布江的数个源头。

我们拿两头已然疲惫的牦牛跟几位和善的游牧民换了九只绵羊。4月14日，我们路遇一支运盐的商队，商队里共有八个人、三百五十头牦牛。这些人对我们表现出极大的兴趣，问了很多问题。

第二天，我们翻过桑耶垭口（一万八千一百三十英尺，约五千五百二十六米），继而第六次穿越外喜马拉雅山脉的主山脊，这道山脊恰是高原上的分水岭，将没有出海口的西藏部分和印度洋隔开来。在东边的昂登山和西边的泽提拉臣山之间，我成功地在地图上的空白地带开辟出一条新的路线。也正是在这里我清楚地意识到，这道横贯喜马拉雅山脉以北、并与其平行的广袤山系将来应该被称作外喜马拉雅山。

我正坐在山口上一边画着素描、一边为自己又新获了一项重要的地理知识而欢欣鼓舞时，库德斯跑来跟我耳语：

"有牦牛队来了。"

下面的山谷里走来一支大型的牦牛商队，如一条黑蛇般朝垭口上蜿蜒而来。我们几乎都能听见驾牦牛的人发出的呼哨声和尖厉的喊声。于是我们从山南边下到山谷里去。一想到在碎石头上涓涓流淌的溪流将来某个时刻会在印度洋升入涅槃之境，我心里就再次感到宽慰。

那一整天里我们一顶帐篷都没有见到。这条路实在是太高了，路上只遇见两个骑士。科林姆跟他们磨了很久，总算买下了他们的一匹坐骑。我们又一次碰上运盐的绵羊商队，他们是去往帕萨古克的。恰克塔藏布江去年我们就已熟知，去往那条大江的路上，我们遇见几个游牧民，他们警告我们，附近有一帮装备枪械的强盗，共有十八人。于是我们避开帕萨古克和萨嘎宗，从穿过高山的一条后路赶往拉嘎塔桑。这条路线上强盗巢穴聚集，恶名远播。有几天晚上，回教徒唱起献给真主的诡异颂歌。

4月21日，游牧人的帐篷再次变得密密麻麻，我只好重操旧业，负责放羊。我们很快就要到达堪巴的大帐篷，他拥有一千头牦牛和五千只绵羊。4月22日，经过一些游牧民时一名手下去问他们是否愿意卖给我们几匹马。现在大雪下得很，我可以骑马走上很长一段路也不会给人发现。我的两名手下去了堪巴的帐篷，买了些食物。这位富有的游牧人并不在家，但是他手下的两个人晚上骑马来到我们营地，以一百二十七卢比的价格卖给我们一匹俊美的白马。

4月23日，我们继续向东爬上盖布克垭口。我们运气好，碰见一位放养马匹的老人，他就跟随旅队给我们作向导。老人很健谈，杂七杂八说了很多，其中提到去年来这里旅行的一个欧洲人，手下的领队身强体健，却突然死在路上，就葬在萨嘎宗。

第390号营地安在通往金臣垭口的山谷口上。大雪疯狂地下了一整夜，我们再度置身于隆冬之中。

我们心头的焦虑与日俱增。每迈出一步，就意味着我们更接近危险的边缘，因为再走上两天，就要转走商旅路线的主路，沿途会有政府的人时刻戒备。下一步会发生什么情况、我们又该如何逃过这些劫数，都还是个问号。我手里有好几套计划，到时候随机应变吧。即便我们再次给西藏人扣留，我也心满意足，因为我已经穿越了处于外喜马拉雅山脉中间的邦戈巴省，到那时为止，此地尚未有人勘察过。

这一天究竟会怎样收场呢？我在4月24日出发的时候这么想着。当天阳光灿烂，我们要穿越积雪覆盖的大地。眼前的珠穆琼山脉巍峨壮美。和往常一样，我停下来画出金臣垭口（一万七千八百五十英尺，约五千四百四十米）的全景。从这里还能看见东北边的高大雪山，西边的伦布冈日山，还有东南偏东方向的白色喜马拉雅山脊。没有人来打扰我们。我画完了素描，跟随旅队的足印赶上去。第391号营地就安在一道相当狭窄的峡谷中，这里的牧草、燃料和水源都很充沛。

大家都感觉到有决定意义的大事就要到来，于是采取了一些全方位的防备措施。我的欧式毛毯、皮制仪器箱子及其他容易惹人怀疑的东西都埋进土里或者用火烧掉。科林姆住进我的帐篷，从那时起，我就在他的大帐篷里占用一间小而封闭的密室。我们的两顶帐篷总是背靠背搭在一起，这样我可以在外面从一个帐篷偷偷溜到另一个帐篷而不被人察觉。有了这个新的安排，即便西藏人两顶帐篷都搜查，也找不到我，因为我会躲在隔离开来的密室里。

我正坐着写东西，科林姆探头进来，神色凝重地对我说：
"一群人从山口下来了！"

帐篷两侧较长的布帘上有个小洞可以窥探。我从一个小洞朝山口方向看。果不其然！那边来了八个人。他们牵着九匹马，其中两匹驮着重物。他们可不是一般的游牧民，因为他们身穿红色和深蓝色的皮外套,头戴红色头巾,而且配备步枪和剑。

我把所有会引起怀疑的东西都塞进米袋子,平常东西都藏在里面。我命令古兰姆将塔卡尔拴在我的帐篷入口处。我再次在脸上涂抹褐色,又戴上沾满泥土的拉达克头巾。来者中有三个人把马匹带到离塔卡尔不到三十步远的地方,惹得塔卡尔咆哮起来。他们在那边卸下东西,除去马鞍,拾了些燃料,生起火堆,用锅舀了些水来,便就地安顿过夜。

另外五个人不请自来,直接走进科林姆的帐篷,其中有两个显然是地位显赫的官员,开始低声交谈起来。我听见他们提到我的名字,科林姆发誓说,我们旅队里面绝对没有欧洲人。于是他们走出帐篷,在火堆前围坐成一圈开始喝茶。

外面的人看不到我,我便匍匐爬进科林姆的帐篷。我的手下都坐在里面,看上去就好像刚刚被人判了死刑似的。那群人的领头说:"从北边来的运盐商队把你们的行踪报告给萨嘎宗的总督。总督怀疑赫定大人就藏在你们中间。我奉命来这里做彻底的调查。我要查看你们所有的行李,每个袋子都要翻出来看,最后还要检查你们的皮肤。倘若结果正如你们所说,你们中间确实没有欧洲人,那你们就可以随意旅行了。"

我的手下陷入绝望。库德斯建议我等天色一黑,便和他逃到山里去,一直躲到检查结束为止。古兰姆低声道:"没用的,他们知道我们是十三个人。"

我说:"是没有用,现在怎么做也是枉然。我们被逮到了。我这就出去跟西藏人自首。"

科林姆和其他人开始哭起来,觉得末日到了。

我站起身走出帐篷。那些西藏人不再说话,转而看着我。我在塔卡尔边上停了一会儿,拍了拍狗儿。塔卡尔充满深情地叫了起来。随后我慢慢地走向西藏人,大拇指按在腰带里。他们全都站起身。我高傲地做了一个居高临下的手势,示意他们坐下来,自己坐在那两个地位高的人中间。右边坐的是朋巴，我一下子记起他来，我们在去年见过面。

我问他："你还记得我吗，朋巴？"

他没有说话，却把头转到我这边来，另有所图地看着他的同伙。他们都有些忸怩，一言不发。

我继续说道："没错，我就是赫定。你们现在准备拿我怎么办呢？"

趁他们窃窃私语的工夫，我让库德斯去拿来一盒埃及香烟。我把香烟递给他们，于是他们都吸起烟来。领头的终于鼓起勇气。他取出一封信，是拉萨方面发给总督的，大意是不得让我再往东边多行一步。

"明天你跟我们去萨嘎宗。"

我答道："绝对不行！我们已经在那里留下一座坟墓。我永远也不会再到那个地方去。去年我想去萨嘎宗以北的高山地带，结果你们阻止我去。现在我已经穿过那片禁止通行的地域，都走到这里来了。所以你也看得出，你们是拦不住我的，在你们自己的地盘上我比你们还要强大。现在我要去印度，但是由我自己来决定走哪条路线。"

"这一点萨嘎宗总督会定夺的。你是否愿意随我们去雅鲁藏布江边上的塞莫库去见他呢？"

"非常乐意。"

一名信使立即派去给总督传信。

这时双方的谈话就轻松自由些了。领头的说：

"去年我们强迫你去拉达克。现在你又到我们这里来。你为什么要回来呢？"

"因为我喜欢西藏，也喜欢这里的人。"

"如果你也喜欢住在你自己的国家，会更合我们的心意。"

我们就这样坐着聊天抽烟，直到夕阳西下。这时我们已经成了好朋友。我的随从看到险情居然化解,高兴又惊奇。西藏人听了科林姆讲述我们如何假扮买羊毛的商人故事,不禁开怀大笑。不过他们确实相信我有某种魔力,才逃过劫匪的埋伏,安然穿越羌塘。首领仁切朵齐把我说的话都记录下来,稍后要呈报给总督大人。

我们的旅行真正掀开了新的一章。我觉得很舒服,因为不用再躲藏在帐篷里了,有了自由的感觉。然而眼下我还是一名囚犯。大家把我的帐篷装扮得尽量吸引人,把米袋子之类的东西都搬出去。我们先前没有时间把我们宝贵而有用的物品再多烧掉一些,这让我感到开心。我用温水彻底擦洗身体,中间水一共换了四次。接着修胡子。这时我不禁怀念刮胡刀还有其他的洗漱用品。不过有了水和一块肥皂,我已经知足了。

4月25日,我们骑马前往塞莫库,大约要走两天的路程。我们的旅队看上去就像是一帮囚犯。我的两边各有六个西藏人。我们发现总督早已经在会面的地方等候了。同时在场的有多尔切、昂班和他的儿子欧昂加。多尔切个子很高,四十三岁,身着中国绸衣,头戴便帽,留有长辫,耳朵上有耳环,手指上戴戒指,脚上一双丝绒靴子。他走进我的帐篷,礼貌地笑道:

"希望今天的旅途都顺利。"

"还可以,谢谢了。就是天太冷。"

"去年您被驱逐出境,现在为何还要回来呢?"

"因为我实在是想去贵国的某些地方看看。"

"去年您去了尼泊尔、库比冈日峰、很多湖泊以及圣山周围的所有寺庙,还去了印度河的源头。您去过什么地方我都知道得清清楚楚。不过今年不可能再有这种事情了。拉萨政府已经下达新的命令,我也已经向政府通报您再次来到此地的情况。现在您必须沿来时的路返回北方去。"

地图空白地带上大片充满地理之谜的区域,仍在我最近翻越的桑耶垭口路线的东面和西面,尚未有人勘察。抑制不住的渴望一直在我心中，真想征服这些地域，完成先驱者的工作，大略地画出这整片空白地域的地图，而将具体细致的工作留给未来的探险家们继续完善。但我心里清楚，如果不耍一些外交手腕是不可能打开这些地域的大门的。于是我首先说我要取道江孜返回印度。

"不可能！您绝对不会得到允许走那条路线的。"

"我还想给连大人写一封信，同时写信给我的家人。"

"我们不会给您发任何信件。"

如此一来，我无法告知连大人和我在印度的朋友，我现在还活着。后来我的父母直到9月份才打听到我的消息，所以他们最是担心。当时的种种迹象表明，我早已离开人世。

朵尔切固执己见，坚持让我回到北边去。

我就说："你可以杀了我，但是绝不可能强迫我再翻越桑耶垭口。"

"这样吧，我允许你按照去年走的同一条路线返回拉达克。"

"不行，谢谢了！我从来不走回头路，这有违我的信仰。"

"你的信仰也未免太奇怪了！那你要走哪条路呢？"

"翻过桑耶垭口东边的那个山口，然后去往札日南木措以及更西的地方。"

"想都不用想！不过你是否愿意与我们去堪巴的帐篷作进一步商谈？"

"可以。"

在离开之前，我写了一份单子，列有我们需要的衣物和补给。朵尔切便派了一名信差去西藏南部边界附近的宗嘎，找一位富有的商人办理此事。宗嘎离塞莫库还有两天的行程。朵尔切喜欢上我的左轮手枪，说想买走，可是我跟他说不卖。不过如果他们同意我自选路线旅行，我就把枪当作礼物送给他。

他说："真是奇怪。你比所有的随从都穿得寒碜，可是你却这么富有！"

476

我们用一百卢比换来的一匹褐色马给野狼咬死吃掉了。发生了这么惨的事，西藏人却无动于衷。但是他们见塔布吉斯射中一只野雁，却发起狂来。年轻的欧昂加来到我的帐篷，几乎流下眼泪来，满怀痛惜地说：

"这简直是谋杀！你们把那只野雁杀了，难道就不知道它的同伴会悲伤地死去吗？你们想杀什么动物都可以，就是别碰野雁。"

随后我们动身上路，越过四道山口。我们正在南臣山谷里扎营的时候，那些商人带着我们需要的物品赶到了。我的手下穿上新衣服，科林姆给我找了一件正宗的西藏红色厚长袍，和当地的上流人士打扮得一样。我买了一顶有毛皮边的中式帽子，一双雅致的靴子，一串挂在脖子上的念珠，以及一把佩戴在腰带上的长剑，银质剑鞘上还镶有土耳其玉和珊瑚。我们还购买了白米、青稞、面粉、糌粑、茶叶、糖、石蜡烛和香烟，足够用上两三个月的，另外还买了几匹马和骡子。我的帐篷地毯上堆了一大堆银币，看得西藏人眼睛都圆了。

到目前为止一切都顺利。唯一的问题是究竟选择哪条路线。我们在朵尔切的帐篷里开了七个小时的会。

他们说："除了走桑耶垭口以外，没有其他路可以走。"

我回答说："有的，可以走桑莫垭口。"

有个牧民插了一句："那条路难走得很，谁要从那条路走，我们都不租牦牛给他。"

"那我自己买牦牛就是了。"

"我们不卖。"

总督添了一句："那个地方的强盗也很猖獗。"

"你们有责任派人护送我们。"

"我手下的士兵属于萨嘎宗的驻军。"

"那我们分两路走。科林姆带旅队大半人马穿越桑耶垭口，我则带一支小队走东边那条路。之后我们在雅鲁藏布江下游会合。

你们要派十个人做我的护卫。他们每个人每天得两个卢比。这样我付这么多钱,你们既可以监管我的行踪,也保证我不会节外生枝,再跑到别的地方去。"

朵尔切沉吟了一会儿,出去和心腹秘密商谈。等他回来,便同意了我的安排。他只要求我签署一份文件,说明一切后果由我自己负责。

护卫的首领立即被叫来与我见面。他叫尼玛扎什,穿着一件鼓鼓囊囊的皮外套,看上去是个好人。堪巴的哥哥潘丘五十五岁,是个牦牛猎人,即将做我们的向导。此人满脸皱纹,是个十足的大混蛋。

5月4日,我们一起去了堪巴的营地,这个营地简直是山谷里镇子。4月22日那天我们曾经过那里,至此我们已经将珠穆琼山脉整整绕了一圈。晚上,堪巴偷偷溜进我的帐篷。他跟我说,我们想去哪里,潘丘都会带我和护卫去哪里。他还主动交代说他和整个地区的所有强盗关系都很友好。他的原话是:"我是所有强盗的老大。"

5月5日是我们旅队在一起的最后一天。这天晚上,我们给朵尔切和他的手下举办了一个告别晚宴。我和几位首领坐在我的帐篷入口处喝茶。外面正前方有一大堆营火,我的手下就围着营火开心得跳起拉达克舞蹈,自娱自乐。有两个人用毛毯罩住自己,拿两根木棍当犄角,假扮一头猛兽悄悄摸到营火边,结果被埋伏在暗处的猎人一下子放倒在地上。平常很搞笑的苏恩跳了一段示爱的舞蹈,手里拿一根木杖当作他求爱的对象。大家在一旁有节奏地拍起手来,拉达克人唱起歌谣,西藏人围成密密实实的一圈,高兴得直吼。朵尔切跟我说,这辈子从来没有这么开心过。大雪悄然而至,营火冒出的烟雾和飞舞的雪花也在跟我们一起跳舞。这一晚大家其乐融融,过得很精彩。一直闹到深夜,客人才散去,营火也才熄灭。

第六十三章　穿越未知地带的新旅程

5月6日早上，我们便分道扬镳。古兰姆、洛布桑、库德斯、塔布吉斯和昆区克随我一同走。酥油和人都上了马。尼玛扎什和他的九名士兵也骑马。我们有牦牛驮运行李，路上又买了些绵羊。科林姆和其他六个人取道桑耶垭口，根据指令在塔若克错附近等候我。我的这支小队伍只能尽量轻装上路，所以我犯了个错误，把我大部分盘缠约两千五百卢比，都交给了科林姆。

我们骑马向北穿越这片未知的地带，翻过巍峨的康琼冈日山脉，到达熟悉的恰克塔藏布江上游，在四面高山环绕的拉普琼措湖畔扎营。外喜马拉雅山的主脊上的巨大雪峰耸立在我们面前。我们越走越高，这些山脊、河谷、江流和湖泊错综复杂，有如迷宫，不过在我眼中却变得越来越清晰。高地的路很难走。我们沿着除了牦牛以外极少有人经过的小径，在布满青苔的岩石上步行。最终我们到达了海拔一万九千一百英尺（五千八百二十二米）高的桑莫垭口之上。从这个垭口我第七次翻越外喜马拉雅山系，再次下到没有出海口的内陆地域。

尼玛扎什和他的几位兵士特别害怕强盗。望见远处出现几名骑士，就以为有人来袭击。他们开始制造麻烦，想要掉头回去。但是我提醒他们，每天晚上都能拿到二十卢比的薪水，他们就不闹了。潘丘讲些抢匪的故事逗我们开心，他还告诉我们，晚上艾沙的坟墓前闹鬼。

这里的野生动物很多，有瞪羚、羚羊、野绵羊、野牦牛和野驴。我们不时经过藏人的帐篷营地，有一回我们扎下营地，六十来个爱打听的西藏人将我们团团围住。

渡过索玛藏布江之后，我们来到小小的扎塔垭口。在这里可以望见咸水湖——扎日南木措，其景色之美，无法用言语形容。只见土耳其玉似的深蓝色湖水四面环绕着一座座荒山，山上呈现出紫、黄、红、粉、棕等各种色彩。西北方耸立着夏康山，东南边是塔戈冈日山，而外喜马拉雅山则在西南偏南的远处——所有这些山脉之上都是令人目眩的雪原。我被这壮丽的美景完全迷住了，逗留了好几个小时，将色彩丰富的湖景画成素描。印度学者楠辛曾经在1873年听人说过扎日南木措，但是从未亲眼见过；所以我是亲眼见过、并证明此湖确实存在的第一人，心里很满足。这湖位于海拔一万五千三百六十英尺的高度。

从扎塔垭口上我透过望远镜可以清晰地看见塔戈冈日山脉所有的山峰、雪原和冰川。圣湖当惹雍错就在塔戈冈日山脚下，我一直都盼着去圣湖一游，如今这种渴望又涌上心头。圣湖离此地只有几天路程。在扎日南木措湖岸的营地里，我和尼玛扎什、潘丘两人商量此事，保证事后付给他们大笔报酬。他们不敢同意，害怕我不顾他们的想法，耍手腕直奔当惹雍措而去。他们把首领塔格拉喊来，此人在前一年曾在圣湖南岸参与阻拦我前进的行动。塔格拉带着二十名骑士赶来，一个个全副武装，头戴白色高顶帽子，配备长矛、剑和步枪。塔格拉自己身穿豹子皮衣和红色披风，肩上挂一条缎带。他性格开朗，颇有智慧，我们一起愉快地在湖边待了四天。尽管如此，他脾气却很倔，我怎么也说不动他。别想往东边走一步，这就是他的最后通牒。此外他也不允许我去位于扎日南木措西边的孟董寺。唯一对我敞开的道路通往塔若克措，也就是将要和科林姆会合的地方。于是我只好第三次放弃去当惹雍措旅行的机会。几年之后，了不起的英国地理学家海登爵士来到这座圣湖，最近他在攀登阿尔卑斯山的时候不幸丧生。据我所知，海登爵士是继我之后唯一一个深入到雅鲁藏布江以北未知地带的欧洲人，可惜他突然辞世，所以他旅行勘察的内容都未得以出版。

5月24日，我们和好人塔格拉及其士兵道过别，骑马沿着扎日南木措（意为"王山之天池"）的南岸向西行。虽然有禁令，我们还是在孟董寺边扎了营。这是座漆成红白色的小寺。寺中的僧人和尼姑都住在帐篷里。在"羚羊垭口"以西，我们发现了甚是奇特的喀荣措湖，湖周围尽是峥嵘嶙岣的岩脊。几天之后，我们再次进入邦戈巴省，在布普仓藏布江畔扎营。6月5日，我们与护卫队道别，因为他们说已经完成了自己的任务，就和潘丘一起返回萨嘎宗。于是我们又找了两个脾气随和的游牧民作向导，能自由自在地去自己想去的地方了。但是目前最重要的是找到科林姆及其带领的分队。没人见过他们的踪影，我们只好继续沿布普仓藏布江前行，往塔若克措去。

时间已是6月初，却赶上了一场极为猛烈的暴风雪，整个大地都变得白皑皑的。外喜马拉雅山是布普仓藏布江谷西南方向最雄伟的一座山脊，只听得山里雷声隆隆。狗宝宝从未听过雷鸣声，吓得夹紧尾巴跑进我的帐篷里来，随着轰隆隆的雷声狂吠不止。塔卡尔对打雷习以为常，泰然处之。

我们在布普仓藏布江畔扎营的地方景色优美，我真想在这里多逗留一些时间，单是看看野雁和活泼的黄色小雁在江中游泳嬉戏，就足够了。最后我们把帐篷搭在塔若克措南岸附近。无论哪里我们都看不到科林姆他们的踪迹。反倒是两位地区首领带着二十来名骑士前来拜访。他们也没有听说科林姆的任何消息，不过向我保证，会尽力找到他。他们声称我唯一能走的路线是越过隆卡尔垭口，再去往塞利普寺，而这恰恰就是我想要走的路线，因为此路直接穿过那片"尚未勘探"的地带。

6月9日我们前往隆卡尔寺，却发现这座小寺庙暂时关闭，接着爬上隆卡尔垭口（一万八千三百英尺）。站在垭口上，可以俯瞰到塔若克措和塔比咸水湖的绝妙景色,其中塔比湖以盛产盐巴闻名。

我们在这个地区遇见的所有游牧民和首领都十分友好,乐于助人。刚到帕鲁湖畔,日吉洛玛的首领来我们营地问候,并备好我们所需要的补给品。这里宏伟的外喜马拉雅山系呈南北走向。我们从高达一万九千一百英尺的苏尔垭口翻过其中一座山脉,垭口周围尽是壮丽的雪峰和闪烁着蓝光的冰川。随后我们下山来到裴登藏布江谷,江水一路向北。苏尔山脊在我们右手边,山顶亦是积雪覆盖。一想到自己是第一个千里迢迢跋涉至此的欧洲白人,我心中就有一种难以言说的满足之感,只觉得仿佛身为君王,而这片土地就在自己的统治之下。将来必定会有更多的人来这个极为特别的地方探险,并从山质学和地质学的角度进行勘探。在未来的几个世纪中,这里将会和阿尔卑斯山一样闻名世界。不过这个发现是属于我的,这一点绝不会为世人遗忘。

然而科林姆到底去了什么地方?他没留一丝痕迹就从人间蒸发了。是给强盗抢了?我只好自己安慰自己,从德鲁古布一路到现在的勘探成果都在我手里:采集的物品、日记和地图。但是我身上的钱却只有八十卢比了。

沿着裴登藏布江我们来到晓沃措,又是一个新的发现。湖周围也是高山环绕。这条"金子路线"经过东北边的卡拉垭口。6月23日,我们爬上泰耶帕瓦垭口,映入眼帘的是昂拉仁措这座大咸水湖,湖水闪烁着土耳其玉蓝色,湖边是砖红色和紫色的山脉——这样色彩纷呈的妙景,让人啧啧称奇。有座峡谷里看不到一棵树、一丛灌木偶尔一见的只有稀疏的牧草。其荒凉贫瘠与西藏高原别无二致。蒙哥马利上尉的心腹大约四十年前曾经听说过这个湖泊,将其称作噶拉林措。但是不管是他还是其他人都没有来过这里。

我们在昂拉仁措的湖岸边安顿下来,之后又在注入此湖的桑登藏布江畔扎营。这个地区野狼猖獗,我们必须仔细看管好旅队里的牲口。有一次,一群野狼在光天化日之下逼到我们跟前。洛布桑在桑登藏布江边逮到一只凶残的小狼,我们就把它拴在营地边上。塔卡尔和狗宝宝对小狼略有敬畏,总与其保持一臂的距离。有一会儿没人看,小狼挣脱绳子逃掉了,它跑到江边想游到对岸去。塔卡尔大吼一声,跃进江中,将小狼按在水里直到它淹死,最后把小狼叼在嘴里游回岸上,连皮带骨头一气吃了个精光。

我们于6月27日来到塞利普寺。嘉木泽住持非常热情地接待我们。为了减轻我们对科林姆的担心,他查阅了一番圣书,确定无疑地说我们的人还活着,目前在南边,二十天之内我们就能遇见他们。我身上的现金只有二十卢比了,已经做好打算,随时把步枪、手枪和怀表卖了换钱。这样我们笃定能赶到托克钦和玛旁雍措,并从那边再派信差去嘎托向老朋友求救。

在这之前,我们曾在晓沃措看见一支大型牦牛旅队,他们也在塞利普寺扎营。这支旅队属于秋克楚的总督,他要去圣山冈仁波齐峰朝拜,此行带了一百名随从、四百只牦牛、六十匹马和四百只绵羊。我一下子成了他和他两位兄弟的朋友。他们来我的帐篷拜访,我和他们共进晚餐。总督的名字叫索南纳布。他的长相让人过目不忘:古铜色的脸庞、宽大的癞鼻子、一头狮子鬃毛似的头发(里面自然藏货不少!),以及一件樱桃红色的披风。他和两位兄弟共享两个妻子——也就是每人三分之二个妻子——从两位夫人的长相来看,这个配额绰绰有余,因为她们岁数已大,而且又丑又脏。

我试图将一把精良的瑞典手枪卖给他们,但是索南纳布只出价十个卢比,我说他要能拿出三百个银卢比,这把枪才归他。一只价值两百卢比的金表让他着实吃惊不小。他觉得人类居然还能造出这么小而静的物事来,真是太奇异了。不过无论是十二点还是六点,对他来说都是一样,因为天上的太阳就是他的免费钟表,于是他忍住没有出价。他要拿六十卢比来换我们最后一支左轮手枪。

我说："那是不可能的。我又不是讨饭的,六十卢比对我来说算什么呢!"我撒谎了,现在我确实是个讨饭的,而且跟二十二年前在克曼沙一样坠入深渊中。不过好在索南纳布给我们送来米饭、糌粑和糖,这样我们就能一路支撑到托克钦。作为回报,我送给他一只怀表。

塞利普的首领很逗。他带着一帮游手好闲的混混来到我的帐篷,摆着官架子问我是哪里冒出来的家伙。他先前听说来了个欧洲人,现在亲眼看到真有这么一个身着藏服的陌生人,旁边还站着五个名副其实的流浪汉,着实大吃一惊。这个问题大大超出了他的智力范围,而我也没有替他解惑。他带着一脑子浆糊走开了。

我们6月30日出发,在拉泽平原上扎营,远处外喜马拉雅山脉锯齿状的雪峰十分惊艳。日落的时候,洛布桑跑来说有四个人带着四头骡子向我们走近。我取出望远镜来一看,哎呀!正是科林姆、两名手下和一位向导。其他人会在几天后到达此地。我有一大堆责怪的话要发泄在这位领队身上,不过他还是轻松过关了,一部分原因是他保存的银两完好无损,另一部分原因是他确实遭到抢匪的袭击,一匹马和一头骡子被掠走了,最后又碰上一些死硬敌对的地区首领,被迫走塔若措以北的烂路。

如今只剩下最后一次穿越未知地域这个任务要完成了。这次穿越带来许多重要的发现,只是此书篇幅所限,不能详述。我们翻过一万九千三百英尺高的丁拉垭口,这是我们此次在西藏旅行途中经过的最为巍峨的一座山口;此外还穿越了位于大陆分水岭上的苏尔格垭口,高达一万七千三百英尺。6月14日,我们抵达托克钦。

这时我已先后八次翻越外喜马拉雅山脉,经过八座不同的垭口,之前仅有卓克提垭口为世人所知。在西边的卓克提垭口和东边的喀兰巴垭口之间，有一片长达五百七十英里的地带，欧洲人从未来过，而英国最新出版的地图上这块地域印有"尚未勘探"的字眼。尽管东边和西边的雄伟山系早已风传世界，我却有幸将这东西方之间的巨大空白一五一十地描述出来。这项历险在我抵达托克钦后终于完成。

世界上所有最高的山脊都坐落在这片地表之上雄伟恢弘的高地上，而西藏又占了高地的绝大部分。其中有喜马拉雅山脉、外喜马拉雅山脉（其西部与喀喇昆仑山融为一体）以及包括阿克山的昆仑山脉。至于我所探查的那部分外喜马拉雅山，其山口总体而言要比喜马拉雅山脉上的山口高出五百米之多，但其山峰却要矮一千五百米左右。所有落在喜马拉雅山上的雨水都流进印度洋，而外喜马拉雅山则是印度洋和没有出海口的内陆高地之间的分水岭。只有印度河的源头在外喜马拉雅山的北坡上，一路流经外喜马拉雅山系以及喜马拉雅山脉。

在返回家乡以后，我给雅鲁藏布江以北的山系所取的名字遭到某些英国地理学家的反对。他们的理由是坎宁安（Alexander Cunningham）爵士在1850年代就已经用这个名字来命名喜马拉雅山脉西北方的一座山脊。在印度，有人提议这座山系应以我的名字来命名，我推却了这个荣誉。就这个问题，恕我引用对亚洲地理最有研究的一位行家、已经去世的寇仁勋爵的观点。在简略提及我在邦戈巴的种种发现之后，他这样写道：

"在这项伟大的发现之外，他还从山质学的角度确定这座雄伟的山系确实存在，以我之见，他所取的'外喜马拉雅山脉'这个名称恰如其分。多少年来一直有人猜测有这么一整座山脊，利特戴尔及当地的测量员也曾穿越这座山脊的两个边端。但是只有赫定博士亲自到当地探险，并将这座绵长而庞大的山脉完整地绘制成地图⋯⋯这极大地填补了人类知识的空白，从而使我们明白地球上确实存在这样极为广袤的高山群。至于赫定博士为山群所取的名字，我想说急需给一个地理学上极其重要的新发现以此命名，有以下理由：（一）有可能的话，地名应由其主要的发现人来命名；（二）此命名应易读、易写而不能过于深奥或模糊不清；（三）有可能的话，此名应具有某种描述性的价值；（四）此名不应违反任何已受大家承认的地理命名准则。'外喜马拉雅山脉'这个名字完全综合了以上四个方面的优点，而且与已有的地名'外阿力山'有异曲同工之妙，因为中亚的外阿力山与阿力山之间的地理关系正如外喜马拉雅山和喜马拉雅山之间的关系。有人说这个名字已经命名给另外一座山脊，对此我甚不以为然。那座山脊与此名完全不符，注定终被世人摒弃。在我看来，任何用其他地名来取代现有名称的企图终将失败。"（见《地理杂志》1909年4月刊[①]。）

[①] 有关论述外喜马拉雅山脉的细节，以及在我探险之前所有对此山系的评论，请参考我的另一本著作《西藏南部》第三卷及第七卷。

第六十四章 前往印度

因为跟当地首领左右都说不通，我们在托克钦地区又耽搁了九天。大体来说，他们还算友好礼貌。但去年我没得到许可随意乱闯给他们惹了麻烦，所以他们不愿意因为我再度陷入困境。我没有护照，因此除了我来时的那条路以外，他们不让我走任何其他的路。那条路线上的官员一定要对我的通行负责。托克钦的官员不允许我租用牦牛或购买粮食储备。但如果我回北边的塞利普去，他们倒是愿意提供可能的帮助。

这些西藏人实在是奇怪！一年前，我用尽各种计谋和策略试图进入雅鲁藏布江以北不为人知的地带，都没有成功。最终，我不得不让整个商队花掉一年的时间来达到我的目的，队中共有四十头牲口，花费了数千卢比。而现在经过了这么多，我极渴望在印度安顿下来的时候，他们却逼迫我回到雅鲁藏布江的北部。

最终我的耐心耗尽，带着我的十二名手下和十匹马在没有任何帮助的情况下离开了托克钦。我们沿着玛旁雍措湖的北岸走，沿途拜访了我们的朋友，即兰波那寺的年轻住持和独居于吉屋寺的唐德普喇嘛。在提尔塔普利寺，我把商队一分为二。只有洛布桑、库德斯、辛蓝、苏恩、塔布吉斯和昆区克跟我去印度，其他人由科林姆带领直接去拉达克。

对萨特莱杰河及其支流的探险，是我在亚洲最愉快的一次旅行，因为我们横穿了喜马拉雅山。任何言语也无法形容景色的壮丽。只要见过这些高耸的山峰一次，对它们的记忆就可以保留一辈子，忘不了的还有耀眼的雪地和包围着山谷的陡峭岩壁，在想象中甚至还能再次听到河流的滔滔水声。

从提尔塔普利到西姆拉的旅行花了一个半月。这条连接地球最高山脉的大道上故事多多，我只讲述其中的两件事情。

走到奇云伦寺，只见萨特莱杰河上横跨着一座中部下垂的木桥。木桥由两根长梁搭成，上面铺了许多木板。桥四英尺宽、四十二英尺长，没有扶手栏。桥下几英尺，就是夹在峭壁之间的萨特莱杰河，河水奔腾翻涌，流速之快，令人眩晕；而在几百步远的下游，河面变宽，传来空洞可怕的咆哮声。河床上尽是尖锐的乱石，而且河水极深。过桥的时候，谁都难免会头晕。手下人负责搬行李，只是两匹马给我们添了很多麻烦。那匹从堪巴买来的白马我已经骑了四百八十英里，它最后过桥。我下了马，移去它的马鞍。白马被奔腾的怒流吓坏了，它这一辈子大概还没有见过桥是什么东西，吓得浑身打颤。我们拿绳子拴住它的鼻子，由两个人把它拉上桥面，其他人在后面拿鞭子催它。一开始还算顺利。白马四腿颤抖，好不容易走到桥中央。可是当它看桥底下翻滚着白沫的大河，一下子变得惊慌失措。白马停下脚步，在桥上横转，头直对着大河的上游。它竖起耳朵，两眼冒火，张大鼻孔，喷一下鼻息，便照死跳进河里去。

我的第一反应是："这马要完蛋了，肯定给岩石撞得稀烂。"接着又想："幸亏我没有骑马过桥啊！"但是最奇异的事情发生了，马浮到水面上，自己游到河对岸去了。它一跳便上了岸，自顾自地吃起草来，好像什么都没有发生过似的！

我们必须渡过萨特莱杰河所有的支流。这些支流的河床都很深，仿佛美国的科罗拉多峡谷一般，虽然规模要比峡谷小得多。然而其中有几条支流不容小觑。昂嘎里藏布江峡谷边缘，巨大的河谷就在我们脚下。我们徒步往下，走过成百上千个极为陡峭的锯齿状弯道，才下降到二千七百二十英尺以下的江水旁，接着再次往河谷的另一边爬上一样的高度。要花大半天才能走上几英里路。

来到什普奇附近,我们穿过西藏和印度之间的边界。我们最后一次停留在一万六千三百英尺(四千九百六十八米)的高度。我盘桓了很久,朝着西藏深情凝望。我在那片土地上留下多少喜悦,多少悲伤!那片土地并不好客,不管是人还是大自然,都给旅行者造成重重障碍。可是无论什么样的困难险阻,只要在这令人目眩的高原上走过,旅人归来时必定会满载难忘的宝贵回忆。

从河边到垭口,仅仅走了几英里的一段路,我们便爬高了五千六百二十英尺。此时我们从寒风凛冽的高地下降到河边,在河的左岸享受着从杏树间吹过的温和夏风。在印度境内遇见的第一座村落浦村位于河右岸高高的山头上,掩隐在茂盛的绿色植物中。村子里有一个摩拉维亚传教会,是多年以前建立的,至今仍由德国传教士掌管。

河流到此处已经缩成一条狭窄的水道,两边尽是垂直的岩石,泛着白沫的漩涡从河床上咆哮而过,这么大一条河,我们怎么过去呢?河岸上见不到一个人影,浦村也变得模糊不清。两岸之间的深渊足有一百英尺深,却只有一条拇指粗的钢索悬在崖壁之上。原来建在那里的桥已经坍塌。现在只剩下桥两头的石头墩子和从前作桥头的横梁。旅队的最后一位向导昂古鲁却有办法,他拿一根绳子缠在钢索上,把自己的身体固定在绳套里,双手抓紧钢索,瞬间就过去了深渊的另一边。接着他跑向浦村,很快便带了两位传教士和一些村民回来。他们带来一只木轭,将其卡在钢索上,再用绳子一圈圈绕紧。其他的绳子则用来将来回拉动木轭。这时我们开始传运东西。骡子、马匹、狗儿、箱子和人都一一拉过深渊。我把双腿伸进绳套里,双手紧紧抓住木轭,另有一根绳子套在我的腰上,就这样给拉过去。我两腿悬空,在天地之间摇晃。从桥边到钢索中间有一百五十英尺,可是就这么点距离却让人感觉像是没有尽头。我最终滑到河右岸的桥头上,才算松了一口气。

这天是1908年8月28日。在马科斯先生和他的同伴与我相见之前，我自1906年8月14日至今还不曾见过一个欧洲人。我在他们那里逗留了几天。有一个星期天，我参加了他们为村里的孩子举办的弥撒，令人难忘。

我们从浦村下到海拔更低的地方。气温逐渐变暖。塔卡尔一身浓密的毛发，天热时相当受罪。它把舌头垂在外面滴着口水，从一处阴影跑到另一处阴影。每到一条溪流边，它就躺下来凉快凉快。半年前它来到我们旅队，那时正是西藏高原的冬天，暴风裹挟着浮雪飞舞在帐篷周围。一直走到什普奇垭口，它还呼吸到家乡新鲜的冷空气，还看见最后几头牦牛。现在我们却把它带到这个火炉一般酷热的地方。我们当初把它从游牧人手里抢过来，现在又诡计多端地把它骗到这么一个酷热难当的地方。它越来越感觉到环境的陌生，经常整天不见影子，但是一到凉快的晚上，它还是回到我们的营地。它感到孤独，遭人遗弃，而且注意到我们狠心地离开了它。有天晚上，塔卡尔没有出现。从此我们再也没有见到它。毫无疑问，它是跑回西藏去了，回去找那些贫穷的游牧民和刺骨的暴风雪。

9月9日，我在高拉收到了信件；14日，在法古扎营。我在几天之前就离开了整支旅队，现在是一个人旅行。9月15日，我进入西姆拉，在日记里写下"第500号营地"。

第二天，我在明托勋爵的庭院里参加了一次精彩热闹的聚会——而不久之前，我还在像乞丐一样四处游荡，甚至放羊！我住在总督的官邸，从房间窗户可以望见喜马拉雅山。在雪峰背后，就是我梦中挚爱的西藏，通往这片禁地的大门再度关闭了。

从西姆拉出发，我又去了日本。由此开始一系列由研究院、地理学会、各国国王和荒地协会举办的欢迎会。之后的许多年里我一直专心于我的科学发现并远赴亚洲和美洲。不过那些都是题外话了。于是这本描写探险生涯的书就此收笔。至于余下的岁月里还会发生什么故事，那都掌握在上帝的手中了。